2017

龙岩统计年鉴

LONG YAN TONG JI NIAN JIAN

龙 岩 市 统 计 局
国家统计局龙岩调查队 编

中国统计出版社
China Statistics Press

图书在版编目（CIP）数据
龙岩统计年鉴. 2017 / 龙岩市统计局，国家统计局龙岩调查队编. -- 北京：中国统计出版社，2017.9
ISBN 978-7-5037-8293-0
Ⅰ.①龙… Ⅱ.①龙… ②国… Ⅲ.①统计资料—龙岩—2017—年鉴 Ⅳ.①C832.573-54
中国版本图书馆CIP数据核字(2017)第200464号

龙岩统计年鉴-2017

作　　者/ 龙岩市统计局 国家统计局龙岩调查队
责任编辑/ 陈越月
装帧设计/ 袁日招
出版发行/ 中国统计出版社
地　　址/ 北京市丰台区西三环南路甲6号 邮政编码/100073
电　　话/ 邮购（010）63376909 书店（010）68783171
网　　址/ http://csp.stats.gov.cn
印　　刷/ 龙岩东方彩印有限公司
经　　销/ 新华书店
开　　本/ 890mm×1240mm 1/16
字　　数/ 518千字
印　　张/ 33.25
版　　别/ 2017年9月第1版
版　　次/ 2017年9月第1次印刷
定　　价/ 260元

编委会及编辑人员

编 辑 说 明

一、《龙岩统计年鉴2017》收录了全市、各县（市、区）、各部门2016年经济、社会和科技各方面的统计数据，并收录了新中国成立以来全市国民经济主要指标历年数据，是一部全面反映我市国民经济和社会发展情况的大型资料性年刊。

二、《龙岩统计年鉴2017》内容分为二十一部分：第一篇，综合；第二篇，国民经济核算；第三篇，人口与劳动力；第四篇，固定资产投资；第五篇，人民生活；第六篇，价格指数；第七篇，财政金融；第八篇，农业；第九篇，工业；第十篇，建筑业；第十一篇，交通运输邮电通信业；第十二篇，批发零售贸易与餐饮业；第十三篇，对外经济贸易；第十四篇，科技、教育、文化；第十五篇，体育、卫生、环境保护与社会福利；第十六篇，市辖区基本情况；第十七篇，各县（市、区）国民经济主要指标；第十八篇，全省及各设区市国民经济主要指标；第十九篇，新中国成立以来龙岩市国民经济和社会发展主要指标；附录，包括全市及各县（市、区）2016年国民经济和社会发展统计公报、2016年龙岩市统计工作大事记、中华人民共和国统计法实施条例等。

三、文字部分除《统计公报》使用的2016年数据为快报数外，各篇资料均为正式年报数。

四、按国家、省统计局要求，本书按农业普查、第二次全国经济普查数据对部分历史统计数字进行了调整和修订。凡我局以前发表过的数字与本年鉴不一致的，均以本年鉴为准。

五、本年鉴使用的度量衡单位均采用国际统一标准计量单位。

六、本年鉴表的符号使用说明："…"表示数据不足本表最小单位数；"空格"表示该项统计指标不详或无该项数据；"#"表示其中的主要项；"*"或"①"表示本表下有注解。

七、本年鉴部分数据合计数或相对数由于单位取舍不同而产生的计算误差均未作机械调整。

八、本年鉴计算增长速度、指数均采用"水平法"。

九、根据中国统计出版社的规定，本年鉴封面为编辑年份。

十、本年鉴编辑过程中，得到有关部门的大力支持，在此表示感谢。

龙岩市统计局
国家统计局龙岩调查队 编

地区生产总值

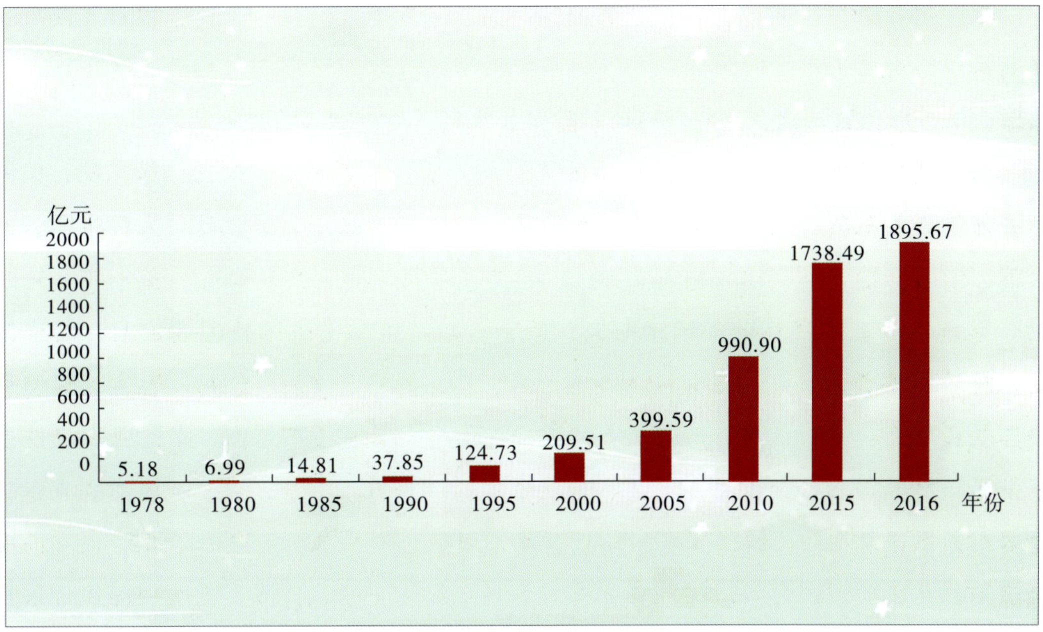

地区生产总值构成

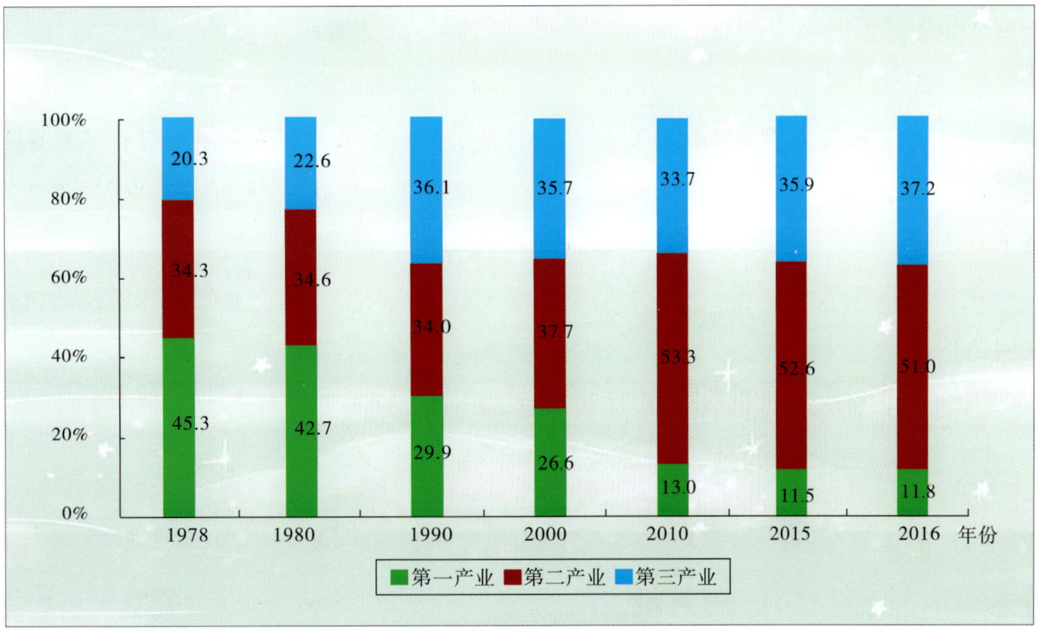

农林牧渔业总产值

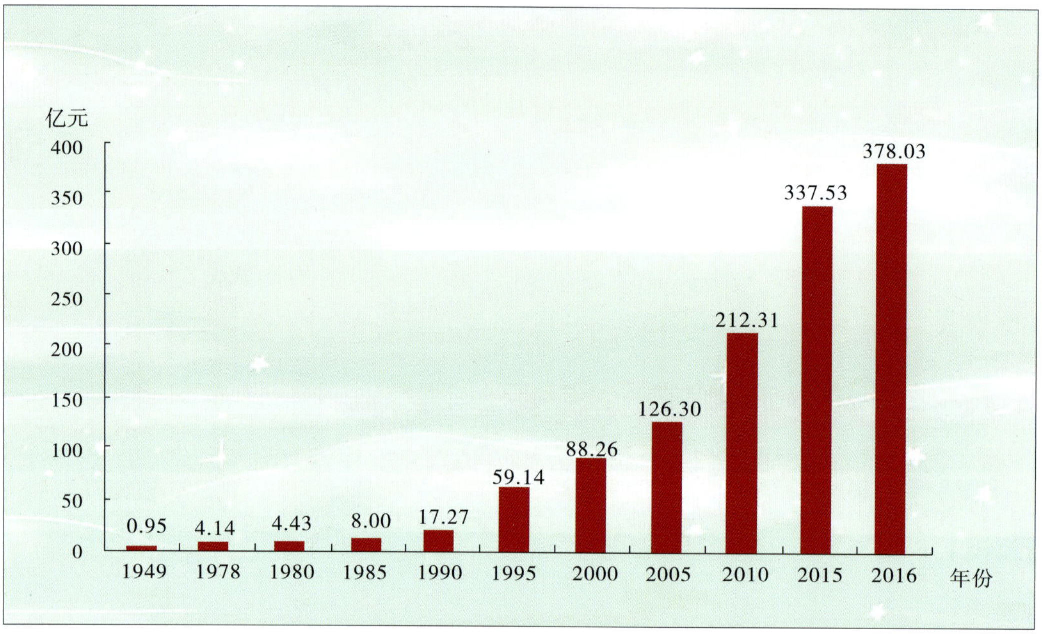

工业总产值

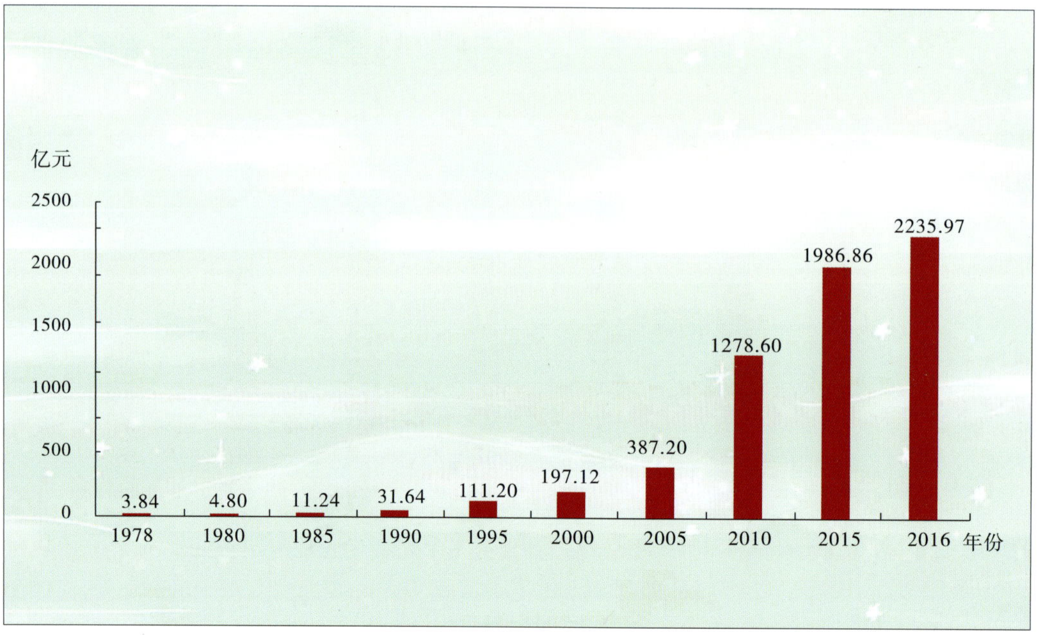

固定资产投资

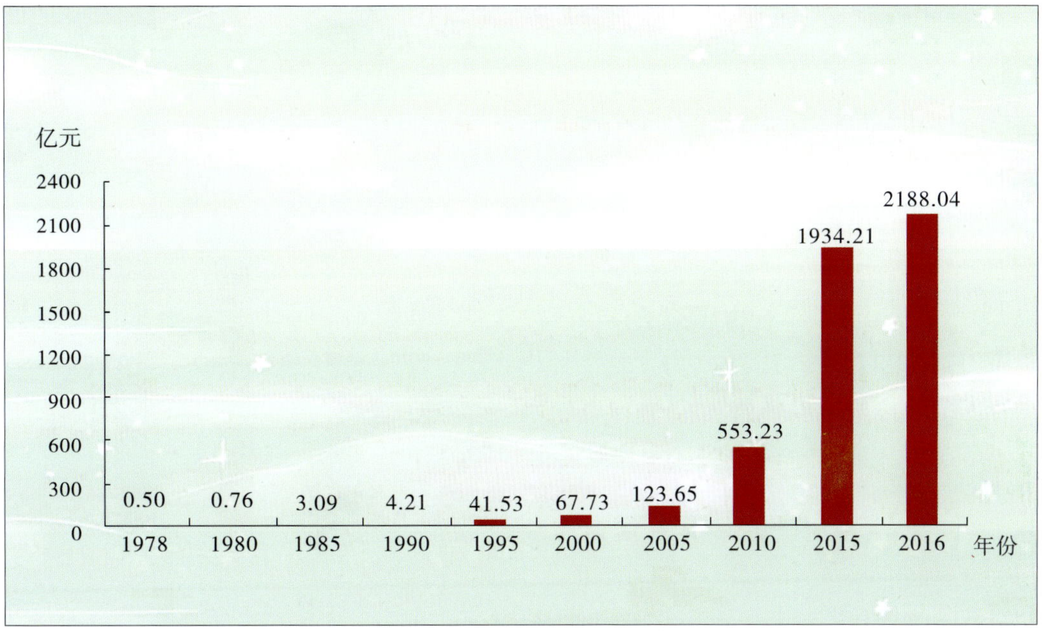

注：固定资产投资2015年及以前年份为全社会固定资产投资口径。

财政总收入

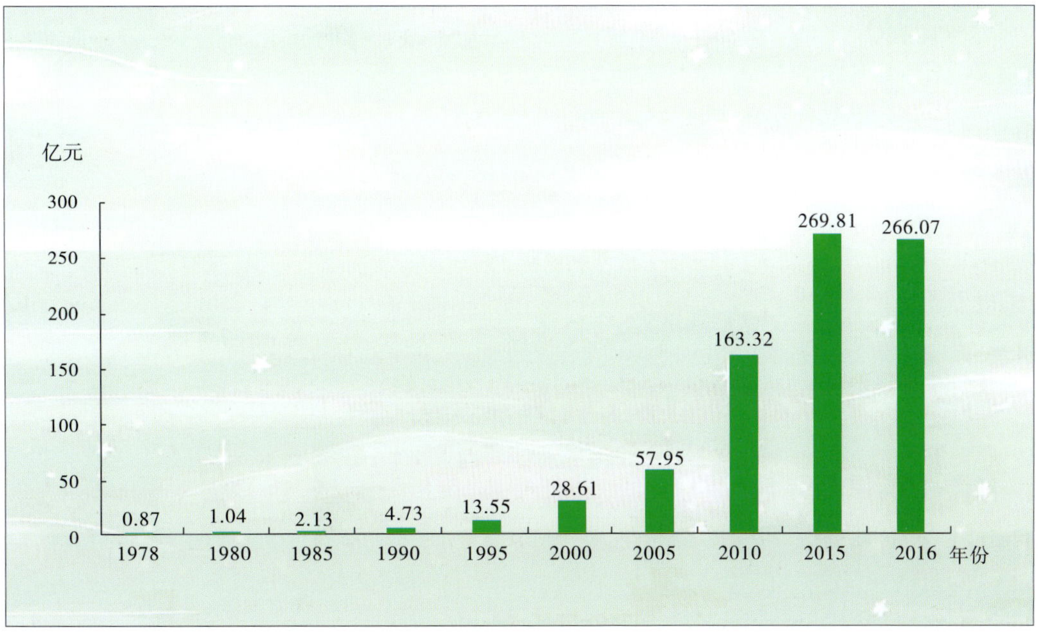

实际利用外商直接投资

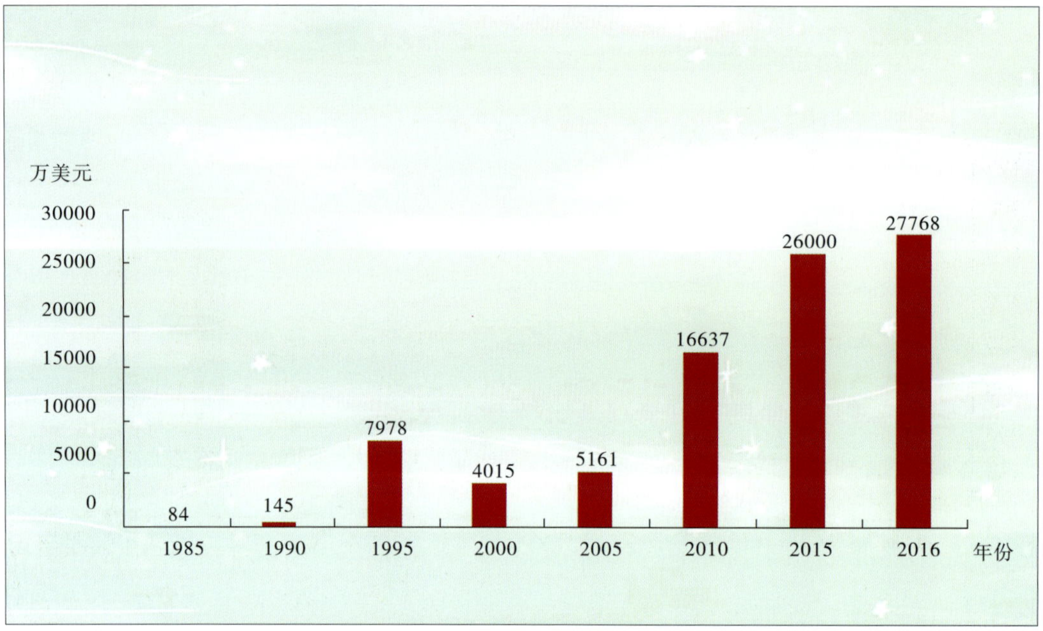

出口总额

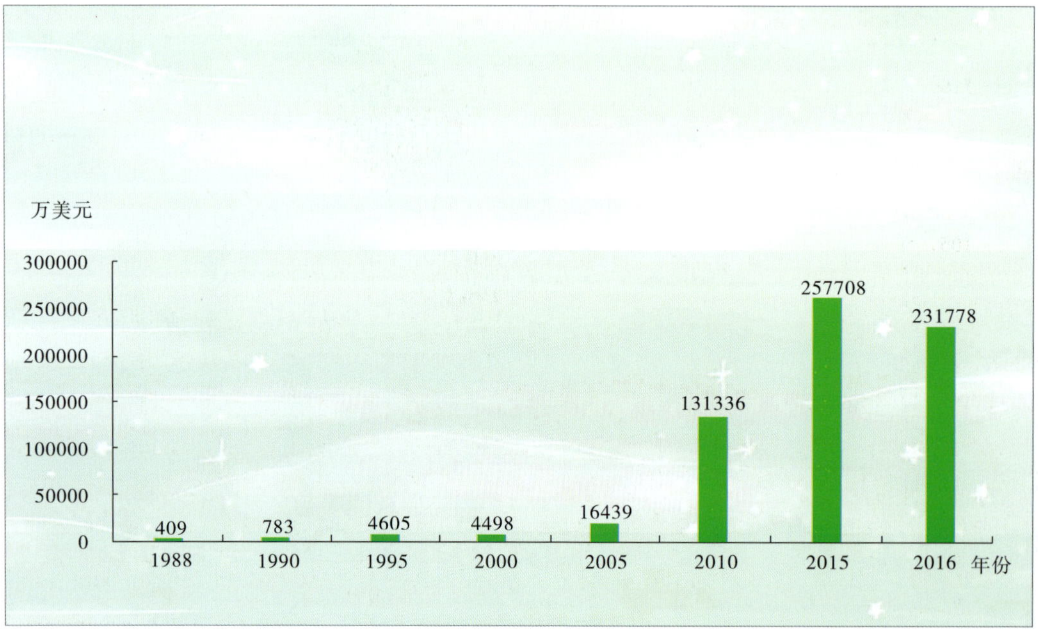

社会消费品零售总额

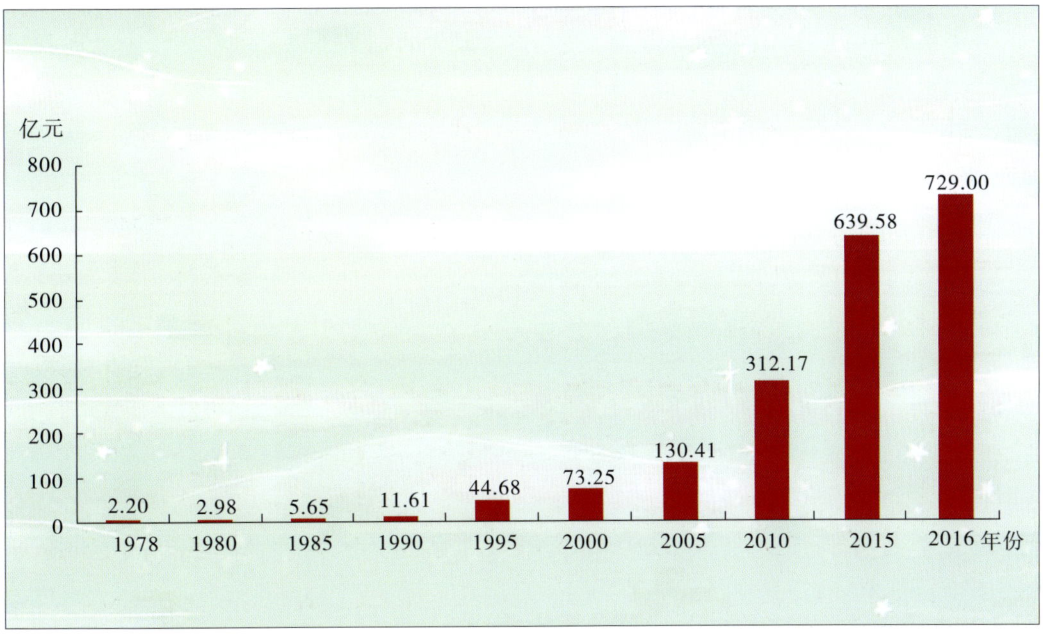

居民消费价格指数

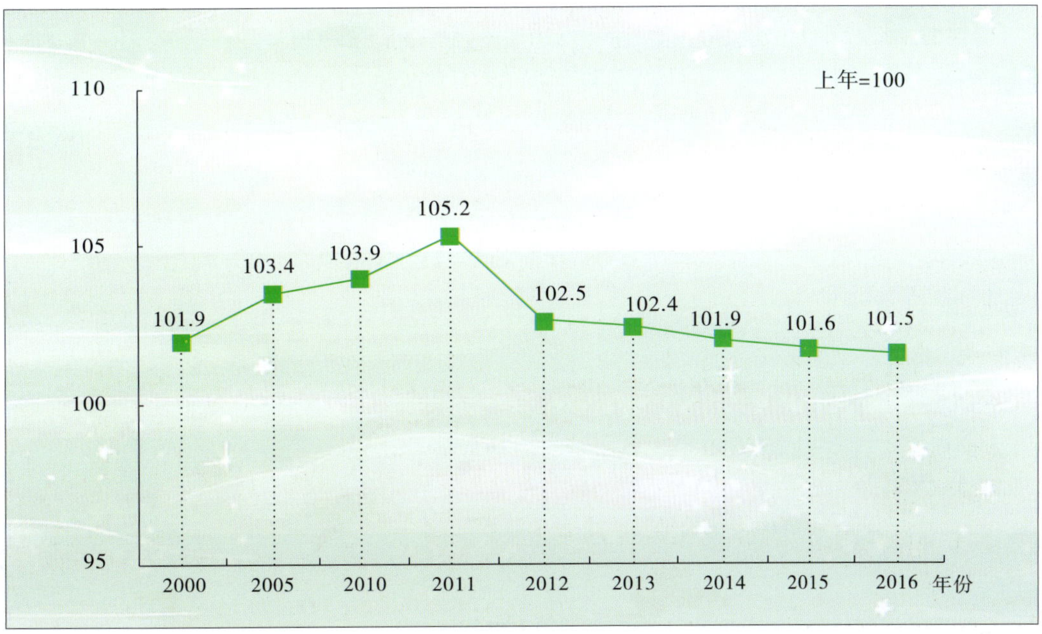

在岗职工平均工资

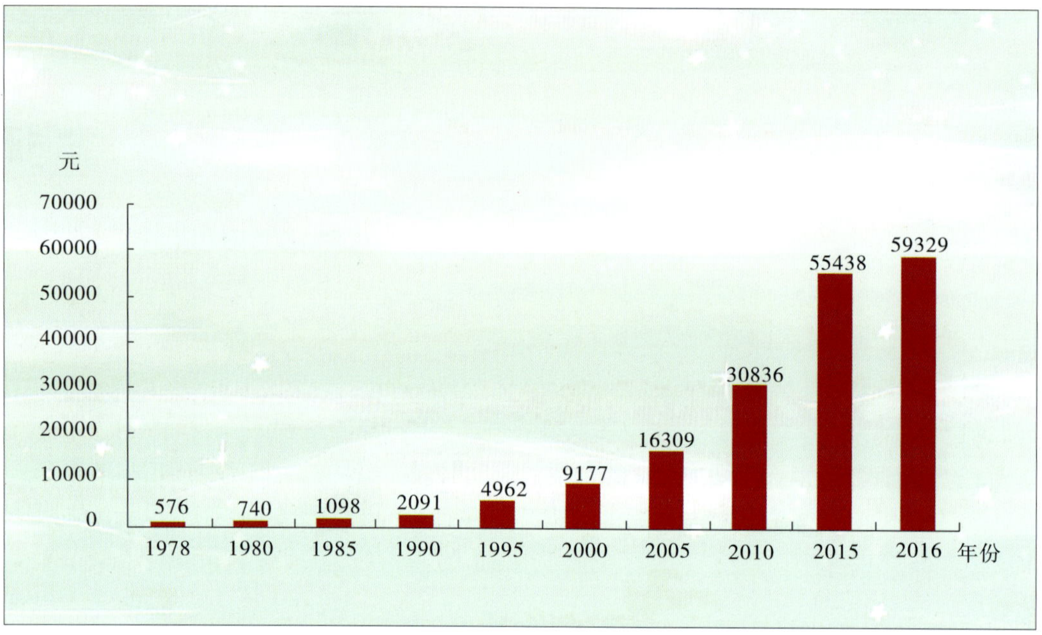

城乡居民收入

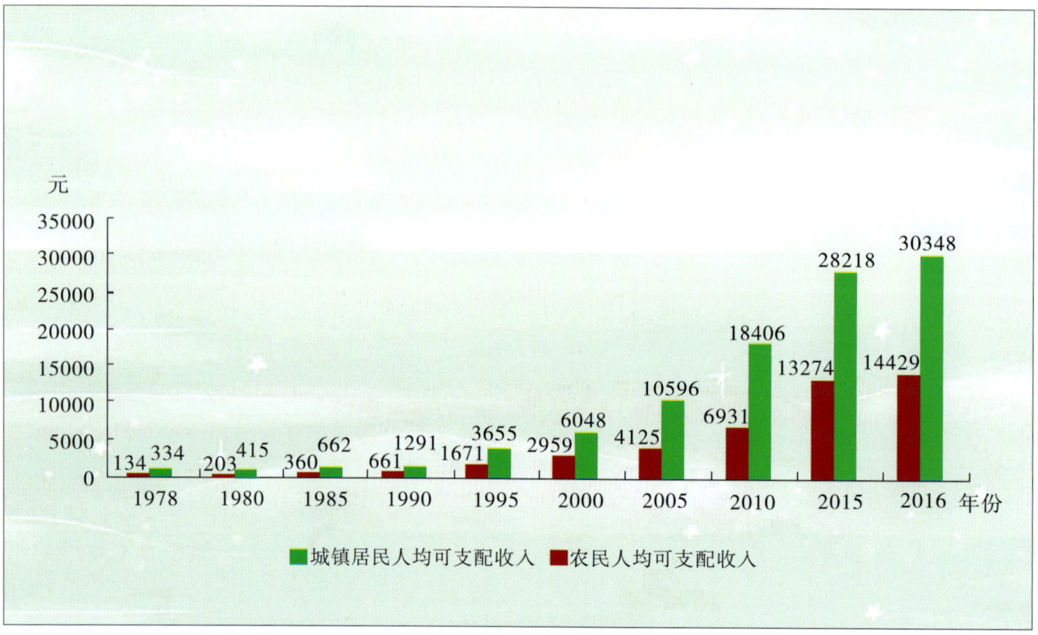

目　　录

第一篇　综　　合

第二篇　国民经济核算

第三篇　人口与劳动力

第四篇 固定资产投资

第五篇 人民生活

第六篇 价格指数

第七篇 财政金额

第八篇 农　业

第九篇 工 业

第十篇 建筑业

第十一篇　交通运输邮电通信业

第十二篇　批发零售贸易与餐饮业

第十三篇　对外经济贸易与旅游

第十四篇　科学　教育　文化

第十五篇 体育 卫生 环境保护与社会福利

第十六篇 市辖区基本情况

第十七篇 各县（市、区）国民经济主要指标

第十八篇　全省及各设区市国民经济主要指标

第十九篇　新中国成立以来龙岩市国民经济和社会发展主要指标

附　　录

第一篇　综　合

Zong　he

供稿人：李明辉、林惠芳、张烽禄

自 然 地 理

位 置

龙岩市位于福建省西部，通称闽西。全市地处东经 115° 51′，北纬 24° 23′ 至 26° 02′。东与泉州、漳州两市接壤，西与江西省赣州市交界，南邻广东省梅州市，北接三明市，处于沿海地区与内陆腹地的结合部，是闽南沿海联接内地的主要通道，在地理位置上具有较大优势。

地 势

龙岩市域地势由东北向西南倾斜，呈东高西低状，平均海拔 460 米，山地丘陵占全市总面积的 94.83%。森林资源丰富，是我省三大林区之一。

土 地	单 位	数 量	森 林	单 位	数 量
土地面积	平方公里	19063	林业用地	公顷	1576853
山 地	平方公里	14964	森林覆盖率	%	77.91
丘 陵	平方公里	3101	森林储积量	万立方米	12139
平 原	平方公里	985	毛竹储积量	万株	46000

河 流

龙岩市域水资源较为丰富。全市集水面积大于 50 平方公里的河流有 129 条，总长度为 4231.7 公里，主要分属汀江和九龙江水系。河川年径流量 188.55 亿立方米，水力资源理论蕴藏量 245.85 万千瓦，可供开发的水能蕴藏量 209.56 万千瓦。

矿 藏

龙岩市矿产资源丰富，已发现的矿物种类有 64 种，已探明资源储量的有 33 种（马坑铁矿是华东第一大铁矿，东宫下高岭土矿是中国最大的高岭土矿之一，紫金山是全国著名的铜金矿区）。目前已探明资源储量的矿产地 300 多处，有 14 种矿产探明资源储量占全省第一位。其中，无烟煤资源储量 6.69 亿吨，占全省资源储量的 51.2%；锰矿资源储量 289.79 万吨，占全省的 55.1%；铁矿资源储量 4.59 亿吨，占全省的 79.8%；铜矿（金属量）资源储量 215.61 万吨，占全省的 94.7%；金矿（金属量）资源储量 15.63 吨，占全省的 19.8%；高岭土原矿资源储量 6407 万吨，占全省的 35.7%；膨润土资源储量 1565.9 万吨，为省内唯一产区。

气 候

全市属亚热带海洋性季风气候，气候温和，四季分明。

年平均气温 20.4℃

年降水量 2624.4 毫米

年日照时数 1490.1 小时

特 产

龙岩农产品主要为水稻、烤烟、茶叶、食用菌等和亚热带水果。工业品主要有煤炭、水泥、工程机械、卷烟、木材、黄金、铜、环境污染防治专用设备等。此外，连城地瓜干、长汀豆腐干、永定菜干、武平猪胆干、上杭萝卜干等被列入闽西八大干。

旅 游

全市主要旅游风景名胜有：国家级风景区连城冠豸山，国家 A 级自然保护区梅花山、武平梁野山，国家级历史名城长汀，国家级文物保护单位古田会址，“世界文化遗产”福建永定土楼，新罗龙崆洞，汀江客家母亲河，形成了我市特色的“楼、山、洞、址、城、区、江”的旅游网络。

1-1 行政区划

（2016年末）

	土地面积（平方公里）	人口密度（人/平方公里）	乡级行政单位数（个）				村（居）委会（个）		
			合计	乡	镇	街道办事处	合计	村委会	居委会
全　市	**19052**	**138.0**	**134**	**36**	**85**	**13**	**1927**	**1783**	**144**
新罗区	2679	270.6	20		10	10	337	282	55
永定区	2224	163.2	24	11	12	1	280	262	18
漳平市	2976	81.3	16	3	11	2	199	174	25
长汀县	3100	129.7	18	5	13		300	290	10
上杭县	2859	130.8	22	5	17		345	331	14
武平县	2638	105.0	17	5	12		219	214	5
连城县	2576	95.9	17	7	10		247	230	17

注：1、人口密度按常住人口计算。

2、36个乡中，包括2个民族乡，分别是上杭县庐丰畲族乡和官庄畲族乡。

1-2 主要年份国民经济主要指标

项 目	单位	1978年	1980年	1985年	1990年	1995年	2000年	2005年	2010年	2015年	2016年
1、地区生产总值（GDP）	亿元	5.18	6.99	14.81	37.85	124.73	209.51	399.59	990.90	1738.49	1895.67
#第一产业	亿元	2.35	2.99	5.74	11.32	38.51	55.75	78.06	128.89	200.62	223.39
第二产业	亿元	1.78	2.42	5.85	12.87	47.68	78.90	175.11	527.69	914.82	966.67
第三产业	亿元	1.05	1.58	3.22	13.66	38.54	74.86	146.42	334.32	623.05	705.61
人均地区生产总值	元	245	323	627	1451	4519	7782	15179	38795	66865	72354
工农业总产值	亿元	7.97	9.22	19.25	48.90	170.34	285.37	520.79	1490.91	2324.39	2614.00
财政总收入	亿元	0.87	1.04	2.13	4.73	13.55	28.61	57.95	163.32	269.81	266.07
#地方财政收入	亿元					6.26	10.91	20.83	66.75	124.61	131.41
财政支出	亿元	0.77	0.89	1.98	4.17	10.71	17.63	31.65	110.81	257.97	274.27
年末金融机构人民币存款余额	亿元	1.63	2.04	6.29	17.23	65.55	140.68	295.88	784.76	1562.85	1753.76
年末金融机构人民币贷款余额	亿元	2.04	2.23	6.12	18.74	57.36	106.82	211.02	723.39	1360.65	1434.19
2、年末总人口	万人	212.46	218.08	238.12	265.38	277.92	285.89	286.83	295.73	309.38	313.29
3、城镇从业人员	万人	17.02	16.20	20.46	22.99	26.80	25.27	29.65	47.38	65.69	74.16
#职工	万人	17.02	16.20	19.67	21.45	23.01	19.83	20.17	29.28	28.44	28.68
4、固定资产投资	亿元	0.50	0.76	3.09	4.21	41.53	67.73	123.65	553.23	1934.21	2188.04
#国有经济	亿元	0.42	0.72	2.21	2.79	20.22	38.57	22.87	125.42	445.22	659.33
集体经济	亿元	0.08	0.03	0.40	0.56	4.41	12.87	7.61	11.08	150.22	171.66
5、物价指数											
居民消费价格指数（上年=100）	%		104.6	110.4	98.1	114.8	101.9	103.4	103.9	101.6	101.5
6、人民生活											
职工工资总额	亿元	0.84	1.17	2.08	4.44	11.2	18.59	32.26	86.61	154.26	167.76
职工平均工资	元	576	740	1098	2091	4962	9177	16309	30836	55438	59329
城镇居民人均可支配收入	元	334	415	662	1291	3655	6048	10596	18406	28218	30348
农民人均可支配收入	元	134	203	360	661	1671	2959	4125	6931	13274	14429
城乡居民人民币储蓄存款余额	亿元	0.50	0.68	2.45	10.10	41.15	89.82	178.85	394.48	727.01	809.30
7、农业总产值	亿元	4.14	4.43	8.00	17.27	59.14	88.26	126.30	212.31	337.53	378.03
主要农产品产量											
粮食	万吨	74.53	75.89	85.52	97.80	112.23	116.86	96.06	98.63	109.96	109.80
烤烟	万吨	0.28	0.43	2.13	2.28	2.68	3.13	3.24	3.53	3.89	4.01
茶叶	吨	348	410	1461	1795	3268	4908	6362	13392	21702	22882
水果	万吨	0.21	0.31	1.11	3.04	11.31	21.60	38.56	33.79	43.96	47.22
肉类总产量	万吨	1.95	2.42	4.89	7.85	15.58	24.98	41.74	43.25	47.96	48.77
水产品	吨	468	840	3373	7247	20365	39484	41513	62115	75941	81100

注：1、固定资产投资2015年及以前年份为全社会固定资产投资口径。

2、农民人均可支配收入2012年及以前年份为农民人均纯收入。

1–2　主要年份国民经济主要指标（续）

项　　目	单位	1978年	1980年	1985年	1990年	1995年	2000年	2005年	2010年	2015年	2016年
8、工业总产值	亿元	3.84	4.8	11.24	31.64	111.2	197.12	387.2	1278.60	1986.86	2235.97
主要工业产品产量											
黄金	千克					91	4018	11480	24281	71235	76824
卷烟	万箱	10.06	10.68	21.7	31.01	34.22	48.5	61.5	87.45	99.83	88.22
布	万米	602	755	746	1335	1197	1335	1581	9824	27576	27665
纱	万吨		0.04	0.58	0.46	0.80	1.14	2.62	9.15	19.69	22.31
机制纸及纸板	万吨	0.54	0.82	1.41	3.09	5.26	8.73	10.52	8.11	3.78	3.59
化肥（折纯）	万吨	1.42	2.42	3.46	5.61	7.26	7.02	8.05	8.44	22.20	17.30
水泥	万吨	16.56	22.96	49.59	137	559	647	1200	2926	3591	3732
环境污染防治专用设备	台(套)							235	2551	1959	13105
发电量	亿千瓦时	4.28	3.22	5.18	17.92	36.55	44.14	68.91	100.81	85.07	93.80
9、交通、邮电											
公路货运量	万吨	159	176	93	91	906	1573	3261	8889	10299	8281
公路货物周转量	亿吨公里	0.86	1.08	1.15	0.95	8.23	12.33	29.69	79.65	115.12	115.65
公路客运量	万人	483	716	1420	1372	1209	1658	2610	3881	2094	2023
公路旅客周转量	亿人公里	1.65	2.52	5.48	6.30	7.86	10.89	18.22	21.35	12.19	12.08
移动电话用户数	万户					0.52	21.1	87.56	201.60	252.89	260.33
10、社会消费品零售总额	亿元	2.20	3.11	6.56	14.99	44.68	73.25	130.41	312.17	639.58	729.00
11、外贸出口总额	万美元				783	4605	4498	16439	131336	257708	231778
实际利用外资	万美元			84	145	7978	4015	5161	16637	26000	27768
12、教育											
普通高校在校学生数	人	657	1168	1149	1282	1752	3820	11488	14100	17846	18044
普通中学在校生数	万人	12.53	12.11	11.52	10.77	15.59	20.76	25.11	15.23	12.46	12.42
13、医院数	个	123	132	134	143	155	157	156	150	157	158
卫生技术人员数	人	4470	4795	5488	7102	7348	7796	7260	12592	17858	18275
医疗床位数	张	4452	4489	4982	6100	6199	8648	7928	11213	16601	16955

1-3 主要年份国民经济主要指标发展速度

	2016年为以下各年的%								
	1978年	1980年	1985年	1990年	1995年	2000年	2005年	2010年	2015年
1、地区生产总值（GDP）	6534.4	5450.9	3258.1	1907.7	982.8	577.2	359.1	181.7	108.1
#第一产业	919.9	850.0	554.2	444.0	281.1	187.5	149.5	126.2	103.6
第二产业	13876.7	10420.2	5254.9	3466.9	1429.1	814.6	466.5	202.8	107.4
第三产业	12732.3	9591.5	6347.3	1985.3	1062.9	580.6	338.7	169.3	110.5
人均地区生产总值	5240.1	4485.7	2926.5	1891.2	1031.3	590.2	360.1	177.5	107.3
工农业总产值	9067.4	8235.6	5321.3	3254.6	1535.6	826.9	484.5	194.6	107.1
财政总收入	30579.9	25581.3	12490.4	5624.6	1963.4	929.9	459.1	162.9	98.6
财政支出	29569.8	25582.9	11499.4	5460.1	2125.9	1291.5	719.4	205.5	106.3
2、年末户籍总人口	147.5	143.7	131.6	118.0	112.8	109.6	109.3	106.0	101.3
3、城镇从业人员	480.8	505.1	400.0	356.0	305.3	323.8	276.0	172.7	112.9
#职工	202.6	212.8	175.3	160.7	149.8	173.9	170.9	117.7	100.8
4、固定资产投资	469429.2	308835.0	75959.4	55751.7	5651.7	3465.4	1898.2	402.6	115.2
#国有经济	168037.4	98337.1	32171.5	25475.8	3518.9	1844.6	3110.9	525.7	148.1
集体经济	329387.7	788743.9	65893.6	47132.2	5936.3	2034.7	3441.0	1549.1	114.3
5、人民生活									
在岗职工工资总额	23534.8	16896.8	9504.5	4452.5	1765.1	1063.4	612.8	228.3	108.8
在岗职工平均工资	10300.2	8017.4	5403.4	2837.4	1195.7	646.5	363.8	192.4	107.0
城镇居民人均可支配收入	10038.5	8079.2	5064.7	2597.1	917.3	554.4	316.4	182.2	107.5
农民人均可支配收入	10505.7	6934.8	3910.5	2129.8	842.5	475.8	341.3	203.1	108.7
城乡居民人民币储蓄存款余额	161860.4	119015.0	33032.7	8012.9	1966.7	901.0	452.5	205.2	111.3
6、农林牧渔业总产值	828.3	774.2	637.2	481.3	295.5	192.0	155.1	130.8	103.8
主要农产品产量									
粮食	147.3	144.7	128.4	112.3	97.8	94.0	114.3	111.3	99.9
烤烟	1430.8	931.7	188.1	175.7	149.5	128.0	123.7	113.3	103.1
茶叶	6575.3	5581.0	1566.2	1274.8	700.2	466.2	359.7	170.9	105.4

1–3　主要年份国民经济主要指标发展速度（续）

	2016年为以下各年的%								
	1978年	1980年	1985年	1990年	1995年	2000年	2005年	2010年	2015年
水果	20177.7	14080.0	3874.7	1413.1	379.8	198.9	135.2	147.8	107.4
肉类总产量	2500.9	2015.2	997.3	621.3	313.0	195.2	116.8	112.8	101.7
水产品	17329.1	9654.8	2404.4	1119.1	398.2	205.4	155.1	130.6	106.8
7、工业总产值	25793.5	22413.6	11044.2	5795.0	2399.2	1185.0	621.7	208.5	107.6
主要工业产品产量									
卷烟	877.0	826.1	406.6	284.5	257.8	181.9	143.5	100.9	88.4
布	6907.4	5507.6	5574.1	3114.8	3473.9	3114.8	2630.1	423.3	100.3
纱	0.0	85765.9	6091.2	7713.3	4426.7	3089.4	1346.9	385.1	113.3
机制纸及纸板	770.1	507.2	294.9	134.6	79.1	47.6	39.5	51.3	95.2
化肥（折纯）	1371.0	804.5	562.7	347.0	268.2	277.3	241.8	230.5	77.9
水泥	27784.6	20039.8	9278.3	3358.5	823.6	711.6	383.3	157.2	103.9
发电量	2848.0	3785.6	2353.2	680.2	333.5	276.2	176.9	120.9	110.3
8、公路货物周转量	26168.6	20886.7	19497.6	23640.3	2732.3	1823.5	757.3	282.3	100.5
公路旅客周转量	1053.6	688.4	316.5	275.3	220.7	159.2	95.2	89.5	99.1
9、社会消费品零售总额	33144.0	23410.8	11120.4	4862.3	1631.5	995.1	559.1	233.5	114.0
10、外贸出口总额				29601.3	5033.2	5152.9	1409.9	176.5	89.9
11、教育									
普通高校在校学生数	2746.4	1544.9	1570.4	1407.5	1029.9	472.4	157.1	128.0	101.1
医院数	128.5	119.7	117.9	110.5	101.9	100.6	101.3	105.3	100.6
卫生技术人员数	408.8	381.1	333.0	257.3	248.7	234.4	251.7	145.1	102.3

1-4　各时期主要经济指标年平均增长速度

单位：%

项　　目	“六五时期”	“七五时期”	“八五时期”	“九五时期”	“十五时期”	“十一五时期”	“十二五时期”
1、地区生产总值(GDP)	10.8	11.3	14.2	11.2	10.1	14.6	10.9
第一产业	8.9	4.5	9.6	8.4	4.6	3.4	4.0
第二产业	14.7	8.7	19.4	11.9	11.7	18.1	13.6
第三产业	8.6	26.2	13.3	12.9	11.8	14.9	8.9
2、财政总收入	15.4	17.3	23.4	16.7	15.8	23.0	10.6
3、工农业总产值	9.1	10.1	16.3	13.2	11.3	20.0	11.8
工业总产值	15.2	13.3	19.5	14.7	13.8	24.4	14.1
农林牧渔业总产值	4.0	5.7	10.3	9.0	4.4	3.5	4.0
4、全社会固定资产投资	28.2	8.2	55.4	7.1	12.8	36.4	28.4
#国有经济	25.1	4.8	48.6	13.8	-10.0	42.7	28.8
5、职工平均工资	8.9	13.7	18.9	13.1	12.2	13.6	12.4
城镇居民可支配收入	9.8	14.3	23.1	10.6	11.9	11.7	11.0
农民人均可支配收入		12.9	20.4	12.1	6.9	10.9	13.3
6、社会消费品零售总额	16.1	18	24.4	10.4	12.2	19.1	15.4

1–5 主要年份国民经济主要指标比例关系

单位：%

项　　目	1978年	1980年	1985年	1990年	1995年	2000年	2005年	2010年	2015年	2016年
1、地区生产总值（GDP）	100.0	100.0	100.0	100.0	100.0	100.0	100.0	100.0	100.0	100.0
第一产业	45.3	42.8	38.8	29.9	30.9	26.6	19.5	13.0	11.5	11.8
第二产业	34.4	34.6	39.5	34.0	38.2	37.7	43.8	53.3	52.6	51.0
第三产业	20.3	22.6	21.7	36.1	30.9	35.7	36.7	33.7	35.9	37.2
2、工农业总产值	100.0	100.0	100.0	100.0	100.0	100.0	100.0	100.0	100.0	100.0
农　业	60.9	59.2	41.6	35.3	34.7	30.9	25.7	14.2	14.5	85.5
工　业	39.1	40.8	58.4	64.7	65.3	69.1	74.3	85.8	85.5	14.5
3、农林牧业总产值	100.0	100.0	100.0	100.0	100.0	100.0	100.0	100.0	100.0	100.0
农　业	79.6	73.3	64.9	55.0	51.0	48.2	41.9	41.5	44.1	43.4
林　业	9.3	10.7	12.6	15.2	10.7	9.4	11.0	12.8	13.7	12.3
牧　业	11.0	15.9	21.3	27.6	32.8	35.7	39.4	38.7	35.9	38.2
渔　业	0.1	0.1	1.2	2.2	5.5	6.7	4.9	4.5	4.0	3.9
服务业							2.8	2.5	2.3	2.2
4、固定资产投资						100.0	100.0	100.0	100.0	100.0
第一产业						2.4	2.8	2.8	5.0	7.2
第二产业						42.1	44.4	44.0	48.5	44.8
第三产业						55.5	52.8	53.2	46.5	48.0
5、财政支出总额	100.0	100.0	100.0	100.0	100.0	100.0	100.0	100.0	100.0	100.0
一般公共服务								12.1	7.8	8.7
教育								20.6	21.3	20.1
科学技术								1.3	2.2	2.0
文化体育与传媒								1.7	2.3	1.9
社会保障和就业								10.2	8.1	8.0
医疗卫生								7.9	10.7	10.7
环境保护								3.6	2.4	3.5

注：1、2005年起，农林牧渔业总产值含农林牧渔服务业。

2、固定资产投资2015年及以前年份为全社会固定资产投资。

1–6　主要年份平均每天主要社会经济活动

	单位	1978 年	1980 年	1985 年	1990 年	1995 年	2000 年	2005 年	2010 年	2015 年	2016 年
1、地区生产总值（GDP）	万元	142	192	406	1037	3417	5740	10948	27148	47630	51936
2、工农业总产值	万元	218	252	527	1340	4667	7818	14268	40847	63682	71616
工业总产值	万元	105	131	308	867	3047	5400	10608	35030	54434	61259
农业总产值	万元	113	121	219	473	1620	2148	3460	5817	9247	10357
3、财政总收入	万元	24	28	58	130	371	802	1673	4475	7392	7290
财政总支出	万元	21	24	54	114	293	497	937	3036	3414	3600
4、主要工农产品产量											
发电量	万千瓦时	117	88	142	491	1001	1209	1888	2762	2331	2570
水泥	吨	454	629	1359	3753	15305	17716	32884	80164	98385	102249
布	万米	1.65	2.07	2.04	3.66	3.28	3.66	4.33	26.92	75.55	75.80
纱	吨		1	16	13	22	31	72	251	539	611
机制纸及纸板	吨	15	22	39	85	144	239	288	222	103	98
化肥（折纯）	吨	39	66	95	154	199	192	221	231	608	474
卷烟	箱	276	293	595	850	938	1329	1685	2396	2735	2417
粮食	吨	2042	2079	2343	2679	3075	3202	2632	2702	3013	3008
水果	吨	5.8	8.5	30.4	83.3	309.9	592	871	796	1204	1294
肉类产量	吨	53	66	134	215	427	684	1144	1185	1314	1336
水产品	吨	1.3	2.3	9.2	19.9	55.8	108	114	170	208	222
5、固定资产投资	万元	14	21	85	115	1138	1605	3388	15971	52992	59946
6、社会消费品零售额	万元	60	82	155	318	890	1459	3525	8552	17523	19973

注：1、本表价值量指标按当年价计算。

2、固定资产投资 2015 年以前及年份为全社会固定资产投资。

1-7　主要年份主要经济指标占全省的比重

单位：%

	1978年	1980年	1985年	1990年	1995年	2000年	2005年	2010年	2015年	2016年
1、地区生产总值（GDP）	7.8	8.0	7.4	7.2	5.9	5.6	5.9	6.7	6.7	6.6
第一产业	9.8	9.4	8.4	7.6	8.0	8.7	9.7	9.5	9.5	9.5
第二产业	6.3	6.8	8.1	7.4	5.5	4.8	5.4	7.0	7.0	7.0
第三产业	7.4	8.1	5.4	6.8	5.1	5.0	5.2	5.7	5.8	5.7
2、财政总收入	5.8	6.8	8.5	8.3	7.3	7.9	7.8	7.9	6.5	6.2
#地方财政收入					5.3	4.7	4.8	5.8	4.9	5.0
3、年末户籍总人口	8.7	8.7	8.8	8.8	8.8	8.7	8.5	8.4	8.3	8.3
4、固定资产投资	3.8	4.1	5.6	3.6	6.1	6.3	5.3	7.0	8.9	9.5
5、农林牧渔业总产值	11.4	9.7	8.1	7.6	7.7	8.5	9.6	9.2	9.1	9.1
农业	11.7	10.4	8.7	8.0	8.9	10.1	9.7	9.0	9.2	9.2
林业	16.9	13.8	11.1	12.2	10.7	10.1	14.3	14.3	14.7	14.8
牧业	11.8	9.6	8.7	8.9	11.3	15.1	19.6	21.6	21.2	21.2
渔业	0.2	0.4	0.8	1.1	1.7	1.8	1.7	1.4	1.2	1.2
农林牧渔服务业								6.1	5.9	5.9
6、工业总产值	6.1	5.9	6.5	6.0	4.2	3.7	3.9	5.4	4.5	4.7
7、主要工农产品产量										
粮食	10.0	9.5	10.8	11.1	12.2	12.3	14.7	14.9	16.6	16.9
烤烟	22.8	33.1	62.6	53.5	46.9	33.3	31.5	28.1	26.8	27.7
水果	2.1	2.4	3.8	4.0	4.7	6.1	6.6	5.1	5.3	5.5
肉类	6.8	8.3	9.8	10.6	12.3	17.1	21.4	24.0	21.9	21.6
原煤	48.4	51.8	48.0	47.1	50.9	40.5	58.5	62.9	60.5	62.7
发电量	10.5	6.5	6.7	13.1	14.0	9.5	8.9	7.4	4.8	6.4
水泥	13.7	14.8	17.1	25.4	37.0	35.0	44.2	50.5	46.4	46.1
卷烟	49.4	46.2	46.9	40.6	42.1	49.2	50.8	51.8	53.0	53.0
8、社会消费品零售总额	7.2	6.6	9.9	5.6	4.8	5.5	5.5	5.8	6.1	6.2

注：固定资产投资2015年及以前年份为全社会固定资产投资口径。

1-8 历年工农业总产值及指数

（1978–2016 年）

单位：万元、%

年 份	工农业总产值	农 林 牧渔业 总产值	工 业 总产值	工农业总产值指数（1978 年＝100）	农 林 牧渔业 总产值	工 业 总产值
1978	79732	41374	38358	100.0	100.0	100.0
1979	85577	43228	42349	104.9	104.5	105.5
1980	92244	44253	47991	110.1	107.0	115.1
1981	107224	54756	52468	116.4	113.4	121.1
1982	123213	64026	59187	126.4	122.3	132.9
1983	126477	65452	61025	130.9	127.7	135.9
1984	152624	74442	78182	150.1	139.2	167.1
1985	192452	80044	112408	170.4	130.0	233.5
1986	221083	80354	140729	183.5	130.9	265.6
1987	290570	95873	194697	210.3	141.4	317.7
1988	379007	126340	252667	241.0	152.9	378.6
1989	456023	152149	303874	260.4	158.4	419.7
1990	489049	172687	316362	278.6	172.1	445.1
1991	567199	192823	374376	310.1	183.1	508.4
1992	717364	227050	490314	371.0	197.9	641.2
1993	1109592	319558	790034	467.5	219.3	855.0
1994	1529993	442283	1087710	583.9	243.6	1115.3
1995	1703361	591383	1111978	590.5	280.3	1074.9
1996	2029950	704928	1325022	692.8	312.0	1287.2
1997	2343492	785728	1557764	818.2	367.5	1521.7
1998	2532780	810627	1722153	899.5	381.8	1707.3
1999	2784644	851458	1933186	996.0	411.6	1945.1
2000	2853746	882554	1971192	1096.6	431.4	2176.8
2001	3074139	903778	2170361	1188.1	446.5	2395.1
2002	3471025	931517	2539508	1317.6	473.7	2704.1
2003	3655213	1026757	2628456	1467.8	492.2	3115.1
2004	4495400	1235848	3259552	1663.6	516.8	3604.2
2005	5207861	1335817	3872044	1871.4	533.9	4148.4
2006	6149132	1315769	4833363	2212.9	542.4	5110.8
2007	7991990	1597038	6394952	2739.6	557.1	6669.6
2008	10084872	1939628	8145244	3217.2	582.1	8070.2
2009	11373197	1896662	9476535	3775.7	608.9	9715.3
2010	14909096	2123098	12785998	4659.3	633.3	12367.5
2011	19959623	2528621	17431002	5484.0	658.0	14803.9
2012	16389932	2657880	13732052	6246.2	682.3	17083.7
2013	18872667	2906319	15966348	7051.4	713.7	19543.8
2014	21549566	3138423	18411143	7855.3	742.2	22025.8
2015	23243875	3375286	19868589	8485.2	771.9	23942.1
2016	26140010	3780310	22359700	9087.6	801.3	25761.6

注：本表按当年价格计算。

1-9 法人单位数和从业人员数

（2016 年）

项　　目	法人单位数（个）	单产业法人	多产业法人	法人单位就业人数（人）
一、按登记注册类型分	**37660**	**35212**	**2448**	**1042794**
内资	37300	34868	2432	998755
国有	3618	3121	497	126115
集体	590	517	73	12027
股份合作	186	178	8	4107
联营	68	65	3	1455
国有联营	9	8	1	180
集体联营	31	29	2	635
国有与集体联营	11	11	0	167
其他联营	17	17	0	473
有限责任公司	5517	5322	195	204226
国有独资公司	145	119	26	18864
其他有限责任公司	5372	5203	169	185362
股份有限公司	616	565	51	37992
私营	17927	17642	285	487203
私营独资	3745	3723	22	34500
私营合伙	1521	1508	13	15370
私营有限责任公司	11776	11536	240	402703
私营股份有限公司	885	875	10	34630
其他内资	8769	7449	1320	125630
港澳台商投资	267	259	8	31673
与港澳台商合资经营	55	51	4	5052
与港澳台商合作经营	4	4	0	564
港澳台商独资	195	191	4	24407
港澳台商投资股份有限公司	7	7	0	304
其他港、澳、台商投资	6	6	0	1346
外商投资	102	94	8	12366
中外合资经营	36	33	3	3934
中外合作经营	2	2	0	11
外资企业	49	47	2	6308
外商投资股份有限公司	9	6	3	1591
其他外商投资	6	6	0	522

1-9 法人单位数和从业人员数(续)

(2016年)

项 目	法人单位数(个)	单产业法人	多产业法人	法人单位就业人数(人)
二、按机构类型分组	**37660**	**35212**	**2448**	**1042794**
企业	27300	26610	690	842086
事业单位	2457	2235	222	74352
机关	774	511	263	33011
社会团体	2411	2385	26	30311
民办非企业单位	416	412	4	5589
基金会	9	9	0	44
居委会	131	104	27	1565
村委会	1808	612	1196	21483
农民专业合作社	1158	1153	5	19247
其他组织机构	1196	1181	15	15106
三、按行业门类分组	**37660**	**35212**	**2448**	**1042794**
农、林、牧、渔业	3630	3615	15	46427
采矿业	696	686	10	32886
制造业	4645	4580	65	229660
电力、燃气及水的生产和供应业	1157	1129	28	16957
建筑业	1328	1210	118	327249
批发和零售业	9482	9253	229	98895
交通运输、仓储和邮政业	651	602	49	18233
住宿和餐饮业	587	573	14	12457
信息传输、软件和信息技术服务业	612	601	11	5114
金融业	257	213	44	8995
房地产业	949	912	37	15519
租赁和商务服务业	2734	2690	44	30004
科学研究和技术服务业	1350	1309	41	14046
水利、环境和公共设施管理业	410	395	15	7430
居民服务、修理和其他服务业	507	503	4	6630
教育	1161	1045	116	45170
卫生和社会工作	385	344	41	18716
文化、体育和娱乐业	789	775	14	8471
公共管理、社会保障和社会组织	6330	4777	1553	99935

1-10 各县（市、区）按机构类型分的法人单位数

（2016 年）　　单位：个

地　区	法　人 单位数	企业法人	事业法人	机关法人	社团法人	其他法人
龙岩市	37660	27300	2457	774	2411	4718
新罗区	12685	10871	581	174	399	660
永定区	4307	2682	472	114	166	873
漳平市	3431	2456	223	83	130	539
长汀县	4608	3003	318	124	456	707
上杭县	5085	3216	340	84	678	767
武平县	3737	2339	288	97	411	602
连城县	3807	2733	235	98	171	570

1-11 各县（市、区）按营业状态分的企业法人单位数

（2016 年）　　单位：个

地区	企业法人 单位数	营　业	停　业	筹　建	当年关闭	当年破产	其　他
龙岩市	27300	22683	729	2122	797	35	934
新罗区	10871	8585	273	1152	87	2	772
永定区	2682	2336	104	164	49	9	20
漳平市	2456	2225	68	20	130	5	8
长汀县	3003	2449	75	251	200	2	26
上杭县	3216	2850	53	212	65	6	30
武平县	2339	1849	70	285	87	5	43
连城县	2733	2389	86	38	179	6	35

1-12 各县（市、区）按行业门类分的法人单位数

（2016 年）

单位：个

	龙岩市	新罗区	永定区	漳平市	长汀县	上杭县	武平县	连城县
农、林、牧、渔业	3630	449	755	513	463	599	364	487
采矿业	696	185	143	93	47	72	58	98
制造业	4645	1418	449	426	875	561	393	523
电力、热力、燃气及水生产和供应业	1157	157	172	161	102	225	183	157
建筑业	1328	701	94	75	94	230	85	49
批发和零售业	9482	4245	775	767	912	873	838	1072
交通运输、仓储和邮政业	651	271	87	89	57	56	35	56
住宿和餐饮业	587	217	93	41	74	48	61	53
信息传输、软件和信息技术服务业	612	391	41	43	30	52	23	32
金融业	257	144	25	12	26	16	16	18
房地产业	949	499	67	70	82	82	88	61
租赁和商务服务业	2734	1405	223	200	210	329	145	222
科学研究和技术服务业	1350	539	117	149	117	136	200	92
水利、环境和公共设施管理业	410	86	38	40	52	78	69	47
居民服务、修理和其他服务业	507	226	56	52	45	49	38	41
教育	1161	211	230	95	156	184	184	101
卫生和社会工作	385	101	41	41	64	69	40	29
文化、体育和娱乐业	789	267	109	56	129	90	78	60
公共管理、社会保障和社会组织	6330	1173	792	508	1073	1336	839	609

1-13 各县（市、区）按登记注册类型分的企业法人单位数

（2016年）

单位：个

地区	企业数	内资	国有	集体	股份合作企业	联营企业	有限责任公司	股份有限公司	私营	其他	港澳台商投资	外商投资
龙岩市	27300	26935	428	349	175	53	5511	615	17688	2116	263	102
新罗区	10871	10776	171	130	52	18	2215	161	7815	214	57	38
永定区	2682	2643	53	38	2	4	575	22	1804	145	30	9
漳平市	2456	2400	25	37	10	5	870	44	1206	203	48	8
长汀县	3003	2895	51	48	58	9	638	262	1569	260	90	18
上杭县	3216	3194	37	21	6	1	675	31	2179	244	11	11
武平县	2339	2315	47	38	25	4	379	38	1579	205	17	7
连城县	2733	2712	44	37	22	12	159	57	1536	845	10	11

主要统计指标解释

当年价格　指报告期当年的实际价格，如：工业生产者的出厂价格、农产品的收购价格、商品的零售价格等。使用当年价格计算一些以货币表现的物量指标，是为了使国民经济指标互相衔接，便于考察当年社会经济效益，便于对生产、流通、分配、消费之间进行综合平衡。因此，当我们需要反映当年的实际收入情况时就应采用当年价格。如：1999年我国国内生产总值为81910.9亿元，它反映1999年在我国领土范围内所生产的以货币表现的产品和劳务总量。

可比价格　指在不同时期的价值指标对比时，扣除了价格变动的因素，以确切反映物量的变化。按可比价格计算有两种方法：一是直接按产品产量乘其不变价格计算；一种是采用物价指标换算。

不变价格　从字面意义上我们不难理解，它是固定不变的价格，因此也叫固定价格，它是用某一时期同类产品的平均价格作为固定价格来计算各个时期的产品价值，目的是为了消除各时期价格变动的影响，保证前后时期之间、地区之间、计划与实际之间指标的可比性。新中国成立以后，随着工农业产品价格水平的变化，国家统计局先后五次制订了全国统一的工业产品不变价格和农产品不变价格，即从1949年到1957年使用1952年工(农)业产品不变价格；从1957年到1971年使用1957年不变价格；从1971年到1981年使用1970年不变价格；从1981年到1991年使用1980年不变价格；从1991年开始使用1990年不变价格。同一年份利用不同的不变价格计算出来的数值是不一样的，如1990年工业总产值按1980年不变价格计算为1159.95亿元，按1990年不变价格计算则为1731.03亿元。

指　　数　广义的指数是用来测定一个变量对于一个特定变量值大小的相对数，凡一切相对数从广义上讲，都可以称为指数。因此，发展速度、计划完成指标等都可以称为指数。但是，通常意义上的指数是指狭义的指数，指用来综合反映多种不同事物在数量上的总变动的一种特殊相对数，主要表现为动态相对数形式。

第二篇 国民经济核算

Guo min jing ji he suan

供稿人：王群英

2-1 历年地区生产总值

单位：万元

年份	地区生产总值（GDP）	第一产业	第二产业	第三产业	人均地区生产总值（元）
1949	7449	5489	640	1320	69
1950	7857	5856	682	1319	71
1951	8635	6345	818	1472	77
1952	10331	7691	1022	1618	90
1953	11323	8224	1274	1825	96
1954	11417	8166	1268	1983	95
1955	12314	8595	1410	2309	101
1956	13626	9188	2059	2379	110
1957	14556	9110	2520	2926	115
1958	18144	9637	4850	3657	139
1959	22125	9752	7362	5011	161
1960	20632	7438	7763	5431	147
1961	16532	8522	3666	4344	123
1962	15773	9002	2872	3899	118
1963	16910	9103	3531	4276	123
1964	18042	10561	2937	4544	129
1965	19264	10559	4265	4440	134
1966	21882	11725	5247	4910	147
1967	20737	11525	4514	4698	135
1968	19215	11589	2800	4826	121
1969	23756	12848	5179	5729	143
1970	26784	13607	7153	6024	154
1971	31330	14232	9836	7262	175
1972	32119	14332	10852	6935	174
1973	34373	15281	11749	7343	181
1974	38092	17079	12926	8087	196
1975	38126	16090	14028	8008	192
1976	41087	17088	14346	9653	202
1977	43856	17130	16312	10414	211
1978	51751	23468	17775	10508	245
1979	57928	26409	19118	12401	271
1980	69918	29884	24208	15826	323

注：本表按当年价格计算。

2-1　历年地区生产总值（续）

单位：万元

年　　份	地　　区 生产总值 （GDP）	第一产业	第二产业	第三产业	人均地区 生产总值 （元）
1981	79377	35575	24258	19544	361
1982	86505	40343	26035	20127	385
1983	90944	41106	29633	20205	397
1984	116951	49313	44061	23577	503
1985	148126	57355	58505	32266	627
1986	173167	55611	70805	46751	722
1987	217530	64449	84369	68712	892
1988	289777	82945	114904	91928	1166
1989	353793	100455	127095	126243	1395
1990	378470	113171	128710	136589	1451
1991	432834	128338	147190	157306	1618
1992	534421	150854	202745	180822	1974
1993	765034	213791	319879	231364	2813
1994	1027499	304155	414802	308542	3736
1995	1247299	385118	476832	385349	4519
1996	1457545	466598	534402	456545	5276
1997	1639265	501862	617602	519801	5972
1998	1810418	520355	688583	601480	6638
1999	1970178	539877	768872	661429	7270
2000	2095075	557469	788966	748640	7782
2001	2239145	567078	828667	843400	8360
2002	2478046	583633	954450	939963	9291
2003	2847680	626717	1145860	1075104	10721
2004	3377387	741381	1403846	1232160	12771
2005	3995920	780573	1751121	1464225	15179
2006	4701935	812413	2165220	1724302	17946
2007	5951577	972369	2829891	2149317	22831
2008	7340601	1168909	3542642	2629050	28307
2009	8248814	1149937	4140044	2958833	31981
2010	9908973	1288944	5276856	3343173	38795
2011	12421544	1532368	7019718	3869457	48554
2012	13567808	1620012	7520686	4427110	52896
2013	14807098	1728525	7975376	5103198	57426
2014	16215793	1878045	8732618	5605130	62730
2015	17384902	2006152	9148205	6230545	66865
2016	18956670	2233892	9666661	7056117	72354

注：本表按当年价格计算。

2-2 历年地区生产总值指数

（1949=100）

年 份	地 区 生产总值 （GDP）	第一产业	第二产业	第三产业	人均地区 生产总值
1949	100.0	100.0	100.0	100.0	100.0
1950	107.8	108.4	110.5	103.7	105.6
1951	122.6	121.6	156.8	111.8	117.7
1952	141.6	141.0	181.3	126.3	132.6
1953	151.7	147.2	232.4	138.2	139.1
1954	152.8	147.5	219.6	150.2	137.3
1955	163.8	152.5	264.5	178.4	144.7
1956	181.1	162.2	421.0	170.6	157.8
1957	187.2	159.7	455.3	210.5	159.7
1958	250.6	190.7	874.0	282.7	208.2
1959	299.4	193.0	1352.6	382.1	235.3
1960	272.5	131.6	1502.3	461.3	210.0
1961	184.9	113.6	752.2	306.5	148.5
1962	167.1	116.2	493.8	291.0	134.5
1963	192.5	132.7	603.4	325.4	151.3
1964	222.0	154.4	585.5	419.5	171.8
1965	223.4	163.6	678.5	335.2	168.1
1966	246.0	167.5	900.5	366.0	178.3
1967	227.8	164.3	718.7	343.0	159.7
1968	218.8	164.0	543.2	365.0	149.4
1969	258.9	179.0	853.7	414.3	169.0
1970	273.7	170.9	1027.6	479.6	170.9
1971	326.1	195.0	1412.9	528.9	196.1
1972	336.2	200.3	1549.7	505.3	197.0
1973	359.5	214.3	1624.3	555.1	204.5
1974	404.5	243.4	1827.4	612.6	225.0
1975	401.2	225.0	2001.0	607.6	218.5
1976	419.4	230.0	2043.4	686.5	223.1
1977	449.8	237.4	2279.1	745.5	234.3
1978	493.1	284.3	2433.8	716.4	252.1
1979	514.4	290.2	2581.9	774.1	259.4
1980	591.1	307.7	3241.1	951.0	294.5

注：本表按可比价计算。

2–2 历年地区生产总值指数（续）

（1949=100）

年　份	地　区 生产总值 （GDP）	第一产业	第二产业	第三产业	人均地区 生产总值
1981	642.0	349.5	3203.9	1068.3	314.8
1982	695.4	385.2	3333.8	1171.5	334.0
1983	706.6	382.1	3661.3	1130.9	333.0
1984	808.6	431.2	4470.5	1208.5	375.3
1985	988.9	471.9	6426.8	1437.0	451.4
1986	1074.3	434.0	7214.0	2025.0	483.0
1987	1283.2	489.9	7802.3	2999.4	568.0
1988	1465.0	521.5	9130.0	3595.2	636.2
1989	1595.5	543.7	9756.3	4178.8	678.9
1990	1688.9	589.0	9741.3	4594.3	698.5
1991	1820.3	623.6	10479.0	5042.3	734.1
1992	2126.5	682.4	13633.6	5583.7	847.2
1993	2517.3	748.8	18171.8	6292.6	998.0
1994	2920.1	821.0	22207.4	7249.2	1144.7
1995	3278.2	930.5	23632.4	8582.5	1280.9
1996	3694.3	1047.2	26519.4	9729.1	1442.3
1997	4183.9	1203.7	29632.1	11030.6	1644.3
1998	4674.9	1249.9	34040.6	12750.9	1849.8
1999	5119.5	1339.1	37620.3	14075.6	2038.5
2000	5582.1	1394.5	41461.6	15721.7	2238.2
2001	5978.5	1436.4	44032.2	17451.1	2402.4
2002	6540.4	1498.1	49444.4	19126.4	2639.4
2003	7233.7	1567.1	56317.1	21287.7	2931.2
2004	7986.0	1665.8	63413.1	23586.8	3250.1
2005	8971.2	1749.9	72401.0	26949.6	3667.7
2006	10177.8	1807.6	84618.9	30888.8	4180.9
2007	11864.2	1850.4	103284.9	35984.5	4898.4
2008	13656.9	1925.0	121023.0	42112.8	5668.1
2009	15573.2	2001.4	139735.6	48766.6	6498.4
2010	17736.3	2072.1	166568.6	53868.8	7443.4
2011	20048.2	2160.5	197002.3	58259.0	8400.2
2012	22454.0	2238.3	225764.6	64376.2	9383.0
2013	24964.3	2336.8	257721.4	69691.0	10387.0
2014	27375.5	2429.1	287520.8	75254.0	11368.2
2015	29811.9	2523.8	313397.7	82929.9	12300.4
2016	32226.7	2614.7	336589.1	91637.6	13198.3

注：本表按可比价计算。

2–3 历年地区生产总值指数

（上年 =100）

年　　份	地　　区 生产总值 （GDP）	第一产业	第二产业	第三产业	人均地区 生产总值
1950	107.8	108.4	110.5	103.7	105.6
1951	113.7	112.2	141.9	107.8	111.5
1952	115.5	116.0	115.7	113.0	112.6
1953	107.1	104.4	128.2	109.5	104.9
1954	100.7	100.2	94.5	108.6	98.7
1955	107.2	103.4	120.4	118.8	105.4
1956	110.6	106.4	159.2	95.7	109.0
1957	103.4	98.5	108.1	123.4	101.2
1958	133.8	119.4	192.0	134.3	130.4
1959	119.5	101.2	154.8	135.2	113.0
1960	91.0	68.2	111.1	120.7	89.3
1961	67.8	86.3	50.1	66.4	70.7
1962	90.4	102.3	65.7	94.9	90.6
1963	115.2	114.2	122.2	111.8	112.5
1964	115.3	116.4	97.0	128.9	113.2
1965	100.7	105.9	115.9	79.9	97.8
1966	110.2	102.4	132.7	109.2	106.1
1967	92.6	98.1	79.8	93.7	89.5
1968	96.0	99.8	75.6	106.4	93.1
1969	118.3	109.2	157.2	113.5	113.1
1970	105.7	95.4	120.4	115.8	101.1
1971	119.1	114.1	137.5	110.4	115.1
1972	103.1	102.7	109.7	95.5	100.5
1973	106.9	107.0	104.8	109.9	103.8
1974	112.5	113.6	112.5	110.4	110.1
1975	99.2	92.5	109.5	99.2	97.1
1976	104.5	102.2	102.1	113.0	102.1
1977	107.3	103.2	111.5	108.6	105.0
1978	109.6	119.7	106.8	96.1	107.8
1979	104.3	102.1	106.1	108.1	102.9
1980	114.9	106.0	125.5	122.9	113.5

注：本表按可比价计算。

2-3　历年地区生产总值指数（续）

（上年 =100）

年　　份	地　　区 生产总值 （GDP）	第一产业	第二产业	第三产业	人均地区 生产总值
1981	108.6	113.6	98.9	112.3	106.9
1982	108.3	110.2	104.1	109.7	106.1
1983	101.7	99.2	109.8	96.5	99.7
1984	114.4	112.9	122.1	106.9	112.7
1985	122.3	109.5	143.8	118.9	120.3
1986	108.6	91.9	112.3	140.9	107.0
1987	119.4	112.9	108.2	148.1	117.6
1988	114.2	106.5	117.0	119.9	112.0
1989	108.9	104.2	106.9	116.2	106.7
1990	105.9	108.4	99.9	109.9	102.9
1991	107.8	105.9	107.6	109.8	105.1
1992	116.8	109.4	130.1	110.7	115.4
1993	118.4	109.7	133.3	112.7	117.8
1994	116.0	109.6	122.2	115.2	114.7
1995	112.3	113.3	106.4	118.4	111.9
1996	112.7	112.5	112.2	113.4	112.6
1997	113.3	114.9	111.7	113.4	114.0
1998	111.7	103.8	114.9	115.6	112.5
1999	109.5	107.1	110.5	110.4	110.2
2000	109.0	104.1	110.2	111.7	109.8
2001	107.1	103.0	106.2	111.0	107.3
2002	109.4	104.3	112.3	109.6	109.9
2003	110.6	104.6	113.9	111.3	111.1
2004	110.4	106.3	112.6	110.8	110.9
2005	112.3	105.0	114.2	114.3	112.8
2006	113.5	103.3	116.9	114.6	114.0
2007	116.6	102.4	122.1	116.5	117.2
2008	115.1	104.0	117.2	117.0	115.7
2009	114.0	104.0	115.5	115.8	114.6
2010	113.9	103.5	119.2	110.5	114.7
2011	113.0	104.3	118.3	108.1	112.9
2012	112.0	103.6	114.6	110.5	111.7
2013	111.2	104.4	114.2	108.3	110.7
2014	109.7	103.9	111.6	108.0	109.4
2015	108.9	103.9	109.0	110.2	108.2
2016	108.1	103.6	107.4	110.5	107.3

注：本表按可比价计算。

2-4 历年地区生产总值构成

单位：%

年 份	地 区 生产总值 （GDP）	第一产业	第二产业	第三产业
1949	100.00	73.69	8.59	17.72
1950	100.00	74.53	8.68	16.79
1951	100.00	73.48	9.47	17.05
1952	100.00	74.45	9.89	15.66
1953	100.00	72.63	11.25	16.12
1954	100.00	71.52	11.11	17.37
1955	100.00	69.80	11.45	18.75
1956	100.00	67.43	15.11	17.46
1957	100.00	62.59	17.31	20.10
1958	100.00	53.11	26.73	20.16
1959	100.00	44.08	33.27	22.65
1960	100.00	36.05	37.63	26.32
1961	100.00	51.55	22.18	26.28
1962	100.00	57.07	18.21	24.72
1963	100.00	53.83	20.88	25.29
1964	100.00	58.54	16.28	25.19
1965	100.00	54.81	22.14	23.05
1966	100.00	53.58	23.98	22.44
1967	100.00	55.58	21.77	22.66
1968	100.00	60.31	14.57	25.12
1969	100.00	54.08	21.80	24.12
1970	100.00	50.80	26.71	22.49
1971	100.00	45.43	31.39	23.18
1972	100.00	44.62	33.79	21.59
1973	100.00	44.46	34.18	21.36
1974	100.00	44.84	33.93	21.23
1975	100.00	42.20	36.79	21.00
1976	100.00	41.59	34.92	23.49
1977	100.00	39.06	37.19	23.75
1978	100.00	45.35	34.35	20.30
1979	100.00	45.59	33.00	21.41
1980	100.00	42.74	34.62	22.64

注：本表按当年价格计算。

2-4 历年地区生产总值构成（续）

单位：%

年　份	地　区 生产总值 （GDP）	第一产业	第二产业	第三产业
1981	100.00	44.82	30.56	24.62
1982	100.00	46.64	30.10	23.27
1983	100.00	45.20	32.58	22.22
1984	100.00	42.17	37.67	20.16
1985	100.00	38.72	39.50	21.78
1986	100.00	32.11	40.89	27.00
1987	100.00	29.63	38.78	31.59
1988	100.00	28.62	39.65	31.72
1989	100.00	28.39	35.92	35.68
1990	100.00	29.90	34.01	36.09
1991	100.00	29.65	34.01	36.34
1992	100.00	28.23	37.94	33.84
1993	100.00	27.95	41.81	30.24
1994	100.00	29.60	40.37	30.03
1995	100.00	30.88	38.23	30.89
1996	100.00	32.01	36.66	31.32
1997	100.00	30.62	37.68	31.71
1998	100.00	28.74	38.03	33.22
1999	100.00	27.40	39.03	33.57
2000	100.00	26.61	37.66	35.73
2001	100.00	25.33	37.01	37.67
2002	100.00	23.55	38.52	37.93
2003	100.00	22.01	40.24	37.75
2004	100.00	21.95	41.57	36.48
2005	100.00	19.53	43.82	36.64
2006	100.00	17.28	46.05	36.67
2007	100.00	16.34	47.55	36.11
2008	100.00	15.92	48.26	35.82
2009	100.00	13.94	50.19	35.87
2010	100.00	13.01	53.25	33.74
2011	100.00	12.34	56.51	31.15
2012	100.00	11.94	55.43	32.63
2013	100.00	11.69	53.80	34.51
2014	100.00	11.58	53.85	34.57
2015	100.00	11.54	52.62	35.84
2016	100.00	11.78	51.00	37.22

注：本表按当年价格计算。

2–5　按八大行业划分的地区生产总值

（1993–2016 年）

单位：万元

年份	地区生产总值	第一产业	第二产业			第三产业						
				工业	建筑业		农林牧渔服务业	运输邮政仓储业	批发零售餐饮业	金融保险业	房地产业	其他服务业
1993	765034	213791	319879	278768	41111	231364	—	61806	63593	23553	14028	68384
1994	1027498	304155	414802	359112	55690	308542	—	79287	82168	31857	22388	92843
1995	1247300	385118	476832	400212	76620	385349	—	103805	106693	35256	27041	112554
1996	1457545	466598	534402	452371	82031	456545	—	116214	126512	39157	33545	141118
1997	1639265	501862	617602	527812	89790	519801	—	133807	142146	43300	38798	161750
1998	1810418	520355	688583	570812	117771	601480	—	159343	156330	46267	48014	191526
1999	1970178	539878	768872	641349	127522	661429	—	174971	164463	41971	50685	229339
2000	2095075	557469	788966	651410	137556	748640	—	157636	170778	49964	62918	307345
2001	2239145	567078	828667	699528	129139	843400	—	173084	193771	45245	76989	354310
2002	2478046	583633	954450	805130	149320	939963	—	187785	223646	49982	78137	400413
2003	2847680	626717	1145860	968850	177010	1075104	—	205069	263551	71121	90291	445071
2004	3377387	741381	1403846	1196301	207545	1232160	—	229371	317246	88735	103346	493463
2005	3995920	780573	1751121	1496222	254899	1464225	—	266033	375306	104722	151428	566736
2006	4701935	812413	2165219	1874184	291035	1724302	—	307915	448130	142084	193907	632265
2007	5951577	972369	2829890	2462540	367350	2149316	—	381051	538544	219496	256198	754027
2008	7340600	1168909	3542641	3060042	482600	2629050	—	491650	695969	266004	252037	923391
2009	8248814	1149937	4140044	3522562	617482	2958833	—	560948	770917	308720	301289	1016959
2010	9908973	1288944	5276855	4479874	796982	3343173	—	621139	880524	367888	270943	1202680
2011	12421544	1532368	7019718	5966019	1053699	3869457	—	682389	991816	432538	349317	1413397
2012	13567808	1620012	7520686	6229485	1291201	4427110	—	745402	1067602	491227	506202	1616677
2013	14807098	1728524	7975376	6419975	1555400	5103197	38773	846656	1215925	600588	594639	1806618
2014	16215793	1878045	8732618	6990503	1742115	5605130	41362	935045	1340632	669048	581225	2037818
2015	17384902	2006152	9148205	7265673	1882532	6230545	44419	1035928	1406162	723750	599568	2420718
2016	18956670	2233892	9666661	7659500	2007161	7056117	47597	1110874	1539229	785621	677250	2895546

注：本表按当年价格计算；2000 年起运输邮电仓储业含电信业，但不含市内交通；批发零售餐饮业不含住宿业；2004年起第一产业含农林牧渔服务业。2013年起按2011新的国民经济行业分类：第一产业是指农、林、牧、渔业（不含农、林、牧、渔服务业）；第二产业是指采矿业（不含开采辅助活动），制造业（不含金属制品、机械和设备修理业），电力、热力、燃气及水生产和供应业，建筑业；第三产业是指除第一产业、第二产业以外的其他行业。

2-6 按八大行业划分的地区生产总值指数

（1993-2016年，上年＝100）

年份	地区生产总值	第一产业	第二产业			第三产业						
				工业	建筑业		农林牧渔服务业	运输邮政仓储业	批发零售餐饮业	金融保险业	房地产业	其他服务业
1993	118.4	109.7	133.3	132.3	140.5	112.7	—	108.8	111.4	105.8	135.2	115.3
1994	116.0	109.6	122.2	121.1	130.3	115.2	—	112.9	111.6	117.4	120.8	118.5
1995	112.3	113.3	106.4	101.8	136.3	118.4	—	129.4	118.6	106.5	115.5	113.6
1996	112.7	112.5	112.2	114.0	103.4	113.4	—	107.7	113.2	107.3	120.4	119.0
1997	113.3	114.9	111.7	111.7	112.1	113.4	—	110.9	111.0	112.9	114.2	117.5
1998	111.7	103.8	114.9	112.2	129.3	115.6	—	115.5	109.6	107.2	122.4	121.2
1999	109.5	107.1	110.5	111.0	108.4	110.4	—	111.9	108.1	91.0	107.8	116.1
2000	109.0	104.1	110.2	110.3	109.9	111.7	—	111.7	104.9	116.5	115.5	114.7
2001	107.1	103.0	106.2	109.2	93.0	111.0	—	110.6	108.8	88.5	121.5	114.7
2002	109.4	104.3	112.3	112.2	112.8	109.6	—	108.6	110.2	106.9	102.5	112.5
2003	110.6	104.6	113.9	113.3	114.2	111.3	—	109.4	110.5	136.5	113.5	109.3
2004	110.4	106.3	112.6	113.2	108.0	110.8	—	110.4	106.6	116.9	111.7	112.5
2005	112.3	105.0	114.2	112.6	124.1	114.3	—	114.0	113.7	111.8	133.9	110.4
2006	113.5	103.3	116.9	117.8	111.6	114.6	—	111.8	114.6	131.9	117.8	111.7
2007	116.6	102.4	122.1	123.1	115.7	116.5	—	117.8	109.9	139.9	115.6	115.7
2008	115.1	104.0	117.2	116.6	121.1	117.0	—	121.9	116.3	113.4	88.7	125.1
2009	114.0	104.0	115.5	113.8	125.7	115.8	—	113.7	117.9	122.9	128.8	110.7
2010	113.9	103.5	119.2	118.4	123.7	110.5	—	112.2	110.1	110.4	87.9	115.8
2011	113.0	104.3	118.3	117.8	120.9	108.1	—	105.9	105.8	105.2	113.1	110.8
2012	112.0	103.6	114.6	113.3	121.8	110.5	—	111.9	107.7	109.6	117.6	110.3
2013	111.2	104.4	114.2	113.2	118.7	108.3	104.1	106.0	109.1	115.7	114.0	105.4
2014	109.7	103.9	111.6	111.6	111.6	108.0	104.6	109.7	108.5	109.9	94.2	109.9
2015	108.9	103.9	109.0	108.6	110.8	110.2	105.6	107.6	107.4	108.5	109.4	114.4
2016	108.1	103.6	107.4	107.5	106.8	110.5	105.4	104.1	109.0	107.7	107.2	116.0

注：本表按可比价计算。

2–7 分行业地区生产总值

（2005–2016 年）

项　　目	2005 年	2006 年	2007 年	2008 年	2009 年
地区生产总值	3995920	4701935	5951577	7340601	8248814
第一产业	780573	812413	972369	1168909	1149937
农业	361794	383094	432690	477498	505110
林业	94564	104950	118789	141114	151569
畜牧业	270204	270100	362159	484470	425228
渔业	33285	32236	33912	38334	39902
农林牧渔服务业	20726	22034	24819	27493	28128
第二产业	1751121	2165220	2829891	3542642	4140044
工业	1496222	1874185	2462540	3060042	3522562
采矿业	314060	350448	441308	653315	710784
制造业	1029818	1316896	1818385	2199896	2589513
电力、燃气及水的生产和供应业	152345	206841	202848	206830	222265
建筑业	254899	291035	367350	482600	617482
第三产业	1464225	1724302	2149317	2629050	2958833
农林牧渔服务业	—	—	—	—	—
交通运输、仓储和邮政业	266033	307915	381051	491650	560948
信息传输、计算机服务和软件业	65663	75426	89422	104992	109968
批发和零售业	321402	385048	461752	604775	667184
住宿和餐饮业	63094	73414	88421	108122	122621
金融保险业	104722	142084	219496	266004	308720
房地产业	151428	193907	256198	252037	301289
租赁和商务服务业	31035	37547	51235	80470	87845
居民服务和其他服务业	94096	104776	121975	149957	164011
文化、体育和娱乐业	30573	36847	47117	59177	67393
科学研究、技术服务和地质勘查业	16909	20597	27325	37715	40175
水利、环境和公共设施管理业	12121	11207	11756	11237	12816
教育	122414	125751	147087	175085	201176
卫生、社会保障和社会福利业	64457	71744	77622	79661	86435
公共管理和社会组织	120278	138040	168858	208169	228251

注：1. 本表按当年价格计算。2.2013 年起行业分类执行《国民经济行业分类》（GB/T 4754–2011），产业分类执行《三次产业划分规定》（国统字〔2012〕108 号）。产业分类和行业分类的关系：第一产业是指农、林、牧、渔业（不含农、林、牧、渔服务业）；第二产业是指采矿业（不含开采辅助活动），制造业（不含金属制品、机械和设备修理业），电力、热力、燃气及水生产和供应业，建筑业；第三产业是指除第一产业、第二产业以外的其他行业。

2-7 分行业地区生产总值（续）

（2005-2016 年）

项　　目	2010 年	2011 年	2012 年	2013 年	2014 年	2015 年	2016 年
地区生产总值	9908973	12421544	13567808	14807098	16215793	17384902	18956670
第一产业	1288944	1532368	1620012	1728525	1878045	2006152	2233892
农业	591939	671413	752278	848750	953438	996966	1096225
林业	182497	227218	236433	265851	308243	310670	313688
畜牧业	434778	543566	534012	550097	550733	630582	750414
渔业	49224	56170	60966	63827	65631	67934	73566
农林牧渔服务业	30506	34001	36323	—	—	—	—
第二产业	5276855	7019718	7520686	7975376	8732618	9148205	9666661
工业	4479874	5966019	6229485	6419976	6990503	7265673	7659500
采矿业	911526	1166325	1087089	1078426	1156429	1048168	934174
制造业	3358916	4555143	4729850	4925426	5389488	5756227	6053077
电力、燃气及水的生产和供应业	209432	244552	412546	416124	444586	461278	672248
建筑业	796982	1053699	1291201	1555400	1742115	1882532	2007161
第三产业	3343173	3869457	4427110	5103198	5605130	6230545	7056117
农林牧渔服务业	—	—	—	38773	41362	44419	47597
交通运输、仓储和邮政业	621139	682389	745402	846656	935045	1035929	1110874
信息传输、计算机服务和软件业	124106	139662	150600	156099	169705	222901	267229
批发和零售业	768845	859776	919702	1055493	1166509	1222469	1337675
住宿和餐饮业	132270	154693	172145	185327	202450	213410	234163
金融保险业	367888	432538	491227	600588	669049	723750	785621
房地产业	270943	349317	506202	594639	581225	599568	677250
租赁和商务服务业	107098	132575	151151	171519	220852	258552	318948
居民服务和其他服务业	199872	235714	276820	298521	357753	471756	605162
文化、体育和娱乐业	78545	98872	116152	128014	152949	181384	220797
科学研究、技术服务和地质勘查业	49544	53379	57138	62747	66790	78331	89381
水利、环境和公共设施管理业	15026	20563	25409	27679	29871	33908	40625
教育	231219	267081	301683	344645	366981	410155	459738
卫生、社会保障和社会福利业	103643	112610	142679	157600	179032	214592	250822
公共管理和社会组织	273035	330289	370799	434898	465559	519420	610235

注：1. 本表按当年价格计算。2.2013 年起行业分类执行《国民经济行业分类》（GB/T 4754-2011），产业分类执行《三次产业划分规定》（国统字〔2012〕108 号）。产业分类和行业分类的关系：第一产业是指农、林、牧、渔业（不含农、林、牧、渔服务业）；第二产业是指采矿业（不含开采辅助活动），制造业（不含金属制品、机械和设备修理业），电力、热力、燃气及水生产和供应业，建筑业；第三产业是指除第一产业、第二产业以外的其他行业。

2-8 分行业地区生产总值指数

（2005-2016 年，上年= 100）

项 目	2005 年	2006 年	2007 年	2008 年	2009 年	2010 年
地区生产总值	112.3	113.5	116.6	115.1	114.0	113.9
第一产业	105.0	103.3	102.4	104.0	104.0	103.5
农业	102.4	101.6	104.3	101.9	102.3	102.6
林业	109.1	106.3	103.9	105.4	105.8	109.5
畜牧业	106.8	103.6	98.8	105.9	105.3	102.2
渔业	109.3	109.2	103.3	106.9	104.6	104.3
农林牧渔服务业	105.7	106.8	106.7	105.9	104.4	105.1
第二产业	114.2	116.9	122.1	117.2	115.5	119.2
工业	112.6	117.8	123.1	116.6	113.8	118.4
采矿业	107.1	106.4	117.6	125.1	109.7	117.2
制造业	114.9	121.6	127.9	115.5	116.6	119.5
电力、燃气及水的生产和供应业	111.6	120.0	103.1	105.0	99.6	110.2
建筑业	124.1	111.6	115.7	121.1	125.7	123.7
第三产业	114.3	114.6	116.5	117.0	115.8	110.5
农林牧渔服务业	—	—	—	—	—	—
交通运输、仓储和邮政业	114.0	111.8	117.8	121.9	113.7	112.2
信息传输、计算机服务和软件业	133.9	117.8	115.6	88.7	128.8	87.9
批发和零售业	100.4	113.9	119.1	126.1	106.9	110.3
住宿和餐饮业	115.0	115.1	109.7	117.9	118.9	110.7
金融保险业	119.9	111.9	112.3	110.8	111.1	106.2
房地产业	111.8	131.9	139.9	113.4	122.9	110.4
租赁和商务服务业	114.0	122.6	132.6	159.2	109.4	118.2
居民服务和其他服务业	105.4	112.0	113.5	126.1	109.0	119.9
文化、体育和娱乐业	116.2	125.1	128.0	126.3	113.9	115.6
科学研究、技术服务和地质勘查业	124.8	120.9	128.7	140.2	106.6	120.9
水利、环境和公共设施管理业	87.7	93.1	100.6	97.6	114.7	117.8
教育	113.9	105.8	114.5	121.5	115.0	113.7
卫生、社会保障和社会福利业	112.6	111.7	103.1	104.8	108.8	115.3
公共管理和社会组织	113.0	110.8	114.6	123.9	110.6	116.6

注：本表按 2011 国民经济行业分类划分：第一产业是指农、林、牧、渔业（不含农、林、牧、渔服务业）；第二产业是指采矿业（不含开采辅助活动），制造业（不含金属制品、机械和设备修理业），电力、热力、燃气及水生产和供应业，建筑业；第三产业是指除第一产业、第二产业以外的其他行业。

2-8 分行业地区生产总值指数（续）

（2005-2016 年，上年＝100）

项　　目	2011 年	2012 年	2013 年	2014 年	2015 年	2016 年
地区生产总值	113.0	112.0	111.2	109.7	108.9	108.1
第一产业	104.3	103.6	104.4	103.9	103.9	103.6
农业	104.7	102.8	103.5	105.9	103.4	103.6
林业	109.8	101.4	106.8	102.3	105.8	105.0
畜牧业	101.8	105.4	104.6	101.9	103.6	102.9
渔业	99.8	106.4	104.3	105.2	103.7	105.3
农林牧渔服务业	105.8	104.3	—	—	—	—
第二产业	118.3	114.6	114.2	111.6	109.0	107.4
工业	117.8	113.3	113.2	111.6	108.6	107.5
采矿业	115.2	114.2	112.1	109.4	94.6	89.9
制造业	119.1	112.9	113.6	112.4	111.4	107.7
电力、燃气及水的生产和供应业	108.2	116.4	111.4	106.4	108.6	144.5
建筑业	120.9	121.8	118.7	111.6	110.8	106.8
第三产业	108.1	110.5	108.3	108.0	110.2	110.5
农林牧渔服务业	—	—	104.1	104.6	105.6	105.4
交通运输、仓储和邮政业	105.9	111.9	106.0	109.7	107.6	104.1
信息传输、计算机服务和软件业	108.1	117.6	104.4	105.1	117.6	118.1
批发和零售业	105.8	114.6	109.5	108.8	107.5	109.4
住宿和餐饮业	105.9	107.2	105.8	106.7	106.7	107.0
金融保险业	105.2	109.5	115.7	109.9	108.5	107.7
房地产业	113.1	109.6	114.0	94.2	109.4	107.2
租赁和商务服务业	117.2	109.1	105.1	120.0	120.0	120.9
居民服务和其他服务业	111.1	111.8	101.9	118.9	124.5	125.9
文化、体育和娱乐业	121.0	111.5	104.5	116.7	117.3	119.6
科学研究、技术服务和地质勘查业	103.4	106.5	108.7	102.3	109.9	109.3
水利、环境和公共设施管理业	125.9	115.2	106.5	103.8	112.9	114.9
教育	108.7	108.8	106.0	104.0	107.3	108.2
卫生、社会保障和社会福利业	107.3	111.8	107.8	114.0	114.3	111.3
公共管理和社会组织	110.2	108.8	107.1	104.7	107.8	111.8

注：本表按 2011 国民经济行业分类划分：第一产业是指农、林、牧、渔业（不含农、林、牧、渔服务业）；第二产业是指采矿业（不含开采辅助活动），制造业（不含金属制品、机械和设备修理业），电力、热力、燃气及水生产和供应业，建筑业；第三产业是指除第一产业、第二产业以外的其他行业。

2-9 支出法地区生产总值及指数

（2015-2016 年）

单位：万元

	2015 年	2016 年	2016 年为 2015 年（%）
支出法地区生产总值（按当年价格计算）	**17381138**	**18956670**	**108.1**
最终消费	6046069	6559544	106.3
居民消费	4336705	4686081	105.6
# 农村居民	1418540	1499925	104.3
城镇居民	2918165	3186156	106.2
政府消费	1709364	1873463	108.0
资本形成总额	15474818	18145725	111.7
# 固定资本形成	14924862	17431589	112.0
存货增加	549956	714136	103.0

注：本表总量按当年价格计算，指数按可比价计算。

2-10 居民消费水平及指数

（2015-2016 年）

单位：元

	2015 年	2016 年	2016 年为 2015 年（%）
全体居民消费水平（按当年价格计算）	16680	17886	107.2
农村居民	11508	12385	107.6
城镇居民	21343	22614	106.0

注：本表总量按当年价格计算，指数按可比价计算。

2-11 最终消费和资本形成总额

（2015-2016 年）

单位：万元

	2015 年	2016 年
一、最终消费支出	**6046069**	**6559544**
（一）居民消费支出	4336705	4686081
1、农村居民	1418540	1499925
食品类支出	564183	581850
衣着类支出	62853	52910
居住类支出	138654	153082
家庭设备、用品及服务类支出	63721	68726
医疗保健类支出	116539	141148
交通和通信类支出	143913	158651
文化教育娱乐及服务类支出	116729	120120
银行中介服务支出	62228	61548
保险服务消费支出	15853	18183
自有住房服务虚拟支出	101842	106935
其它商品和服务支出	32024	36772
2、城镇居民	2918165	3186156
食品类支出	995011	1065352
衣着类支出	192348	198285
居住类支出	405556	452991
家庭设备、用品及服务类支出	163564	140102
医疗保健类支出	171446	235212
交通和通信类支出	325289	364504
文化教育娱乐及服务类支出	271985	329403
银行中介服务支出	90718	93439
保险服务消费支出	40783	45677
自有住房服务虚拟支出	164526	174398
实物收入消费支出	28022	32506
其它商品和服务支出	68915	54287
（二）政府消费支出	1709364	1873463

注：本表按当年价格计算。

2-11　最终消费和资本形成总额（续）

（2015-2016 年）　　　　单位：万元

	2015 年	2016 年
二、资本形成总额	**15474835**	**18145725**
（一）固定资本形成总额	14924879	17431589
1、住宅	2504475	2855058
2、非住宅建筑物	6159719	6791595
3、机器和设备	1855577	2456018
4、土地改良支出	30631	51995
5、矿藏勘探费	5752	4114
6、计算机软件	37801	43276
7、其他	4330923	5229532
（二）存货增加	549956	714136
1. 农林牧渔业	57892	64722
2. 工业	223993	241230
3. 建筑业	45980	41768
4. 交通运输、仓储和邮政业	8268	9118
5. 批发和零售业	88175	260514
6. 住宿和餐饮业	10238	15428
7. 房地产业	70471	24636
8. 其他服务业	44939	56721

注：本表按当年价格计算。

主要统计指标解释

国内生产总值（GDP） 指按市场价格计算的一个国家（或地区）所有常住单位在一定时期内生产活动的最终成果，它有三种表现形式：从价值形态看，它是所有常住单位在一定时期内生产的全部货物和服务价值超过同期投入的全部非固定资产货物和服务价值的差额，即所有常住单位的增加值之和；从收入形态看，它是所有常住单位在一定时期内创造并分配给常住单位和非常住单位的初次分配收入之和；从产品形态看，它是最终使用的货物和服务减去进口的货物和服务。

在核算中，GDP 的三种表现形态表现为三种核算方法，即生产法、收入法（分配法）和支出法。年度 GDP 的核算以生产法和收入法为基础，通过全面布置调查表和开展抽样调查、重点调查的方法，收集、汇总各基层单位反映生产经营状况的统计、会计核算数据，在计算分行业增加值的基础上核算 GDP。季（月）度 GDP 与年度 GDP 在基本概念、口径范围上一致，但由于时效要求更高、资料来源不足，所以主要依赖相关指标采用增加值率法和速度推算法进行测算和评估。

对于一个地区来说，称为地区生产总值或地区 GDP。

三次产业 目前我国的国民经济核算采用最新的国家标准国民经济行业分类（GB/T4754 — 2011）：第一产业是指农、林、牧、渔业。第二产业是指采矿业，制造业，电力、煤气及水的生产和供应业，建筑业。第三产业是指除第一、二产业以外的其他行业（包括农林牧渔服务业，采矿业中的开采辅助活动，制造业中的金属制品、机械和设备修理业，交通运输、仓储和邮政业，信息传输、计算机服务和软件业，批发和零售业，住宿和餐饮业，金融业，房地产业，租赁和商务服务业，科学研究、技术服务和地质勘查业，水利、环境和公共设施管理业，居民服务和其他服务业，教育，卫生、社会保障和社会福利业，文化、体育和娱乐业，公共管理和社会组织）。

支出法国内生产总值是从最终使用的角度反映一个国家（或地区）一定时期内生产活动最终成果的一种方法，包括最终消费、资本形成总额及货物和服务净出口三部分。计算公式为：

支出法国内生产总值 = 最终消费 + 资本形成总额 + 货物和服务净出口

最终消费指常住单位为满足物质、文化和精神生活的需要，从本国经济领土和国外购买的货物和服务的支出。它不包括非常住单位在本国经济领土内的消费支出。最终消费分为居民消费和政府消费。

居民消费指常住住户在一定时期内对于货物和服务的全部最终消费支出。居民消费除了直接以货币形式购买的货物和服务的消费支出外，还包括以其他方式获得的货物和服务的消费支出，即所谓的虚拟消费支出。居民虚拟消费支出包括如下几种类型：单位以实物报酬及实物转移的形式提供给劳动者的货物和服务；住户生产并由本住户消费了的货物和服务，其中的服务仅指住户的自有住房服务和付酬的家庭雇员提供的家庭和个人服务；金融机构提供的金融媒介服务；保险公司提供的保险服务。

政府消费指政府部门为全社会提供的公共服务的消费支出和免费或以较低的价格向居民住户提供的货物和服务的净支出，前者等于政府服务的产出价值减去政府单位所获得的经营收入的价值，后者等于政府部门免费或以较低价格向居民住户提供的货物和服务的市场价值减去向住户收取的价值。

资本形成总额指常住单位在一定时期内获得减去处置的固定资产和存货的净额，包括固定资本形成总额和存货增加两部分。

固定资本形成总额指生产者在一定时期内获得的固定资产减处置的固定资产的价值总额。固定资产是通过生产活动生产出来的，且其使用年限在一年以上、单位价值在规定标准以上的资产，不包括自然资产。可分为有形固定资本形成总额和无形固定资本形成总额。有形固定资本形成总额包括一定时期内完成的建筑工程、安装工程和设备工器具购置(减处置)价值，以及土地改良、新增役、种、奶、毛、娱乐用牲畜和新增经济林木价值。无形固定资本形成总额包括矿藏的勘探、计算机软件等获得减处置。

存货增加指常住单位在一定时期内存货实物量变动的市场价值，即期末价值减期初价值的差额，再扣除当期由于价格变动而产生的持有收益。存货增加可以是正值，也可以是负值，正值表示存货上升，负值表示存货下降。存货包括生产单位购进的原材料、燃料和储备物资等存货，以及生产单位生产的产成品、在制品和半成品等存货。

货物和服务净出口指货物和服务出口减货物和服务进口的差额。出口包括常住单位向非常住单位出售或无偿转让的各种货物和服务的价值；进口包括常住单位从非常住单位购买或无偿得到的各种货物和服务的价值。由于服务活动的提供与使用同时发生，一般把常住单位从非常住单位得到的服务作为进口，非常住单位从常住单位得到的服务作为出口。货物的出口和进口都按离岸价格计算。

第三篇　人口与劳动力

Ren kou lao dong li

供稿人：张丽懋

3-1 历年总人口

年　份	总户数（万户）	总人口（万人）			性别比（女 =100）
			男	女	
1949	27.40	108.87			
1950	28.19	111.23			
1951	21.00	113.59			
1952	29.96	116.91	56.75	60.16	94.33
1953	30.27	119.10	57.44	61.66	93.16
1954	30.34	121.54	59.05	62.49	94.50
1955	30.62	123.23	59.90	63.33	94.58
1956	30.58	125.10	60.88	64.22	94.80
1957	31.11	129.02	62.86	66.16	95.01
1958	30.85	131.85	65.43	66.42	98.51
1959	30.55	143.32	72.66	70.66	102.83
1960	31.45	136.76	66.42	70.34	94.43
1961	31.45	132.80	65.59	67.21	97.59
1962	31.84	135.61	67.22	68.39	98.29
1963	32.08	138.86	69.02	69.84	98.83
1964	32.40	140.73	70.53	70.20	100.47
1965	32.51	146.51	73.42	73.09	100.45
1966	33.19	151.73	75.97	75.76	100.28
1967	33.28	156.21	77.77	78.44	99.15
1968	33.78	161.31	80.44	80.87	99.47
1969	34.78	170.24	85.74	84.50	101.47
1970	35.92	176.84	89.54	87.30	102.57
1971	36.44	182.21	93.17	89.04	104.64
1972	36.46	187.33	95.46	91.87	103.91
1973	37.12	192.39	98.13	94.26	104.11
1974	37.48	196.48	100.52	95.96	104.75
1975	37.74	201.21	103.14	98.07	105.17
1976	38.48	205.51	105.44	100.07	105.37
1977	39.02	209.55	107.50	102.05	105.34
1978	39.48	212.46	109.04	103.42	105.43
1979	39.69	215.29	110.48	104.81	105.41
1980	40.08	218.08	111.90	106.18	105.38
1981	41.59	222.12	114.35	107.77	106.11
1982	41.92	227.27	116.71	110.56	105.56

注：本表数据由市公安局提供，为年末户籍人口数。

3-1 历年总人口（续）

年　份	总户数（万户）	总人口（万人）			性别比（女=100）
			男	女	
1983	43.29	230.76	118.67	112.09	105.88
1984	44.25	234.36	120.67	113.69	106.14
1985	46.01	238.12	122.52	115.60	105.98
1986	47.29	241.58	124.43	117.15	106.21
1987	48.98	245.92	126.68	119.24	106.20
1988	51.26	251.08	129.31	121.77	106.20
1989	53.12	256.31	131.96	124.35	106.10
1990	55.14	265.38	136.39	128.99	105.70
1991	56.95	269.15	138.72	130.43	106.40
1992	58.36	271.70	139.84	131.86	106.05
1993	59.65	273.59	140.85	132.74	106.11
1994	60.54	275.45	141.86	133.59	106.19
1995	61.53	277.92	143.11	134.81	106.16
1996	62.71	279.75	144.13	135.62	106.27
1997	63.73	281.39	144.99	136.40	106.30
1998	65.92	282.49	145.45	137.04	106.13
1999	67.70	283.93	146.10	137.83	106.00
2000	71.39	285.89	146.94	138.95	105.74
2001	73.20	286.51	147.24	139.27	105.72
2002	74.22	286.85	147.32	139.53	105.58
2003	76.03	286.72	147.09	139.63	105.34
2004	77.35	286.98	147.26	139.72	105.40
2005	78.33	286.83	147.11	139.72	105.29
2006	79.54	287.52	147.49	140.03	105.33
2007	80.95	289.20	148.42	140.78	105.43
2008	82.56	291.34	149.58	141.77	105.51
2009	84.79	293.35	150.58	142.77	105.47
2010	87.10	295.73	152.05	143.68	105.82
2011	88.56	295.08	152.15	142.93	106.45
2012	90.52	297.71	153.65	144.06	106.66
2013	92.23	302.55	156.38	146.18	106.98
2014	93.41	307.14	159.09	148.05	107.46
2015	94.22	309.38	160.42	148.96	107.70
2016	95.44	313.29	162.54	150.75	107.82

注：本表数据由市公安局提供，为年末户籍人口数。

3-2 城乡人口

（1978-2016 年）

单位：万人

年份	市镇人口			乡村人口	占总人口比重（%）	
		市	镇		市镇	乡村
1978	20.50		20.50	191.96	9.65	90.35
1979	21.47		21.47	193.82	9.97	90.03
1980	21.43		21.43	196.65	9.83	90.17
1981	47.72	34.62	13.10	174.39	21.48	78.52
1982	48.83	35.42	13.41	178.44	21.49	78.51
1983	49.86	36.14	13.72	180.91	21.60	78.40
1984	81.48	36.85	44.63	152.87	34.77	65.23
1985	83.93	37.85	46.08	154.18	35.25	64.75
1986	85.08	38.60	46.48	156.50	35.22	64.78
1987	92.95	39.41	53.54	152.98	37.80	62.20
1988	94.94	40.08	54.86	156.14	37.81	62.19
1989	105.31	40.87	64.44	151.00	41.09	58.91
1990	120.92	67.46	53.46	144.45	45.57	54.43
1991	122.64	68.43	54.21	146.51	45.57	54.43
1992	140.77	69.03	71.74	130.93	51.81	48.19
1993	178.02	69.47	108.55	95.57	65.07	34.93
1994	179.55	70.13	109.42	95.90	65.19	34.81
1995	185.30	70.91	114.39	92.62	66.67	33.33
1996	193.69	71.55	122.14	86.06	69.24	30.76
1997	195.21	72.09	123.12	86.17	69.38	30.62
1998	200.75	72.30	128.45	81.74	71.06	28.94
1999	205.12	72.61	132.51	78.81	72.24	27.76
2000	206.82	73.17	133.65	79.07	72.34	27.66
2001	207.38	73.31	134.06	79.13	72.46	27.54
2002	207.84	73.43	134.41	79.01	72.46	27.54
2003	208.15	73.66	134.49	78.57	72.60	27.40
2004	208.71	73.97	134.74	78.26	72.73	27.27
2005	208.88	74.04	134.84	77.95	72.83	27.17
2006	209.58	74.35	135.23	77.94	72.89	27.11
2007	210.98	74.80	136.18	78.22	72.95	27.05
2008	212.57	75.11	137.46	78.77	72.96	27.04
2009	214.01	75.51	138.50	79.33	72.96	27.04
2010	216.07	76.38	139.69	79.66	73.06	26.94
2011	222.98	76.64	146.34	72.09	75.57	24.43
2012	233.26	77.56	155.69	64.45	78.35	21.65
2013	241.20	78.54	162.66	61.35	79.72	20.28
2014	261.21	79.83	181.38	45.93	85.05	14.95
2015	281.87	131.25	150.62	27.51	91.11	8.89
2016	288.75	132.81	155.94	24.54	92.17	7.83

注：本表数据为市公安局提供的户籍人口数。新罗区、永定区、漳平市的人口皆属“市”人口，其余各县中的镇人口属“镇”人口，其余各县中的乡人口属“乡村”人口。

3-3 农业非农业人口

（1978-2016年）

单位：万人

年　份	农业人口	非农业人口	市镇非农业人口	市	镇
1978	190.07	22.39	15.11		15.11
1979	191.71	23.57	16.01		16.01
1980	193.80	24.28	16.65		16.65
1981	196.55	25.57	19.50	9.00	10.50
1982	200.77	26.50	19.95	9.44	10.51
1983	203.52	27.23	20.53	9.77	10.76
1984	205.87	28.48	23.78	10.22	13.56
1985	206.00	32.12	26.51	11.45	15.06
1986	208.62	32.96	27.09	11.95	15.14
1987	211.98	33.95	28.06	12.39	15.67
1988	216.27	34.81	28.82	12.75	16.07
1989	220.35	35.96	30.22	13.20	17.02
1990	228.80	36.58	31.63	17.32	14.31
1991	231.89	37.25	32.29	17.77	14.52
1992	233.05	38.65	34.58	18.31	16.27
1993	224.55	49.04	45.46	25.64	19.82
1994	225.32	50.14	46.47	26.19	20.28
1995	226.67	51.24	48.09	26.73	21.36
1996	226.69	53.06	50.00	27.63	22.37
1997	226.81	54.58	51.40	28.42	22.98
1998	228.47	54.02	50.82	28.97	21.84
1999	228.12	55.81	52.69	29.51	23.18
2000	234.24	51.65	48.28	24.28	24.00
2001	233.91	52.60	49.13	24.61	24.52
2002	200.38	86.48	86.48	39.05	47.43
2003	201.01	85.72	85.72	39.07	46.65
2004	202.98	84.00	84.00	39.50	44.50
2005	201.83	84.99	84.99	39.39	45.60
2006	201.91	85.60	85.60	39.71	45.89
2007	203.44	85.76	85.76	39.83	45.93
2008	204.89	86.46	86.46	40.10	46.37
2009	208.92	84.42	84.42	39.10	45.32
2010	209.25	86.48	86.48	40.26	46.22
2011	206.25	88.83	88.83	41.12	47.71
2012	206.69	91.02	91.02	41.61	49.42
2013	209.19	93.36	93.36	42.60	50.76
2014	209.34	97.80	97.80	43.99	53.81
2015	187.48	121.90	121.90	61.06	60.84
2016	183.01	130.28	130.28	64.38	65.90

注：本表数据由市公安局提供；从2002年起，农业、非农业人口口径由原来的按粮食关系划分改为按地域划分。

3-4 人口自然变动系数

（1978-2016 年）

单位：‰

年份	出生率	死亡率	自然增长率	年份	出生率	死亡率	自然增长率
1978	22.04	5.81	16.23	1998	11.01	5.27	5.74
1979	20.45	6.04	14.41	1999	10.60	5.20	5.40
1980	17.48	5.58	11.90	2000	13.29	5.38	7.91
1981	24.24	5.79	18.45	2001	9.58	4.91	4.67
1982	28.24	5.92	22.32	2002	9.43	4.83	4.60
1983	20.13	6.06	14.07	2003	9.77	4.91	4.86
1984	19.87	5.40	14.47	2004	10.4	4.6	5.8
1985	19.02	5.42	13.60	2005	10.1	4.5	5.5
1986	21.72	6.17	15.55	2006	10.5	4.0	6.5
1987	21.00	5.40	15.70	2007	12.4	4.5	7.9
1988	20.30	5.20	15.10	2008	12.5	5.0	7.5
1989	20.60	5.00	15.60	2009	12.0	5.2	6.8
1990	17.65	5.47	12.18	2010	17.0	10.3	6.7
1991	18.30	4.90	13.40	2011	12.5	12.5	0.0
1992	14.30	5.50	8.80	2012	13.6	3.8	9.9
1993	11.61	5.36	6.25	2013	22.3	5.2	17.1
1994	11.95	5.17	6.78	2014	22.3	5.5	16.8
1995	13.70	5.54	8.16	2015	16.45	4.86	11.59
1996	11.57	5.60	5.97	2016	20.35	4.66	15.69
1997	11.57	5.27	6.30				

注：本表出生率、死亡率为公安统计数，自然增长率为“出生率－死亡率”所得。

3-5 人口迁移情况

（1978-2016年）

年份	平均人口（万人）	迁入		迁出		净迁移	
		人数（人）	迁入率（‰）	人数（人）	迁出率（‰）	人数（人）	净迁移率（‰）
1978	211.01	28918	13.70	34693	16.44	-5775	-2.74
1979	213.87	40748	19.05	44122	20.63	-3374	-1.58
1980	216.68	49243	22.73	48666	22.46	577	0.27
1981	220.10	58651	26.65	59414	26.99	-763	-0.34
1982	224.70	28929	12.88	38853	17.29	-9924	-4.41
1983	229.02	30764	13.43	31066	13.56	-302	-0.13
1984	232.56	25228	10.85	26902	11.57	-1674	-0.72
1985	236.23	41012	17.36	36682	15.53	4330	1.83
1986	239.85	30770	12.83	32064	13.37	-1294	-0.54
1987	243.75	41414	17.00	39528	16.20	1886	0.80
1988	248.50	27681	11.10	25092	10.10	2589	1.00
1989	253.69	26590	10.50	25668	10.10	922	0.40
1990	260.84	32905	12.60	34099	13.00	-1194	-0.40
1991	267.26	23897	8.90	27010	10.10	-3113	-1.20
1992	270.42	28578	10.57	31315	11.58	-2737	-1.01
1993	272.65	56317	20.66	58879	21.60	-2562	-0.94
1994	274.58	24977	9.10	29310	10.67	-4333	-1.57
1995	276.68	26015	9.40	29525	10.67	-3510	-1.27
1996	278.83	31132	11.17	34541	12.39	-3409	-1.22
1997	280.57	40529	14.45	44293	15.79	-3764	-1.34

3–5 人口迁移情况（续）

（1978–2016 年）

年　　份	平均人口（万人）	迁　　入		迁　　出		净　迁　移	
		人　数（人）	迁入率（‰）	人　数（人）	迁出率（‰）	人　数（人）	净迁移率（‰）
1998	281.94	73973	26.24	80384	28.51	–6411	–2.27
1999	283.21	35898	12.68	40867	14.44	–4969	–1.76
2000	284.91	46309	16.25	52030	18.26	–5721	–2.01
2001	286.20	35377	12.36	41612	14.54	–6235	–2.18
2002	286.68	26716	9.32	36854	12.86	–10138	–3.54
2003	286.79	31930	11.13	45175	15.75	–13245	–4.62
2004	286.85	30645	10.68	42705	14.89	–12060	–4.21
2005	286.90	28131	9.81	43890	15.30	–15759	–5.49
2006	287.17	44663	15.55	55626	19.37	–10963	–3.82
2007	288.36	36196	12.55	43102	14.95	–6906	–2.40
2008	290.27	37398	12.88	37523	12.93	–125	–0.05
2009	292.35	49250	16.85	45180	15.45	4070	1.40
2010	294.54	51046	17.33	46912	15.93	4134	1.40
2011	295.40	46033	15.58	52576	17.80	–6543	–2.22
2012	296.40	45584	15.38	48482	16.36	–2898	–0.98
2013	300.13	45476	15.16	48383	16.13	–2907	–0.97
2014	304.85	48903	16.04	54655	17.94	–5752	–1.90
2015	308.26	44387	14.40	57348	18.59	–12961	–4.18
2016	311.34	49097	15.67	59220	18.90	–10123	–3.23

注：本表数据由市公安局提供。

3-6 主要年份常住人口与城镇化率

年　　份	年　　末 常住人口 （万人）	出生率 （‰）	死亡率 （‰）	自　　然 增长率 （‰）	城镇化率 （%）
2000	268.43	13.3	5.4	7.9	36.0
2005	264.93	10.1	4.5	5.5	38.5
2010	255.95	17.0	10.3	6.7	45.0
2011	256	12.5	12.5	0.0	47.5
2012	257	13.6	3.8	9.9	49.4
2013	258	22.3	5.2	17.1	50.9
2014	259	22.3	5.5	16.8	51.6
2015	261	16.5	4.9	11.6	52.6
2016	263	15.9	6.9	9.0	53.8

注：年末常住人口、城镇化率数据 2000 年、2010 年为人口普查数，其余年份为人口抽样调查数；出生率、死亡率为公安统计数，自然增长率为“出生率－死亡率”所得。

3-7 主要年份各种文化程度人口占 6 岁及以上人口的比重

单位：%

项　　目	1982 年	1990 年	2000 年	2005 年	2010 年	2015 年	2016 年
大专以上	0.59	1.10	2.58	3.27	7.51	9.93	9.43
高中（含中专）	8.17	9.57	12.78	12.87	16.17	16.13	16.86
初中	16.84	22.52	32.62	34.90	39.91	36.51	36.85
小学	41.32	47.67	41.39	36.07	32.99	30.49	30.53
文盲、半文盲	33.08	19.14	10.63	12.89	3.42	6.94	6.33

注：1982、1990、2000、2010 年为人口普查数，2005 年、2015 年为 1% 人口抽样调查数，其余年份为人口变动情况抽样调查数。

3-8 主要年份各年龄组人口占总人口的比重

单位：%

年　龄　组	1990 年	1995 年	2000 年	2005 年	2010 年	2015 年	2016 年
总　　计	**100.00**	**100.00**	**100.00**	**100.00**	**100.00**	**100.00**	**100.00**
少儿组（0 — 14 岁）	33.20	31.80	25.39	19.55	16.34	20.25	20.93
成人组（15 — 64 岁）	61.62	61.69	67.45	70.44	73.48	68.95	68.06
老年组（65 岁及以上）	5.19	6.51	7.16	10.01	10.19	10.80	11.01
不满周岁婴儿（0 岁）	2.66	1.22	1.01	1.10	1.31	1.66	1.50
学龄前儿童（1 — 6 岁）	13.85	11.51	6.13	6.33	8.48	9.92	10.16
小学学龄组（7 — 12 岁）	12.17	14.54	13.62	7.78	5.95	6.70	7.30
初中学龄组（13 — 15 岁）	6.72	6.14	6.71	7.53	3.07	2.87	2.90
# 育龄妇女（15 — 49 岁）	24.57	24.71	26.92	28.13	28.23	26.15	25.26
# 男（16 — 59 岁）	29.88	28.82	32.27	32.03	35.17	30.77	30.34
# 女（16 — 54 岁）	25.42	26.40	27.86	29.67	30.48	29.51	29.25
# 男（60 岁及以上）	3.29	3.99	4.93	6.42	6.82	7.86	7.80
# 女（55 岁及以上）	6.03	7.39	7.44	9.13	10.04	10.70	10.74

注：1990、2000、2010 年为人口普查数，1995、2005、2015 年为 1% 人口抽样调查数，其余年份为人口变动情况抽样调查数。

3-9 主要年份

年龄组	1990年			1995年			2000年		
	合计	男	女	合计	男	女	合计	男	女
总 计	**100.00**	**54.41**	**45.59**	**100.00**	**50.56**	**49.44**	**100.00**	**51.67**	**48.33**
0－4岁	12.08	6.27	5.81	7.57	4.19	3.38	4.71	2.57	2.14
5－9岁	11.17	5.73	5.44	12.90	6.85	6.05	7.78	4.21	3.57
10－14岁	9.95	5.11	4.84	11.34	5.90	5.44	12.91	6.59	6.32
15－19岁	11.49	5.94	5.55	8.06	4.04	4.02	9.00	4.85	4.15
20－24岁	11.09	5.66	5.43	9.07	4.33	4.74	6.29	3.15	3.14
25－29岁	8.33	4.30	4.03	10.03	4.85	5.18	9.72	4.94	4.78
30－34岁	6.49	3.48	3.01	7.79	3.83	3.96	10.50	5.41	5.09
35－39岁	6.15	3.28	2.87	5.96	2.99	2.97	8.53	4.39	4.14
40－44岁	4.47	2.47	2.00	5.92	3.11	2.81	6.09	3.26	2.83
45－49岁	3.85	2.18	1.67	4.20	2.34	1.86	5.93	3.14	2.79
50－54岁	4.10	2.19	1.91	3.76	2.06	1.70	4.23	2.31	1.92
55－59岁	2.98	1.52	1.46	3.99	2.07	1.92	3.48	1.92	1.56
60－64岁	2.66	1.28	1.38	2.95	1.43	1.52	3.67	1.91	1.76
65－69岁	2.04	0.91	1.13	2.48	1.17	1.31	2.57	1.24	1.33
70－74岁	1.51	0.60	0.91	1.91	0.71	1.20	2.03	0.90	1.13
75－79岁	0.93	0.31	0.62	1.21	0.42	0.79	1.36	0.53	0.83
80岁及以上	0.71	0.18	0.53	0.91	0.26	0.65	1.18	0.35	0.83

注：1990、2000、2010年为人口普查数，1995、2005、2015年为1%人口抽样调查数，其余年份为人口变动情况抽样调查数。

人口年龄构成

单位：%

2005年			2010年			2015年			2016年		
合计	男	女	合计	男	女	合计	男	女	合计	男	女
100.00	**50.55**	**49.45**	**100.00**	**51.58**	**48.42**	**100.00**	**50.03**	**49.97**	**100.00**	**50.11**	**49.89**
5.41	2.97	2.44	6.28	3.53	2.75	9.00	4.81	4.19	9.04	4.95	4.09
5.40	2.87	2.53	5.25	2.83	2.42	6.22	3.45	2.77	6.64	3.82	2.82
8.90	4.77	4.13	4.81	2.60	2.21	5.03	2.69	2.34	5.24	2.66	2.58
8.85	4.50	4.35	6.61	3.54	3.07	4.18	1.75	2.43	4.63	1.91	2.71
4.70	2.26	2.44	7.35	3.65	3.70	4.14	1.97	2.17	3.40	1.76	1.64
6.11	2.90	3.21	7.35	3.60	3.76	8.28	3.86	4.42	7.66	3.59	4.06
9.41	4.53	4.88	7.28	3.65	3.64	7.58	3.53	4.05	7.37	3.39	3.98
11.07	5.53	5.54	10.22	5.29	4.93	7.15	3.52	3.63	6.87	3.32	3.56
8.83	4.40	4.43	10.62	5.56	5.06	9.52	4.89	4.63	9.23	4.83	4.40
6.73	3.46	3.27	8.47	4.40	4.08	9.80	4.98	4.82	9.70	4.79	4.91
6.44	3.34	3.10	5.93	3.16	2.77	7.80	3.98	3.82	9.02	4.61	4.41
4.61	2.58	2.03	5.65	2.97	2.68	5.22	2.73	2.49	4.99	2.67	2.32
3.60	1.96	1.64	3.99	2.11	1.87	5.27	2.67	2.60	5.20	2.53	2.67
3.83	1.95	1.88	3.15	1.66	1.49	3.61	1.93	1.68	3.81	1.99	1.82
2.63	1.21	1.42	3.10	1.50	1.60	2.62	1.36	1.26	2.51	1.34	1.17
1.83	0.79	1.04	1.92	0.83	1.09	2.41	1.13	1.28	2.37	1.07	1.30
1.65	0.53	1.12	2.01	0.71	1.30	2.17	0.78	1.39	2.33	0.86	1.47

3–10 主要年份全社会从业人员数

单位：人

年份	合计	城镇单位从业人员	在岗职工	其他从业人员	城镇个体劳动者和私营企业从业人员	乡村劳动者
1978	815270	170206	170206			645064
1980	835695	162018	162018			673677
1985	1016115	196667	196667		7912	811536
1990	1226735	214542	214542		15312	996881
1995	1360658	235151	230091	5060	32872	1092635
2000	1425164	204463	198251	6212	48237	1172464
2001	1430582	195483	187702	7781	53779	1181320
2002	1434934	192326	185058	7268	54258	1188350
2003	1499565	195266	186311	8955	83601	1220698
2004	1522738	208866	196901	11965	77636	1236236
2005	1549767	213589	201680	11909	82884	1253294
2006	1582942	229113	217714	11399	106805	1247024
2007	1596226	249085	237535	11550	119240	1227901
2008	1659302	262679	250366	12313	137628	1258995
2009	1705709	280524	268097	12427	139113	1286072
2010	1779184	305465	292767	12698	168352	1305367
2011	1858460	343882	329496	14386	205614	1308964
2012	1893310	344473	329791	14682	228556	1320281
2013	1925325	345233	328744	16489	253414	1326678
2014	1943699	303530	285679	17851	293004	1347165
2015	2007119	305614	284373	21241	351266	1350239
2016	2095994	313607	286789	26818	428028	1354359

3-11 全社会从业人员年末人数

（2016 年）

单位：人

行业	合计	城镇单位从业人员	在岗职工	其他从业人员	城镇个体劳动者和私营企业从业人员	乡村劳动者
合计	2095994	313607	286789	26818	428028	1354359
农、林、牧、渔业	572476	3636	3279	357	16299	552541
采矿业	408275	4889	4652	237	2140	262467
制造业		54724	54032	692	73331	
电力、燃气及水的生产和供应业		6507	6383	124	4217	
建筑业	202146	56264	53269	2995	30609	115273
批发和零售业	107694	18398	16583	1815	5225	84071
交通运输、仓储和邮政业	74408	11596	11166	430	8594	54218
住宿和餐饮业	214138	4237	4133	104	177971	31930
信息传输、软件和信息技术服务业	40143	2921	2867	54	31493	5729
金融业	29002	23830	9636	14194	1663	3509
房地产业	16362	5965	5660	305	8009	2388
租赁和商务服务业	35148	9715	9581	134	25433	0
科学研究、技术服务业	18017	3692	3466	226	11166	3159
水利、环境和公共设施管理业	4581	3252	2235	1017	1329	0
居民服务、修理和其他服务业	24777	677	664	13	24100	0
教育	42007	41330	39692	1638	677	0
卫生和社会工作	30235	21645	20968	677	953	7637
文化、体育和娱乐业	19404	2679	2338	341	4818	11907
公共管理、社会保障和社会组织	40770	37650	36185	1465	0	3120
其他行业	216411				1	216410

注：城镇个体劳动者和私营企业从业人员数由市工商局提供；2014 年城镇单位从业人员数据口径为非私营城镇地域单位；职工人数指在岗职工人数，不含离开本单位仍保留劳动关系的职工。

3-12 分行业

（2005–2016 年）

行　　业	2005 年	2006 年	2007 年	2008 年	2009 年
合　　计	**1549767**	**1582942**	**1596226**	**1659302**	**1705709**
农林牧渔业	686414	649985	606502	603930	587897
工业	235458	275697	314504	356654	371735
建筑业	105831	121249	130654	136972	143941
批发和零售业	96222	103343	108833	121429	140258
交通运输、仓储和邮政业	46104	48342	49024	53230	57204
住宿和餐饮业	23809	27171	31861	34877	39286
信息传输、软件和信息技术服务业	6608	7609	8402	8500	9502
金融业	10509	11686	12152	14160	15870
房地产业	7161	7234	7778	8279	8168
租赁和商务服务业	12525	15890	18498	20367	24266
科学研究、技术服务业	4021	4837	5428	7056	7071
水利、环境和公共设施管理业	1864	1675	1919	2491	2752
居民服务、修理和其他服务业	11663	7334	7757	8710	9032
教育	33564	36928	36580	36982	36568
卫生和社会工作	15616	17299	17817	18854	20359
文化、体育和娱乐业	11498	10928	12185	13457	13935
公共管理、社会保障和社会组织	26280	29008	29713	30128	30477
其他行业	214620	206729	196619	183226	187389
按三次产业分					
第一产业	686414	649985	606502	603930	587897
第二产业	341289	396946	445158	493626	515676
第三产业	522064	536011	544566	561746	602136

注：本表按新行业分类统计。

全社会从业人员数

单位：人

2010年	2011年	2012年	2013年	2014年	2015年	2016年
1779184	**1858460**	**1893310**	**1925325**	**1943699**	**2007119**	**2095994**
578110	581522	579303	580253	581704	571595	572476
399416	430481	425330	437125	392947	397361	408275
169938	183796	195617	167414	181752	182755	202146
161036	178586	193567	210166	233783	106268	107694
60453	62322	63317	71153	68777	71349	74408
44550	45067	46176	49711	55003	195834	214138
10910	11493	11906	13263	12867	32434	40143
16504	17719	19275	19569	20399	23982	29002
9439	11242	11724	14274	15905	16245	16362
28168	27600	25262	29916	26585	31485	35148
7589	8329	8771	10644	12440	14359	18017
2946	3123	3439	4226	4813	4991	4581
10439	11323	12409	12422	15780	19734	24777
37269	37987	38372	38720	39596	40288	42007
20904	22108	23553	25201	27064	28607	30235
13619	13323	14849	15300	15691	17306	19404
31652	35028	36072	38283	38906	40028	40770
176241	177411	184367	187686	199687	212499	216411
578110	581522	579303	580253	581704	571595	572476
569354	614276	620947	604539	574699	580116	610422
631720	662662	693060	740533	787296	855408	913096

3-13 城镇单位在岗职工年末人数

（2006-2016年）

单位：人

行业	2006年	2007年	2008年	2009年	2010年	2011年	2012年	2013年	2014年	2015年	2016年
合计	**217714**	**217714**	**250366**	**268097**	**292767**	**329496**	**329791**	**328744**	**303530**	**284373**	**286789**
农、林、牧、渔业	4963	4963	4811	5072	4952	4990	4105	3883	4063	3542	3279
采矿业	16223	16223	20957	22332	21100	21647	24345	25788	6722	5895	4652
制造业	52427	52427	68285	74109	76709	93308	82072	82976	56331	53485	54032
电力、热力、燃气及水生产和供应业	7805	7805	8111	8436	8472	8020	8065	7965	7344	6834	6383
建筑业	22616	22616	29462	32922	50313	59971	70475	40667	52560	48987	53269
批发和零售业	2025	2025	2357	2328	2502	2397	9872	16610	17889	16893	16583
交通运输、仓储和邮政业	5378	5378	5840	7352	8033	10926	8072	15369	11992	11592	11166
住宿和餐饮业	2519	2519	2232	2283	1956	3235	2431	4230	4641	4666	4133
信息传输、软件和信息技术服务业	4991	4991	5246	5846	6342	7894	3204	4228	3269	3047	2867
金融业	6360	6360	6657	6746	7673	8255	9364	9117	16119	9548	9636
房地产业	1737	1737	2229	2173	2387	3213	3512	5801	7123	6355	5660
租赁和商务服务业	11895	11895	13454	15970	16717	14995	11561	15028	9453	10857	9581
科学研究、技术服务业	2816	2816	3095	2994	3033	3249	3304	3673	4237	3718	3466
水利、环境和公共设施管理业	1505	1505	1838	2034	2144	2240	2047	2406	4003	3150	2235
居民服务、修理和其他服务业	447	447	285	319	343	362	422	425	496	512	664
教育	36182	36182	35844	35546	36124	36532	36728	36888	39094	37834	39692
卫生和社会工作	10628	10628	11690	13255	14293	15033	16371	17808	19705	19923	20968
文化、体育和娱乐业	1795	1795	1754	1775	1874	1958	1801	1907	2465	2223	2338
公共管理、社会保障和社会组织	25402	25402	26219	26605	27800	31271	32040	33975	36024	35312	36185

注：本表按新行业分类统计。2014年城镇单位数据口径为非私营城镇地域单位。

3-14 城镇单位从业人员年末人数

（2016年） 单位：人

行业	合计	#女性	#非全日制	在岗职工	其他从业人员
总计	**313607**	**127459**	**8808**	**286789**	**26818**
按企事业机关分					
企业	198336	76821	8177	177294	21042
事业	78979	40014	474	74591	4388
机关	35751	10260	157	34365	1386
按行业分					
农、林、牧、渔业	3636	1172	37	3279	357
采矿业	4889	699	221	4652	237
制造业	54724	28681	131	54032	692
电力、热力、燃气及水生产和供应业	6507	1836	21	6383	124
建筑业	56264	9070	620	53269	2995
批发和零售业	18398	8762	599	16583	1815
交通运输、仓储和邮政业	11596	3157	79	11166	430
住宿和餐饮业	4237	2857	61	4133	104
信息传输、软件和信息技术服务业	2921	1185	14	2867	54
金融业	23830	14428	6195	9636	14194
房地产业	5965	2242	146	5660	305
租赁和商务服务业	9715	3351	15	9581	134
科学研究、技术服务业	3692	1070	56	3466	226
水利、环境和公共设施管理业	3252	1329	15	2235	1017
居民服务、修理和其他服务业	677	320	12	664	13
教育	41330	20308	253	39692	1638
卫生和社会工作	21645	14740	67	20968	677
文化、体育和娱乐业	2679	1189	102	2338	341
公共管理、社会保障和社会组织	37650	11063	164	36185	1465

注：本表按新行业分类统计。2014年城镇单位数据口径为非私营城镇地域单位。

3-15 城镇单位在岗职工年平均人数

（2016 年）　　单位：人

行业	合计	国有单位	城镇集体单位	其他单位
总计	**282764**	**117899**	**8278**	**156587**
按企事业机关分				
企业	175622	16673	3318	155631
事业	72409	66919	4960	530
机关	34297	34297		
按行业分				
农、林、牧、渔业	3262	3106	10	146
采矿业	4978	1621	360	2997
制造业	54074	459	225	53390
电力、热力、燃气及水生产和供应业	6427	1099	26	5302
建筑业	52129	1146	19	50964
批发和零售业	16441	2283	985	13173
交通运输、仓储和邮政业	11158	4800	81	6277
住宿和餐饮业	4039	281	11	3747
信息传输、软件和信息技术服务业	2948	745		2203
金融业	9651	2873	1396	5382
房地产业	5682	924	196	4562
租赁和商务服务业	8759	5346	225	3188
科学研究、技术服务业	3464	2780	54	630
水利、环境和公共设施管理业	2288	1464		824
居民服务、修理和其他服务业	653	261	16	376
教育	37899	36690		1209
卫生和社会工作	20556	13974	4671	1911
文化、体育和娱乐业	2303	1994	3	306
公共管理、社会保障和社会组织	36053	36053		

注：本表按新行业分类统计。2014 年城镇单位数据口径为非私营城镇地域单位。

3-16 分单位类型、分行业城镇单位从业人员年末人数

（2016 年）

单位：人

行　　业	合　计	国有单位	城镇集体单　位	其他单位
合　　计	**313607**	**127488**	**8645**	**177474**
按单位类型分				
企　业	198336	18521	3423	176392
事　业	78979	73204	5222	553
机　关	35751	35751		
按行业分				
农、林、牧、渔业	3636	3479	10	147
采矿业	4889	1554	367	2968
制造业	54724	480	233	54011
电力、热力、燃气及水生产和供应业	6507	1113	26	5368
建筑业	56264	1539	46	54679
批发和零售业	18398	2435	1049	14914
交通运输、仓储和邮政业	11596	5049	91	6456
住宿和餐饮业	4237	297	11	3929
信息传输、软件和信息技术服务业	2921	789		2132
金融业	23830	3881	1379	18570
房地产业	5965	1096	201	4668
租赁和商务服务业	9715	5538	228	3949
科学研究、技术服务业	3692	2910	79	703
水利、环境和公共设施管理业	3252	2342		910
居民服务、修理和其他服务业	677	262	16	399
教育	41330	39971		1359
卫生和社会工作	21645	14767	4906	1972
文化、体育和娱乐业	2679	2336	3	340
公共管理、社会保障和社会组织	37650	37650		

注：本表数据为按新行业分类；2014 年城镇单位数据口径为非私营城镇地域单位。

3–17 城镇个体劳动者和私营企业从业人员数

（2006–2016 年）

单位：人

行　　业	2006 年	2007 年	2008 年	2009 年	2010 年	2011 年	2012 年	2013 年	2014 年	2015 年	2016 年
合　　计	**106805**	**119240**	**137628**	**139113**	**168352**	**205614**	**228556**	**253414**	**293004**	**351266**	**428028**
农、林、牧、渔业	2716	2842	3852	3493	4639	6321	7020	8180	9765	12697	16299
采矿业	1037	1085	1255	1129	1386	1455	1560	1565	2065	2019	2140
制造业	25629	29842	34881	29460	33926	45591	46318	55553	56035	62808	73331
电力、热力、燃气及水生产和供应业	3675	3756	3422	2549	2982	3590	4231	3394	3489	3586	4217
建筑业	6097	7156	7489	6713	7405	10771	11655	12619	13887	17290	30609
批发和零售业	39312	42900	50182	56773	71655	85920	100820	109819	132346	3772	5225
交通运输、仓储和邮政业	1666	1333	1548	1674	1743	1980	2051	2432	2978	5290	8594
住宿和餐饮业	7905	9192	10188	10726	11212	11751	12566	14040	18620	159252	177971
信息传输、软件和信息技术服务业	1779	1921	2149	2043	2383	2689	3079	3325	3907	23638	31493
金融业			305	530	720	1011	1152	1198	1279	1330	1663
房地产业	3189	3947	4078	3993	5053	5946	6105	6273	6619	7084	8009
租赁和商务服务业	3766	4361	6270	7583	10660	12233	13559	14723	17132	20422	25433
科学研究、技术服务业			1561	1627	2079	2452	3001	4482	5333	7372	11166
水利、环境和公共设施管理业			464	481	535	568	670	757	810	988	1329
居民服务、修理和其他服务业	6864	7307	8423	8711	10091	10956	11983	11994	15284	19213	24100
教育			344	254	295	389	427	459	502	579	677
卫生和社会工作	394	425	445	397	353	385	390	395	457	702	953
文化、体育和娱乐业	562	783	772	977	1235	1606	1969	2181	2495	3223	4818
公共管理、社会保障和社会组织							0	0	0	0	0
其他行业	2214	2390					0	25	1	1	1

注：本表数据由市工商局提供。

3-18 主要年份城镇失业人员就业人数

单位：人

项　　目	1990 年	1995 年	2000 年	2005 年	2010 年	2015 年	2016 年
合　　计	**7619**	**13080**	**10170**	**17807**	**19173**	**14344**	**13108**
按就业人员安置去向分							
国有经济单位	2767	1797	645	117	215	144	47
城镇集体经济单位	2269	5310	413	—	—	1750	1578
其他各种经济类型单位	366	4586	5571	11675	10264	1864	1897
城镇个体、私营企业	1817	1387	3341	6015	8694	10586	9586

注：本表数据由市公共就业和人才服务中心提供。

3-19 主要年份城镇失业人数及失业率

（年末数）

单位：人

项　　目	1990 年	1995 年	2000 年	2005 年	2010 年	2015 年	2016 年
失业人数	14856	9109	9610	12956	12911	15162	17143
# 青年	12851	7756	849	6106	2652	5032	6514
占失业人数的 %	86.5	85.1	8.8	47.1	20.5	33.2	38
失业率	5.75	3.36	4.0	4.95	2.87	2.48	2.54

注：失业人数指登记失业人数，失业率指登记失业率，2011 年起“青年”的口径为 16-35 岁。本表数据由市公共就业和人才服务中心提供。

主要统计指标解释

人口数 指一定时点、一定地区范围内的有生命的个人的总和。年度统计的年末人口数指每年 12 月 31 日 24 时的人口数。

市镇总人口 指市、镇辖区内的全部人口。

市 是指经国家批准成立“市”建制的城市。

镇 是指经省、自治区、直辖市批准的镇。1963 年以前为常住人口在 2000 人以上，非农业人口占 50% 以上的。1961 年起改为常住人口在 3000 人以上，非农业人口占 70% 以上，或常住人口在 2500 人以上，不满 3000 人，非农业人口占 85% 以上的。1988 年后又调整为，凡县级地方国家机关所在地；或总人口在 20000 人以上的乡，乡政府驻地非农业人口超过 2000 人的；或总人口在 20000 人以上的乡，乡政府驻地非农业人口占全乡人口 10% 以上，或少数民族地区、人口稀少边远地区、山区和小型工矿地区、小港口、风景旅游、边境口岸等地非农业人口虽不足 2000 人，确有必要，都可建镇。

乡村总人口 指县 (不含镇) 的全部人口。

出生率 指在一定时期内 (通常为一年) 平均每千人所出生的人数的比率，一般用千分率表示。

死亡率 指在一定时期内 (通常为一年) 一定地区的死亡人数与同期平均人数 (或期中人数) 之比，一般用千分率表示。

人口自然增长率 指在一定时期内 (通常为一年) 人口自然增加数 (出生人数减死亡人数) 与该时期内平均人数 (或期中人数) 之比，一般用千分率表示。

从业人员 指从事一定劳动并取得劳动报酬或经营收入的人员。从业人员按就业身份分组包括：

(1) 职工；

(2) 再就业的离退休人员；

(3) 私营业主；

(4) 个体户主；

(5) 私营企业和个体从业人员；

(6) 乡镇企业从业人员；

(7) 农村从业人员；

(8) 其他从业人员。

从业人员期末人数 指报告期末最后一日 24 时在本单位工作，并取得工资或其他形式劳动报酬的人员数。该指标为时点指标，不包括最后一日当天及以前已经与单位解除劳动合同关系的人员，是在岗职工、劳务派遣人员及其他从业人员之和。

单位从业人员 各单位的从业人员是指在各级国家机关、政党机关、社会团体及企业、事业单位中工作，取得工资或其他形式的劳动报酬的全部人员。包括：在岗职工、再就业的离退休人员、民办教师以及在各单位中工作的外方人员和港澳台方人员、兼职人员、借用的外单位人员和第二职业者。不包括离开本单位仍保留劳动关系的职工。

在岗职工 指在本单位工作并由单位支付工资的人员，以及有工作岗位，但由于学习、病伤产假等原因暂未工作，仍由单位支付工资的人员。

其他从业人员 指按劳动统计规定不作职工统计，但实际参加单位生产或工作并取得劳动报酬的人员。包括：再就业的离、退休人员，民办教师及在各单位工作的港、澳、台、外籍人员以及实际在单位从事劳动并获取劳动报酬而又没统计为职工的人员。但不包括在单位中工作并领取劳动报酬的在校学生。兼职人员、从事第二职业的人员、录用的其他单位下岗人员等均应统计在其他从业人员中。

非全日制人员 根据《中华人民共和国劳动法》规定，非全日制人员指以小时计酬为主，且其在同一用人单位一般平均每日工作时间不超过四小时，每周工作时间累计不超过二十四小时的从业人员。

城镇私营和个体从业人员 城镇私营从业人员指在工商管理部门注册登记，其经营地址设在县城关镇(含城关镇)以上的私营企业从业人员；包括私营企业投资者和雇工。城镇个体从业人员指在工商管理部门注册登记，并持有城镇户口或在城镇长期居住，经批准从事个体工商经营的从业人员；包括个体经营者和在个体工商户劳动的家庭帮工和雇工。

平均人数 指报告期内每天拥有的人数和的平均数。

年平均人数 以 12 个月的平均人数相加之和被 12 除求得，或 4 个季度平均人数相加之和被 4 除求得。

失业人员 指在劳动年龄内，有劳动能力，在调查期间无工作并以某种方式正在寻找工作的人员。

城镇登记失业人员 指有非农业户口，在一定的劳动年龄内，有劳动能力，无业而要求就业，并在当地就业服务机构进行求职登记的人员。

城镇登记失业率 指城镇登记失业人数同城镇从业人数与城镇登记失业人数之和的比。计算公式为：

城镇登记失业率 = 城镇登记失业人数 /（城镇从业人数 + 城镇登记失业人数）× 100%

第四篇　固定资产投资

Gu ding zi chan tou zi

供稿人：林玫芳　刘启丽

4-1 固定资产投资总额

（1978-2016 年）

年份	绝对数（万元）					构成（%）			
	合计	国有经济	集体经济	私人投资	其他经济	国有经济	集体经济	私人投资	其他经济
1978	5029	4234	795			84.19	15.81		
1979	6948	6844	104			98.50	1.50		
1980	7567	7235	332			95.61	4.39		
1981	13170	7923	1717	3530		60.16	13.04	26.80	
1982	14480	9463	1908	3109		65.35	13.18	21.47	
1983	16064	10855	2270	2939		67.57	14.13	18.30	
1984	20485	13367	3278	3840		65.25	16.00	18.75	
1985	30874	22115	3974	4785		71.63	12.87	15.50	
1986	37830	28140	4641	5049		74.38	12.27	13.35	
1987	42090	29853	6155	5505	577	70.93	14.62	13.08	1.37
1988	43331	29301	5882	7566	582	67.62	13.57	17.46	1.35
1989	40880	28418	5231	6170	1061	69.52	12.80	15.09	2.59
1990	42102	27927	5556	7035	1584	66.33	13.20	16.71	3.76
1991	52719	33118	11148	6915	1538	62.82	21.15	13.12	2.91
1992	84743	57799	14155	12789		68.21	16.70	15.09	
1993	197266	132958	24768	28251	11289	67.40	12.56	14.32	5.72
1994	284860	159100	34901	38170	52689	55.85	12.25	13.40	18.50
1995	415261	202179	44111	58294	110677	48.69	10.62	14.04	26.65
1996	441690	232393	47539	81611	80147	52.61	10.76	18.48	18.15
1997	354196	195735	59251	60748	39182	55.15	16.69	17.12	11.04
1998	465194	301726	64215	61951	37302	64.86	13.80	13.32	8.02
1999	532093	332915	57094	64103	77981	62.56	10.73	12.05	14.66
2000（老口径）	585943	385651	61486	59749	79057	65.82	10.49	10.20	13.49
2000（新口径）	677334	385651	128715	83911	79057	56.94	19.00	12.39	11.67
2001	543190	324997	65808	62420	89965	59.83	12.12	11.49	16.56
2002	594999	334431	68695	60134	131739	56.21	11.55	10.10	22.14
2003	750373	319005	108141	65643	257584	42.51	14.41	8.75	34.33
2004	917770	253626	117191	85612	461341	27.63	12.77	9.33	50.27
2005	1236511	228722	76070	99715	832004	18.50	6.15	8.06	67.29
2006	1648509	324613	26991	110675	1186230	19.69	1.64	6.71	71.96
2007	2486320	560727	30775	136227	1758591	22.55	1.24	5.48	70.73
2008	3226136	733279	67708	155314	2269835	22.73	2.10	4.81	70.36
2009	4339687	1093131	125368	188292	2932896	25.19	2.89	4.34	67.58
2010（老口径）	5829542	1353410	169039	208446	4098647	23.22	2.90	3.58	70.31
2010（新口径）	5532274	1254224	110808	208446	3958796	22.67	2.00	3.77	71.56
2011	7786531	1721545	243656	236693	5584637	22.11	3.13	3.04	71.72
2012	10004530	2700793	420707	261942	6621088	27.00	4.21	2.62	66.18
2013	12988738	3294020	707703	289565	8697450	25.36	5.45	2.23	66.96
2014	15899953	4060100	1276021	315449	10248383	25.54	8.03	1.98	64.46
2015	19342076	4452244	1502213	341429	13046190	23.02	7.77	1.77	67.45
2016(不含农户）	21880416	6593292	1716556		13570568	30.13	7.85		62.02

注：1、2000 年新口径——计划总投资 50 万元及以上项目和单台设备购置投资、房地产开发投资、非农户固定资产价值 200 元以上，农户固定资产价值 50 元以上。

2、2000 年老口径——计划总投资 50 万元及以上项目和单台设备购置投资 、房地产开发投资、非农户固定资产投资 5 万元以上，农户投资按房屋竣工价值。

3、2010 年新口径——城乡计划总投资 500 万元及以上项目和设备投资、房地产开发投资、非农户固定资产价值 200 元以上、农户固定资产价值 50 元以上。

4、2016 年开始取消农户固定资产投资制度，即表格中的私人投资。

4–2 历年国有固定资产投资

单位：万元

年 份	投资额	年 份	投资额	年 份	投资额
1949		1973	3275	1997	195735
1950	1	1974	3338	1998	301726
1951	68	1975	4728	1999	332915
1952	75	1976	5327	2000	385651
1953	147	1977	4082	2001	324997
1954	105	1978	4234	2002	334431
1955	141	1979	6844	2003	319005
1956	761	1980	7235	2004	253626
1957	332	1981	7923	2005	228722
1958	2034	1982	9463	2006	324613
1959	3741	1983	10855	2007	560727
1960	5554	1984	13367	2008	733279
1961	2053	1985	22115	2009	1093131
1962	1074	1986	28140	2010	1353410
1963	1531	1987	29853	2011	1721545
1964	1032	1988	29301	2012	2700793
1965	1364	1989	28418	2013	3294020
1966	2198	1990	27927	2014	4060100
1967	1508	1991	33118	2015	4452244
1968	1430	1992	57799	2016	6593292
1969	2519	1993	132958		
1970	3064	1994	159100		
1971	4285	1995	202179		
1972	4061	1996	232393		

4-3 主要年份固定资产投资总额构成

单位：万元

项　　目	2005年	2010年（老口径）	2010年（新口径）	2015年	2016年
一、投资总额	**1236511**	**5829542**	**5532274**	**19342076**	**21880416**
按经济类型分					
国有经济	228722	1353410	1254224	4452244	6593292
项目投资	228722	1244263	1145077	4136935	6137878
房地产投资	14812	109147	109147	315309	455414
集体经济	76070	169039	110808	1502213	1716556
城镇	12918	51959	50319		
农村	63152	117080	60489		
私人投资	99715	208446	208446	341429	
城镇	17474				
农村	82241	208446	208446	341429	
其他经济	832004	4098647	3958796	13046190	13570568
按构成分					
建筑安装工程	846764	3899872	3683483	14700845	16374685
设备工器具购置	216919	874406	839340	2481866	2909250
其他费用	172828	1055264	1009451	2159365	2596481
按工程用途分					
第一产业	34069	165314	129434	959685	1576331
第二产业	549461	2565401	2460805	9379154	9794601
#工业	477678	2533899	2437341	9195851	9689714
第三产业	652981	3098827	2942035	9003238	10509484
总投资中住宅	168571	512030	505860	2011558	1377785
二、新增固定资产	**815941**	**2768703**	**2519336**	**16837253**	**15312044**
三、房屋建筑面积（万平方米）					
施工面积	1280.64	2811.59	2748.31	5336.63	3341.44
#住宅	910.72	1044.41	1036.13	1711.66	1464.60
竣工面积	775.20	513.38	465.72	2260.74	1047.58
#住宅	674.93	215.44	209.50	464.39	232.14

注：2015年及往年数据包含农户投资，2016年开始取消农户固定资产投资制度。

4-4 住宅建设投资总额

（1978–2016 年）

单位：万元

年份	合计	国有经济	集体经济	城镇私人投资	其他经济	构成（%）			
						国有经济	集体经济	城镇私人投资	其他经济
1978	288	288							
1979	1018	1018							
1980	1393	1275	118						
1981	2012	1502	209	301		74.65	10.39	14.96	
1982	3122	2721	310	91		87.16	9.93	2.91	
1983	2664	1957	259	448		73.46	9.72	16.82	
1984	3338	2231	412	695		66.84	12.34	20.82	
1985	4169	2822	312	1035		67.69	7.48	24.83	
1986	4601	2842	449	1310		61.77	9.76	28.47	
1987	4335	2293	552	1490		52.90	12.73	34.37	
1988	6187	2643	640	2904		42.72	10.34	46.94	
1989	4909	2578	686	1645		52.52	13.97	33.51	
1990	4606	2060	704	1842		44.72	15.28	40.00	
1991	5888	2902	894	2092		49.29	15.18	35.53	
1992	9942	4346	1000	4596		43.71	10.06	46.23	
1993	15173	8772	1875	4045	481	57.82	12.36	26.65	3.17
1994	29556	12835	3036	12831	854	43.43	10.27	43.41	2.89
1995	47032	19446	4264	18976	4346	41.35	9.07	40.35	9.23
1996	50081	19792	5045	19198	6046	39.52	10.07	38.33	12.08
1997	42349	15455	7068	18192	1634	46.49	16.69	42.96	3.86
1998	54712	19214	6717	21908	6873	35.12	12.28	40.04	12.56
1999	66400	24846	7646	25950	7958	37.42	11.52	39.08	11.98
2000（老口径）	49924	12626	7523	19807	9968	25.29	15.07	39.67	19.97
2000（新口径）	54044	12626	11643	19807	9968	23.36	21.54	36.65	18.45
2001	56676	13303	5823	19209	18341	23.48	10.27	33.89	32.36
2002	52491	8065	2791	13709	27926	15.36	5.32	26.12	53.20
2003	82695	11530	7562	13897	49706	13.94	9.14	16.81	60.11
2004	108192	13070	8693	15722	70707	12.08	8.03	14.54	65.35
2005	144495	17331	2373	16805	107986	12.00	1.64	11.63	74.73
2006	199518	14881	4983		179654	7.46	2.50		90.04
2007	245178	30841	2928		211409	12.58	1.19		86.23
2008	250201	37391	791		212019	14.95	0.31		84.74
2009	331808	50198	4429		277181	15.13	1.33		83.54
2010（老口径）	377611	89877	5788		281946	23.80	1.53		74.67
2010（新口径）	371441	86734	5045		279662	23.35	1.36		75.29
2011	589225	135589	10508		443128	23.01	1.78		75.21
2012	854973	234346	3724		616903	27.41	0.44		72.15
2013	1193324	315852	17615		859857	26.47	1.48		72.06
2014	1638693	302473	96814		1239406	18.46	5.91		75.63
2015	1772192	356279	41086		1374827	20.10	2.32		77.58
2016	1377785	420912	10541		946332	30.55	0.77		68.69

注：本表不包括农村个人投资

4–5 住宅建设竣工面积

（1978–2016 年）　　　　单位：万平方米

年份	合计	国有经济	集体经济	城镇私人投资	其他经济	构成（%）			
						国有经济	集体经济	城镇私人投资	其他经济
1978	3.48	3.48							
1979	9.75	9.75							
1980	14.50	10.64	3.86						
1981	25.16	15.47	5.70	3.99		61.49	22.66	15.85	
1982	29.12	17.54	7.03	4.55		60.23	24.14	15.63	
1983	31.32	19.81	3.22	8.29		63.25	10.28	26.47	
1984	36.22	20.68	3.90	11.64		57.10	10.77	32.13	
1985	40.91	17.20	6.83	16.88		42.04	16.70	41.26	
1986	39.85	19.07	4.00	16.78		47.85	10.04	42.11	
1987	33.01	15.12	3.24	14.65		45.80	9.82	44.38	
1988	38.09	10.95	3.53	23.61		28.75	9.27	61.98	
1989	26.88	10.67	3.31	12.90		39.69	12.32	47.99	
1990	23.24	8.02	3.03	12.19		34.51	13.04	52.45	
1991	21.41	6.66	2.25	12.50		31.11	10.51	58.38	
1992	35.68	11.09	3.67	20.92		31.08	10.29	58.63	
1993	31.79	13.32	2.49	15.77	0.21	41.90	7.83	49.61	0.66
1994	59.76	17.23	3.87	37.92	0.74	28.83	6.48	63.45	1.24
1995	93.81	18.71	5.34	61.79	7.97	19.94	5.69	65.87	8.50
1996	109.26	31.96	7.40	64.56	5.34	29.25	6.77	59.09	4.89
1997	100.45	19.92	11.29	64.82	4.42	19.83	11.24	64.53	4.40
1998	116.31	24.13	13.62	75.88	2.68	20.75	11.71	65.24	2.30
1999	143.41	32.13	13.70	87.07	10.51	22.41	9.55	60.71	7.33
2000（老口径）	78.89	14.88	10.20	49.02	4.79	18.86	12.93	62.14	6.07
2000（新口径）	80.14	14.88	11.45	49.02	4.79	18.57	14.29	61.17	5.97
2001	89.84	12.17	8.67	49.03	19.97	13.55	9.65	54.57	22.23
2002	87.53	13.83	14.27	36.58	22.85	15.80	16.30	41.79	26.11
2003	103.98	15.57	14.94	44.85	28.62	14.97	14.37	43.13	27.52
2004	104.99	5.77	7.72	37.90	53.60	5.50	7.35	36.10	51.05
2005	117.63	15.87	4.46	25.86	71.44	13.49	3.79	21.98	60.74
2006	143.26	1.15	2.89		139.22	0.80	2.02		97.18
2007	115.64	12.81	2.12		100.71	11.08	1.83		87.09
2008	122.43	13.58	0.40		108.45	11.09	0.33		88.58
2009	137.20	20.75	2.18		114.27	15.12	1.59		83.29
2010（老口径）	108.40	23.72	1.55		83.13	21.88	1.43		76.69
2010（新口径）	102.46	19.69	0.59		82.18	19.22	0.58		80.21
2011	181.58	65.04	7.08		109.46	35.82	3.90		60.28
2012	237.32	103.92	4.78		128.62	43.79	2.01		54.20
2013	309.27	171.91	13.28		124.08	55.59	4.29		40.12
2014	265.12	77.93	47.09		140.09	29.40	17.76		52.84
2015	294.43	64.01	13.54		216.88	21.74	4.60		73.66
2016	232.14	140.23	4.01		87.90	60.41	1.73		37.87

注：本表不包括农村个人投资。

4-6 按城乡分类的固定资产投资

（1995–2016 年） 单位：万元

年份	全社会固定资产投资	城镇投资				农村投资
		合计	城镇项目	房地产	工矿区私人建房	
1995	415261	335160	300805	20218	14137	80101
1996	441690	330629	303001	16820	10808	111061
1997	354196	256322	226619	16417	13286	97874
1998	465194	363977	332074	15644	16259	101217
1999	532093	438276	393501	25389	19386	93817
2000	677334	491634	422925	48265	20444	185700
2001	543190	445252	371237	54095	19920	97938
2002	594999	486184	408511	63460	14213	108815
2003	750373	605445	480381	110509	14555	144928
2004	917770	742213	582411	143121	16681	175557
2005	1236511	986967	778443	191050	17474	249544
2006	1648509	1304589	1025129	279460		343920
2007	2486320	2000232	1609677	390555		486088
2008	3226136	2554822	2153460	401362		671314
2009	4339687	3677838	3181328	496510		661849
2010	5829542	4896911	4088684	808227		932631
2010（新口径）	5532274	4835320	4027093	808227		696954
2011	7786531	6860238	5981923	878315		926293
2012	10004530	8570880	7365562	1205318		1433650
2013	12988738	10892337	9241073	1651264		2096401

年份	固定资产投资	固定资产投资			农户投资
		合计	项目	房地产	
2012	10004530	9742588	8537270	1205318	261942
2013	12988738	12699173	11047909	1651264	289565
2014	15899953	15584504	13463618	2120886	315449
2015	19342076	19000647	17067642	1933005	341429
2016	21880416	21880416	20079398	1801018	

注：2016 年开始取消农户固定资产投资制度。

4-7 主要年份分行业项目投资完成情况

单位：万元

行　　业	2000 年	2005 年	2010 年（老口径）	2010 年（新口径）	2015 年（不分城镇）	2016 年（不分城镇）
总　计	**422925**	**778443**	**4088684**	**4027093**	**17067642**	**20079398**
(一)农、林、牧、渔业	3066	1372	48374	47854	909015	1576331
(二)采矿业	15012	38086	248195	246441	1472717	1085201
(三)制造业	49049	165744	1729854	1724100	6960817	7183542
(四)电力、燃气及水的生产和供应业	142774	191434	158964	158205	761713	1420971
(五)建筑业	691	16000	3814	3814	174725	104887
(六)交通运输、仓储和邮政业	115883	269909	1039449	1000037	398180	1861687
(七)信息传输、计算机服务和软件业		5570	14748	14283	1812101	20169
(八)批发和零售业	23737	3821	20480	20230	322158	273728
(九)住宿和餐饮业		2810	29071	28884	15074	167343
(十)金融业	1216		2023	1993	2544	34297
(十一)房地产业	120	5110	69555	69555	768707	496662
(十二)租赁和商务服务业		2403	15431	15311	149454	199335
(十三)科学研究、技术服务和地质勘查业	5172	68	42841	42581	18737	106768
(十四)水利、环境和公共设施管理业		19530	327185	322434	2159180	3757587
(十五)居民服务和其他服务业	13557		10251	10094	57433	44956
(十六)教育	10108	12957	36243	34042	175543	317678
(十七)卫生、社会保障和社会福利业	12390	4416	39411	39343	159262	225123
(十八)文化、体育和娱乐业	174	11514	59140	57244	231433	291623
(十九)公共管理和社会组织	29976	27699	193655	190648	518849	911510
按三次产业分						
第一产业	3066	1372	48374	47854	909015	1576331
第二产业	207526	411264	2140827	2132560	9369972	9794601
# 工业	206835	395264	2137013	2128746	9195247	9689714
第三产业	212333	365807	1899483	1846679	6788655	8708466
总投资中住宅	8635	5511	67671	67229	414714	264007

注：2014 年起固定资产投资取消城乡分组指标。

4-8 主要年份分行业项目投资新增固定资产

单位：万元

行业	2000年	2005年	2010年（老口径）	2010年（新口径）	2015年（不分城镇）	2016年（不分城镇）
总计	**172243**	**530349**	**1790880**	**1768442**	**15871212**	**14534866**
（一）农、林、牧、渔业	2309	1617	30700	30300	869035	1271880
（二）采矿业	7694	14408	140211	139031	1449077	868739
（三）制造业	28743	57751	1081280	1075426	6728827	5462951
（四）电力、燃气及水的生产和供应业	43983	97483	97853	97335	742268	1147489
（五）建筑业	876		2300	2300	13932	4720
（六）交通运输、仓储和邮政业	30463	321132	145495	143131	325808	892087
（七）信息传输、计算机服务和软件业		3581	11568	11401	1103137	22929
（八）批发和零售业	3383	1366	15627	15377	296871	203598
（九）住宿和餐饮业		3400	6895	6708	1173	136836
（十）金融业	617		2091	1993		34727
（十一）房地产业			12547	12547	683087	409032
（十二）租赁和商务服务业		1845	3246	3126	148682	142681
（十三）科学研究、技术服务和地质勘查业	2789		2041	1781	24336	59040
（十四）水利、环境和公共设施管理业		3098	127054	122583	2057937	2569741
（十五）居民服务和其他服务业	8284		1607	1450	58019	59831
（十六）教育	8217	6820	6152	4669	141076	273928
（十七）卫生、社会保障和社会福利业	11676	2665	11271	11145	142769	179040
（十八）文化、体育和娱乐业	326	150	16544	14728	153563	170997
（十九）公共管理和社会组织	22883	15033	76398	73411	931615	624620

注：2014年起固定资产投资取消城乡分组指标。

4–9 投资项目数及主要效益指标

（2000–2016 年）

年份	施工项目数（个）	本年新开工	全部投产项目数（个）	计划总投资（万元）	固定资产交付使用率（%）	全部建设项目投产率（%）	房屋竣工率（%）
2000	528	278	264	1586773	40.7	50.0	33.2
2001	449	251	226	1969312	69.9	50.3	37.5
2002	480	289	285	2066939	77.9	59.4	58.6
2003	408	247	211	2834793	46.9	51.7	47.2
2004	401	243	175	2952960	36.9	43.6	53.9
2005	348	173	115	3297030	68.1	33.1	30.5
2006	523	259	131	4915496	58.9	25.1	46.0
2007	581	257	150	6649313	35.6	25.8	35.0
2008	776	367	231	9281717	36.1	29.8	21.8
2009	973	515	309	11093339	45.8	31.8	11.0
2010（老口径）	1072	550	375	16720805	43.8	35.0	13.8
2010（新口径）	977	467	303	16693428	43.9	31.0	13.6
2011	1256	668	533	17097355	54.5	42.4	26.6
2012	1615	914	819	19849214	73.2	50.7	13.5
2013（老口径）	1818	1007	1092	21843735	76.2	60.1	30.9
2013（新口径）	2871	1791	1818	24331631	78.4	63.3	33.3
2014	3004	2117	1816	27023703	76.8	63.4	30.9
2015	3380	2278	2577	29491291	87.6	75.8	40.3
2016	5118	4274	3322	29265414	72.4	64.9	57.8

备注：1.2014 年起固定资产取消城乡分组；2.2013 新口径为 500 万元以上固定资产项目。

4-10 项目投资完成情况

（2016年） 单位：万元

项　　目	计划总投资	本年完成投资	本年新增固定资产
合　　计	**29265414**	**20079398**	**14534866**
1、按登记注册类型分			
内资企业	27506145	18936338	13740169
国有企业	6653949	5225159	3532811
集体企业	1906005	1686431	1475306
股份合作企业	77554	30125	49100
联营企业	92040	59096	57108
国有联营企业			
集体联营企业	24090	21686	19893
国有与集体联营企业	58350	27810	27810
其他联营企业	9600	9600	9405
有限责任公司	6658378	3159598	1725312
国有独资公司	2468289	912719	359602
其他有限责任公司	4190089	2246879	1365710
股份有限公司	942560	491535	325912
私营企业	9772785	6784237	5308014
私营独资企业	1295675	1122370	942814
私营合伙企业	868802	733872	658054
私营有限责任公司	7099509	4715937	3541770
私营股份有限公司	508799	212058	165376
其他企业	1402874	1500157	1266606
港、澳、台商投资企业	465280	235838	203820
合资经营企业（港或澳、台资）	68270	50470	25778
合作经营企业（港或澳、台资）			
港、澳、台商独资经营企业	332129	145337	153482
港、澳、台商投资股份有限公司	56881	33278	19760
其他港、澳、台商投资企业	8000	6753	4800
外商投资企业	286619	107023	28769
中外合资经营企业	245756	76735	8014
中外合作经营企业			
外资企业	16887	17294	7760
外商投资股份有限公司	23976	12994	12995
其他外商投资企业			
个体经营	1007370	800199	562108
个体户	834372	658065	442263
个人合伙	172998	142134	119845

4-10 项目投资完成情况（续1）

（2016年） 单位：万元

项目	计划总投资	本年完成投资	本年新增固定资产
2、隶属关系			
中央	274723	482537	91340
省（自治区、直辖市）	780787	417367	95807
地区（州、盟、省辖市）	2046383	751950	92750
县（旗、县级市）	7345873	4370461	3331440
其他	18817648	14057083	10923529
3、按建设性质分			
新建	17910618	11444554	8145946
扩建	5516384	4130965	2861771
改建和技术改造	5275603	4139627	3198583
单纯建造生活设施	24484	27242	27206
迁建	294401	134819	83181
恢复	130645	99957	120306
单纯购置	113279	102234	97873
4、控股情况			
国有控股	10608459	6704755	4216038
集体控股	2499483	2057566	1778956
私人控股	13814132	9599456	7363409
港澳台商控股	441640	218018	190901
外商控股	25474	22691	11665
其他	1876226	1476912	973897
5、期末建设状况			
在建	14886393	6759293	636658
全部投产	14071932	13250719	13898208
全部停缓建	307089	69386	0
6、按国民经济行业分	29265414	20079398	14534866
农、林、牧、渔业	1969742	1576331	1271880
农业	979814	790559	644971
林业	88062	66088	49499
畜牧业	398942	289325	213844
渔业	135792	118934	92423
农、林、牧、渔服务业	367132	311425	271143
采矿业	1265065	1085201	868739
煤炭开采和洗选业	518905	428071	314794
石油和天然气开采业			
黑色金属矿采选业	125957	105203	82597
有色金属矿采选业	80262	63547	55582
非金属矿采选业	524683	482790	399760

4-10 项目投资完成情况（续2）

（2016年）　　单位：万元

项　　目	计划总投资	本年完成投资	本年新增固定资产
开采辅助活动	6658	4955	7255
其他采矿业	8600	635	8751
制造业	10022348	7183542	5462951
农副食品加工业	1113856	909108	737555
食品制造业	425825	324593	260503
酒、饮料和精制茶制造业	566976	417228	332215
烟草制品业	16843	10099	11000
纺织业	359557	182306	130337
纺织服装、服饰业	366318	277775	229794
皮革、毛皮、羽毛及其制品和制鞋业	53629	40501	40394
木材加工和木、竹、藤、棕、草制品业	857037	699096	610040
家具制造业	264660	226113	158168
造纸和纸制品业	193111	149638	119359
印刷和记录媒介复制业	48246	45480	31251
文教、工美、体育和娱乐用品制造业	160286	103429	69712
石油加工、炼焦和核燃料加工业	35495	31670	31843
化学原料和化学制品制造业	612279	513189	425428
医药制造业	53201	48257	34400
化学纤维制造业	9770	9890	9890
橡胶和塑料制品业	224316	183363	141158
非金属矿物制品业	1479150	1180715	880856
黑色金属冶炼和压延加工业	199926	140035	97527
有色金属冶炼和压延加工业	460519	209177	176265
金属制品业	330951	263309	194102
通用设备制造业	185260	142480	116200
专用设备制造业	475830	314009	188630
汽车制造业	389192	137612	88006
铁路、船舶、航空航天和其他运输设备制造业	11600	11600	11600
电气机械和器材制造业	297134	222462	163325
计算机、通信和其他电子设备制造业	660401	260530	88608
仪器仪表制造业	28327	13316	11637
其他制造业	30078	28895	23470
废弃资源综合利用业	107685	84391	49678
金属制品、机械和设备修理业	4890	3276	
电力、热力、燃气及水生产和供应业	1933734	1420971	1147489
电力、热力生产和供应业	1135026	886191	680715
燃气生产和供应业	38311	35378	23959

4-10 项目投资完成情况（续3）

（2016年） 单位：万元

项目	计划总投资	本年完成投资	本年新增固定资产
水的生产和供应业	760397	499402	442815
建筑业	425977	104887	4720
房屋建筑业	99750	21438	
土木工程建筑业	321447	78729	
建筑安装业			
建筑装饰和其他建筑业	4780	4720	4720
批发和零售业	415266	273728	203598
批发业	172382	112716	77148
零售业	242884	161012	126450
交通运输、仓储和邮政业	2880770	1861687	892087
铁路运输业	84851	359560	43617
道路运输业	2187615	1347889	786541
水上运输业			
航空运输业	116000	197	
管道运输业	8260	7499	7364
装卸搬运和运输代理业	3900	4641	4017
仓储业	471077	133594	45666
邮政业	9067	8307	4882
住宿和餐饮业	448836	167343	136836
住宿业	328263	77328	52718
餐饮业	120573	90015	84118
信息传输、软件和信息技术服务业	21030	20169	22929
电信、广播电视和卫星传输服务	5780	3941	6701
互联网和相关服务	4500	4500	4500
软件和信息技术服务业	10750	11728	11728
金融业	33457	34297	34727
货币金融服务	5746	5560	5990
资本市场服务	27711	28737	28737
保险业			
其他金融业			
房地产业（不含K门类）	839587	496662	409032
租赁和商务服务业	366985	199335	142681
租赁业			
商务服务业	366985	199335	142681
科学研究和技术服务业	151106	106768	59040
研究和试验发展			
专业技术服务业	142416	98868	51140

4-10 项目投资完成情况（续4）

（2016年）　　单位：万元

项　　目	计划总投资	本年完成投资	本年新增固定资产
科技推广和应用服务业	8690	7900	7900
水利、环境和公共设施管理业	5921796	3757587	2569741
水利管理业	1031133	754614	630576
生态保护和环境治理业	212998	131097	109858
公共设施管理业	4677665	2871876	1829307
居民服务、修理和其他服务业	78284	44956	59831
居民服务业	58584	25112	42622
机动车、电子产品和日用产品修理业	10600	9938	7303
其他服务业	9100	9906	9906
教育	476706	317678	273928
卫生和社会工作	346466	225123	179040
卫生	264774	142726	110823
社会工作	81692	82397	68217
文化、体育和娱乐业	591865	291623	170997
新闻和出版业			
广播、电视、电影和影视录音制作业	49160	31550	4998
文化艺术业	286674	112177	87353
体育	168510	115219	74835
娱乐业	87521	32677	3811
公共管理、社会保障和社会组织	1076394	911510	624620
中国共产党机关			
国家机构	605473	476516	305186
人民政协、民主党派			
社会保障			
群众团体、社会团体和其他成员组织	17170	17710	17610
基层群众自治组织	453751	417284	301824
7、按县（市、区）分			
新罗区	9349911	6283965	3540082
永定区	3993086	2360388	2018063
漳平市	3055757	2083980	1582332
长汀县	3101313	2250107	1968542
上杭县	3406611	2536921	1709383
武平县	3435338	2506022	1748189
连城县	2923398	2058015	1968275

4-11　主要年份房地产投资完成情况

项　　目	1995 年	2000 年	2005 年	2010 年	2015 年	2016 年
企业数（个）	**46**	**62**	**127**	**240**	**222**	**223**
完成投资额（万元）	**20218**	**48265**	**191050**	**808227**	**1933005**	**1801018**
按经济类型分						
国有经济	9525	18217	14812	109147	315309	455414
集体经济	3169	4787	664	95		
其他经济	7524	25261	175574	698985	1617696	1345604
按构成分						
建筑工程	15861	24155	145404	416452	1156936	1132358
安装工程	1046	2396	6986	14449	54755	77923
设备工器具购置	430	101	1903	4790	26683	10077
按工程用途分						
住宅	8785	16949	118053	287787	1357478	1113778
办公楼	2820	1254	4183	26897	48296	50303
商业营业用房	4440	6377	17427	97489	238634	222246
其他	4173	23685	51387	396054	288597	414691
新增固定资产（万元）	10280	18747	97378	214215	934407	777178
施工面积（万平方米）	33.35	51.92	301.62	790.07	1743.20	1925.30
#住宅（万平方米）	22.83	36.10	237.32	527.32	1128.03	1296.90
本年竣工面积（万平方米）	15.53	15.19	92.93	111.54	235.39	228.64
#住宅（万平方米）	11.27	9.97	78.88	84.96	151.34	144.44
土地购置费（万元）	479	16258	24193	304311	552703	33.87
商品房屋销售面积（万平方米）		11.68	80.34	139.03	222.95	277.21
#住宅（万平方米）		9.96	69.98	107.89	197.06	233.20
商品房屋销售额（万元）	8083	16563	148800	647153	1256690	1589713
#住宅	4112	9995	107861	438673	1115925	1349470

4-12 房地产房屋施工竣工面积及销售情况

（2016 年） 单位：万元、平方米、套

项目	合计	按用途分							
		住宅	90 平方米以下	90-144 平方米	144 平方米以上	别墅、高档公寓	办公楼	商业用房	其他
房屋施工面积	19253030	12969025	4196023	7480846	1292156	85504	676449	1972674	3634882
其中：本年新开工面积	4262493	3276619	818330	1950149	508140	33145	895	241837	743142
竣工房屋面积	2286353	1444427	631505	783111	29811		99203	246973	495750
其中：不可销售面积	907744	591369	263537	327832			34516	2053	279806
商品住宅套数		16616	9107	7422	87				
竣工房屋价值	570324	336543	131079	199165	6299		36501	65544	131736
出租房屋面积	135426						20667	89827	24932
商品房销售面积	2772144	2331958	686617	1412302	233039	1025	28261	235225	176700
其中：现房销售面积	672296	428562	197558	169802	61202	720	5590	164105	74039
期房销售面积	2099848	1903396	489059	1242500	171837	305	22671	71120	102661
商品房销售额	1589713	1349470	380257	799062	170151	435	18420	155557	66266
其中：现房销售额	372857	252908	112390	108307	32211	278	2447	94065	23437
期房销售额	1216856	1096562	267867	690755	137940	157	15973	61492	42829
商品住宅销售套数		22246	8869	12214	1163	3			
其中：现房销售套数		4282	2562	1440	280	2			
期房销售套数		17964	6307	10774	883	1			
待售面积	1845267	429389	242591	112913	73885	19095	78762	779796	557320
其中：待售 1-3 年（含 1 年）	933036	190405	87778	66434	36193		20943	497693	223995
待售 3 年以上（含 3 年）	192254	35639	24792	4016	6831	3801	28349	32394	95872

主要统计指标解释

计划总投资　指在建的建设工程按照总体设计（或按设计概算或预算）规定的内容全部建成计划需要的总投资。

自开始建设累计完成投资　指从开始建设到本期止累计完成的全部投资。

本年完成投资　是指从本年1月1日起至本年最后一天止完成的全部投资额。

建筑工程　指各种房屋、建筑物的建造工程，又称建筑工作量。

安装工程　指各种设备、装置的安装工程，又称安装工作量。

设备工器具购置　指报告期内购置或自制的，达到固定资产标准的设备、工具、器具的价值。

其他费用　指在固定资产建造和购置过程中发生的，除建筑安装工程和设备、工器具购置投资完成额以外的应当分摊计入固定资产投资项目的费用，不指经营中财务上的其他费用。

本年新增固定资产　指在报告期已经完成建造和购置过程并已交付生产或使用单位的固定资产价值。

本年实际到位资金合计　是指固定资产投资单位在报告期收到的，用于固定资产投资项目建设和购置的各种资金。

国家预算资金　指各级政府用于固定资产投资的财政资金，包括中央预算资金和地方预算资金。

国内贷款　指报告期固定资产投资项目单位向银行及非银行金融机构借入用于固定资产投资的各种国内借款。

利用外资 指报告期收到的境内（包括外国及港澳台地区）资金（包括设备、材料、技术在内）。

自筹资金 指在报告期内筹集的用于项目建设和购置的资金。

其他资金来源 指在报告期收到的除以上各种资金之外的用于固定资产投资的资金，包括社会集资、个人资金、无偿捐赠的资金及其他单位拨入的资金等。

房屋施工面积　指报告期内施工的全部房屋建筑面积。包括本期新开工的房屋建筑面积、上期跨入本期继续施工的房屋建筑面积、上期停缓建在本期恢复施工的房屋建筑面积、本期竣工的房屋建筑面积以及本期施工后又停缓建的房屋建筑面积。多层建筑应填各层建筑面积之和。

房屋新开工面积　指报告期内新开工建设的房屋建筑面积，以单位工程为核算对象，即整栋房屋的全部建筑面积，不能分割计算。不包括在上期开工跨入报告期继续施工的房屋建筑面积和上期停缓建而在本期恢复施工的房屋建筑面积。房屋的开工应以房屋正式开始破土刨槽（地基处理或打永久桩）的日期为准。

房屋竣工面积　指报告期内房屋建筑按照设计要求已全部完工，达到住人和使用条件，经验收鉴定合格或达到竣工验收标准，可正式移交使用的各栋房屋建筑面积的总和。

第五篇　人 民 生 活

Ren min sheng huo

供稿人：张丽懋　林素霞　黄日栓　廖伟红　张　欢

5-1 分行业

（2006-2016 年）

行　业	2006 年	2007 年	2008 年	2009 年	2010 年
总　　计	**374212**	**480341**	**593635**	**725350**	**866140**
农、林、牧、渔业	7768	9212	9340	10293	11868
采矿业	37149	45745	60458	68523	73009
制造业	69661	95553	120911	148283	182748
电力、热力、燃气及水生产和供应业	18582	24773	29238	32621	38302
建筑业	30788	50060	64221	79994	120791
批发和零售业	9252	12011	14779	20618	25496
交通运输、仓储和邮政业	8412	10564	11986	14431	18026
住宿和餐饮业	9593	2745	3435	3513	4348
信息传输、软件和信息技术服务业	2025	9325	8329	9659	9679
金融业	20425	24620	34458	40493	52736
房地产业	2970	3793	4614	5306	6711
租赁和商务服务业	12867	16270	25363	31257	36143
科学研究、技术服务业	5681	6865	8203	8954	11809
水利、环境和公共设施管理业	2034	2612	3122	3869	4836
居民服务、修理和其他服务业	840	991	687	773	887
教育	66300	79608	88244	116752	122552
卫生和社会工作	20377	23768	30477	39420	45217
文化、体育和娱乐业	3127	3487	3628	4208	5029
公共管理、社会保障和社会组织	46360	58340	72144	86384	95955

注：本表数据为按新行业分类；2014 年起数据口径为非私营城镇地域单位。

在岗职工工资总额

单位：万元

2011 年	2012 年	2013 年	2014 年	2015 年	2016 年
1140161	**1353374**	**1461913**	**1384485**	**1542622**	**1677618**
15655	13891	14573	14643	16471	17660
83741	92519	105933	31912	31259	25252
259188	282738	340081	253039	263835	281292
40190	51366	53416	51100	51160	52252
192421	287104	159680	204631	209762	252810
37365	42372	65387	67777	75827	75800
25991	30856	62662	49748	50501	51632
5179	6840	11168	12706	14987	13501
17045	19296	25938	20737	23210	24549
71570	85445	95965	105148	111865	113025
9363	11891	21425	30973	30868	29704
39936	26723	41921	27854	33388	31992
14620	15783	20283	24873	26964	26496
6237	6815	8257	10420	13067	11169
1216	1369	1566	2164	2188	2724
140397	159925	173406	186549	237677	258069
57249	70928	89448	106913	123860	141091
6193	6049	7348	8062	9123	10646
116604	141465	163458	175234	216612	257957

5-2 主要年份分经济类型职工工资总额

单位：万元

年份	合计	国有经济单位	城镇集体经济单位	其他各种经济单位
1978	8365	7302	1063	
1980	11717	10413	1305	
1985	20844	17983	2861	
1990	44393	39344	4887	165
1995	112027	94281	9983	7763
2000	185921	148223	11987	25712
2001	209163	165624	13895	29644
2002	231486	180390	12229	38868
2003	254732	179658	12807	62267
2004	287691	191196	13719	82776
2005	322609	199079	15486	108045
2006	374212	219325	17635	137252
2007	480341	260588	23459	196295
2008	593635	301994	31232	260409
2009	725350	364819	36315	324216
2010	866140	405580	37630	422930
2011	1140161	494219	43567	602375
2012	1353374	571327	50839	731208
2013	1461913	599518	71756	790640
2014	1384485	640023	48535	695927
2015	1542622	766177	51888	724557
2016	1677618	813537	50485	813596

注：2000—2016年职工工资总额为在岗职工工资总额；2014年起数据口径为非私营城镇地域单位。

5-3 主要年份分经济类型职工平均工资

单位：元

年份	合计	国有经济单位	城镇集体经济单位	其他各种经济单位
1978	576	601	446	
1980	740	761	607	
1985	1098	1151	853	
1990	2091	2187	1550	1818
1995	4962	5034	3847	6208
2000	9177	9420	6573	9520
2001	10982	11498	8347	9958
2002	12467	13296	9256	10564
2003	13442	14662	10344	11407
2004	14744	16301	11602	12540
2005	16309	18103	12841	14257
2006	17863	20113	15677	15387
2007	20574	23523	19199	17770
2008	24053	27373	22997	21189
2009	27638	32858	26781	23518
2010	30836	36029	29173	27213
2011	35557	42117	35106	31555
2012	41168	47565	35982	37594
2013	44776	49512	39614	41458
2014	49541	54329	57904	45404
2015	55438	63788	60901	48425
2016	59329	69003	60987	51958

注：2000—2016 年职工年平均工资为在岗职工年平均工资。2014 年起数据口径为非私营城镇地域单位。

5-4 分行业在岗职工工资总额

（2016年）

单位：万元

	合　计	国有单位	城镇集体单位	其他单位
总　　计	**1677618**	**813537**	**50485**	**813596**
一、按企业、事业、机关分				
企业	942469	109411	23030	810028
#地方	893015	59957	23030	810028
事业	484664	455591	27455	1617
#地方	482861	453789	27455	1617
机关	248462	248462		
#地方	240702	240702		
二、按行业分				
农、林、牧、渔业	17660	17241	18	400
采 矿 业	25252	6873	2062	16316
制 造 业	281292	1948	507	278837
电力、热力、燃气及水生产和供应业	52252	7710	71	44471
建筑业	252810	7207	59	245545
批发和零售业	75800	24291	2589	48920
交通运输、仓储和邮政业	51632	26070	454	25108
住宿和餐饮业	13501	1002	25	12474
信息传输、软件和信息技术服务业	24549	5857	0	18692
金融业	113025	30298	15801	66927
房地产业	29704	5407	810	23487
租赁和商务服务业	31992	20230	991	10771
科学研究、技术服务业	26496	20791	936	4770
水利、环境和公共设施管理业	11169	7954	0	3215
居民服务、修理和其他服务业	2724	1454	28	1242
教育	258069	253872	0	4197
卫生和社会工作	141091	107677	26119	7294
文化、体育和娱乐业	10646	9698	16	932
公共管理、社会保障和社会组织	257957	257957	0	0

注：本表数据为按新行业分类；2014年起数据口径为非私营城镇地域单位。

5-5 分行业在岗职工平均工资

（2006-2016年） 单位：元

行业	2006年	2007年	2008年	2009年	2010年	2011年	2012年	2013年	2014年	2015年	2016年
总计	**17863**	**20574**	**24053**	**27638**	**30836**	**35557**	**41168**	**44776**	**49541**	**55438**	**59329**
农、林、牧、渔业	15355	18728	19438	20313	23908	31334	32684	37490	39586	46436	54138
采矿业	22686	25893	29760	31103	34703	39264	38158	39236	49988	52246	50726
制造业	13790	15732	17363	20160	24063	28254	33869	40969	45768	50243	52020
电力、热力、燃气及水生产和供应业	24151	29764	35078	39208	44755	50478	63643	66520	69875	74556	81301
建筑业	17326	19829	24083	27669	29795	34779	41340	39971	43463	45805	48497
批发和零售业	18001	21183	25415	28213	31138	34400	42380	38956	42713	45657	46104
交通运输、仓储和邮政业	18586	20145	22834	25037	29741	33485	38565	41769	42615	43039	46274
住宿和餐饮业	9739	11924	14922	15359	17370	21590	27724	25233	28439	31752	33427
信息传输、软件和信息技术服务业	34193	35510	36246	42949	50514	55216	61907	62636	64925	75307	83273
金融业	32811	39832	52833	60177	68882	85193	93158	106937	111469	118251	117112
房地产业	16622	20275	21857	24407	29218	29982	34829	40762	46174	47991	52277
租赁和商务服务业	12115	12229	20123	19544	21869	26061	23747	29270	33235	33924	36525
科学研究、技术服务业	20444	23802	26833	29405	37254	44573	48563	57279	60386	72619	76490
水利、环境和公共设施管理业	13527	15380	16509	19491	23061	27957	33474	34318	34933	41909	48815
居民服务、修理和其他服务业	18746	22523	23047	24615	26168	33597	32371	36598	43444	42657	41709
教育	18294	22215	24802	32662	34202	38552	43370	47269	49833	63506	68094
卫生和社会工作	19366	22014	26648	31076	32418	39360	45353	52193	57688	63606	68637
文化、体育和娱乐业	17570	20028	20768	23547	27227	31579	34139	38900	39309	41375	46225
公共管理、社会保障和社会组织	18305	22458	27600	32602	34946	39456	44444	48613	51011	61478	71549

注：本表数据为按新行业分类；2014年起数据口径为非私营城镇地域单位。

5-6 分单位类型、分行业在岗职工平均工资

（2016 年）　　单位：元

	合　计	国有单位	城镇集体单位	其他单位
合　　计	**59329**	**69003**	**60987**	**51958**
一、按单位类型分				
企业	53665	65622	69409	52048
#地方		50690		
事业	66934	68081	55354	30506
#地方		68067		
机关	72444	72444		
#地方		72586		
二、按行业分				
农、林、牧、渔业	54138	55510	18000	27425
采 矿 业	50726	42400	57286	54442
制 造 业	52020	42444	22529	52226
电力、热力、燃气及水生产和供应业	81301	70157	27423	83875
建筑业	48497	62885	30895	48180
批发和零售业	46104	106401	26279	37137
交通运输、仓储和邮政业	46274	54313	56037	40000
住宿和餐饮业	33427	35655	22818	33291
信息传输、软件和信息技术服务业	83273	78616		84847
金融业	117112	105456	113184	124353
房地产业	52277	58515	41342	51484
租赁和商务服务业	36525	37842	44044	33785
科学研究、技术服务业	76490	74787	173259	75708
水利、环境和公共设施管理业	48815	54332		39012
居民服务、修理和其他服务业	41709	55713	17500	33019
教育	68094	69194		34715
卫生和社会工作	68637	77055	55918	38170
文化、体育和娱乐业	46225	48637	52333	30444
公共管理、社会保障和社会组织	71549	71549		

注：本表数据为按新行业分类；2014 年起数据口径为非私营城镇地域单位。

5-7 城镇居民生活收支情况

（1978-2016年）

年份	年人均可支配收入（元）	年人均消费性支出（元）	其中：食品支出（元）	恩格尔系数（%）
1978	334	264	193	73.1
1979	375	306	222	72.6
1980	415	352	254	72.2
1981	418	355	257	72.3
1982	475	383	275	71.9
1983	496	401	287	71.5
1984	528	418	296	70.8
1985	662	575	403	70.1
1986	746	617	431	69.9
1987	810	665	464	69.7
1988	992	810	561	69.2
1989	1115	825	567	68.7
1990	1291	900	615	68.4
1991	1526	1075	715	66.5
1992	1780	1379	802	58.2
1993	2189	1686	969	57.5
1994	3111	2572	1482	57.6
1995	3655	2989	1828	61.2
1996	4224	3374	1947	57.7
1997	4679	3697	1948	52.7
1998	5050	3720	1896	51.0
1999	5416	3812	1851	48.6
2000	6048	4299	1821	42.4
2001	6579	4600	1884	41.0
2002	8543	6134	2386	38.9
2003	8920	6301	2620	41.6
2004	10230	7808	2781	35.6
2005	10596	8020	3072	38.3
2006	11718	8826	3212	36.4
2007	14128	10155	3661	36.1
2008	15689	11928	4649	39.0
2009	16572	13262	4924	37.1
2010	18406	14483	5456	37.7
2011	21085	16337	6219	38.1
2012	23765	17651	6696	37.9
2013（老口径）	26281	18915	7219	38.2
2013（新口径）	23788	17057	6194	36.3
2014	26153	18552	6769	36.5
2015	28218	19626	6996	35.7
2016	30348	20784	7270	35.0

5-8 城镇居民家庭基本情况

（1990–2016 年）

年份	调查户数（户）	平均每户家庭人口（人）	平均每户就业人数（人）	平均每户就业面（%）	平均每一就业者负担人数（人）	平均每人居住面积（平方米）
1990	360	3.9	2.0	51.4	2.0	10.5
1991	360	3.8	2.0	53.1	1.9	12.6
1992	360	3.6	2.0	54.2	1.9	13.7
1993	360	3.6	2.0	54.8	1.8	13.8
1994	360	3.4	1.9	57.2	1.8	16.1
1995	360	3.4	2.0	57.4	1.7	16.2
1996	360	3.4	2.0	58.2	1.7	17.3
1997	360	3.4	1.9	56.9	1.8	18.1
1998	360	3.4	1.9	57.6	1.7	18.6
1999	360	3.3	1.9	57.8	1.7	19.2
2000	360	3.3	1.8	56.1	1.8	20.5
2001	360	3.2	1.8	55.6	1.8	24.0
2002	360	3.0	1.7	56.9	1.8	26.2
2003	360	2.9	1.7	56.8	1.8	27.3
2004	360	3.1	1.8	57.8	1.7	31.9
2005	360	3.1	1.7	54.2	1.8	32.1
2006	360	3.0	1.7	54.3	1.8	32.2
2007	360	3.0	1.7	54.9	1.8	36.2
2008	360	3.1	1.8	57.4	1.7	39.3
2009	360	3.1	1.8	56.8	1.8	39.3
2010	360	3.1	1.7	56.4	1.8	39.3
2011	360	3.0	1.7	57.6	1.7	40.9
2012	360	3.0	1.8	58.7	1.7	40.4
2013	351	3.1	1.8	56.5	1.8	42.6
2014	464	3.3	1.9	56.4	1.8	47.5
2015	472	3.3	1.8	54.5	1.9	51.2
2016	483	3.3	1.9	57.6	1.9	50.5

注：2014 年为新口径数据，1990 – 2013 年为老口径数据。

5-9 城镇居民人均主要收支情况

（2015-2016 年）

单位：元

项　　目	2015 年	2016 年
可支配收入	**28218**	**30408**
工资性收入	19981	21097
经营净收入	3311	3795
财产净收入	2717	3175
转移净收入	2209	2341
生活消费支出	19626	20784
食品烟酒支出	6996	7270
衣着支出	1325	1325
居住支出	4356	4723
生活用品及服务支出	1165	968
交通通信支出	2550	2772
教育文化娱乐支出	1921	2258
医疗保健支出	819	1091
其他用品和服务支出	494	377

5-10 城镇居民家庭每百户耐用消费品拥有量

（2015-2016 年）

项目	单位	2015 年	2016 年	项目	单位	2015 年	2016 年
1. 家用汽车	辆	37.7	48.2	12. 消毒碗柜	台	44.9	50.6
2. 摩托车	辆	112.2	111.8	13. 洗碗机	台	1.3	0.8
3. 助力车	台	21.8	26.5	14. 排油烟机	台	66.8	73.2
4. 洗衣机	台	94.2	97.3	15. 固定电话	线	59.0	45.8
5. 电冰箱（柜）	台	101.2	106.0	16. 移动电话	部	258.0	272.9
6. 微波炉	台	55.7	60.6	17. 其中：接入互联网	部	112.9	142.3
7. 彩色电视机	台	145.6	152.5	18. 计算机	台	90.6	92.2
8. 其中：接入有线电视	台	93.3	100.4	19. 其中：接入互联网	台	78.7	79.1
9. 空调	台	105.9	126.4	20. 摄像机	台	3.0	4.1
10. 热水器	台	105.8	111.6	21. 照相机	台	24.5	24.9
11. 其中：太阳能热水器	台	7.4	8.7				

5-11　农村居民家庭基本情况

（1983–2016年）

年　份	调　查 户　数 （户）	平均每户 常住人口 （人）	平均每户 整半劳动力 （人）	平均每个劳动 力负担人口 （人）	农村居民人均 住房建筑面积 （平方米）	农村居民 人均纯收入 （元）	农村居民人均 生活消费支出 （元）
1983	500	6.5	3.0	2.2	12.1	294	256
1984	490	6.4	2.9	2.2	13.1	314	277
1985	490	6.1	3.1	2.0	13.2	360	347
1986	490	6.1	3.1	2.0	14.0	367	369
1987	490	6.0	3.1	1.9	14.2	423	414
1988	490	6.0	3.1	1.9	15.2	548	526
1989	490	5.9	3.1	1.9	16.0	624	599
1990	490	6.0	2.4	2.5	17.0	661	657
1991	490	5.8	3.0	1.9	18.1	716	675
1992	490	5.7	3.0	1.9	18.0	814	779
1993	490	5.6	3.2	1.8	18.6	982	981
1994	490	5.5	3.2	1.7	19.5	1250	1417
1995	490	5.2	3.0	1.8	22.0	1671	1755
1996	490	5.0	2.9	1.7	23.8	2306	1958
1997	490	4.9	2.9	1.7	25.2	2632	2094
1998	490	4.8	2.9	1.7	26.0	2701	2006
1999	490	4.6	2.8	1.6	27.7	2832	2105
2000	490	4.3	2.6	1.6	30.7	2959	2196
2001	490	4.1	2.6	1.6	32.0	3078	2384
2002	490	4.1	2.5	1.7	32.7	3206	2485
2003	490	4.1	2.6	1.6	34.1	3374	2587
2004	490	4.1	2.6	1.6	35.6	3769	2874
2005	490	4.1	2.7	1.5	41.4	4125	3156
2006	490	4.1	2.7	1.5	43.7	4491	3442
2007	490	4.0	2.7	1.5	46.4	5086	3911
2008	490	4.0	2.7	1.5	47.1	5775	4486
2009	490	4.0	2.7	1.5	48.7	6252	4815
2010	490	4.0	2.7	1.5	49.6	6931	5245
2011	490	3.8	2.8	1.4	51.9	8234	6161
2012	490	3.8	2.7	1.4	53.3	9396	6837
2013	468	4.0	2.8	1.4	63.1	10842	8138
2014	535	3.3	2.3	1.5	62.7	12054	9097
2015	541	3.3	2.2	1.5	62.5	13274	9961
2016	555	3.3	2.3	1.4	68.6	14429	10748

注：1.2013–2016年农民人均纯收入数据为人均可支配收入。2.2013年农民人均纯收入为10578元。

5-12 农村居民人均可支配收入构成

（2005-2016 年）

单位：元

年　份	人均可支配收入	工资性收入	经营净收入	财产净收入	转移净收入
2005	4125	1206	2532	123	264
2006	4491	1387	2708	90	307
2007	5086	1590	3073	95	328
2008	5775	1814	3528	98	336
2009	6252	1941	3839	105	367
2010	6931	2208	4138	134	452
2011	8234	2681	4746	172	636
2012	9396	3233	5210	191	762
2013	10842	4052	5547	234	1010
2014	12054	4657	6034	219	1144
2015	13274	5267	6517	91	1399
2016	14429	5684	7070	166	1509

注：2005 — 2012 年为人均纯收入；2013-2016 年为人均可支配收入。

5-13 农村居民人均可支配收入构成占比

（2005-2016 年）

单位：元

年　份	人均可支配收入	工资性收入	经营净收入	财产净收入	转移净收入
2005	100.0	29.2	61.4	3.0	6.4
2006	100.0	30.9	60.3	2.0	6.8
2007	100.0	31.3	60.4	1.9	6.4
2008	100.0	31.4	61.1	1.7	5.8
2009	100.0	31.0	61.4	1.7	5.9
2010	100.0	31.9	59.7	1.9	6.5
2011	100.0	32.6	57.6	2.1	7.7
2012	100.0	34.4	55.5	2.0	8.1
2013	100.0	37.4	51.2	2.2	9.3
2014	100.0	38.6	50.1	1.8	9.5
2015	100.0	39.7	49.1	0.7	10.5
2016	100.0	39.4	49.0	1.2	10.5

注：2005 — 2012 年为人均纯收入；2013-2016 年为人均可支配收入。

5-14 农民人均生活消费支出

（2003-2016 年）

单位：元

年份	生活消费支出	食品	衣着	居住	家庭设备、用品及其他	交通与通讯	文化教育娱乐用品与服务	医疗保健	其他商品和服务
2003	2587	1110	112	341	100	280	366	153	125
2004	2874	1386	119	382	102	283	375	168	59
2005	3156	1488	142	419	126	349	396	163	73
2006	3442	1586	160	495	140	384	427	161	88
2007	3911	1812	201	566	181	420	430	204	97
2008	4487	2161	221	584	216	545	410	257	94
2009	4816	2245	237	651	245	619	431	277	111
2010	5245	2403	262	760	273	640	496	279	131
2011	6161	2833	311	911	318	725	560	350	153
2012	6837	3105	376	1022	375	809	569	405	176
2013	8138	3403	427	1812	439	835	663	391	170
2014	9097	3747	468	2143	478	912	756	407	186
2015	9961	4076	489	2345	511	1035	807	498	200
2016	10748	4279	419	2635	560	1162	846	614	233

5-15　农村居民家庭每百户耐用消费品拥有量

（2015-2016 年）

项　　目	单位	2015 年	2016 年
1. 家用汽车	辆	20.8	29.1
2. 摩托车	辆	119.2	124.8
3. 助力车	台	15.0	18.0
4. 洗衣机	台	75.7	80.0
5. 电冰箱（柜）	台	97.5	99.8
6. 微波炉	台	26.7	31.5
7. 彩色电视机	台	143.2	143.6
8. 其中：接入有线电视	台	43.1	51.7
9. 空调	台	26.6	37.6
10. 热水器	台	88.1	93.3
11. 其中：太阳能热水器	台	10.4	12.5
12. 消毒碗柜	台	28.7	31.5
13. 洗碗机	台	0.4	0.7
14. 排油烟机	台	24.5	31.1
15. 固定电话	线	48.1	39.1
16. 移动电话	部	263.8	267.7
17. 其中：接入互联网	部	70.6	104.8
18. 计算机	台	43.5	48.8
19. 其中：接入互联网	台	27.9	37.1
20. 摄像机	台	1.2	1.4
21. 照相机	台	6.7	7.0

主要统计指标解释

在岗职工工资总额 指本单位在报告期内直接支付给本单位全部在岗职工的劳动报酬总额，由基本工资、绩效工资、工资性津贴和补贴、其他工资四部分组成。工资总额是税前工资，包括单位从个人工资中直接为其代扣或代缴的房费、水费、电费、住房公积金和社会保险基金个人缴纳部分等，不包括病假、事假等情况的扣款。

在岗职工平均工资 在岗职工平均工资 = 在岗职工工资总额 / 在岗职工平均人数。

可支配收入：指住户在调查期内获得的、可用于最终消费支出和储蓄的总和，即住户可以用来自由支配的收入。可支配收入既包括现金，也包括实物收入。按照收入的来源，可支配收入包含四项，分别为：工资性收入、经营净收入、财产净收入和转移净收入。

消费支出：指住户用于满足家庭日常生活消费需要的全部支出，包括用于消费品的支出和用于服务性消费的支出。根据用途不同，消费支出可划分为食品烟酒、衣着、居住、生活用品及服务、交通通信、教育文化娱乐、医疗保健、其他用品及服务八大类。根据来源不同，消费支出可划分为现金消费支出、实物消费支出（含自产自用、来自单位、来自政府和其他社会组织）。

第六篇　价格指数

Jia ge zhi shu

供稿人：何惠红　刘扬迪

6-1 居民消费价格总指数

（1979-2016 年）

年　　份	居民消费价格总指数 (以上年价格为 100)	年　　份	居民消费价格总指数 (以上年价格为 100)
1979	102.1	1998	98.0
1980	104.6	1999	98.4
1981	103.0	2000	101.9
1982	103.0	2001	99.2
1983	100.6	2002	99.9
1984	100.4	2003	101.7
1985	110.4	2004	105.0
1986	106.3	2005	103.4
1987	109.5	2006	100.9
1988	128.1	2007	105.9
1989	123.1	2008	104.8
1990	98.1	2009	98.7
1991	101.9	2010	103.9
1992	105.9	2011	105.2
1993	116.5	2012	102.5
1994	123.5	2013	102.4
1995	114.8	2014	101.9
1996	106.2	2015	101.6
1997	99.7	2016	101.5

6-2 主要物价总指数

（1990-2016年，以1989年价格为100）

年份	居民消费价格总指数	城市	农村	消费品价格指数	城市	农村	服务项目价格指数	非食品价格指数
1990	98.1	97.5	99.4				108.7	
1991	100.0	99.1	103.9				115.2	
1992	105.9	105.2	108.9				124.9	
1993	123.4	122.7	124.3				160.0	
1994	152.4	150.9	154.6				186.9	
1995	175.0	173.5	176.9				206.5	
1996	185.9	184.3	187.9				221.0	
1997	185.3	182.8	187.9				261.0	
1998	181.6	178.6	184.5				276.4	
1999	178.7	177.7	180.1				314.3	
2000	182.1	182.9	182.3				420.8	
2001	180.6	181.6	180.5	97.4	97.4	97.1	442.3	100.1
2002	180.5	180.5	181.0	95.7	95.4	95.7	464.9	100.3
2003	183.6	182.7	185.2	96.4	95.9	96.6	490.0	100.5
2004	192.8	190.6	196.3	101.6	100.1	103.3	508.1	101.6
2005	199.4	196.9	203.2	104.1	102.3	106.2	543.2	105.3
2006	201.2	200.6	203.6	105.8	104.2	107.6	534.5	105.6
2007	213.1	212.4	215.6	112.9	111.1	115.0	545.2	106.8
2008	223.3	223.0	225.7	120.2	118.8	122.1	533.8	107.4
2009	220.4	220.1	222.8	118.2	116.8	119.9	536.5	105.5
2010	229.0	228.9	231.5	123.5	122.3	125.2	544.5	107.3
2011	240.9	240.8	243.3	131.4	130.5	129.9	557.6	110.0
2012	246.9	247.3	248.9	135.5	135.1	133.5	563.7	111.4
2013	252.8	252.7	255.1	138.5	138.2	136.3	580.0	113.3
2014	257.6	258.3	259.7	141.5	141.2	139.3	588.1	114.2
2015	261.7	262.9	263.6	143.8	142.8	141.7	598.7	115.2
2016	265.6	266.8	267.8	145.7	144.1	144.7	610.7	116.2

6-3 主要物价总指数

（1990-2016年，以上年价格为100）

年份	居民消费价格总指数	城市	农村	消费品价格指数	城市	农村	服务项目价格指数	非食品价格指数
1990	98.1	97.5	99.4				108.7	
1991	101.9	101.6	104.5				106.0	
1992	105.9	106.2	104.2				108.4	
1993	116.5	116.6	114.8				128.1	
1994	123.5	123	124.4				116.8	
1995	114.8	115	114.4				110.5	
1996	106.2	106.2	106.2				107.0	
1997	99.7	99.2	100.0				118.1	
1998	98.0	97.7	98.2				105.9	
1999	98.4	99.5	97.6				113.7	
2000	101.9	102.9	101.2				133.9	
2001	99.2	99.3	99.0	97.4	97.4	97.1	105.1	100.1
2002	99.9	99.4	100.3	95.7	95.4	95.7	105.1	100.3
2003	101.7	101.2	102.3	100.7	100.5	100.9	105.4	100.2
2004	105.0	104.3	106.0	105.4	104.4	106.9	103.7	101.1
2005	103.4	103.3	103.5	102.5	102.2	102.8	106.9	103.6
2006	100.9	101.9	100.2	101.6	101.9	101.3	98.4	100.3
2007	105.9	105.9	105.9	106.7	106.6	106.9	102.7	101.5
2008	104.8	105	104.7	106.5	106.9	106.2	97.9	100.6
2009	98.7	98.7	98.7	98.3	98.3	98.2	100.5	98.2
2010	103.9	104	103.9	104.5	104.7	104.4	101.5	101.7
2011	105.2	105.2	105.1	106.4	106.7	106.2	102.4	102.5
2012	102.5	102.7	102.3	103.1	103.5	102.8	101.1	101.3
2013	102.4	102.2	102.5	102.2	102.3	102.1	102.9	101.7
2014	101.9	102.2	101.8	102.2	102.2	102.2	101.4	100.8
2015	101.6	101.8	101.5	101.5	101.1	101.7	101.8	100.9
2016	101.5	101.5	101.6	101.3	100.9	102.1	102.0	100.9

6-4 居民消费价格指数

（2015-2016 年，以上年价格为 100）

类别	2015 年			类别	2016 年		
	全市	城市	农村		全市	城市	农村
居民消费价格总指数	**101.6**	**101.8**	**101.5**	**居民消费价格总指数**	**101.5**	**101.5**	**101.6**
非食品价格指数	**100.9**	**101.7**	**100.4**	**非食品价格指数**	**100.9**	**101.1**	**100.4**
服务项目价格指数	**101.8**	**103.6**	**100.9**	**服务项目价格指数**	**102.0**	**102.6**	**100.6**
扣除鲜菜鲜果总指数	**101.3**	**101.7**	**101.0**	**扣除鲜菜鲜果总指数**	**101.3**	**101.4**	**101.1**
消费品价格指数	**101.5**	**101.1**	**101.7**	**消费品价格指数**	**101.3**	**100.9**	**102.1**
一、食品	**102.9**	**102.1**	**103.4**	**一、食品烟酒**	**103.3**	**102.8**	**104.3**
1. 粮食	101.2	102.3	100.7	1. 食品	104.1	103.2	105.9
2. 淀粉及制品	100.5	102.0	99.6	(1) 粮食	98.3	97.0	100.3
3. 干豆类及豆制品	100.2	100.2	100.1	(2) 薯类	127.9	137.4	106.3
4. 油脂	96.5	99.5	94.8	(3) 豆类	98.9	98.7	99.2
5. 肉禽及其制品	105.9	104.7	106.5	(4) 食用油	102.1	102.3	101.7
(1) 食用畜肉及副产品	105.6	104.2	106.3	(5) 菜	112.3	109.7	118.9
(2) 禽	108.3	107.2	108.9	(6) 畜肉类	113.0	113.0	113.2
(3) 加工肉禽	101.1	100.6	101.3	(7) 禽肉类	97.0	95.6	99.7
6. 蛋	95.4	90.9	97.9	(8) 水产品	98.7	97.8	101.0
7. 水产品	100.9	99.3	101.8	(9) 蛋类	98.7	97.8	101.0
(1) 鱼	100.9	101.7	100.5	(10) 奶类	97.7	96.6	99.9
(2) 其它水产品	100.8	96.3	103.7	(11) 干鲜瓜果类	99.1	96.6	105.2
8. 菜	110.2	109.4	110.6	(12) 糖果糕点类	100.3	100.5	100.1
9. 调味品	100.8	100.8	100.8	(13) 调味品	100.4	101.1	99.4
10. 糖	99.1	97.2	100.1	(14) 其他食品类	100.1	99.9	100.4
11. 茶及饮料	100.4	101.3	99.8	2. 茶及饮料	97.4	96.2	99.7
(1) 茶叶	101.1	102.3	100.2	3. 烟酒	101.3	101.2	101.4
(1) 饮料	99.8	100.4	99.4	(1) 烟草	103.4	103.4	103.4
12. 干鲜瓜果	102.6	99.2	104.8	(2) 酒类	97.6	97.6	97.5
13. 糕点饼干面包	99.8	99.5	99.9	4. 在外餐饮	102.6	103.3	100.2
14. 液体乳及乳制品	100.7	100.6	100.8	**二、衣着**	**98.9**	**98.2**	**100.7**
15. 在外用膳食品	100.7	100.4	100.9	1. 服装	98.6	97.5	101.1
16. 其它食品	101.8	100.8	102.3	(1) 男式服装	98.3	97.7	99.9
二、烟酒	**101.4**	**101.1**	**101.6**	(2) 女式服装	97.9	96.4	101.9
1. 烟草	104.3	104.2	104.3	(3) 儿童服装	100.8	100.7	101.1
2. 酒	97.9	97.4	98.1	2. 服装材料	101.6	101.6	101.6
三、衣着	**105.7**	**106.5**	**105.3**	3. 其他衣着及配件	100.0	99.8	100.7
1. 服装	105.9	104.1	106.8	4. 衣着加工服务费	105.7	105.9	105.4
(1) 男式服装	105.9	105.6	106.0	5. 鞋类	99.3	99.3	99.1
(2) 女式服装	106.0	106.0	106.0	**三、居住**	**101.4**	**102.0**	**100.3**
(3) 儿童服装	105.6	94.0	110.4	1. 租赁房房租	101.0	100.9	101.2
2. 衣着材料	101.0	100.9	101.1	2. 住房保养维修及管理	105.4	108.5	99.9
3. 鞋袜帽	105.5	113.5	100.0	3. 水电燃料	99.1	98.9	99.5
(1) 鞋	106.6	116.1	100.0	4. 自有住房	101.5	101.8	100.9
(2) 袜子	100.3	100.4	100.2	**四、生活用品及服务**	**99.7**	**99.9**	**99.3**
(3) 帽子	100.0	100.0	100.0	1. 家具及室内装饰品	98.8	100.3	95.7
4. 衣着加工服务	102.1	101.5	102.4	2. 家用器具	97.5	97.1	98.1
四、家庭设备用品及维修服务	**99.8**	**99.8**	**99.8**	3. 家用纺织品	100.0	100.0	99.9
1. 耐用消费品	98.8	98.2	99.1	4. 家庭日用杂品	100.3	100.3	100.3
(1) 家具	99.0	98.7	99.1	5. 个人护理用品	100.3	100.3	100.4

6-4 居民消费价格指数(续)

(2015-2016年，以上年价格为100)

类别	2015年			类别	2016年		
	全市	城市	农村		全市	城市	农村
(2) 家庭设备	98.7	97.9	99.2	6. 家庭服务	106.2	105.5	109.6
2. 室内装饰品	99.4	98.5	99.9	**五、交通和通信**	**99.7**	**99.9**	**99.2**
3. 床上用品	100.4	100.7	100.2	1. 交通	100.0	100.3	99.2
4. 家庭日用杂品	100.2	100.1	100.2	(1) 交通工具	100.1	100.2	99.9
5. 家庭服务及加工维修服务	104.2	108.6	101.2	(2) 交通工具用燃料	97.7	97.7	97.6
五、医疗保健和个人用品	**104.4**	**105.6**	**103.7**	(3) 交通工具使用和维修	99.7	99.6	100.1
1. 医疗保健	106.1	108.1	105.1	(4) 交通费	103.0	104.1	99.0
(1) 医疗器具及用品	99.0	95.4	100.6	2. 通信	99.3	99.4	99.1
(2) 中药材及中成药	101.8	101.6	101.9	(1) 通信工具	96.9	97.4	95.6
(3) 西药	100.2	98.5	101.0	(2) 通信服务	100.0	100.0	100.0
(4) 保健器具及用品	103.3	105.6	102.0	(3) 邮递服务	99.9	100.0	99.8
(5) 医疗保健服务	115.5	123.1	111.7	**六、教育文化和娱乐**	**100.6**	**100.3**	**101.1**
2. 个人用品及服务	100.7	100.3	100.9	1. 教育	100.3	99.8	101.3
(1) 化妆美容用品	100.7	100.0	101.1	(1) 教育用品	104.8	104.7	104.9
(2) 清洁类化妆品	100.0	99.9	100.0	(2) 教育服务	100.1	99.6	101.1
(3) 个人饰品	98.4	99.1	98.1	2. 文化娱乐	100.9	101.0	100.6
(4) 个人服务	102.5	101.6	102.9	(1) 文娱耐用消费品	95.8	94.6	98.3
六、交通和通讯	**97.9**	**97.9**	**97.9**	(2) 其他文娱用品	102.6	103.1	101.6
1. 交通	96.6	96.7	96.5	(3) 文化娱乐服务	100.0	100.0	100.0
(1) 交通工具	99.0	99.0	98.9	(4) 旅游	103.5	103.5	103.6
(2) 车用燃料及零配件	83.6	83.7	83.6	**七、医疗保健**	**103.3**	**104.6**	**101.0**
(3) 车辆使用及维修	102.9	104.3	102.1	1. 药品及医疗器具	101.5	99.9	105.5
(4) 市区公共交通	100.2	100.5	100.0	(1) 中药	101.4	100.9	102.7
(5) 城市间交通	102.8	102.2	103.2	(2) 西药	101.7	98.9	108.1
2. 通信	99.6	99.4	99.6	(3) 滋补保健品	101.5	101.6	101.1
(1) 通信工具	96.7	96.7	96.7	(4) 医疗卫生器具	102.1	102.5	101.6
(2) 通信服务	99.9	99.7	100.0	(5) 保健器具	98.7	98.4	100.0
七、娱乐教育文化用品及服务	**99.1**	**99.3**	**99.0**	2. 医疗服务	104.1	107.2	99.5
1. 文娱用耐用消费品及服务	98.2	97.4	98.7	(1) 综合医疗类	110.8	117.6	99.6
2. 教育	101.4	101.4	101.5	(2) 诊断类	100.0	100.0	100.0
(1) 教材及参考书	100.3	100.3	100.3	(3) 治疗类	104.3	108.7	98.7
(2) 教育服务	101.6	101.5	101.6	(4) 康复类	101.8	103.0	100.0
3. 文化娱乐类	102.2	102.3	102.1	(5) 中医医疗服务类	115.8	125.4	100.0
(1) 文化娱乐用品	100.2	101.6	99.5	(6) 其他医疗服务	106.9	112.4	100.0
(2) 书报杂志	104.1	104.0	104.1	**八、其他用品和服务**	**101.8**	**101.8**	**101.8**
(3) 文娱费	102.9	102.1	103.4	1. 其他用品类	103.4	103.8	102.4
4. 旅游	91.6	93.2	90.8	(1) 首饰手表	106.1	106.1	106.1
八、居住	**100.2**	**102.2**	**99.1**	(2) 其他杂项用品	99.9	100.1	99.6
1. 建房及装修材料	97.6	97.5	97.7	2. 其他服务类	100.3	100.0	101.2
2. 住房租金	103.1	105.4	101.8	(1) 旅馆住宿	99.9	99.8	100.4
3. 自有住房	101.7	105.0	100.0	(2) 美容美发洗浴	100.6	100.0	102.0
4. 水、电、燃料	97.9	98.6	97.5	(3) 养老服务	100.0	100.0	100.0
				(4) 金融保险	100.0	100.0	100.0
				(5) 其他服务类	101.1	100.0	103.8

6–5 工业生产者出厂价格指数

（2012–2016 年，以上年价格为 100）

类　　别	2012 年	2013 年	2014 年	2015 年	2016 年
全部工业生产者出厂价格指数	**97.8**	**97.2**	**98.0**	**95.7**	**98.1**
其中：轻工业	100.1	100.1	99.9	99.0	99.3
以农产品为原料	100.1	100.2	99.5	98.7	99.3
以非农产品为原料	100.2	99.3	102.8	101.7	99.6
重工业	96.9	95.9	97.2	94.3	97.6
采　　掘	94.6	93.9	92.8	91.6	98.2
原　　料	99.7	92.6	94.9	94.8	98.1
加　　工	95.7	98.7	99.8	94.8	97.1
其中：生产资料	97.0	96.1	97.3	94.2	97.4
(1) 采　　掘	94.6	93.9	92.8	91.6	98.2
(2) 原　　料	99.7	92.6	94.9	94.8	98.0
(3) 加　　工	96.0	98.8	99.8	94.6	96.8
生活资料	100.1	100.1	100.0	99.9	100.3
(1) 食　　品	100.0	100.4	99.4	99.1	100.0
(2) 衣　　着	102.0	99.7	99.8	100.5	102.5
(3) 一般日用品	99.4	99.4	100.2	101.2	100.1
(4) 耐用消费品	99.5	101.1	105.2	102.6	100.4
按工业行业大、中类分					
煤炭开采和洗选业	94.2	88.8	89.9	90.4	95.6
烟煤和无烟煤开采洗选	94.2	88.8	89.9	90.4	95.6
黑色金属矿采选业	84.1	103.9	89.3	77.6	96.9
铁矿采选	83.6	104.0	89.0	77.0	97.0
锰矿、铬矿采选	96.5	100.8	95.2	88.8	95.6
有色金属矿采选业	104.9	99.7	97.7	98.1	115.4
常用有色金属矿采选	102.3	99.2	99.4	100.0	108.7
贵金属矿采选	109.5	100.8	100.0	99.3	118.4
稀有稀土金属矿采选	93.2	96.2	87.8	91.4	79.3
非金属矿采选业	102.8	98.8	100.5	102.0	100.2
土砂石开采	101.8	99.7	101.7	101.2	100.5
化学矿开采	107.1	89.9	86.0	111.8	74.1
农副食品加工业	100.7	102.4	98.6	93.4	95.4
谷物磨制	107.0	101.2	100.4	99.7	99.2
饲料加工	109.8	106.1	99.8	93.9	92.9
屠宰及肉类加工	89.8	101.2	96.1	87.8	95.9
蔬菜、水果和坚果加工	102.7	101.0	100.6	101.3	100.0
其他农副食品加工	100.6	99.7	100.0	98.8	100.0
食品制造业	102.8	101.2	99.9	99.5	99.0
焙烤食品制造	99.3	95.1	96.2	80.5	83.1
糖果、巧克力及蜜饯制造	100.0	100.0	100.0	100.0	100.0
方便食品制造	101.2	107.9	114.6	110.0	106.2
乳制品制造	109.1	117.8	103.0	100.0	100.0

6-5 工业生产者出厂价格指数（续1）

（2012–2016年，以上年价格为100）

类　　别	2012年	2013年	2014年	2015年	2016年
罐头食品制造	112.6	104.6	100.0	100.0	100.5
调味品、发酵制品制造	99.2	99.6	98.4	99.3	99.0
其他食品制造	100.8	103.1	100.1	100.9	109.7
酒、饮料和精制茶制造业	101.3	99.1	95.6	98.7	99.9
酒的制造	97.6	101.6	101.4	102.9	101.9
饮料制造	102.8	100.1	100.0	100.0	100.0
精制茶加工	101.1	98.3	92.7	97.4	99.6
烟草制品业	100.4	100.3	100.1	100.6	100.3
烟叶复烤	113.8	100.0	106.8	119.0	100.0
卷烟制造	100.2	100.4	100.0	100.3	100.3
纺织业	95.0	97.8	99.6	96.9	98.0
棉纺织及印染精加工	92.9	96.6	99.8	94.1	97.9
针织或钩针编织物及其制品制造	97.2	100.0	98.4	105.0	
家用纺织制成品制造	100.8	100.0	100.0	100.0	100.0
纺织服装、服饰业	101.3	100.5	100.2	100.0	102.5
机织服装制造	101.3	100.5	100.2	100.0	100.8
皮革、毛皮、羽毛及其制品和制鞋业	107.6	96.8	99.7	99.0	103.3
制鞋业	107.6	96.8	99.7	99.0	103.3
木材加工和木、竹、藤、棕、草制品业	101.1	100.2	99.8	100.2	99.1
木材加工					100.7
人造板制造	102.5	101.5	100.1	99.3	99.2
木制品制造	100.2	98.3	99.0	101.9	
竹、藤、棕、草等制品制造	100.0	100.0	100.0	100.0	97.9
家具制造业	100.5	100.8	102.2	100.7	100.9
木质家具制造	100.6	100.9	102.5	100.2	100.5
竹、藤家具制造	99.8	100.3	100.0	100.0	
其他家具制造	100.0	100.0	100.1	105.8	104.1
造纸和纸制品业	99.6	97.6	99.8	101.5	100.5
造纸	91.7	91.6	100.2	99.0	100.4
纸制品制造	103.3	100.4	99.5	102.7	100.5
印刷和记录媒介复制业	100.1	100.0	99.5	100.2	99.8
印刷	100.1	100.0	99.5	100.2	99.8
文教、工美、体育和娱乐用品制造业	95.6	101.3	112.2	106.3	104.0
体育用品制造	95.6	101.3	112.2	106.3	104.0
石油加工、炼焦和核燃料加工业	89.6	93.1	97.9	75.9	95.1
精炼石油产品制造	89.6	93.1	97.9	75.9	95.1
化学原料和化学制品制造业	94.6	100.2	99.7	97.1	94.4
基础化学原料制造	96.9	98.7	96.6	97.1	97.4
肥料制造	101.1	96.6	94.3	97.8	87.3
涂料、油墨、颜料及类似产品制造	105.3	100.1	100.0	100.0	100.0
合成材料制造					92.9

6-5 工业生产者出厂价格指数（续2）

（2012-2016年，以上年价格为100）

类别	2012年	2013年	2014年	2015年	2016年
专用化学产品制造	84.0	103.6	103.4	93.8	95.9
炸药、火工及焰火产品制造	100.0	100.0	100.0	100.0	99.5
日用化学产品制造	97.5	97.3	109.7	106.3	102.6
医药制造业	100.8	103.5	103.1	107.8	104.7
化学药品制剂制造	100.6	100.2	100.1	100.0	100.0
中成药生产	101.5	111.5	110.3	126.3	108.2
化学纤维制造业					85.3
合成纤维制造					85.3
橡胶和塑料制品业	103.4	101.1	100.1	97.9	97.1
橡胶制品业	102.3	101.0	99.2	98.8	100.5
塑料制品业	103.7	101.1	100.3	97.6	97.0
非金属矿物制品业	87.9	96.9	101.6	86.4	96.6
水泥、石灰和石膏制造	85.1	97.0	101.8	85.1	97.3
石膏、水泥制品及类似制品制造	104.4	100.6	101.3	98.6	99.8
砖瓦、石材等建筑材料制造	116.9	88.5	95.2	90.0	100.2
玻璃制造					100.6
玻璃制品制造	97.6	100.0	99.9	100.0	100.0
耐火材料制品制造	108.4	98.4	98.4	97.2	100.5
石墨及其他非金属矿物制品制造	91.8	97.2	103.1	87.2	68.3
黑色金属冶炼和压延加工业	91.1	89.6	96.6	96.7	96.4
炼铁	86.0	85.8	92.3	94.5	
黑色金属铸造	102.0	101.9	99.8	99.8	99.6
钢压延加工	83.0	88.0	96.4	100.0	96.2
铁合金冶炼	97.9	87.6	103.2	96.1	92.6
有色金属冶炼和压延加工业	102.5	85.3	90.7	93.6	97.1
常用有色金属冶炼	86.1	92.9	92.3	83.1	92.9
贵金属冶炼	104.2	83.3	89.4	94.2	107.8
稀有稀土金属冶炼					79.4
有色金属合金制造	111.6	89.1	97.7	92.6	88.9
有色金属压延加工	91.3	94.6	95.5	90.8	86.1
金属制品业	107.4	104.0	101.3	102.9	99.7
结构性金属制品制造	107.1	101.7	100.6	98.8	99.8
金属工具制造	104.8	129.0	108.3	100.0	
建筑、安全用金属制品制造	108.2	100.0	99.9	107.5	99.1
金属表面处理及热处理加工					100.6
通用设备制造业	101.1	100.5	100.0	100.0	99.6
锅炉及原动设备制造	100.6	100.0	100.0	100.0	
物料搬运设备制造	100.0	100.0	100.0	100.0	100.0
泵、阀门、压缩机及类似机械制造	107.5	103.1	100.2	99.8	100.7
轴承、齿轮和传动部件制造	100.0	100.0	100.0	100.0	99.0
通用零部件制造					100.1

6–5 工业生产者出厂价格指数（续3）

（2012–2016年，以上年价格为100）

类　　别	2012年	2013年	2014年	2015年	2016年
其他通用设备制造业					100.3
专用设备制造业	98.1	101.5	99.3	98.0	101.6
采矿、冶金、建筑专用设备制造	96.7	103.1	95.1	95.8	101.3
化工、木材、非金属加工专用设备制造	100.1	100.0	100.0	100.0	97.3
食品、饮料、烟草及饲料生产专用设备制造	102.5	101.3	101.9	99.4	105.0
纺织、服装和皮革加工专用设备制造	68.3	99.3	100.0	100.0	100.0
农、林、牧、渔专用机械制造	100.0	100.0	100.0	100.0	
环保、社会公共服务及其他专用设备制造	100.6	99.0	106.4	101.0	101.8
汽车制造业	102.9	99.7	98.2	99.5	97.3
汽车整车制造	106.5	102.9	99.4	101.0	98.9
低速载货汽车制造	104.0	99.3	101.1	100.5	
改装汽车制造					98.5
汽车车身、挂车制造	99.9	106.9	101.9	98.6	97.7
汽车零部件及配件制造	102.0	98.7	97.4	99.1	96.5
铁路、船舶、航空航天和其他运输设备制造业					99.2
摩托车制造					100.3
自行车制造					96.3
电气机械和器材制造业	99.1	97.9	98.9	99.1	100.1
输配电及控制设备制造	100.5	97.4	99.0	100.2	100.7
电线、电缆、光缆及电工器材制造	91.5	95.7	98.0	97.1	100.0
家用电力器具制造	98.9	101.1	100.1	100.0	
照明器具制造	104.8	100.0	99.4	99.9	100.1
计算机、通信和其他电子设备制造业	101.5	101.4	100.9	99.8	96.6
计算机制造	101.7	103.6	104.1	100.0	
视听设备制造	103.4	101.0	100.0	100.0	
电子器件制造	106.5	98.2	100.2	99.7	95.2
电子元件制造	99.7	100.0	99.0	99.5	99.2
仪器仪表制造业	102.7	101.3	99.2	98.1	100.0
通用仪器仪表制造	103.4	100.3	100.0	100.0	
光学仪器及眼镜制造	100.0	105.3	95.7	90.3	100.0
其他制造业	81.9	96.8	101.4	101.9	102.9
日用杂品制造	81.9	96.8	101.4	101.9	102.9
废弃资源综合利用业	94.4	95.6	97.3	100.0	
金属废料和碎屑加工处理	94.4	95.6	97.3	100.0	
电力、热力生产和供应业	103.9	100.1	99.2	97.9	97.4
电力生产	106.7	99.9	98.4	97.3	96.4
电力供应	101.5	100.2	99.9	98.5	97.8
燃气生产和供应业	95.7	93.5	103.6	84.1	83.9
水的生产和供应业	100.0	100.0	126.6	103.1	100.0
自来水生产和供应	100.0	100.0	126.6	103.1	100.0

注：2011年后采用2011国民经济行业分类标准。2010年前采用2002国民经济行业分类标准

主要统计指标解释

居民消费价格指数 是度量居民生活消费品和服务价格水平随着时间变动的相对数，综合反映居民购买的生活消费品和服务价格水平的变动情况。其变动率在一定程度上反映了通货膨胀（或紧缩）的程度。

工业生产者出厂价格指数 是衡量工业企业产品出厂价格变动趋势和变动程度的指数，是反映某一时期生产领域价格变动情况的重要经济指标，也是制定有关经济政策和国民经济核算的重要依据。

第七篇　财政金额

Cai zheng jin rong

供稿人：林惠芳

7-1 财政收入及财政支出

（1952–2016年） 单位：万元

年 份	财政总收入	地方财政支出	年 份	财政总收入	地方财政支出
1952	870		1973	6344	4585
1953	1020	646	1974	6597	4711
1954	1402	635	1975	6476	4946
1955	1484	804	1976	6389	5132
1956	1609	926	1977	7358	6094
1957	1780	1083	1978	8714	7679
1958	2731	1839	1979	8428	7334
1959	2882	1769	1980	10421	8943
1960	3033	2185	1981	11723	9111
1961	1720	1124	1982	12584	9652
1962	2155	1121	1983	12137	10214
1963	2630	1946	1984	16026	12557
1964	3135	1735	1985	21340	19763
1965	2457	1778	1986	27469	25901
1966	2330	1964	1987	32935	30722
1967	1974	2120	1988	38968	37579
1968	1906	1765	1989	41403	40025
1969	2573	3023	1990	47291	41734
1970	4275	3712	1991	54877	47835
1971	5431	4121	1992	60799	60405
1972	6459	4437	1993	92857	88654

7-1 财政收入及财政支出（续）

（1952-2016 年）

单位：万元

年份	财政总收入	地方财政收入	基金收入	地方财政支出	基金支出
1994	122082	49638		97400	
1995	135523	62594		107138	
1996	159633	76920		126380	
1997	178816	83890	3615	135792	3096
1998	202510	87293	1437	144269	1107
1999	233629	97644	4068	161106	3830
2000	286148	109082	6570	176268	4960
2001	334744	133260	5865	203776	6438
2002	371594	126969	7468	217754	5581
2003	399464	143343	13048	245075	10180
2004	471617	169840	10469	273167	10197
2005	579501	208297	31246	316547	25499
2006	765026	284899	45022	407017	40607
2007	964682	366563	168539	550826	151674
2008	1184921	462810	184417	682233	213075
2009	1343811	543378	336534	890415	321841
2010	1633201	667481	476297	1108134	549708
2011	2064457	842832	790484	1377312	820900
2012	2373222	1015078	984072	1649299	1020392
2013	2491400	1172067	1249505	1994163	1325469
2014	2616946	1198424	677777	2060037	742017
2015	2698106	1246063	436431	2579654	558793
2016	2660721	1314144	520668	2742714	576138

7-2 地方财政收支

（2015–2016 年）　　单位：万元

项　　目	2015 年	2016 年	项　　目	2015 年	2016 年
地方财政收入	**1246063**	**1314144**	**地方财政支出**	**2579654**	**2742714**
增值税	155230	285432	一般公共服务	201539	238765
营业税	193880	102395	公共安全	122482	143771
企业所得税	134304	101824	教育	550361	550790
个人所得税	43566	55644	科学技术	57886	55758
资源税	54600	42343	文化体育与传媒	58082	50918
城市维护建设税	105402	103510	社会保障和就业	207958	220083
房产税	28162	27169	医疗卫生	276002	293217
城镇土地使用税	21498	20750	节能环保	61339	96664
土地增值税	45360	42659	城乡社区事务	200837	299181
耕地占用税	10143	9452	农林水事务	450883	401614
契税	37478	38901	交通运输	67115	102051
其他各项税收收入	40921	40606	资源勘探电力信息等事务	105666	80114
专项收入	178163	192979	粮油物资储备管理等事务	14754	9386
行政事业性收费收入	47948	49142	金融支出	1625	1415
罚没收入	29801	33335	商业服务业等支出	34356	28222
国有资本经营收入	60983	98503	其他支出	64879	36731
国有资源（资产）有偿使用收入	48064	40597			
捐赠收入		7754			
政府住房基金收入		11329			
其他收入	10560	9820			

7-3 金融机构人民币各项存款和贷款余额

（1990–2016 年） 单位：万元

年份	各项存款	城乡居民财政存款	财政存款	各项贷款	短期贷款	中长期贷款
1990	172306	100968	5721	187440		
1991	219910	131652	5641	211151		
1992	274984	176356	3452	249491		
1993	326159	216890	5338	311916		
1994	426793	296427	12954	403227		
1995	655453	411521		573620	410861	138446
1996	825610	547752		686402	497838	159875
1997	965661	646366		785128	594325	163385
1998	1147119	768380	8300	881280	670937	195509
1999	1314562	869012	7307	990468	733096	237150
2000	1406797	898244	7441	1068236	789687	251795
2001	1525860	982855	13103	1150044	785631	343757
2002	1777600	1136604	12068	1273457	862011	362970
2003	2243795	1341994	17654	1581000	1030060	490778
2004	2594667	1536037	24212	1817328	1125785	612328
2005	2958839	1788484	36578	2110189	1218198	854612
2006	3517059	1983865	92273	2693151	1369136	1277386
2007	4106959	2188164	161516	3434295	1671651	1731936
2008	5206959	2828117	188505	3937319	1854665	2035221
2009	6836421	3528848	293950	5736550	2797999	2850645
2010	7847614	3944782	284939	7233897	3479000	3697639
2011	9084257	4517663	272755	8745487	4082956	4626638
2012	10939592	5249715	298448	10389658	4762884	5563724
2013	12665488	6009552	270376	11779620	5277148	6427035
2014	13766247	6551325	389256	12919033	5557857	7299198
2015	15628488	7270055	387285	13606547	5187966	8237258
2016	17537603	8093020	415453	14341940	5024494	9035793

7–4　金融机构年末人民币分项存贷款余额

（2015–2016 年）　　　　单位：万元

项　　目	总　　量		比上年增长 (%)
	2015 年	2016 年	
一、各项存款	**15628488**	**17537603**	**12.2**
（一）境内存款	15607800	17514011	12.2
1. 住户存款	7407369	8326992	12.4
2. 非金融企业存款	4263335	4766647	11.8
3. 政府存款	3707584	4145060	11.8
4. 非银行业金融机构存款	229511	275311	20.0
（二）境外存款	20688	23592	14.0
二、各项贷款	**13606547**	**14341940**	**5.4**
（一）境内贷款	13605324	14336739	5.4
1. 住户贷款	6020429	6453654	7.2
(1) 短期贷款	2241163	2151043	–4.0
# 个人消费贷款	560567	707812	26.3
(2) 中长期贷款	3779267	4302611	13.9
# 个人消费贷款	2733935	3157056	15.5
2. 非金融企业及机关团体贷款	7584895	7883086	3.9
(1) 短期贷款	2946803	2873451	–2.5
# 单位经营贷款	2900815	2822144	–2.7
(2) 中长期贷款	4457991	4733182	6.2
# 单位经营贷款	755272	977640	29.4
(3) 票据融资	165482	270823	63.7
（二）境外贷款	1223	5201	325.4

7-5　保险业务情况

（1998-2016 年）

项　　目	单位	1998 年	1999 年	2000 年	2001 年	2002 年	2003 年	2004 年	2005 年	2006 年
一、财产保险业务情况										
1、保费收入	万元	12035	12511	13951	16131	18631	19561	25394	27280	27824
# 企业财产险	万元	3152	2853	2788	1995	3116	3009	2592	2612	2375
家庭财产险	万元	275	330	357	469	612	783	712	789	767
运输工具险	万元	8051	8571	10031	11784	13521	13564	18837	21021	17918
货物运输险	万元	152	184	203	284	346	387	320	363	449
农业保险	万元	99	96	41	18	120	246	94	161	516
其他财产险	万元	306	477	531	581	916	1571	2839	2324	2244
2、赔案件数	件	8916	8317	10994	7912	11408	15825	18755	20176	21649
3、赔款支出	万元	7283	7003	7004	6923	8991	9583	10722	14555	19496
二、人寿保险业务情况										
1、保费收入	万元	14557	16739	23182	29565	39890	1962363	58473	61212	71104
# 寿险	万元		14818	20508	25956	35567		53042	52068	62035
短期险	万元		1836	2655	3608	4323		5431	8577	9020
2、赔款支出	万元	1229	382	466	604	679		993	2521	2173

7-5 保险业务情况（续）

（1998-2016 年）

项　　目	单位	2007 年	2008 年	2009 年	2010 年	2011 年	2012 年	2013 年	2014 年	2015 年	2016 年
一、财产保险业务情况											
1、保费收入	万元	43763	56824	70980	102202	114851	127889	148327	162557	175083	183488
# 企业财产险	万元	2746	3187	3037	4240	4558	4942	4920	5111	5617	5558
家庭财产险	万元	937	826	1627	1961	2496	2780	3476	3103	3170	2946
运输工具险	万元	27573	44776	55754	80690	87392	96885	111993	123498	135427	144075
货物运输险	万元	457	476	568	587	722	727	741	882	1020	867
农业保险	万元	1410	1369	3835	4172	5164	6696	7913	9102	9881	9945
其他财产险	万元	10639	5477	6159	10552	14519	15858	19285	20860	19967	20097
2、赔案件数	件	38909	61814	67376	77355	67158	90965	116681	137720	158949	191181
3、赔款支出	万元	22730	31763	39437	53618	53199	70313	77374	82231	92832	95844
二、人寿保险业务情况											
1、保费收入	万元	78113	104492	111011	118890	138004	157644	200084	237332	259347	323959
# 寿险	万元	70593	99270	101765	108798	126370	144609	185417	223090	243972	305520
短期险	万元	6613	5222	9246	10092	11634	13035	14667	14241	15375	18439
2、赔款支出	万元	3853	2540	5306	21175	26715	31601	47372	33654	41603	55575

注：2016 年末，全市保险企业 33 家，其中财产保险公司 18 家，人寿保险公司 14 家，保险销售公司 1 家。

第八篇　农　　业

Nong　　ye

供稿人：叶小甜　陈铁平

8-1 历年农林牧渔业总产值

（当年价） 单位：万元

年 份	合 计	年 份	合 计
1949	9528	1964	14779
1950	10385	1965	15878
1951	10616	1966	17157
1952	11091	1967	17008
1953	12614	1968	16255
1954	12588	1969	18507
1955	13282	1970	20581
1956	15184	1971	24663
1957	16547	1972	25614
1958	14492	1973	26578
1959	13724	1974	28085
1960	11207	1975	27367
1961	11197	1976	27937
1962	12161	1977	34167
1963	13142		

8-1 历年农林牧渔业总产值（续）

（当年价）　　单位：万元

年　份	合　计	农　业	林　业	牧　业	渔　业	服务业
1978	41374	32930	3859	4548	37	
1979	43228	33996	4052	5125	55	
1980	44253	32325	4740	7057	131	
1981	54756	39870	6683	7962	241	
1982	64026	46620	6925	10094	387	
1983	65452	47678	6029	11335	410	
1984	74442	52071	7956	13675	740	
1985	80044	51935	10120	17068	921	
1986	80354	47524	12430	19232	1168	
1987	95873	56584	14569	22949	1771	
1988	126340	70306	19955	33394	2685	
1989	152149	78536	20356	49711	3546	
1990	172687	94922	26171	47728	3866	
1991	192823	108068	29245	51679	3831	
1992	227050	129513	31661	61022	4854	
1993	319558	179498	47119	86210	6731	
1994	442283	239342	50876	138200	13865	
1995	591383	301750	63211	193752	32670	
1996	704928	356074	69633	230938	48283	
1997	785728	365115	78762	287823	54028	
1998	810627	390948	77506	283277	58896	
1999	851457	408743	84802	300141	57771	
2000	882554	425814	83060	315282	58398	
2001	903778	430870	84608	335420	52880	
2002	963298	442264	92888	347063	54748	26335
2003	1015822	443217	114237	375349	53501	29518
2004	1194430	504026	122388	477838	57418	32760
2005	1262987	529142	138740	497427	62304	35374
2006	1315769	559961	153394	502325	61878	38211
2007	1597038	637713	174832	676233	65427	42833
2008	1939628	706220	208416	903078	74383	47531
2009	1896662	748763	224138	797426	77669	48666
2010	2123098	880849	271542	821353	96323	53031
2011	2528621	1000706	335236	1023447	110018	59213
2012	2657880	1120251	348708	1006062	119533	63326
2013	2906319	1266194	392682	1054399	125385	67660
2014	3138423	1424099	455940	1057109	129015	72260
2015	3375286	1489779	461322	1212840	133660	77686
2016	3780310	1639213	466180	1444926	146708	83283

8-2 农林牧渔业总产值构成

（1978-2016 年）

单位 :%

年 份	合 计	农 业	林 业	牧 业	渔 业	服务业
1978	100	79.6	9.3	11.0	0.1	
1979	100	78.6	9.4	11.9	0.1	
1980	100	73.0	10.7	15.9	0.4	
1981	100	72.8	12.2	14.5	0.5	
1982	100	72.8	10.8	15.8	0.6	
1983	100	72.8	9.2	17.3	0.7	
1984	100	70.0	10.7	18.4	0.9	
1985	100	64.9	12.6	21.3	1.2	
1986	100	59.1	15.5	23.9	1.5	
1987	100	59.0	15.2	23.9	1.9	
1988	100	55.6	15.8	26.4	2.2	
1989	100	51.6	13.4	32.7	2.3	
1990	100	55.0	15.2	27.6	2.2	
1991	100	56.0	15.2	26.8	2.0	
1992	100	57.0	13.9	26.9	2.2	
1993	100	56.2	14.7	27.0	2.1	
1994	100	54.1	11.5	31.2	3.2	
1995	100	51.0	10.7	32.8	5.5	
1996	100	50.5	9.9	32.8	6.8	
1997	100	46.5	10.0	36.6	6.9	
1998	100	48.2	9.6	34.9	7.3	
1999	100	48.0	10.0	35.3	6.7	
2000	100	48.2	9.4	35.7	6.7	
2001	100	47.7	9.4	37.1	5.8	
2002	100	45.9	9.7	36.0	5.7	2.7
2003	100	43.6	11.2	37.0	5.3	2.9
2004	100	42.2	10.3	40.0	4.8	2.7
2005	100	41.9	11.0	39.4	4.9	2.8
2006	100	42.6	11.7	38.1	4.7	2.9
2007	100	39.9	11.0	42.3	4.1	2.7
2008	100	36.4	10.7	46.6	3.8	2.5
2009	100	39.5	11.8	42.0	4.1	2.6
2010	100	41.5	12.8	38.7	4.5	2.5
2011	100	39.6	13.3	40.5	4.3	2.3
2012	100	42.1	13.1	37.9	4.5	2.4
2013	100	43.6	13.5	36.3	4.3	2.3
2014	100	45.4	14.5	33.7	4.1	2.3
2015	100	44.1	13.7	35.9	4.0	2.3
2016	100	43.4	12.3	38.2	3.9	2.2

8-3 历年农林牧渔业产值指数

（上年 =100）

单位：%

年　份	农　林 牧渔业	农　业	林　业	牧　业	渔　业	服务业
1949	100.0					
1950	109.0					
1951	109.5					
1952	113.1					
1953	111.2					
1954	100.7					
1955	103.1					
1956	111.4					
1957	108.4					
1958	84.3					
1959	92.7					
1960	83.9					
1961	82.8					
1962	109.7	103.2	244.9	126.0	100.0	
1963	110.5	108.2	140.8	111.1	60.6	
1964	118.9	115.1	155.7	115.7	158.1	
1965	111.4	111.0	105.6	121.2	96.0	
1966	102.1	98.6	120.6	108.4	102.1	
1967	96.8	97.3	85.4	106.5	46.4	
1968	95.6	97.5	75.9	101.0	139.1	
1969	113.7	112.7	134.9	106.0	103.1	
1970	111.5	117.2	79.1	105.4	93.9	
1971	108.2	105.7	155.4	95.8	76.8	
1972	103.9	102.8	93.3	122.1	72.3	
1973	103.3	98.4	129.2	113.1	90.7	
1974	105.9	112.9	83.5	89.2	139.7	
1975	97.4	96.5	91.2	107.8	94.5	
1976	101.5	100.6	117.9	95.4	133.0	
1977	104.5	106.7	96.8	98.0	59.9	
1978	115.9	117.8	111.4	107.7	120.7	
1979	104.5	103.3	105.0	112.5	148.5	
1980	102.4	103.5	100.9	95.6	116.3	
1981	106.0	114.4	114.3	105.5	139.8	
1982	107.8	95.4	120.0	123.1	190.8	

8-3 历年农林牧渔业产值指数（续）

（上年 =100）

单位：%

年 份	农 林 牧渔业	农 业	林 业	牧 业	渔 业	服务业
1983	104.5	104.4	89.4	118.3	112.1	
1984	108.9	105.1	129.7	113.7	179.6	
1985	93.4	87.2	110.2	110.8	112.2	
1986	100.7	96.9	99.8	114.7	134.4	
1987	108.1	110.1	106.4	101.3	130.6	
1988	108.1	106.1	109.8	112.8	130.3	
1989	103.6	102.3	100.0	109.5	116.6	
1990	108.6	90.9	170.7	125.3	116.8	
1991	106.4	106.9	100.6	110.8	99.3	
1992	108.1	108.1	101.1	112.4	123.6	
1993	110.8	107.8	110.6	116.6	119.5	
1994	111.1	106.5	107.4	120.0	144.8	
1995	115.1	109.5	108.6	123.3	175.8	
1996	111.3	108.5	113.2	110.4	147.1	
1997	117.8	110.9	114.2	126.7	139.8	
1998	103.9	104.7	99.8	104.4	107.1	
1999	107.8	106.8	111.0	108.7	103.2	
2000	104.8	103.8	102.5	106.9	105.7	
2001	103.5	101.7	100.9	106.9	103.2	
2002	106.1	110.0	100.4	103.7	107.5	
2003	103.9	103.5	103.5	105.8	95.8	105.8
2004	105.0	102.1	104.3	109.3	100.0	105.7
2005	103.3	100.4	108.1	105.4	100.5	103.7
2006	101.6	99.4	106.0	102.3	102.6	105.8
2007	102.7	105.1	104.6	99.0	103.8	106.2
2008	104.5	102.3	105.8	105.9	107.6	106.1
2009	104.6	102.6	105.8	105.9	105.0	104.3
2010	104.0	103.0	110.2	102.9	104.9	105.6
2011	103.9	104.8	108.9	101.5	99.9	106.0
2012	103.7	102.7	101.3	105.2	106.5	104.4
2013	104.6	103.7	106.9	104.7	104.5	104.2
2014	104.0	104.8	105.3	102.3	105.2	104.7
2015	104.0	103.4	106.1	103.9	103.8	105.8
2016	103.8	103.6	105.0	103.0	106.7	105.5

8-4 农林牧渔业增加值

（1993-2016年，当年价）　　单位：万元

年份	农林牧渔业增加值	农业	林业	牧业	渔业	服务业
1993	213714	124874	35117	48812	4911	
1994	303936	171177	38422	84163	10174	
1995	384703	214472	46771	102190	21270	
1996	455743	252608	49525	123850	29760	
1997	500960	255979	53229	160866	30886	
1998	519233	274821	52941	157343	34128	
1999	538520	282225	57639	165825	32831	
2000	555866	294222	55087	173539	33018	
2001	565692	297523	54546	184889	28734	
2002	601361	305885	61225	189365	29553	15333
2003	633148	304627	77011	205452	28889	17169
2004	741381	345999	82567	263426	30490	18899
2005	780573	361794	94564	270204	33285	20726
2006	812414	383094	104950	270100	32236	22034
2007	972369	432690	118789	362159	33912	24819
2008	1168910	477498	141114	484470	38335	27493
2009	1149938	505110	151569	425229	39902	28128
2010	1288944	591939	182497	434778	49224	30506
2011	1532368	671413	227217	543567	56170	34001
2012	1620012	752278	236433	534012	60966	36323
2013	1767298	848750	265851	550097	63827	38773
2014	1919407	953438	308243	550733	65631	41362
2015	2050571	996966	310670	630582	67934	44419
2016	2281489	1096225	313687	750414	73566	47597

8-5 农林牧渔业增加值构成

（1993-2016 年）

单位：%

年 份	合 计	农 业	林 业	牧 业	渔 业	服务业
1993	100	58.4	16.4	22.8	2.4	
1994	100	56.3	12.6	27.7	3.4	
1995	100	55.8	12.2	26.6	5.4	
1996	100	55.4	10.9	27.2	6.5	
1997	100	51.1	10.6	32.1	6.2	
1998	100	52.9	10.2	30.3	6.6	
1999	100	52.4	10.7	30.8	6.1	
2000	100	52.9	9.9	31.2	6.0	
2001	100	52.6	9.6	32.7	5.1	
2002	100	50.9	10.2	31.5	4.9	2.5
2003	100	48.1	12.2	32.4	4.6	2.7
2004	100	46.7	11.1	35.5	4.1	2.6
2005	100	46.3	12.1	34.6	4.3	2.7
2006	100	47.2	12.9	33.2	4.0	2.7
2007	100	44.5	12.2	37.2	3.5	2.6
2008	100	40.8	12.1	41.4	3.3	2.4
2009	100	43.9	13.2	37.0	3.5	2.4
2010	100	45.9	14.2	33.7	3.8	2.4
2011	100	43.8	14.8	35.5	3.7	2.2
2012	100	46.4	14.6	33.0	3.8	2.2
2013	100	48.0	15.0	31.1	3.6	2.2
2014	100	49.7	16.1	28.7	3.4	2.2
2015	100	48.6	15.2	30.8	3.3	2.2
2016	100	48.0	13.7	32.9	3.2	2.1

8-6 主要年份农作物播种面积及构成

单位：亩 、%

年 份	合 计	粮食作物	构成	经济作物	构成	其他农作物	构成
1978	3959467	3611355	91.2	143945	3.6	204167	5.2
1980	3708192	3426112	92.4	174252	4.7	107828	2.9
1985	3732714	3267223	87.5	332442	8.9	133049	3.6
1990	4357522	3398501	78.0	424522	9.7	534499	12.3
1995	4853002	3500901	72.1	536403	11.1	815698	16.8
2000	5043400	3335740	66.1	575064	11.4	1132596	22.5
2001	5013643	3201970	63.9	631671	12.6	1180002	23.5
2002	5009603	3098778	61.9	636100	12.7	1274725	25.4
2003	4858638	2914964	60.0	603396	12.4	1340278	27.6
2004	4687024	2823530	60.2	542743	11.6	1320751	28.2
2005	4507294	2682273	59.5	509637	11.3	1315384	29.2
2006	4334834	2528090	58.3	480306	11.1	1326438	30.6
2007	4225881	2447652	57.9	456620	10.8	1321609	31.3
2008	4282567	2507402	58.6	450363	10.5	1324802	30.9
2009	4384114	2578822	58.8	471795	10.8	1333497	30.4
2010	4454784	2639951	59.2	475015	10.7	1339818	30.1
2011	4528997	2691572	59.4	485888	10.7	1351537	29.9
2012	4569727	2713144	59.4	499165	10.9	1357418	29.7
2013	4624185	2734144	59.1	533648	11.6	1356393	29.3
2014	4669068	2742209	58.7	540090	11.6	1386769	29.7
2015	4676752	2738193	58.5	524500	11.2	1414059	30.2
2016	4691985	2731648	58.2	531493	11.3	1428844	30.5

8-7 主要年份粮食作物播种面积

单位：亩

项　　目	1978 年	1980 年	1985 年	1990 年	1995 年
总 计	**3611355**	**3426112**	**3267223**	**3398501**	**3500901**
按收获季节分					
(1) 春收粮食	75388	20797	4817	39001	65987
(2) 夏收粮食	1636791	1499519	1315817	1371298	1353065
(3) 秋收粮食	1899176	1905796	1946589	1988202	2081849
按品种分					
1、稻谷	3344235	3244080	3059797	3114568	3068790
①早稻	1616226	1480044	1273596	1316277	1278659
②中稻和一季晚稻	276482	389018	418822	408477	489267
③双季稻	1451527	1375018	1367379	1389814	1300864
2、大小麦	73743	19869	3410	7966	3750
# 小麦	71673	19674	3068	4544	3218
3、甘薯	155640	120074	125389	137248	209796
4、马铃薯			9528	31201	66698
5、杂粮	4431	5945	12193	33980	48486
6、大豆	33306	36144	56906	73538	96630
7、杂豆					6751

8-7 主要年份粮食作物播种面积（续）

单位：亩

项　　目	2000 年	2005 年	2010 年	2015 年	2016 年
总 计	**3335740**	**2682273**	**2639951**	**2738193**	**2731648**
按收获季节分					
(1) 春收粮食	113868	95339	112501	119634	123694
(2) 夏收粮食	1246015	922285	837577	833420	821030
(3) 秋收粮食	1975857	1673265	1689873	1785139	1786924
按品种分					
1、稻谷	2754348	2250884	2174239	2208350	2191894
①早稻	1153373	845555	755308	733671	719988
②中稻和一季晚稻	446060	606636	744362	802729	829122
③双季稻	1154915	798693	674569	671950	642784
2、大小麦	813	149	30		
# 小麦	251	149	30		
3、甘薯	286068	196226	202268	215121	216581
4、马铃薯	114465	86789	104413	116727	122066
5、杂粮	50591	51175	62493	83104	84258
6、大豆	110308	68196	72915	92019	93993
7、杂豆	19147	28853	23593	22872	22856

8-8 主要年份经济作物及其他农作物播种面积

单位：亩

项　　目	1978 年	1980 年	1985 年	1990 年	1995 年	2000 年	2005 年	2010 年	2015 年	2016 年
一、经济作物	**143945**	**174252**	**332442**	**424522**	**536403**	**575064**	**509637**	**475015**	**524500**	**531493**
1、油料作物	71181	99777	54730	70352	128302	179650	115923	116484	128888	131116
①花生	13560	9061	14154	26603	66640	123426	85851	94224	105322	107484
②油菜籽	57612	90331	40237	43221	61657	56212	29867	22245	23534	23598
③其他油料	9	385	339	528	5	12	205	15	32	34
2、甘蔗	2791	2484	4504	5999	8481	9037	5400	6146	10839	11132
①糖蔗	242	269	599	446	552	897	591	910	2286	2285
②果蔗	2549	2215	3905	5553	7929	8140	4809	5236	8553	8847
3、烟叶	59148	62158	247042	285312	290860	285230	286749	262368	265148	266592
# 烤烟	59086	62138	244926	285312	290860	285230	286704	262368	265148	266592
4、药材	1358	675	1850	2435	4133	6764	6562	6840	16671	16221
5、其他经济作物	9467	9158	24316	60424	104627	94383	95003	83177	102954	106432
二、其他农作物	**204167**	**107828**	**142577**	**534499**	**815698**	**1132596**	**1323561**	**1339818**	**1414059**	**1428844**
1、蔬菜	36629	36276	120095	314515	523474	854469	1084702	1110577	1170960	1185833
2、瓜类（果用瓜）	2734	5398	8917	9464	26411	34396	35169	26241	21510	22396
3、青饲料	6343	1629	7804	66137	116940	109367	114353	111372	105208	105389
4、绿肥	158461	64525	4312	131430	146878	102807	77166	75982	91057	91558
5、其他			1449	12953	1995	31557	12171	15646	25324	23668

8-9 主要年份茶叶、水果种植面积

单位：亩

项　　目	1978年	1980年	1985年	1990年	1995年	2000年	2005年	2010年	2015年	2016年
一、茶叶	**89661**	**81074**	**90210**	**82007**	**96277**	**85729**	**110189**	**198207**	**244651**	**241256**
二、水果	**35443**	**33746**	**86926**	**307762**	**678991**	**754568**	**774879**	**724081**	**732742**	**749743**
#柑桔	22539	24038	56797	192502	268913	246416	204325	171458	159528	153834
龙眼			310	454	585	954	908	403	403	400
香蕉			2376	2925	4625	4396	19707	19780	19555	23393
菠萝				211	351	244	122	116	139	48
橄榄				175	110	3906	4560	4540	4072	4072
柿			2105	12243	70359	124869	121659	114061	105380	115455
桃			5243	22760	60719	69664	77009	79342	69873	69105
李			5754	20888	46525	48730	54529	54281	63800	63745
柚			300	1501	26837	41333	48208	60367	85253	84786
葡萄				293	828	1052	1636	2055	4045	4603
杨梅				9902	6947	6191	17451	24599	23426	23399
油奈					77514	86331	75662	70347	62987	61471
青梅				21488	47257	55932	39416	36119	33824	32558
其它水果	12904	9708	14041	22631	67421	64550	109687	86613	100457	112874

8-10 历年粮食总产量

单位：吨

年　　份	粮　食	年　　份	粮　食	年　　份	粮　食
1949	268746	1972	548416	1995	1122319
1950	289278	1973	573464	1996	1143618
1951	316078	1974	646986	1997	1186858
1952	363748	1975	606924	1998	1227183
1953	390014	1976	604415	1999	1254444
1954	394150	1977	636345	2000	1168620
1955	390728	1978	745252	2001	1129721
1956	414241	1979	745226	2002	1086949
1957	418970	1980	758854	2003	1028159
1958	380217	1981	801633	2004	1008784
1959	320487	1982	876567	2005	960634
1960	267923	1983	920019	2006	905881
1961	269947	1984	855074	2007	900636
1962	273616	1985	858076	2008	931936
1963	286359	1986	783321	2009	960690
1964	357464	1987	877781	2010	986294
1965	402818	1988	906602	2011	1043750
1966	352341	1989	953560	2012	1059912
1967	363570	1990	978009	2013	1080385
1968	326463	1991	987522	2014	1097635
1969	413806	1992	1038512	2015	1099591
1970	510356	1993	1018207	2016	1098022
1971	536051	1994	1077694		

8-11 主要年份各类粮食产量

单位：吨

项　　目	1978年	1980年	1985年	1990年	1995年	2000年	2005年	2010年	2015年	2016年
总计	**745252**	**758854**	**858076**	**978009**	**1122319**	**1168620**	**960634**	**986294**	**1099591**	**1098022**
按收获季节分										
春收粮食	3516	1149	259	5459	12317	24563	22086	28276	35112	37156
夏收粮食	397331	387117	397368	439568	471168	470760	328952	298370	326546	321962
秋收粮食	344405	370588	460449	532982	638834	673297	612117	659648	737933	738904
按品种分										
①稻谷	717509	736395	828462	940112	1037317	1026255	847381	858021	937748	931094
早稻	394374	384707	390447	434746	460645	454235	313425	282408	304751	299220
中稻和一季晚稻	59462	93478	106709	128938	173464	179474	246971	314375	353668	360198
双季晚稻	263673	258210	331306	376428	403208	392546	286985	261238	279329	271676
②大小麦	3456	1092	153	742	308	88	21	5		
# 小麦	3396	1083	130	422	260	28	21	5		
③甘薯	22080	17223	19647	23651	52371	88599	66536	70738	84410	85246
④马铃薯			2907	4902	13296	25531	20748	27082	34231	36760
⑤杂粮	547	1900	3288	3430	9172	12003	12438	15694	22228	23130
⑥大豆	1660	2244	3619	5172	9183	13334	8542	10793	16127	16861
⑦杂豆					672	2810	4968	3961	4847	4931

8-12 主要年份经济作物总产量及单位播种面积产量

年　份	总产量（吨）				单产（公斤/亩）			
	油料	#花生	甘蔗	烤烟	油料	#花生	甘蔗	烤烟
1978	1609	921	4498	2825	23	68	1612	48
1980	2753	613	6909	4298	28	68	2782	69
1985	2639	1349	13465	21288	48	96	2990	87
1990	4386	2729	14537	22805	62	103	2423	80
1995	13078	9067	21375	26845	102	136	2520	92
1996	14691	9769	20491	29565	107	137	2238	100
1997	15193	10270	18679	42047	114	143	2347	105
1998	15432	11144	18032	27687	114	140	2373	103
1999	19227	14722	20466	28662	129	162	2331	106
2000	24654	20171	22147	31295	137	163	2451	110
2001	25527	21103	26270	36153	140	166	2553	110
2002	27119	23411	30047	36573	151	174	2610	112
2003	24090	20917	25956	35148	150	170	2578	114
2004	20275	17357	19201	34102	151	173	2602	118
2005	17852	15024	14078	32403	154	175	2607	113
2006	15250	12909	11329	32326	150	173	2721	117
2007	14686	13141	13404	32932	159	176	2922	125
2008	15934	14290	15662	33268	164	178	2975	133
2009	17531	15532	14978	36571	163	176	2526	140
2010	19433	16978	14963	35344	167	180	2435	135
2011	20006	17317	16747	37994	170	181	2403	141
2012	20943	18168	19939	38508	176	188	2407	140
2013	22317	19181	24708	41951	181	192	2535	142
2014	24145	20875	26188	41088	192	204	2700	143
2015	25209	21777	29518	38859	196	207	2723	147
2016	26319	22744	30102	40062	201	212	2704	150

8-13 主要年份茶叶、水果产量

单位：吨

项 目	1978年	1980年	1985年	1990年	1995年	2000年	2005年	2010年	2015年	2016年
一、茶叶	**348**	**410**	**1461**	**1795**	**3268**	**4908**	**6362**	**13392**	**21702**	**22882**
#红茶			402	124	163	118	82	222	1572	1561
绿茶			529	742	1503	2633	4164	5310	6748	7120
青茶			462	849	1514	2045	1975	7692	13204	13905
二、水果	**2129**	**3051**	**11087**	**30360**	**113066**	**215995**	**385606**	**337856**	**439618**	**472190**
#柑桔	1292	2012	6867	21758	75603	101374	108639	103147	108813	108807
龙眼			53	20	24	46	247	201	248	273
香蕉			947	1028	2078	2387	10147	12713	15167	17394
橄榄				32	33	71	31	57	63	64
柿			859	1182	6649	33849	64005	28108	75079	88050
桃			438	1432	9833	16130	28976	29080	32606	32145
李			453	1863	6175	16043	22170	20217	32455	33886
柚			53	107	1237	6716	14617	24595	40881	47762
梨		400	680	1279	3734	9926	14620	15425	19728	19399
葡萄				81	340	630	1150	1144	2795	3133
杨梅				997	378	1275	4744	8426	11289	11242
油奈					3198	19073	29442	23544	27408	26414
其它水果	837	639	737	581	3784	8546	86818	71199	73086	83621

8-14 主要年份食用菌生产情况

单位：吨

项　　目	1995 年	2000 年	2005 年	2010 年	2015 年	2016 年
一、食用菌总产量	**6101**	**17815**	**22230**	**33153**	**40066**	**41248**
1、蘑菇	1163	3157	1964	1765	1972	2079
2、香菇	2843	8866	10131	13993	17455	18007
3、白木耳	23	43	30	44	242	124
4、黑木耳	1272	4212	5908	7723	9194	9649
5、金针菇	81	173	461	434	847	900
6、草菇	30	49	436	384	277	264
7、凤尾菇	235	330		1304	1850	1887
8、猴头菇	62	20	47	35	41	33
9、其他菇	392	965	3253	7471	8188	8305
二、食用菌占耕地面积（亩）	**1931**	**4896**	**5106**	**8786**	**8028**	**8738**
三、蘑菇种植面积（平方米）	**319679**	**575902**	**293665**	**208232**	**195492**	**194664**

8-15 主要年份造林面积

单位：亩

项　　目	1978 年	1980 年	1985 年	1990 年	1995 年
一、荒山造林面积	275136	246836	420463	928493	31036
1、用材林	199616	136086	309361	864743	25458
2、经济林	73265	109993	67937	22631	5578
3、防护林			9212		
4、薪炭林			4535		
5、特种用途林					
二、更新造林面积	25170	23234	96584	131692	86878
三、低产低效林改造面积					
四、非规划林地造林面积					
四、封山育林面积			3815423	6006128	6482801
五、零星植树(万株)	43	68	332	578	484
六、育苗面积	3354		2959	6422	698
七、幼林抚育面积	736058	770231	738575	931912	794884
八、成林抚育面积			69749		146092

8-15 主要年份造林面积(续)

单位：亩

项　　目	2000 年	2005 年	2010 年	2015 年	2016 年
一、荒山造林面积	50767	33469	54012	131693	28326
1、用材林	24024	17499	40052	30477	16662
2、经济林	26505	9718	3173	3013	6724
3、防护林	170	4926	10755	98203	4940
4、薪炭林	68	1326			
5、特种用途林			32		
二、更新造林面积	109720	187832	201079	130842	150503
三、低产低效林改造面积			28006		
四、非规划林地造林面积			31490	25933	3104
四、封山育林面积	4699006	2004257	3994154	3463141	3176149
五、零星植树(万株)	594	310	273	533	501
六、育苗面积	467	944	1655	34800	39210
七、幼林抚育面积	402148	460000	563954	1031960	927855
八、成林抚育面积	228302	171300	63180	820124	810010

8–16 主要年份林产品产量

单位：吨

项　　目	1978年	1980年	1985年	1990年	1995年	2000年	2005年	2010年	2015年	2016年
木材采伐量(立方米)	369635	360927	508711	672538	542284	441696	912173	747881	476197	693090
竹材采伐量	342	246	329	601	1836	2337				
毛竹(万根)							2677	5308	7193	7698
篙竹(万根)							2288	3250	4501	4575
小竹材（吨）							32360	65502	175111	181255
油桐籽	405	380	607	519	1603	2375	2948	2349	2994	3075
油茶籽	1040	1449	1882	1403	1948	2052	2866	4233	5958	6063
棕片	179	197	340	350	529	728	851	828	1023	1079
松脂	26659	40030	40693	36904	38183	19553	20546	23352	24172	24416
竹笋干	151	258	872	1594	3140	5819	8936	11635	18270	19459
板栗	26	38	82	115	436	1899	3353	2630	3828	4030
山苍籽				311	402	618	558	526	832	869

8–17 主要年份畜禽产品产量

项　目	单位	1980 年	1985 年	1990 年	1995 年	2000 年	2005 年	2010 年	2015 年	2016 年
一、肉类总产量	吨		48947	78523	155794	249774	417358	432490	479552	487684
1、牛肉	吨	565	709	1402	4050	4554	4002	4514	6259	6801
2、猪肉	吨	23603	44748	68257	134155	208980	318692	378454	378281	374527
3、羊肉	吨	50	12	42	202	401	388	588	965	1189
4、禽肉	吨		2881	7528	14869	31356	34447	40454	83748	94479
5、兔肉	吨		596	1294	2518	4483	6941	7606	9114	9024
6、其他肉产量	吨							874	1185	1664
二、奶类产量	吨		242	156	367	887	2426	641	394	363
三、禽蛋产量	吨		3074	7138	23566	42439	44950	35932	22340	23868
四、蜂蜜产量	吨		310	263	359	324	814	653	1237	1449
五、肉牛出栏	头	6600	6541	13769	38401	44207	38805	45133	56789	60471
肉猪出栏	头	410520	552412	825239	1655173	2948317	4628620	5108555	4897083	4888202
肉羊出栏	头	3352	1002	3306	17195	30411	28770	42700	69047	81875
六、家禽出栏	只		2778500	6305147	12095484	26761461	28664872	32078007	58795546	64991717
七、家兔出栏	只		62500	1057204	2075117	3863869	6038088	6031371	6628946	6450800

8–18 主要年份畜禽存栏数

项　目	单位	1978 年	1980 年	1985 年	1990 年	1995 年	2000 年	2005 年	2010 年	2015 年	2016 年
1、大牲畜存栏	头	111416	110313	134030	166012	203132	217212	150447	146405	132149	130209
#牛存栏	头	111416	110313	134030	166012	203132	217212	150447	146365	132127	130187
2、猪存栏	头	655789	681671	883590	1059939	1496576	2136939	3005199	3389474	3035205	2679409
#能繁殖母猪	头	40250	33642	120804	80221	119539	175333	269682	346216	321810	285541
3、羊存栏	头	11845	12278	3179	5525	44950	38983	34857	47143	77770	78436
4、家禽存栏	只	3079000	5399700	5967600	6212080	8913425	15276915	15679836	15906989	14215143	12720627
5、家兔存栏	只	1014700	1023000	1151000	791464	1442655	2376989	3023726	3095236	3043248	3024955

8-19 主要年份渔业生产情况

单位：吨

项　目	1995年	2000年	2005年	2010年	2015年	2016年
水产品产量	20365	39484	41513	62115	75941	81100
1、鱼　类	19553	37136	39686	60467	73667	78960
青　鱼	69	259	332	1026	803	1034
草　鱼	8290	15365	13813	24948	32431	34790
鲤　鱼	1645	5393	6562	8522	9774	10164
鲫　鱼	348	1632	1992	2247	3257	3634
罗非鱼	2009	2422	1491	1372	1417	1524
淡水鳗	945	2960	3541	3046	2197	2364
其　他	6247	9105	11955	19306	23788	25450
2、虾蟹类	130	881	597	697	677	699
3、贝　类	308	917	1029	725	544	566
4、其　他	374	550	202	226	1053	875

8-20　农业机械拥有量

（2008-2016年）

项　　目	单位	2008年	2009年	2010年	2011年	2012年	2013年	2014年	2015年	2016年
农业机械总动力	千瓦	960138	1008718	1042859	1086771	1101473	1154496	1190593	1177340	987215
（一）拖拉机及配套机械	千瓦	113960	148395	149026	154568	163888	174105	177766	182395	180949
#大中型拖拉机	台	27	29	27	31	28	38	45	56	115
小型拖拉机	台	11368	13883	14107	14607	15376	16340	16561	16933	16667
（二）种植业机械	千瓦	88753	118999	152799	186035	213475	260020	281332	307634	336421
1、耕整地及种植机械	千瓦	13085	27278	46744	61363	77372	103991	117607	128803	140997
2、种植施肥机械	千瓦	178	699	2380	3145	3652	3941	3904	4511	8454
3、农用排灌机械	千瓦	34075	37096	40414	42075	44466	56089	56883	57747	60239
#柴油机	台	1336	1522	1950	2176	2220	3872	3921	3960	3713
电动机	台	4964	4838	5193	5144	6017	6324	6388	6656	6499
农用水泵	台	6612	7015	9002	10112	9982	12336	12248	12365	11837
4、田间管理机械	千瓦	3617	6069	7360	13429	15476	16150	17473	19889	21645
5、收获机械	千瓦	5816	11596	12177	19192	21578	23603	24333	33406	44010
#联合收割机	台	264	368	387	458	519	630	686	820	1119
其它收割机械	台	154	182	293	903	1224	1239	1184	1189	872
6、收获后处理机械	千瓦	31878	36157	43724	46831	50931	56114	60487	62819	60356
7、设施农业机械	千瓦	104	104				132	645	460	720
（三）农产品初加工机械	千瓦	147776	157243	162386	174993	173652	174190	182845	185167	176077
（四）畜牧养殖机械	千瓦	48333	51047	53530	54160	54447	54569	55395	55884	53718
（五）渔业机械	千瓦	3902	4253	5414	5496	6115	5523	5631	5974	7020
（六）林果业机械	千瓦	1228	3152	3288	3312	3591	4938	5095	5242	6081
（七）运输机械	千瓦	424194	384589	385563	372089	350492	343354	342430	296088	88806
（八）农田基本建设机械	千瓦	131992	141040	130853	136054	135749	137759	140073	138854	137711
（九）其它机械	千瓦				64	64	38	26	102	432

8-21 农业

（2005-2016年）

项　　目	单位	2005年	2006年	2007年	2008年
一、农村基层组织情况					
乡镇个数	个	122	122	122	122
其中：镇个数	个	58	58	58	58
村委会数	个	1783	1783	1783	1783
二、乡村人口与从业人员					
乡村户数	户	606272	611447	610537	627402
乡村人口数	人	2460532	2432462	2380188	2403128
乡村劳动力资源数	人	1376244	1368440	1347019	1400087
乡村从业人员数	人	1254073	1247351	1228217	1259235
# 男	人	646271	639077	625525	648791
女	人	607802	608273	602692	610444
三、农业主要能源及物耗					
1. 农村用电量	万千瓦时	103908	111874	118726	132865
2. 农用化肥施用量（折纯量）	吨	100254	105226	109151	113317
氮肥	吨	43853	44466	44637	45351
磷肥	吨	15473	15747	15865	16754
钾肥	吨	15299	17216	18961	20308
复合肥	吨	25629	27797	29688	30904
3. 农用塑料薄膜使用量	吨	2781	3028	3245	3552
4. 农用柴油使用量	吨	11712	11882	11933	12258
5. 农药使用量	吨	5439	5573	5651	6068

生产条件

2009年	2010年	2011年	2012年	2013年	2014年	2015年	2016年
122	122	122	122	122	122	121	121
58	59	62	67	71	80	83	83
1783	1783	1781	1781	1780	1780	1783	1783
645534	662184	676683	686146	697080	715109	723682	723192
2431247	2436182	2450984	2476461	2498609	2545069	2575496	2576987
1438074	1456932	1460756	1476195	1485466	1525430	1537190	1544140
1286316	1305624	1309230	1320281	1326678	1347165	1350239	1354359
663639	673236	687536	693094	690382	701912	704456	706130
622677	632388	621694	627187	636296	645253	645783	648229
142919	150383	149793	168802	176649	179797	178393	184190
114799	113141	113494	111450	110994	113123	115867	116892
45727	44420	43730	42714	41990	42517	43225	43508
16903	16561	16746	16260	16576	16342	16674	16618
20530	20432	20946	20491	20467	20707	21303	21549
31639	31728	32072	31985	31961	33557	34665	35217
3616	3608	3654	3791	4035	4286	4405	4462
12474	12867	13089	13010	13027	12574	12676	12686
6162	6148	6120	6025	5918	5680	5610	5635

主要统计指标解释

乡村户数：指长期 (一年以上) 居住在乡镇 (不包括城关镇) 行政管理区域内的住户，还包括居住在城关镇所辖行政村范围内的农村住户。户口不在本地而在本地居住一年及以上的住户也包括在本地农村住户内；有本地户口，但举家外出谋生一年以上的住户，无论是否保留承包耕地都不包括在本地农村住户范围内。不包括乡村地区内的国有经济的机关、团体、学校、企业、事业单位的集体户。

乡村人口数：指乡村地区常住居民户数中的常住人口数，即经常在家或在家居住 6 个月以上，而且经济和生活与本户连成一体的人口。外出从业人员在外居住时间虽然在 6 个月以上，但收入主要带回家中，经济与本户连为一体，仍视为家庭常住人口；在家居住，生活和本户连成一体的国家职工、退休人员也为家庭常住人口。但是现役军人、中专及以上 (走读生除外) 的在校学生、以及常年在外 (不包括探亲、看病等) 且已有稳定的职业与居住场所的外出从业人员，不应当作家庭常住人口。

乡村劳动力资源数：指乡村人口中劳动年龄以上 (16 周岁) 能够参加生产经营活动的人员。

乡村从业人员：指乡村人口中 16 岁以上实际参加生产经营活动并取得实物或货币收入的人员，既包括劳动年龄内经常参加劳动的人员，也包括超过劳动年龄但经常参加劳动的人员。但不包括户口在家的在外学生、现役军人和丧失劳动能力的人，也不包括待业人员和家务劳动者。

农林牧渔业产值：指以货币表现的农林牧渔业的全部产品总量和对农林牧渔业生产活动进行的各种支持性服务活动的价值。

农林牧渔业增加值：指农、林、牧、渔及农林牧渔服务业生产货物或提供服务活动而增加的价值，为农林牧渔业现价总产值扣除农林牧渔业现价中间投入后的余额。它反映了农林牧渔业生产经营活动的最终成果，即农林牧渔业生产单位对社会所作的贡献。

农业发展速度的概念：农业发展速度的实质是综合反映农林牧渔业生产成果的动态变化，计算农业发展速度时应扣除价格水平变动因素。农业发展速度按类缩减，加总求和的方法计算。即对报告期分类现价产值 (增加值), 以相应类别农产品生产价格指数（农产品生产价格缩减指数）进行缩减，得到按可比价计算的分类产值（增加值）。然后加总得出本地区可比价农林牧渔业总产值（增加值）总量，并按上述方法分别计算出报告期的农业发展速度。

第九篇 工 业

Gong ye

供稿人：廖 芳 林 专 陈汉锐 周兴鑫 邱宜均 罗晓霞

9-1　历年全部工业总产值及指数

单位：万元

年　　份	工业总产值	工业总产值指数	
		以上年为 100	以 1949 年为 100
1949	1289	100	100
1950	1497	116.07	116.07
1951	1739	116.15	134.81
1952	2250	129.39	174.43
1953	2697	119.87	209.10
1954	3580	132.74	277.56
1955	3552	99.20	275.33
1956	3751	105.62	290.79
1957	5021	132.49	385.29
1958	10247	204.08	786.30
1959	12521	122.19	960.77
1960	11018	95.18	914.49
1961	4928	44.71	408.88
1962	4446	83.46	341.28
1963	4715	106.01	361.78
1964	4938	113.27	409.78
1965	6499	121.69	498.67
1966	8301	127.73	636.96
1967	7679	92.49	589.14
1968	5793	75.47	444.59
1969	9095	156.95	697.81
1970	10780	118.55	827.22
1971	15728	128.63	1064.04
1972	19170	121.98	1297.91
1973	23454	122.29	1587.27
1974	25289	107.36	1704.17
1975	26158	103.91	1770.84
1976	27704	105.37	1865.91
1977	33375	118.03	2202.30
1978	38358	117.82	2594.82
1979	42349	105.52	2737.93
1980	47991	109.06	2985.98
1981	52468	105.24	3142.57
1982	59187	109.73	3448.26

9-1 历年全部工业总产值及指数（续）

单位：万元

年　　份	工业总产值	工业总产值指数	
		以上年为 100	以 1949 年为 100
1983	61025	102.24	3525.60
1984	78182	122.98	4335.63
1985	112408	139.77	6060.01
1986	140729	113.71	6890.54
1987	194697	119.65	8244.88
1988	252666	119.15	9823.48
1989	303874	110.87	10891.41
1990	316362	106.04	11548.90
1991	374376	114.24	13193.24
1992	490314	126.11	16637.79
1993	790034	133.34	22185.36
1994	1087710	130.45	28940.38
1995	1111978	96.38	27891.58
1996	1325022	119.75	33399.78
1997	1557764	118.22	39484.18
1998	1687929	112.20	44301.26
1999	1933186	113.93	50474.41
2000	1971192	111.89	56475.82
2001	2170361	110.03	62140.34
2002	2539508	112.90	70156.44
2003	2628456	115.20	80820.22
2004	3259552	115.70	93509
2005	3872044	115.10	107628.9
2006	4833363	123.20	132598.8
2007	6394869	130.50	173041.4
2008	8145244	121.00	209380.10
2009	9476535	120.40	252093.60
2010	12785998	127.30	320915.15
2011	17431002	119.70	384135.44
2012	13732052	115.38	443213.35
2013	15966348	114.43	507156.98
2014	18411144	112.70	571565.91
2015	19868589	108.70	621292.14
2016	22359703	107.60	668510.34

注：1995 年起工业总产值按新规定计算；1998 年工业总产值不包括附营工业产值。

9–2 主要年份全部工业总产值

单位：万元

项 目	1995 年	2000 年	2005 年	2010 年	2012 年	2013 年	2014 年	2015 年	2016 年
全部工业	**1111978**	**1971192**	**3872044**	**12785998**	**13981752**	**16321048**	**18411144**	**19868589**	**22359703**
一、“规模以上”工业	**838635**	**1009200**	**2945744**	**11773398**	**12665152**	**14884348**	**16823144**	**18569089**	**20782114**
1、按轻重工业分									
轻工业	258107	381843	895315	3645294	4188107	4736718	5419670	5936770	6472688
重工业	580528	627357	2050429	8128105	8477045	10147630	11403474	12632319	14309426
2、按经济类型分									
国有经济	460024	563285	827642	1460435	1872318	1383928	1514404	130843	106752
集体经济	239380	99781	186856	357264	195481	138925	125901	143896	156597
其他经济	139230	346134	1931246	9955699	10597353	13361495	15182840	18294350	20518765
#外商投资企业	112437	119477	123839	1135744	962916	1210306	1248630	1126587	1222457
3、按企业规模分									
大型企业	93099	296319	205964	970495	3225866	4294937	3219948	5628521	5068566
中型企业	122757	242279	1316312	4238157	3377231	4152138	6145583	4406761	4505357
小型企业	622780	470602	1423467	6564747	5609158	6312397	7210926	8193139	10776040
微型企业					452897	124875	246687	340667	432151
二、“规模以下”工业	**273344**	**961992**	**926300**	**1012600**	**1316600**	**1436700**	**1588000**	**1299500**	**1577589**

注：本表按当年价格计算。1995 年起工业总产值按新口径统计；1997 年以前“规模以上”工业指乡及乡以上工业，“规模以下”工业指村及村以下工业。1998–2011 年“规模以上”年主营业务收入 500 万元及以上的法人工业企业，“规模以下”工业指主营业务收入 500 万元以下的法人工业企业。2012 年起，“规模以上”工业指年主营业务收入 2000 万元以上的法人工业企业，“规模以下”工业指主营业务收入 2000 万元以下的法人工业企业和个体单位。

9-3 规模以上工业增加值

（2010–2016 年）

单位：万元

项　　目	按当年价格计算							2016 年比2015 年增长（%）
	2010 年	2011 年	2012 年	2013 年	2014 年	2015 年	2016 年	
工业增加值	**4484634**	**5780071**	**4364856**	**4635481**	**5380630**	**5069508**	**5324630**	**7.4**
在总计中：国有控股	1672239	2122611	2064253	2037619	2212065	2037489	1936019	-18.3
在总计中：农村工业	138197	131400	71727	49379	47663	48746	53680	
按登记注册类型分								
内资企业	3802841	5051478	3835487	3995952	4682382	4554085	4757867	
国有企业	963572	1201265	1240372	1150103	1286943	58459	46895	-3.5
集体企业	205119	252023	113670	74671	70526	67373	66132	16.1
股份合作企业	73047	24913	20784	16614	13849	16071	15650	4.8
联营企业	6398	5822	1282	1899			2099	
有限责任公司	745318	1145288	836330	1143117	1433079	2539419	2632214	
股份有限公司	566550	708084	660329	543732	538494	539179	509387	
私营企业	1242538	1699719	943850	1059716	1336975	1329614	1477984	
其他企业	299	14364	18870	6102	2517	3971	7506	
港澳台投资企业	393720	477610	330898	376170	418305	323097	326871	
外商投资企业	288073	250983	198471	263360	279943	192325	239892	
按企业规模分								
大型企业	520377	1861223	1787453	1778840	1787878	1816432	1778350	
中型企业	1730420	1401786	942678	1158951	1451944	1105941	1084024	
小型企业	2233837	2444461	1520481	1663929	2073306	2051824	2350668	
微型企业		72601	114244	33761	67501	95310	111588	

注：2012 年起规模以上工业指年主营业务收入(产品销售收入)2000 万元及以上的法人工业企业。

9-4 规模以上企业数及轻重工业总产值

（1978–2016 年）

单位：万元

年 份	规模以上企业数（个）	# 亿元企业数（个）	按当年价格计算			工业总产值指数	
			合计	轻工业	重工业	以 1978 年为 100	以上年为 100
1978			38358	16572	21786	100	100
1979			42349	19257	23092	105.52	105.52
1980			47991	22415	25576	115.07	109.06
1981			52468	24183	28285	121.11	105.24
1982			59187	29084	30103	132.89	109.73
1983			61025	27766	33259	135.87	102.24
1984			78182	38239	39943	167.09	122.98
1985			98760	47068	51692	200.78	120.17
1986			119717	52471	67246	222.75	110.94
1987			157792	62307	95485	266.64	119.70
1988			217224	84262	132962	312.86	117.33
1989			259498	101554	157944	340.23	108.75
1990			268002	106628	161374	372.39	109.45
1991			312782	124747	188035	421.45	113.18
1992			403079	153507	249572	521.75	123.80
1993			609484	184892	424592	629.11	120.58
1994			773083	226342	546741	746.49	118.66
1995			838635	258107	580528	794.27	106.40
1996			931258	279286	651972	861.53	108.47
1997			1004182	317812	686370	958.20	111.22
1998	365		849007	277297	571709	777.87	81.18
1999	355		937403	316695	620709	870.75	111.94
2000	352		1009200	381843	627357	957.03	109.91
2001	343		1111461	437271	674190	1052.64	109.99
2002	352		1396408	599302	797106	1220.31	115.93
2003	369	19	1625356	628801	996556	1466.81	120.20
2004	481	31	2276052	740621	1535430	1768.97	120.60
2005	644	43	2945744	895315	2050429	2165.22	122.40
2006	809	60	3884663	1112830	2771833	2775.81	128.20
2007	976	100	5380269	1524638	3855632	3758.45	135.40
2008	1142	134	7161244	2046667	5114577	4626.65	123.10
2009	1257	159	8456135	2634508	5821628	5639.89	121.90
2010	1399	221	11773398	3645294	8128105	7292.38	129.30
2011	1405	322	16381102	4833400	11547702	8765.44	120.20
2012	965	244	12665152	4188107	8477045	10159.14	115.90
2013	987	285	14884348	4736718	10147630	11662.69	114.80
2014	1034	319	16823144	5419670	11403474	13155.51	112.80
2015	1095	347	18569089	5936770	12632319	14313.19	108.80
2016	1205	400	20782114	6472688	14309426	15386.68	107.50

注：1997 年以前为“乡及乡以上”工业统计口径；1998 年以后为“规模以上”工业统计口径。2012 年起规模以上工业企业指年主营业务收入 2000 万元及以上的法人工业企业。

9–5　主要年份工业产品产量

品　　名	单位	1990 年	1995 年	2000 年	2005 年	2010 年	2015 年	2016 年
原煤	万吨	435.65	577.85	230.08	779.55	1536.59	927	852
铁矿石原矿量	吨	1070500	1183124	1161927	1417395	2692074	5191958	5361758
锰矿石成品矿	吨	78800	51736	21927				
发电量	万千瓦时	179215	365511	441379	689138	1008102	850691	937955
#火电	万千瓦时	109960	253943	268362	360053	497088	526144	352994
自来水生产量	万吨	3607	4022	4042		4374	5251	4197
饲料	吨	90812	49778	9786	146554	722286	1349780	1328559
罐头	吨	1928	3183		870	9231	959	1054
啤酒	千升	7056	48820	32168	13160	13960		
复烤烟叶	吨		12415					
卷烟	箱	310100	342205	485000	614987	874543	998252	882192
纱	吨	4570	7963	11410	26172	91525	196905	223073
布	万米	1335	1197	1335	1581	9824	27576	27665
人造板	立方米	17247	73942	31590	323940	699537	841477	891346
机制纸及纸板	吨	30928	52635	87305	105179	81092	37752	35939
硫酸（折 100%）	吨	28154	51996	53325	89622	107303	1004812	1041337
烧碱（折 100%）	吨	6526	10608	17625	36295	40763	73384	78398
载货汽车	辆	2981	16437	13595	4655	1485		
合成氨	吨	67563	92694	108173	111892	131467	29634	37474
化肥（折纯）	吨	56129	72569	70206	80533	84449	222003	172994
涂料	吨	3694	5707	4967	11515	40339	58936	56055
松香	吨	27549	24944	3534				
塑料制品	吨	3339	15178	3796	5406	25511	152631	181463
水泥	万吨	137.00	558.63	646.62	1200.28	2926	3591	3732
生铁	吨	112797	223051	189334	292162	474909		
钢材	吨	4080	4113		3795	44885	216922	260059
铁合金	吨	13067	15886	10637	23278	106323	85644	79194
黄金	千克		91	4018	11480	24281	71235	76824
改装汽车	辆		494	40	679	4636	8282	7399
粗钢	吨				215436	311615	1209	

9-6 规模以上工业企业主要财务指标

（1978-2016 年）

单位：万元

年份	固定资产原值				固定资产净值			
	合计	国有经济	集体经济	其他经济	合计	国有经济	集体经济	其他经济
1978	43372	41166	2206		35097	33332	1765	
1979	49411	45564	3847		33803	30730	3073	
1980	47082	42384	4698		33728	30012	3716	
1981	50871	44614	6257		36484	31483	5001	
1982	58173	49820	8353		41625	34903	6722	
1983	62668	53545	9123		44409	37302	7107	
1984	67640	57591	10049		47291	39574	7717	
1985	82699	71004	11695		56184	47285	8899	
1986	92567	78324	14243		65009	54382	10627	
1987	137990	117967	19728	295	102046	86724	15049	273
1988	163264	131587	29196	2481	121996	96683	23005	2308
1989	184157	143443	37128	3586	137483	105329	28870	3284
1990	211438	163354	42817	5267	155788	119288	31733	4767
1991	242082	191710	45143	5229	176598	139189	32908	4501
1992	270354	211452	50971	7931	187701	144864	36156	6681
1993	356970	249277	86248	21445	243592	163996	61718	17878
1994	581680	348801	129046	103833	375372	209587	102521	63264
1995	768367	479985	169492	118890	514458	287796	129272	97390
1996	918025	536128	195594	186303	646475	380891	150177	115407
1997	1013370	576816	223307	213247	715649	383848	162827	168975
1998	1039233	528282	127067	383884	754128	355275	91430	307423
1999	1118556	566139	132917	419500	780067	377995	91467	310605
2000	1238185	638751	113269	486165	842768	424442	78254	340072
2001	1609356	680570	92731	836055	1144282	452282	59887	632113
2002	1759013	762345	91567	905101	1224494	512466	56568	655460
2003	1799972	656650	83177	1060145	1227159	434329	49260	743570
2004	1799576	426976	88224	1284376	1190163	250625	52499	887039
2005	2123947	407564	107278	1609105	1421920	227871	66578	1127471
2006	2509736	364405	115728	2029603	1690418	191803	68850	1429765
2007	2894826	383393	125664	2385768	1956316	198315	72732	1685270
2008	3327995	381415	107187	2839394	2268167	189064	59207	2019895
2009	3770358	428258	97353	3244747	2574601	217689	57536	2299376
2010	4784422	834838	97365	3852219	3331046	488155	58222	2784669
2011	5672441	1144641	76159	4451641	3961759	726231	42139	3193389
2012	6431167	1227497	46841	5156829	4600141	783146	26780	3790215
2013	7352164	501319	40735	6810110	5191957	270858	21672	4899427
2014	7677367	493240	30904	7153223	5158792	248264	18226	4892302
2015	8150011	250196	34606	7865209	5234999	190662	24716	5019621
2016	8542214	271091	38117	8233006	5299260	188604	29479	5081178

注：固定资产净值 1992 年以前为年末数，1992 年起为平均数，1998 年以后统计口径为规模以上工业。2012 年起规模以上工业企业指年主营业务收入 2000 万元及以上的法人工业企业。

9-6 规模以上工业企业主要财务指标（续 1）

（1978-2016 年）

单位：万元

年份	流动资产年平均余额				主营业务收入			
	合计	国有经济	集体经济	其他经济	合计	国有经济	集体经济	其他经济
1978								
1979	16248	14672	1576		36447	31707	4740	
1980	13238	11580	1658		43432	37507	5925	
1981	13876	11851	2025		46686	40060	6626	
1982	16359	14042	2317		53070	45972	7098	
1983	18523	15402	3121		58759	50546	8213	
1984	18544	15730	2814		72034	62937	9097	
1985	24692	21279	3413		91020	78407	12613	
1986	29159	24974	4185		111343	94181	17162	
1987	32788	27140	5485	163	155164	131459	23346	359
1988	73591	59449	13418	725	207729	171609	34703	1417
1989	98832	78801	18282	1749	240842	197695	41198	1949
1990	118242	94546	21089	2608	250819	205482	41184	4153
1991	145522	117974	24597	2951	304752	250056	50535	4161
1992	172477	138411	29891	4175	386060	312382	64665	9013
1993	256521	201956	44803	9762	612386	464881	123290	24215
1994	356680	236768	71036	48876	682791	440032	174997	67762
1995	428726	271403	89915	67408	792047	437487	218981	135579
1996	481530	281221	99640	100669	877588	460992	241635	174961
1997	529694	293031	114486	122178	923939	462080	272916	188973
1998	484124	241671	64008	178445	841767	437349	126314	278104
1999	567888	281016	72476	214396	923444	492849	119346	311249
2000	654274	357676	62484	234114	994149	575390	94315	324444
2001	722932	363628	55529	303775	1119362	578514	82388	458460
2002	772457	386722	56473	329262	1386208	641049	87100	658059
2003	870569	324600	66544	479425	1610924	614119	105113	891692
2004	1103445	302174	63604	737667	2098403	657085	123507	1317811
2005	1311341	324888	80045	906408	2751810	719973	184537	1847300
2006	1583830	330753	90441	1162636	3667460	724179	253305	2689976
2007	2233075	414586	103337	1715152	5140326	910359	325023	3904945
2008	3078030	496883	84799	2496348	6852221	1010512	335993	5505716
2009	3718225	553912	84204	3080109	8090540	1072706	314507	6703327
2010	4674275	603476	69522	4001277	11484898	1425126	355595	9704177
2011	5642194	691265	68513	4882416	16089634	1862743	452610	13774281
2012	6671518	702615	50983	5917920	13525030	1865406	194931	11464693
2013	7482667	698759	42069	6741839	15137536	1345316	138164	13654056
2014	7951636	773352	30011	7148274	16777173	1398375	128706	15250092
2015	8628077	434913	18148	8175016	18150384	132085	143691	17874608
2016	9153951	25056	15069	9113826	20114181	106700	156683	19850798

注：1988 年以前流动资产平均余额指定额流动资产年平均余额。

9–6 规模以上工业企业主要财务指标（续 2）

（1978–2016 年）

单位：万元

年 份	利税总额				利润总额			
	合 计	国有经济	集体经济	其他经济	合计	国有经济	集体经济	其他经济
1978	8806	7879	927		3316	2624	692	
1979	9498	8567	931		3794	3079	715	
1980	10849	9894	955		4513	3812	701	
1981	11143	10301	842		4220	3729	491	
1982	11361	10533	828		3683	3187	496	
1983	12938	12027	911		5056	4496	560	
1984	17824	16691	1133		6627	5893	734	
1985	24219	22497	1722		8545	7517	1028	
1986	28925	26604	2321		9883	8609	1274	
1987	40696	37801	2845	50	16330	14837	1463	30
1988	50236	45640	4594	2	19670	17212	2529	–71
1989	53365	48850	4319	196	16207	14446	1679	82
1990	49452	45926	3189	337	8484	8070	378	36
1991	56669	51905	4345	419	9712	8683	1016	13
1992	77581	68522	7345	1714	24554	20631	2986	937
1993	117380	94313	18932	4135	46376	35966	8379	2031
1994	122784	96216	17997	8571	18443	18054	–1697	2086
1995	111919	91327	15612	4980	8161	14126	–2739	–3226
1996	119767	83345	16714	19708	1751	–2485	–3566	7802
1997	142257	111254	20120	10883	10881	12759	542	–2421
1998	166347	137280	6314	22753	23340	22237	–2720	3823
1999	206853	164547	6882	35424	41260	30750	–2804	13314
2000	237686	188069	6978	42639	48451	29380	–614	19685
2001	286723	224029	5364	57330	66986	41176	–465	26275
2002	345920	254773	6984	84163	97909	52036	141	45732
2003	426751	273817	13185	139749	144303	50908	4596	88799
2004	543934	341038	15818	187078	217055	89474	5547	122034
2005	671505	377670	16160	277675	285060	94313	4067	186680
2006	982081	418294	31737	532050	505855	102135	13172	390548
2007	1452019	567104	62733	822183	810865	159705	34405	616755
2008	1565423	653638	64818	846967	833411	186373	37030	610008
2009	1711305	657847	64478	988980	881436	125394	35238	720804
2010	2432520	844591	76323	1511606	1365152	159590	45985	1159577
2011	2791552	958705	89973	1742874	1531832	119455	54037	1358340
2012	2629390	1047116	43338	1538936	1336520	139999	25883	1170638
2013	2522417	1039870	35076	1447471	1132592	124227	20625	987740
2014	2669809	1087410	29227	1553172	1128797	120353	16056	992389
2015	2492963	1687	26189	2465088	900480	–7075	13937	893618
2016	2253182	–8010	21631	2239560	718769	–18180	12919	724030

9-6 规模以上工业企业主要财务指标（续3）

（1978-2016年）　　单位：万元

年　份	工业增加值（当年价格）				工业总产值（当年价格）			
	合计	国有经济	集体经济	其他经济	合计	国有经济	集体经济	其他经济
1978	16618	14081	2537		36132	30750	5382	
1979	18556	15549	3007		39226	33186	6040	
1980	22070	19006	3064		44377	37899	6478	
1981	22173	19008	3165		48111	40607	7504	
1982	20769	17479	3290		53176	45244	7932	
1983	26219	22626	3593		57038	48676	8362	
1984	35051	30796	4255		71944	62128	9816	
1985	41707	36163	5544		91070	78246	12824	
1986	51453	44305	7148		113763	95652	18111	
1987	66120	56393	9586	141	153044	127739	24914	391
1988	87721	73600	13663	458	208576	170129	36816	1631
1989	100044	83240	16087	717	248979	200821	45772	2386
1990	104116	87407	15503	1206	257177	207678	45505	3993
1991	115955	96331	18120	1504	299047	240195	53917	4935
1992	144546	119288	21919	3339	387775	309426	68322	10027
1993	229713	171962	46384	11367	599349	444622	127226	27501
1994	229344	164015	43551	21778	757153	480151	195660	81342
1995	258044	180341	52190	25513	810940	441885	230091	138964
1996	321880	192039	77734	52107	905618	448905	272122	184591
1997	370281	211029	89716	69535	971163	463546	302644	204973
1998	344422	229971	33080	81371	849007	422402	130689	295916
1999	375851	249426	29805	96620	937403	482123	127331	327949
2000	409728	263994	27088	118646	1009200	563285	99781	346134
2001	469307	276966	22396	169945	1111461	521107	88242	502112
2002	602359	353522	30675	218162	1396408	622995	96994	676419
2003	721796	356948	37631	327217	1625356	585138	112126	928092
2004	974429	444382	41977	488070	2276052	763480	127751	1384821
2005	1203427	486065	65286	652076	2945744	827642	186856	1931246
2006	1634563	547916	93486	993161	3884663	859103	251798	2773762
2007	2291054	692154	130199	1468701	5380269	1050080	326292	4003897
2008	2709296	677324	162558	1869414	7161244	1185427	336042	5639775
2009	3225527	807987	158130	2259410	8456135	1273182	320167	6862786
2010	4484634	963572	205119	3315943	11773398	1460435	357264	9955699
2011	5780071	1201265	252023	4326783	16381102	1920915	454649	14005538
2012	4364856	1240372	113670	3010814	12665152	1872318	195481	10597353
2013	4635481	1150103	74671	3410707	14884348	1383928	138925	13361495
2014	5380630	1286943	70526	4023161	16823144	1514404	125901	15182840
2015	5069508	58459	67373	4943676	18569089	130843	143896	18294350
2016	5324630	46895	66132	5211603	20782114	106752	156597	20518765

注：本表工业增加值为根据成本费用调查初步核算数。

9-7 主要年份规模以上工业企业经济效益指标

单位：%

项 目	1990 年	1995 年	2000 年	2005 年	2010 年	2015 年	2016 年
1、固定资产产值率	**121.63**	**105.54**	**81.51**	**138.69**	**246.08**	**313.49**	**376.44**
# 轻工业	245.04	176.23	151.52	217.37	380.50	579.53	670.71
重工业	92.10	90.05	63.61	119.76	212.42	257.86	314.1
# 国有工业	127.13	92.06	88.19	203.07	174.94	65.57	54.02
集体工业	106.28	135.75	88.09	174.18	366.93	571.32	530.08
2、销售收入利税率	**19.72**	**14.13**	**23.92**	**24.4**	**21.18**	**13.74**	**11.2**
# 轻工业	28.91	26.40	45.67	40.98	28.43	25.28	21.74
重工业	13.95	9.01	11.02	16.75	17.94	8.37	6.42
# 国有工业	22.35	20.88	32.69	52.46	59.26	1.28	-7.51
集体工业	7.74	7.13	7.4	8.76	21.46	18.23	13.81

注：1995 年始固定资产产值率按当年价新规定总产值计算；1998 年以后为规模以上工业数据。2012 年起规模以上工业企业指年主营业务收入 2000 万元及以上的法人工业企业。

9–8 规模以上工业企业主要经济效益指标

（2016 年）　　　　单位：%

项　　目	企　业亏损面	资　产负债率	销售收入利税率	固定资产产 值 率	成本费用利润率	产销率
总　　计	**6.39**	**55.38**	**11.20**	**376.44**	**3.86**	**97.52**
一、按隶属关系分组						
中央企业	100.00	68.21	–41.58	22.22	–36.60	100.00
地方企业		49.32	14.08	575.65	5.26	99.97
二、按轻重工业分组						
轻工业	4.16	39.41	21.74	670.71	5.89	98.31
重工业	7.87	58.99	6.42	314.10	3.06	97.16
三、按企业规模分组						
大型企业	22.22	59.72	25.12	503.00	2.99	98.76
中型企业	18.56	56.19	5.80	178.66	1.89	96.06
小型企业	4.79	47.62	6.86	549.45	5.03	97.49
微型企业	10.53	51.21	6.97	1432.63	4.78	98.69
四、按工业行业大类分组						
（一）采矿业	8.87	53.00	10.91	177.09	3.49	99.76
煤炭开采和洗选业	8.33	54.97	7.57	197.34	–0.43	100.60
黑色金属矿采选业	10.00	54.69	8.15	88.87	3.56	98.79
有色金属矿采选业	20.00	55.60	10.28	243.47	4.85	98.49
非金属矿采选业	7.41	36.28	21.91	556.56	14.31	99.15
（二）制造业	5.81	54.93	10.99	517.66	3.61	97.23
农副食品加工业	2.38	44.35	3.70	785.09	2.49	99.38
食品制造业	4.08	41.02	6.66	737.07	5.43	99.20
酒、饮料和精制茶制造业		34.42	8.24	663.47	7.72	92.93
烟草制品业	50.00	29.67	79.40	466.66	13.79	101.91
纺织业	12.00	51.38	7.18	528.92	5.14	96.36
纺织服装、服饰业	1.39	40.42	9.76	1203.23	7.48	96.75
皮革、毛皮、羽毛及其制品和制鞋业		22.65	6.69	652.92	4.90	93.37
木材加工和木、竹、藤、棕、草制品业	1.39	40.92	6.01	923.59	4.28	93.59
家具制造业	4.17	48.24	8.11	1383.62	4.89	96.98
造纸和纸制品业	8.33	50.41	5.18	504.38	2.85	97.66
印刷和记录媒介复制业		25.29	15.77	943.83	13.20	100.06
文教、工美、体育和娱乐用品制造业	8.82	42.10	5.72	927.34	4.32	98.30
石油加工、炼焦和核燃料加工业	20.00	41.07	8.41	637.46	6.89	99.94
化学原料和化学制品制造业	9.30	57.60	4.41	255.16	2.63	96.33
医药制造业		24.61	9.11	1046.49	7.45	93.77
化学纤维制造业		39.51	1.26	653.59	1.31	96.74
橡胶和塑料制品业	3.85	58.02	4.85	745.40	3.69	91.46
非金属矿物制品业	11.59	61.74	4.18	248.08	1.63	96.22
黑色金属冶炼和压延加工业	16.67	41.41	4.08	429.83	2.49	98.87
有色金属冶炼和压延加工业	17.86	61.40	3.10	564.67	0.03	100.36
金属制品业	2.33	42.29	9.42	1028.03	6.82	96.92
通用设备制造业		27.02	7.08	745.97	5.40	97.69
专用设备制造业		63.33	10.92	1403.75	7.57	92.87
汽车制造业	6.98	60.29	5.49	340.55	2.26	87.63
铁路、船舶、航空航天和其他运输设备制造业		46.87	7.41	279.98	2.81	73.77
电气机械和器材制造业	13.79	50.90	6.64	1041.32	5.21	99.01
计算机、通信和其他电子设备制造业	3.13	51.76	9.69	587.27	8.68	95.76
仪器仪表制造业		19.11	10.65	518.79	9.98	118.39
其他制造业		27.66	8.34	1152.59	5.16	100.00
废弃资源综合利用业		40.48	1.69	4545.76	1.23	99.06
（三）电力、燃气及水的生产和供应业	16.13	61.89	15.08	82.42	8.67	99.98
电力、热力生产和供应业	14.29	61.75	15.10	83.33	8.67	99.98
燃气生产和供应业		89.73	15.43	30.01	15.92	100.00
水的生产和供应业	50.00	58.85	13.41	45.62	7.68	100.00

9-9 规模以上国有控股工业企业主要经济效益指标

（2016 年） 单位：%

甲栏分组	企业亏损面	资产负债率	销售收入利税率	固定资产产值率	成本费用利润率	产品销售率
总计	**32.1**	**57.04**	**33.41**	**136.49**	**1.22**	**99.50**
一、按隶属关系分组						
中央企业	100.0	68.21	-41.58	22.22	-36.6	100
地方企业	0.0	49.32	14.08	575.65	5.26	99.97
二、按轻重工业分组						
轻工业	50.0	32.82	75.43	461.63	12.46	101.72
重工业	28.9	60.61	7.94	95.91	-1.95	98.17
三、按企业规模分组						
大型企业	50.0	56.17	49.73	302.83	-0.43	101.83
中型企业	45.5	61.31	2.52	74.31	-3.91	94.98
小型企业	9.1	50.52	33.76	77.17	31.49	100.14
微型企业	60.0	49.96	4.84	14053.36	-0.28	98.26
四、按工业行业大类分组						
煤炭开采和洗选业	42.9	60.50	-14.34	116.11	-20.21	102.19
黑色金属矿采选业	0.0	57.79	21.69	25.36	7.38	100.71
有色金属矿采选业	25.0	55.47	12.12	197.21	5.84	98.89
非金属矿采选业	33.3	40.87	37.02	269.60	31.72	102.09
农副食品加工业	50.0	53.48	3.81	2591.48	3.82	98.59
烟草制品业	50.0	29.67	79.40	466.66	13.79	101.91
造纸和纸制品业	0.0	55.42	28.71	838.48	15.95	98.49
化学原料和化学制品制造业	25.0	63.34	0.16	62.27	-1.85	101.20
非金属矿物制品业	20.0	60.07	3.22	171.70	1.24	98.82
黑色金属冶炼和压延加工业	0.0	28.72	1.01	954.43	0.93	103.82
有色金属冶炼和压延加工业	50.0	59.76	8.00	185.99	-6.24	101.48
汽车制造业	100.0	77.66	-159.38	53.75	-60.41	24.14
电气机械和器材制造业	100.0	64.63	2.78	0.00	-2.55	97.16
电力、热力生产和供应业	26.7	61.76	14.24	79.49	6.97	100.00
水的生产和供应业	50.0	58.85	13.41	45.62	7.68	100.00

9-10 规模以上工业

（2016年）

项目	企业单位数（个）	亏损企业	工业总产值	工业增加值
总计	**1205**	**77**	**20782114**	**5324630**
一、按登记注册类型分组				
内资企业	1095	63	18237300	4757867
国有企业	3	1	106752	46895
中央企业	1	1	41383	4523
地方企业	2		65370	42373
集体企业	23		156597	66132
股份合作企业	8		76762	15650
联营企业	1	1	4448	2099
其他联营企业	1	1	4448	2099
有限责任公司	365	30	9470998	2632214
国有独资公司	18	5	1871733	1260126
其他有限责任公司	347	25	7599265	1372088
股份有限公司	26	5	1973670	509387
私营企业	666	26	6418494	1477984
私营独资企业	26	3	145777	36447
私营合伙企业	3		22348	5255
私营有限责任公司	620	20	5888780	1360528
私营股份有限公司	17	3	361589	75753
其他企业	3		29579	7506
港、澳、台商投资企业	74	10	1322356	326871
合资经营企业（港或澳、台资）	22	5	331347	91632
港澳台商独资经营企业	49	5	912317	218234
港澳台商投资股份有限公司	2		40589	8217
其他港澳台商投资企业	1		38104	8788
外商投资企业	36	4	1222457	239892
中外合资经营企业	16	2	464917	84113
外资企业	17	2	551452	124019
外商投资股份有限公司	2		129020	23304
其他外商投资企业	1		77068	8457
二、按轻重工业分组：轻工业	481	20	6472688	2364845
重工业	724	57	14309426	2959785
三、按企业规模分组：大型企业	9	2	5068566	1778350
中型企业	97	18	4505357	1084024
小型企业	1023	49	10776040	2350668
微型企业	76	8	432151	111588
四、在总计中：亏损企业	77	77	1578513	413277
国有控股企业	53	17	3698176	1936019
农村工业	18	1	141866	53680

企业主要经济指标（一）

单位：万元

资产总计	流动资产				固定资产合计	固定资产原价	累计折旧	固定资产净值
		应收账款	存货					
				产成品				
20956016	**9477534**	**1534362**	**2806113**	**634209**	**5520756**	**8542214**	**3242954**	**5299260**
18268282	8131850	1189058	2529745	506206	4636338	7241368	2794419	4446949
228745	30505	8201	3876	128	197624	271091	82488	188604
211447	25179	7880	3748		186268	263700	80581	183119
17297	5326	321	128	128	11356	7391	1906	5485
46405	13764	4772	2398	1739	29542	38117	8638	29479
28127	19620	7578	6016	3872	6549	12337	5903	6433
1826	215	99	114		1611	1907	297	1611
1826	215	99	114		1611	1907	297	1611
6414893	2999905	415948	1473753	208590	2506984	4159300	1769704	2389596
2080139	962529	26854	743236	39075	832040	1401995	671112	730882
4334754	2037376	389094	730517	169515	1674944	2757306	1098592	1658714
8345362	3333732	254820	551370	48622	924301	1401459	476425	925034
3198272	1732535	497111	491726	242914	967545	1354910	450893	904017
49898	30087	7620	5683	3653	14437	19676	5484	14192
4395	1122	204	583	485	3273	3642	593	3048
2845414	1563520	445353	446736	227504	841946	1193466	399349	794117
298566	137806	43933	38723	11273	107889	138126	45466	92660
4653	1575	530	493	342	2184	2247	71	2176
1219814	555945	167017	156445	80489	381874	557702	185096	372606
279731	125346	29870	22447	8470	46117	105141	62806	42335
910672	408973	129718	130968	71060	329875	444340	119951	324389
20794	14365	4501	2102	447	4653	6506	1853	4653
8617	7262	2928	927	513	1229	1715	486	1229
1467921	789739	178287	119924	47515	502544	743145	263439	479706
581474	229567	64456	57629	25691	277720	361502	85046	276456
658507	462973	68111	54635	18810	137224	270508	135384	135124
147220	48046	11631	5377	1112	74648	90554	35380	55174
80721	49154	34089	2282	1902	12952	20581	7629	12953
3863841	2368031	482356	1130630	256994	965057	1601119	658195	942924
17092175	7109503	1052006	1675483	377215	4555699	6941095	2584759	4356336
9357519	4486904	271097	1691916	124463	1007658	1776303	768443	1007860
5675856	1989189	410189	349453	129824	2521690	3795441	1372940	2422501
5712079	2877877	805240	737190	362203	1961243	2931241	1086282	1844959
210563	123563	47836	27554	17719	30165	39229	15289	23940
8355689	2539204	284923	178933	71241	1819578	2636894	825005	1811889
10397822	3376127	288063	881672	102502	2709522	4358459	1763307	2595151
58835	19005	6975	2264	498	37033	47577	10608	36970

9-10 规模以上工业

（2016年）

项目	企业单位数（个）	亏损企业	工业总产值	工业增加值
五、按行业类型分组				
煤炭开采和洗选业	72	6	618005	300420
黑色金属矿采选业	20	2	265209	57531
有色金属矿采选业	5	1	82250	30881
非金属矿采选业	27	2	260257	117336
农副食品加工业	84	2	1037731	175590
食品制造业	49	2	601885	165676
酒、饮料和精制茶制造业	49		382929	104302
烟草制品业	2	1	1316611	1125923
纺织业	25	3	645750	140954
纺织服装、服饰业	72	1	471963	140107
皮革、毛皮、羽毛及其制品和制鞋业	9		51033	15344
木材加工和木、竹、藤、棕、草制品业	72	1	724746	146663
家具制造业	24	1	218289	50361
造纸和纸制品业	24	2	200101	38305
印刷和记录媒介复制业	12		69169	22806
文教、工美、体育和娱乐用品制造业	34	3	293501	71435
石油加工、炼焦和核燃料加工业	5	1	95909	29248
化学原料和化学制品制造业	86	8	1091497	216853
医药制造业	18		220964	67177
化学纤维制造业	2		68778	13432
橡胶和塑料制品业	26	1	368431	77609
非金属矿物制品业	138	16	1818738	423185
黑色金属冶炼和压延加工业	30	5	293576	60240
有色金属冶炼和压延加工业	28	5	4410055	511838
金属制品业	43	1	479886	93234
通用设备制造业	45		492753	116512
专用设备制造业	52		1339925	262307
汽车制造业	43	3	791446	147985
铁路、船舶、航空航天和其他运输设备制造业	2		28070	8432
电气机械和器材制造业	29	4	394189	105931
计算机、通信和其他电子设备制造业	32	1	473769	92557
仪器仪表制造业	1		1574	447
其他制造业	6		66039	21842
废弃资源综合利用业	8		77005	9418
电力、热力生产和供应业	28	4	1019681	355836
燃气生产和供应业	1		2795	434
水的生产和供应业	2	1	7607	6478

企业主要经济指标（续）

单位：万元

资产总计	流动资产	应收账款	存货	产成品	固定资产合计	固定资产原价	累计折旧	固定资产净值
632831	138565	20811	19397	15711	313176	359418	109203	250215
666266	143708	18726	14998	7086	298435	336489	98270	238219
62068	14466	1351	1479	792	33782	59745	25445	34300
151606	57001	16106	9734	5095	46762	65447	18141	47305
445680	244195	87725	50244	26815	132180	148727	43165	105561
210371	106654	29725	32117	21502	81660	144167	65745	78422
183915	84638	17114	30403	14361	57716	74553	17416	57136
1198420	819250	34343	733914	36310	282136	614070	331933	282136
411867	241207	47106	81540	50381	122089	191784	77496	114288
263754	207263	82713	45362	18611	39225	58164	19544	38619
30418	20217	6960	6456	3272	7816	11729	4103	7626
348337	196216	42594	83576	36106	78470	110405	36256	74149
62096	39483	10115	15755	9891	15777	21493	6026	15467
118419	72234	12780	19655	11618	39673	79678	13971	65707
106860	22917	8670	3534	1906	7329	17261	9921	7340
143041	83315	34984	25022	11388	31650	42087	10078	32008
87125	42203	10148	13937	5719	15045	19088	9263	9826
923474	368593	120167	90312	40219	427771	527766	117633	410133
100477	65588	10424	20771	11420	21115	32872	12234	20639
39589	25771	4388	2235	580	10523	12862	2489	10373
183151	113180	22919	31934	9818	49427	57644	19806	37838
1918218	733957	139271	134273	43964	733112	1241538	453450	788088
185481	87039	34125	24169	12484	68301	108147	43660	64487
6913491	2614765	203421	526801	74494	780991	1249237	468184	781053
160783	92052	35038	34447	20658	46680	54983	14770	40213
329687	233089	53921	37590	13797	66056	156983	93671	63312
1752540	1434997	101413	521025	32610	95453	144163	51253	92910
950802	516255	157537	109066	57654	232402	288576	65603	222973
61466	49527	3988	5874	5042	10026	12604	5238	7367
233231	150655	79387	25047	13425	37855	57974	15110	42864
253910	153921	50058	33342	18433	80673	90169	23931	66238
4356	2061	1236	383	43	303	523	220	303
28515	18757	-117	4931	2231	5730	7123	1678	5445
9172	7462	2233	1056	500	1694	2510	816	1694
1689606	233447	29211	15403	229	1223737	2106278	947261	1159017
17232	3542	3033	47	47	9315	10302	988	9315
77766	39344	737	288		16674	25658	8984	16674

9-10 规模以上工业

（2016年）

项目	负债合计	流动负债合计	应付账款	非流动负债合计	所有者权益合计	实收资本
总计	**11605425**	**8163883**	**1870307**	**3223801**	**9313753**	**3912440**
一、按登记注册类型分组						
内资企业	10369501	7209007	1670426	3004236	7888922	3087390
国有企业	152766	68668	18836	83774	75978	94898
中央企业	144235	60461	15014	83774	67212	92282
地方企业	8531	8207	3822		8766	2617
集体企业	17192	16069	4728	1000	29144	12743
股份合作企业	15138	8170	5270	290	12990	7032
联营企业	1327	1327	992		499	100
其他联营企业	1327	1327	992		499	100
有限责任公司	3323043	2808124	928968	487458	3091608	1502438
国有独资公司	898801	713630	354857	185172	1181338	251046
其他有限责任公司	2424241	2094494	574111	302286	1910270	1251392
股份有限公司	5336923	3009377	376971	2323615	3008439	574129
私营企业	1521752	1295999	334431	108099	1666974	893651
私营独资企业	15195	13161	5187	1203	34703	10317
私营合伙企业	1194	981	420		3200	6581
私营有限责任公司	1360290	1165233	300846	94115	1475577	801246
私营股份有限公司	145072	116625	27979	12781	153493	75508
其他企业	1361	1273	231		3291	2400
港、澳、台商投资企业	595588	532979	71625	47051	624225	330322
合资经营企业（港或澳、台资）	122608	104076	21116	17767	157123	59280
港澳台商独资经营企业	463166	424088	49807	29285	447506	262866
港澳台商投资股份有限公司	9350	4350	621		11445	7488
其他港澳台商投资企业	466	466	80		8151	689
外商投资企业	640335	421897	128256	172514	800605	494727
中外合资经营企业	400412	260031	62575	127389	181062	184965
外资企业	169001	93721	48257	42348	462525	214719
外商投资股份有限公司	41839	41567	15038	272	105381	61903
其他外商投资企业	29084	26578	2386	2506	51638	33140
二、按轻重工业分组：轻工业	1522609	1372061	529776	104875	2339163	952631
重工业	10082816	6791822	1340531	3118926	6974589	2959809
三、按企业规模分组：大型企业	5588097	3525222	791518	2062875	3769422	840551
中型企业	3189379	2354978	524484	812874	2486477	1301433
小型企业	2720110	2222142	540233	340065	2991963	1728856
微型企业	107840	61541	14071	7988	65891	41601
四、在总计中：亏损企业	5298392	2893209	312005	2394308	3057296	940591
国有控股企业	5930902	3204717	619204	2725260	4466920	1249177
农村工业	32545	28937	12410	2767	26290	13311

企业主要经济指标（二）

单位：万元

主营业务收入	主营业务成本	主营业务税金及附加	管理费用	利润总额	亏损企业亏损总额	利税总额	本年应交增值税	全部从业人员年平均人数（人）
20114181	**17038946**	**898086**	**773164**	**718769**	**263655**	**2253182**	**631907**	**155159**
17775433	14981910	889510	679548	636543	210472	2111348	581625	130852
106700	98069	1508	16102	–18180	21444	–8010	8654	1651
41383	52740	1451		–21444	21444	–17205	2779	757
65317	45330	57	16102	3263		9195	5875	894
156683	130781	1602	7949	12919		21631	7111	2090
76151	71742	484	1325	1848		3439	1107	593
4448	3552	32	920	–501	501	–247	222	96
4448	3552	32	920	–501	501	–247	222	96
9371019	7674563	816353	275251	416485	38622	1623768	388412	50566
1868468	900450	787743	72384	84587	13908	1074268	200125	7206
7502551	6774113	28611	202867	331898	24714	549500	188286	43360
1844990	1501116	36589	151559	–39218	143156	84783	86598	18882
6188620	5477558	32836	225605	262662	6750	385338	89512	56611
139636	124148	691	4542	5839	75	7911	1373	2302
22334	20701	93	629	638		810	79	194
5697898	5046544	30107	205622	242462	5227	353777	80895	51222
328752	286165	1945	14813	13722	1448	22839	7165	2893
26824	24530	107	836	528		646	10	363
1198824	1048560	4856	50304	57452	15260	88432	26071	17136
312085	277393	1383	10155	17924	1667	24133	4826	2846
808954	715257	3092	30121	35796	13593	58830	19943	13061
39695	35706		2235	951		912	–93	246
38090	20204	382	7794	2780		4556	1395	983
1139924	1008475	3720	43312	24774	37923	53402	24211	7171
448291	386291	1783	19086	15303	4874	23488	5706	2240
512913	461734	1642	17823	1727	33048	17947	14576	3638
103625	94394	295	4990	3872		6830	2664	912
75095	66057		1413	3872		5137	1265	381
6275589	4723950	804228	230881	311739	7388	1364192	246268	60858
13838592	12314996	93858	542282	407030	256267	888990	385639	94301
5026783	3713353	816784	192658	122755	111193	1262726	321421	19135
4290656	3802643	25797	189892	79653	121324	248863	141828	50685
10392399	9166800	52063	374163	498064	29493	713420	162333	83875
404344	356150	3443	16450	18297	1645	28173	6324	1464
1462005	1369645	33601	137250	–263655	263655	–175079	54212	22980
3634873	2360447	825114	210295	33982	199085	1214403	352725	26813
141194	124703	815	6382	6778	501	12226	4633	1669

9-10 规模以上工业

（2016 年）

项　　目	负债合计	流动负债合计	应付账款	非流动负债合计	所有者权益合计	实收资本
五、按行业类型分组						
煤炭开采和洗选业	347841	283053	35651	62734	282443	159676
黑色金属矿采选业	364350	173100	28684	191123	301915	123026
有色金属矿采选业	34507	32956	6235	12	27560	7700
非金属矿采选业	55008	39906	493	13387	96598	21416
农副食品加工业	197666	181868	58923	6956	248013	153540
食品制造业	86304	81667	25054	1244	124067	67517
酒、饮料和精制茶制造业	63301	47171	8505	9944	119984	48962
烟草制品业	355549	355544	284957	5	842872	140759
纺织业	211621	189584	35244	21941	200245	111805
纺织服装、服饰业	106605	96696	37924	224	156805	66125
皮革、毛皮、羽毛及其制品和制鞋业	6890	6369	3792	521	23529	12708
木材加工和木、竹、藤、棕、草制品业	142540	121612	13681	19808	205744	96819
家具制造业	29957	24228	7508	3430	32138	16241
造纸和纸制品业	59697	54158	10349	2866	57628	38256
印刷和记录媒介复制业	27028	10137	2764	16490	79832	8630
文教、工美、体育和娱乐用品制造业	60220	57185	10767	1045	82820	52638
石油加工、炼焦和核燃料加工业	35780	4348	1230	8380	51345	18300
化学原料和化学制品制造业	531886	366829	80595	141740	391588	246373
医药制造业	24726	20839	4831	836	75751	32779
化学纤维制造业	15641	10641	742		23948	22188
橡胶和塑料制品业	106265	87101	14197	18892	76886	49745
非金属矿物制品业	1184361	1090926	230384	70552	733855	446917
黑色金属冶炼和压延加工业	76808	68778	24221	4998	108673	90775
有色金属冶炼和压延加工业	4244752	2299432	371672	1937466	2667970	726959
金属制品业	67993	63560	9112	1655	92550	46017
通用设备制造业	89090	82615	37179	3226	237864	91031
专用设备制造业	1109848	957324	193480	92821	615712	225209
汽车制造业	573226	441572	139379	130096	376132	163687
铁路、船舶、航空航天和其他运输设备制造业	28812	28812	3684		32654	32132
电气机械和器材制造业	118721	117473	31849	976	114510	79161
计算机、通信和其他电子设备制造业	131428	106010	34547	23379	122483	48408
仪器仪表制造业	833	833	353		3523	3000
其他制造业	7887	7032	922	855	20629	12825
废弃资源综合利用业	3713	3713	1441		5460	4408
电力、热力生产和供应业	1043349	615170	117277	410622	646257	421234
燃气生产和供应业	15462	10062	499	5400	1770	1000
水的生产和供应业	45764	25583	2182	20181	32002	24477

企业主要经济指标（续）

单位：万元

主营业务收入	主营业务成本	主营业务税金及附加	管理费用	利润总额	亏损企业亏损总额	利税总额	本年应交增值税	全部从业人员年平均人数（人）
622593	523959	6640	79069	–2712	47937	47132	43187	16846
257283	226112	3559	14389	8936	157	20981	8486	2204
81619	66479	1362	3525	3462	28	8389	3565	509
257862	164625	10420	20622	30935	386	56503	15132	1967
1020112	950876	986	23395	25442	426	37733	11300	7308
595643	510414	2719	21669	30528	262	39678	6411	8364
353567	296834	2141	13319	25202		29134	1791	3086
1297721	373216	783800	54177	74118	1383	1030326	170639	2132
596118	537874	1088	13964	28991	2472	42788	12709	6963
458217	408162	1368	8822	31876	19	44701	11447	11398
46552	39903	310	2249	2159		3116	558	1259
670826	593794	3245	24249	27496	11	40308	9568	7910
213031	180449	4304	10069	9720	62	17287	3263	2395
195605	172688	491	8113	5435	365	10140	4214	2580
69048	57508	577	3538	8325		10892	1984	952
286861	253134	1196	11293	11838	1390	16399	3365	4014
95516	86029	711	4212	6450	51	8036	875	431
1037817	904858	3514	39288	26633	6442	45812	14927	7418
198953	151979	756	15035	13791		18131	3582	1498
66535	62067		2246	876		836	–93	296
342472	300381	1305	13877	12119	30	16602	2661	3310
1760378	1604415	8534	64788	28260	47833	73663	36836	14252
284499	267516	1095	4356	6893	1561	11600	3611	2075
4409505	4134678	28071	95184	1357	80239	136730	107302	7230
447499	378226	2061	18532	28465	54	42167	10850	3467
473172	419981	2126	17061	24164		33489	7199	4709
1286647	1095451	7243	73159	91092		140440	41897	7307
655530	545079	5969	43467	14793	32976	35973	15211	6690
21320	18705	65	826	582		1580	933	344
387045	329238	1466	19017	19153	805	25690	5031	2665
432944	353449	2003	26261	34434	664	41933	5496	5697
2219	1817	6	156	201		236	29	22
66039	59487	158	1841	3238		5510	2114	1552
76281	69628	135	2611	926		1292	231	326
1033087	889073	8609	16858	82058	37823	156017	65247	5663
2526	1480	12	250	378		390		46
11540	9385	41	1676	1157	282	1547	350	274

9-11 规模以上国有

（2016年）

项目	企业单位数（个）	亏损企业	工业总产值	工业增加值
总计	**53**	**17**	**3698176**	**1936019**
一、按登记注册类型分组				
内资企业	51	16	3546961	1915153
国有企业	3	1	106752	46895
中央企业	1	1	41383	4523
地方企业	2		65370	42373
有限责任公司	42	12	2805607	1660628
国有独资公司	18	5	1871733	1260126
其他有限责任公司	24	7	933875	400502
股份有限公司	6	3	634601	207629
港、澳、台商投资企业	1		26869	5876
合资经营企业（港或澳、台资）	1		26869	5876
外商投资企业	1	1	124346	14990
中外合资经营企业	1	1	124346	14990
二、按轻重工业分组：轻工业	8	4	1387749	1146333
重工业	45	13	2310428	789686
三、按企业规模分组：大型企业	4	2	2158298	1425323
中型企业	22	10	1150437	294685
小型企业	22	2	345989	199580
微型企业	5	3	43453	16431
四、按行业类型分组				
煤炭开采和洗选业	7	3	149933	79061
黑色金属矿采选业	3		62967	22543
有色金属矿采选业	4	1	65709	29751
非金属矿采选业	3	1	38434	23694
农副食品加工业	2	1	38986	8167
烟草制品业	2	1	1316611	1125923
造纸和纸制品业	1		2536	498
化学原料和化学制品制造业	4	1	151571	26269
非金属矿物制品业	5	1	64797	12043
黑色金属冶炼和压延加工业	1		2609	507
有色金属冶炼和压延加工业	2	1	800627	289564
汽车制造业	1	1	77991	-5466
电气机械和器材制造业	1	1	22009	5267
电力、热力生产和供应业	15	4	895789	311719
水的生产和供应业	2	1	7607	6478
五、在总计中：亏损企业	17	17	869180	271520

控股工业企业主要指标

单位：万元

资产总计	流动资产	应收账款	存货	产成品	固定资产合计	固定资产原价	累计折旧	固定资产净值
10397822	**3376127**	**288063**	**881672**	**102502**	**2709522**	**4358459**	**1763307**	**2595151**
10102881	3297895	267073	863007	97344	2501318	4114427	1727481	2386946
228745	30505	8201	3876	128	197624	271091	82488	188604
211447	25179	7880	3748		186268	263700	80581	183119
17297	5326	321	128	128	11356	7391	1906	5485
3147916	1256637	115534	805336	78887	1460926	2591125	1239759	1351367
2080139	962529	26854	743236	39075	832040	1401995	671112	730882
1067777	294108	88680	62101	39812	628886	1189131	568646	620485
6726220	2010753	143338	53795	18330	842768	1252210	405235	846976
6647	4299	2	149		2064	6672	4608	2064
6647	4299	2	149		2064	6672	4608	2064
288295	73932	20988	18516	5157	206141	237360	31219	206141
288295	73932	20988	18516	5157	206141	237360	31219	206141
1335690	902697	72041	738659	39451	300617	650708	342721	307987
9062132	2473430	216022	143014	63050	2408905	3707751	1420587	2287164
7111092	2752292	168293	812011	83207	712709	1354631	637715	716917
2564299	456841	93686	53687	16177	1548155	2146505	707640	1438865
705722	150891	21226	14535	2006	448350	855775	416715	439061
16709	16103	4859	1439	1111	309	1547	1238	309
348306	74336	4627	13539	12325	129131	188003	63249	124754
525186	80822	2437	4853	759	248258	269577	77867	191710
58437	11648	1350	1208	521	33320	58693	24841	33852
61813	12117	817	2134	800	14256	22745	8489	14256
9780	4547	2572	1145	1142	1504	1414	319	1095
1198420	819250	34343	733914	36310	282136	614070	331933	282136
3059	2755	1213	645	208	303	1357	1059	298
367129	99693	23411	20000	5521	243413	285113	42112	243001
78944	19362	3838	5315	1461	37738	55896	19215	36682
4125	3845	2484	564	263	273	966	692	274
5825270	1952866	146144	67099	35337	430462	738650	307899	430751
319409	48547	8968	13573	6065	145103	162866	17763	145103
46665	36801	33176	2667	1792		8209	425	7784
1473512	170194	21947	14728		1126951	1925243	858460	1066782
77766	39344	737	288		16674	25658	8984	16674
7324294	2223343	223647	91071	26918	1355148	1969895	611686	1358209

9-11 规模以上国有

（2016年）

项目	负债合计	流动负债合计	应付账款	非流动负债合计	所有者权益合计	实收资本
总计	5930902	3204717	619204	2725260	4466920	1249177
一、按登记注册类型分组						
内资企业	5717259	3085029	599374	2631305	4385621	1162843
国有企业	152766	68668	18836	83774	75978	94898
中央企业	144235	60461	15014	83774	67212	92282
地方企业	8531	8207	3822		8766	2617
有限责任公司	1342899	1024598	412382	317701	1805017	703831
国有独资公司	898801	713630	354857	185172	1181338	251046
其他有限责任公司	444097	310968	57526	132529	623679	452785
股份有限公司	4221593	1991763	168155	2229831	2504627	364114
港、澳、台商投资企业	661	661	15		5985	5000
合资经营企业(港或澳、台资)	661	661	15		5985	5000
外商投资企业	212982	119028	19815	93954	75313	81334
中外合资经营企业	212982	119028	19815	93954	75313	81334
二、按轻重工业分组：轻工业	438397	417310	291894	20486	897293	179928
重工业	5492505	2787407	327309	2704774	3569627	1069249
三、按企业规模分组：大型企业	3993981	2072994	368982	1920987	3117111	465952
中型企业	1572065	916971	222968	654494	992233	553731
小型企业	356508	208417	30235	147767	349214	224794
微型企业	8348	6336	-2981	2012	8362	4700
四、按行业类型分组						
煤炭开采和洗选业	210713	152221	14598	58168	137594	74475
黑色金属矿采选业	303505	113352	21263	190153	221681	91622
有色金属矿采选业	32416	32404	6078	12	26021	6700
非金属矿采选业	25263	13930	-2795	11334	36550	9000
农副食品加工业	5230	4329	1990	301	4549	2392
烟草制品业	355549	355544	284957	5	842872	140759
造纸和纸制品业	1695	1695	236		1364	300
化学原料和化学制品制造业	232535	133528	23309	99007	134594	106734
非金属矿物制品业	47423	46200	5524	1223	31521	28416
黑色金属冶炼和压延加工业	1185	1185	570		2940	1000
有色金属冶炼和压延加工业	3481362	1615484	81786	1865878	2343908	376777
汽车制造业	248058	133527	63637	114531	71350	12000
电气机械和器材制造业	30159	30159	2530		16507	12000
电力、热力生产和供应业	910045	545577	113339	364468	563467	362524
水的生产和供应业	45764	25583	2182	20181	32002	24477
五、在总计中：亏损企业	4576846	2256367	203705	2320479	2747448	627238

控股工业企业主要指标（续）

单位：万元

主营业务收入	主营业务成本	主营业务税金及附加	管理费用	利润总额	亏损企业亏损总额	利税总额	本年应交增值税	全部从业人员年平均人数（人）
3634873	**2360447**	**825114**	**210295**	**33982**	**199085**	**1214403**	**352725**	**26813**
3488042	2231023	825101	203917	38809	194222	1218181	352384	26381
106700	98069	1508	16102	–18180	21444	–8010	8654	1651
41383	52740	1451		–21444	21444	–17205	2779	757
65317	45330	57	16102	3263		9195	5875	894
2812458	1643005	794589	108412	195791	31091	1298628	306394	13307
1868468	900450	787743	72384	84587	13908	1074268	200125	7206
943990	742555	6847	36028	111204	17183	224361	106268	6101
568884	489949	29003	79404	–138801	141688	–72438	37337	11423
26869	26534	13	204	36		158	110	51
26869	26534	13	204	36		158	110	51
119962	102890		6173	–4863	4863	–3936	230	381
119962	102890		6173	–4863	4863	–3936	230	381
1371658	435800	783959	60117	76536	2641	1034674	172410	3897
2263216	1924647	41155	150178	–42554	196444	179729	180315	22916
2144033	1082609	809660	124515	–5757	111193	1066235	260567	11640
1097836	1003558	9806	69621	–44727	73410	27611	61739	12220
351142	234695	4594	15005	84580	13989	118532	29335	2887
41862	39585	1055	1154	–113	494	2025	1084	66
154546	158989	2360	26943	–40347	44834	–22159	15811	8929
59690	41925	2066	11014	4395		12949	6488	1449
65587	51250	1280	3209	3244	28	7950	3426	433
37793	20800	1183	4099	8751	48	13990	4056	395
38436	33104	29	1662	1413	418	1466	24	720
1297721	373216	783800	54177	74118	1383	1030326	170639	2132
2578	1855	40	363	406		740	294	254
147787	121014	285	11164	–2793	4863	243	2054	867
64957	60619	182	2732	805	3305	2094	1106	735
2709	2567	3	105	25		27		23
801339	635504	24569	71047	–45115	75049	64144	84689	3891
18289	33309	1019	7316	–30495	30495	–29150	326	1259
21383	18241	49	2239	–558	558	595	1104	517
910518	798671	8208	12548	58975	37823	129641	62357	4935
11540	9385	41	1676	1157	282	1547	350	274
797494	726735	30540	101073	–199085	199085	–124593	43196	15081

9–12 规模以上集体

（2016 年）

项　　目	企　业 单位数 （个）	工　业 总产值	工　业 增加值
总　　计	**23**	**156597**	**66132**
一、在总计中：农村工业	13	113208	45653
二、在总计中：重工业	23	156597	66132
三、在总计中：小型企业	22	154455	65121
微型企业	1	2142	1011
四、按行业类型分组			
煤炭开采和洗选业	22	151822	65306
黑色金属矿采选业	1	4775	826

9–12 规模以上集体

（2016 年）

项　　目	负　债 合　计	流动 负债 合计	应付 账款	非流动 负债合计	所有者 权益 合计	实收 资本
总　　计	**17192**	**16069**	**4728**	**1000**	**29144**	**12743**
一、在总计中：农村工业	13765	12939	3539	750	19437	10511
二、在总计中：重工业	17192	16069	4728	1000	29144	12743
三、在总计中：小型企业	17145	16069	4728	1000	29144	12743
微型企业	47					
四、按行业类型分组						
煤炭开采和洗选业	10443	9320	4649	1000	28789	9656
黑色金属矿采选业	6749	6749	79		355	3087

工业企业主要指标

单位：万元

资产总计	流动资产	应收账款	存货	产成品	固定资产合计	固定资产原价	累计折旧	固定资产净值
46405	**13764**	**4772**	**2398**	**1739**	**29542**	**38117**	**8638**	**29479**
33202	8486	3365	932	378	23308	29777	6532	23245
46405	13764	4772	2398	1739	29542	38117	8638	29479
46289	13687	4772	2398	1739	29542	38117	8638	29479
116	77							
39301	13645	4684	2372	1713	22609	30487	7941	22546
7104	119	88	26	26	6933	7630	697	6933

工业企业主要指标（续）

单位：万元

主营业务收入	主营业务成本	主营业务税金及附加	管理费用	利润总额	利税总额	本年应交增值税	全部从业人员年平均人数（人）
156683	**130781**	**1602**	**7949**	**12919**	**21631**	**7111**	**2090**
113208	99417	651	4188	7050	11692	3992	1335
156683	130781	1602	7949	12919	21631	7111	2090
154541	129593	1146	7491	12879	21136	7111	2090
2142	1188	455	459	40	495		
151908	126129	1600	7901	12902	21601	7099	2055
4775	4652	2	48	17	31	12	35

9-13 规模以上外商投资和港澳台商

（2016年）

项目	企业单位数（个）	亏损企业	工业总产值	工业增加值
总计	**110**	**14**	**2544814**	**566763**
一、按登记注册类型分组				
港、澳、台商投资企业	74	10	1322356	326871
合资经营企业（港或澳、台资）	22	5	331347	91632
港澳台商独资经营企业	49	5	912317	218234
港澳台商投资股份有限公司	2		40589	8217
其他港澳台商投资企业	1		38104	8788
外商投资企业	36	4	1222457	239892
中外合资经营企业	16	2	464917	84113
外资企业	17	2	551452	124019
外商投资股份有限公司	2		129020	23304
其他外商投资企业	1		77068	8457
二、按轻重工业分组：轻工业	69	4	1236868	309413
重工业	41	10	1307945	257350
三、按企业规模分组：大型企业	1		53194	18435
中型企业	28	7	1289855	256328
小型企业	78	6	1121187	274191
微型企业	3	1	80578	17809
四、在总计中：亏损企业	14	14	405387	66860
国有控股企业	2	1	151215	20867
农村工业	1		2770	645
五、按行业类型分组				
煤炭开采和洗选业	1	1	10623	6159
非金属矿采选业	1	1	35631	10696
农副食品加工业	4		145965	18594
食品制造业	4		73674	12702

投资工业企业主要经济指标（一）

单位：万元

资产总计	流动资产				固定资产合计	固定资产原价	累计折旧	固定资产净值
		应收账款	存货	产成品				
2687735	**1345684**	**345304**	**276368**	**128003**	**884418**	**1300846**	**448535**	**852312**
1219814	555945	167017	156445	80489	381874	557702	185096	372606
279731	125346	29870	22447	8470	46117	105141	62806	42335
910672	408973	129718	130968	71060	329875	444340	119951	324389
20794	14365	4501	2102	447	4653	6506	1853	4653
8617	7262	2928	927	513	1229	1715	486	1229
1467921	789739	178287	119924	47515	502544	743145	263439	479706
581474	229567	64456	57629	25691	277720	361502	85046	276456
658507	462973	68111	54635	18810	137224	270508	135384	135124
147220	48046	11631	5377	1112	74648	90554	35380	55174
80721	49154	34089	2282	1902	12952	20581	7629	12953
877767	516118	195029	108002	70271	167017	238306	96057	142249
1809968	829566	150275	168366	57732	717401	1062541	352478	710063
31951	25270	3720	10348	8848	3536	10372	6836	3536
1784419	779126	189580	149958	48502	712695	997453	306567	690886
808562	506114	136189	104791	63350	166584	289853	133566	156287
62802	35176	15815	11271	7303	1603	3169	1566	1603
683441	171277	32134	51352	21059	420433	540875	123805	417069
294941	78231	20990	18665	5157	208205	244031	35827	208205
1733	896	58	53	48				
23294	3921	350	1171	887	12689	18952	6262	12689
10947	6486	992	716	716	945	1087	671	416
161928	88389	46618	5356	3352	37349	31480	13605	17875
27005	15324	4387	6675	5457	7767	9052	2261	6791

9-13 规模以上外商投资和港澳台商

（2016年）

项目	企业单位数（个）	亏损企业	工业总产值	工业增加值
酒、饮料和精制茶制造业	9		93644	25169
纺织业	10	1	322188	60762
纺织服装、服饰业	18	1	211022	71957
皮革、毛皮、羽毛及其制品和制鞋业	2		21749	6897
木材加工和木、竹、藤、棕、草制品业	5	1	148595	19924
造纸和纸制品业	1		23083	2844
印刷和记录媒介复制业	1		17490	10506
文教、工美、体育和娱乐用品制造业	10		107771	28364
石油加工、炼焦和核燃料加工业	1		27133	9309
化学原料和化学制品制造业	5	2	193320	27066
医药制造业	2		23561	9333
化学纤维制造业	1		35959	7023
橡胶和塑料制品业	1		5031	1474
非金属矿物制品业	12	4	304734	58411
黑色金属冶炼和压延加工业	2	1	28697	13609
有色金属冶炼和压延加工业	2		145586	19354
通用设备制造业	3		85223	23715
专用设备制造业	3		240902	47233
汽车制造业	1		9084	2395
铁路、船舶、航空航天和其他运输设备制造业	1		25006	7631
电气机械和器材制造业	3	1	92977	30588
计算机、通信和其他电子设备制造业	2	1	58203	11175
其他制造业	2		40354	16511
电力、热力生产和供应业	2		14815	6926
燃气生产和供应业	1		2795	434

投资工业企业主要经济指标（续）

单位：万元

资产总计	流动资产				固定资产合计	固定资产原价	累计折旧	固定资产净值
	流动资产	应收账款	存货					
				产成品				
43529	18322	3833	4617	3576	13682	20044	6420	13624
159777	86187	19764	39421	29050	49262	74804	27185	47619
146169	117351	58045	18940	11098	19617	35561	15890	19671
19848	16333	5961	4045	2307	2966	6238	3271	2966
156373	82713	10635	43624	13729	23500	32449	8949	23500
1007	907	420	427	156	100	194	100	94
93761	14727	6152	1390	558	3519	11829	8310	3519
78259	52175	26930	11991	5563	10400	15178	4343	10835
47133	19667	5109	5187	1253	8166	16340	8174	8166
333874	99290	24859	29530	12188	222636	262880	40507	222373
10080	7744	2678	2679	1546	2292	6157	3865	2292
19188	13372	4223	1866	211	4039	5892	1853	4039
2766	1249	305	257	222	1151	560	280	280
474084	84007	17771	24183	2987	315436	445607	135446	310161
54774	16845	6581	4997	1427	31842	60738	28896	31842
112893	68982	17020	21350	8949	42473	75491	33019	42473
153814	127875	14655	8087	1438	19815	55667	35861	19806
335602	269702	43710	25620	12435	16418	39226	22808	16418
3577	1044	250	753	653	2053	3042	990	2052
46081	40121	3847	4636	4636	5960	6354	3053	3301
43304	22899	11595	3464	2292	8164	12922	4818	8104
41928	31633	5886	3103	1272	6233	11907	5673	6233
17785	12500	–1522	2027		1623	2071	827	1243
51724	22379	1216	212		5008	28825	24210	4616
17232	3542	3033	47	47	9315	10302	988	9315

9–13 规模以上外商投资和港澳台商

（2016 年）

项　　目	负债合计	流动负债合计	应付账款	非流动负债合计	所有者权益合计	实收资本
总　　计	**1235924**	**954876**	**199881**	**219565**	**1424830**	**825050**
一、按登记注册类型分组						
港、澳、台商投资企业	595588	532979	71625	47051	624225	330322
合资经营企业（港或澳、台资）	122608	104076	21116	17767	157123	59280
港澳台商独资经营企业	463166	424088	49807	29285	447506	262866
港澳台商投资股份有限公司	9350	4350	621		11445	7488
其他港澳台商投资企业	466	466	80		8151	689
外商投资企业	640335	421897	128256	172514	800605	494727
中外合资经营企业	400412	260031	62575	127389	181062	184965
外资企业	169001	93721	48257	42348	462525	214719
外商投资股份有限公司	41839	41567	15038	272	105381	61903
其他外商投资企业	29084	26578	2386	2506	51638	33140
二、按轻重工业分组：轻工业	336266	286019	47489	34385	541500	275039
重工业	899658	668857	152391	185181	883330	550011
三、按企业规模分组：大型企业	7070	7070	590		24881	10829
中型企业	858690	677016	132968	179931	925729	549955
小型企业	334745	267288	63395	39608	473817	262325
微型企业	35419	3503	2928	26	403	1942
四、在总计中：亏损企业	531546	396438	49285	135108	151896	207001
国有控股企业	213643	119689	19830	93954	81298	86334
农村工业	765				968	1050
五、按行业类型分组						
煤炭开采和洗选业	15010	15010	–53		8284	18958
非金属矿采选业	9144	9144			1804	
农副食品加工业	59578	56801	10923	2777	102351	57130
食品制造业	9148	9048	2348	100	17857	12100

投资工业企业主要经济指标（二）

单位：万元

主营业务收入	主营业务成本	主营业务税金及附加	管理费用	利润总额	亏损企业亏损总额	利税总额	本年应交增值税	全部从业人员年平均人数（人）
2338748	**2057035**	**8576**	**93616**	**82226**	**53183**	**141834**	**50282**	**24307**
1198824	1048560	4856	50304	57452	15260	88432	26071	17136
312085	277393	1383	10155	17924	1667	24133	4826	2846
808954	715257	3092	30121	35796	13593	58830	19943	13061
39695	35706		2235	951		912	–93	246
38090	20204	382	7794	2780		4556	1395	983
1139924	1008475	3720	43312	24774	37923	53402	24211	7171
448291	386291	1783	19086	15303	4874	23488	5706	2240
512913	461734	1642	17823	1727	33048	17947	14576	3638
103625	94394	295	4990	3872		6830	2664	912
75095	66057		1413	3872		5137	1265	381
1160151	1014634	3619	35919	74885	1865	102409	23851	14839
1178597	1042402	4957	57697	7341	51318	39426	26431	9468
45243	37462	6	339	6490		8483	1987	1045
1182946	1044027	3958	53326	12941	51559	48879	31284	14577
1050646	922448	4533	38738	58844	1083	79778	16348	8645
59913	53099	79	1213	3952	541	4693	662	40
378125	354172	879	20970	–53183	53183	–46865	4743	3364
146831	129424	13	6377	–4827	4863	–3778	340	432
2648	2316	57	170	99		156		15
10871	8835	292	2722	–2469	2469	–838	1339	475
35631	35642		314	–338	338	–338		122
137818	124764	23	3690	5144		6602	1436	834
73517	62007	763	3708	2849		4248	636	316

9-13 规模以上外商投资和港澳台商

（2016年）

项目	负债合计	流动负债合计	应付账款	非流动负债合计	所有者权益合计	实收资本
酒、饮料和精制茶制造业	15757	10502	1501	966	27772	14669
纺织业	84413	70874	7210	13443	75364	55459
纺织服装、服饰业	36651	30201	7199		109519	42450
皮革、毛皮、羽毛及其制品和制鞋业	3143	2777	2347	365	16706	6858
木材加工和木、竹、藤、棕、草制品业	65753	51119	760	14635	90620	43050
造纸和纸制品业	455	455	403		552	500
印刷和记录媒介复制业	20099	3684	1565	16415	73662	4313
文教、工美、体育和娱乐用品制造业	30903	30588	2659	315	47356	29626
石油加工、炼焦和核燃料加工业	10495	2115	518	8380	36638	9000
化学原料和化学制品制造业	231175	136724	23017	94452	102699	101969
医药制造业	3430	3400	953	3	6650	6500
化学纤维制造业	9350	4350	621		9838	6888
橡胶和塑料制品业	706	454	240	252	2060	1663
非金属矿物制品业	301417	269410	44570	31242	172667	156143
黑色金属冶炼和压延加工业	8828	6916	5389	1912	45946	50388
有色金属冶炼和压延加工业	90087	89602	41428	485	22806	67700
通用设备制造业	21477	20441	17166	1037	132337	35251
专用设备制造业	85776	32934	17110	7987	222846	42024
汽车制造业	1057	1057	131		2519	1275
铁路、船舶、航空航天和其他运输设备制造业	25876	25876	3684		20205	20472
电气机械和器材制造业	23130	23130	5042		20174	11250
计算机、通信和其他电子设备制造业	28727	28727	1852		13201	689
其他制造业	4748	4748	630		13037	6525
电力、热力生产和供应业	24130	4730	170	19400	27593	21200
燃气生产和供应业	15462	10062	499	5400	1770	1000

投资工业企业主要经济指标（续）

单位：万元

主营业务收入	主营业务成本	主营业务税金及附加	管理费用	利润总额	亏损企业亏损总额	利税总额	本年应交增值税	全部从业人员年平均人数（人）
88790	79219	160	1974	5426		5756	171	551
291259	264659	360	6224	12503	1745	19926	7063	2237
199757	169497	744	3391	23777	19	31930	7407	5666
18057	15385	204	927	1349		1689	136	844
105907	95013	388	5065	1406	11	2228	434	1344
23096	22825	16	85	52		224	156	119
17568	11624	177	1655	7067		8719	1476	348
105196	93365	306	4226	4129		5041	606	1411
30400	25907	371	2090	6113		7259	775	206
176190	154268	231	8107	–4055	5453	–2067	1061	729
16927	12759	113	1566	984		1370	273	195
35075	31919		1906	700		661	–93	201
5031	4578		116	163		163		110
276061	263020	1031	14752	–36862	41854	–26942	8890	2768
28246	24190	273	1383	2275	541	4824	2276	364
138500	131638	358	1781	2490		4720	1871	496
83693	70893	434	4101	8015		11032	2582	623
213717	184156	655	7045	20885		26211	4671	614
8992	7644	312	428	38		664	315	70
18288	16279	55	556	561		1491	875	299
92414	72337	668	4896	7910	90	10476	1898	439
50890	30947	476	8902	2117	664	4010	1417	1463
40354	36356	25	1004	2443		4223	1754	1282
13980	5829	131	755	7174		8161	856	135
2526	1480	12	250	378		390		46

9-14 大中型工业企业

（2016 年）

项 目	企业单位数（个）	亏损企业	工业总产值	工业增加值
总 计	**106**	**20**	**9573923**	**2862374**
一、按登记注册类型分组				
内资企业	77	13	8230874	2587612
国有企业	2	1	102630	44949
中央企业	1	1	41383	4523
地方企业	1		61247	40427
有限责任公司	39	8	5503337	1869960
国有独资公司	9	3	1779026	1232040
其他有限责任公司	30	5	3724310	637920
股份有限公司	12	3	1751260	460335
私营企业	24	1	873648	212368
私营有限责任公司	22	1	759300	186975
私营股份有限公司	2		114348	25393
港、澳、台商投资企业	19	5	597286	150413
合资经营企业（港或澳、台资）	3	1	53110	16139
港澳台商独资经营企业	15	4	506073	125487
其他港澳台商投资企业	1		38104	8788
外商投资企业	10	2	745762	124349
中外合资经营企业	2	1	246434	27580
外资企业	5	1	293240	65009
外商投资股份有限公司	2		129020	23304
其他外商投资企业	1		77068	8457
二、按轻重工业分组：轻工业	41	3	2629267	1468114
重工业	65	17	6944656	1394260
三、按企业规模分组：大型企业	9	2	5068566	1778350
中型企业	97	18	4505357	1084024
四、在总计中：亏损企业	20	20	1084053	288938
国有控股企业	26	12	3308735	1720009
五、按行业类型分组				

主要指标（一）

单位：万元

资产总计	流动资产				固定资产合计	固定资产原价	累计折旧	固定资产净值
		应收账款	存货	产成品				
15033375	**6476093**	**681286**	**2041369**	**254287**	**3529348**	**5571744**	**2141383**	**3430361**
13217004	5671698	487986	1881063	196937	2813117	4563919	1827979	2735939
222656	25218	7880	3748		197438	269693	81275	188418
211447	25179	7880	3748		186268	263700	80581	183119
11209	39				11170	5993	694	5299
4276317	2126178	164336	1273197	123572	1537729	2670558	1171063	1499495
1879538	877927	22264	740321	38183	742623	1280516	634197	646319
2396779	1248251	142073	532876	85389	795105	1390043	536866	853177
8208658	3265740	237087	538368	45865	891250	1359193	465760	893433
509374	254563	78683	65749	27501	186701	264475	109882	154593
411452	207360	65836	59528	25215	144931	212309	85718	126591
97922	47203	12847	6221	2285	41770	52166	24163	28002
772094	270393	77074	89211	37974	283264	389929	107011	282918
137783	47600	9970	10548	1316	10182	24459	14277	10182
625694	215531	64176	77735	36145	271853	363755	92248	271507
8617	7262	2928	927	513	1229	1715	486	1229
1044277	534003	116226	71096	19376	432967	617896	206392	411504
386191	136408	34863	37654	13581	241112	302960	61848	241112
430145	300395	35643	25783	2781	104255	203801	101535	102266
147220	48046	11631	5377	1112	74648	90554	35380	55174
80721	49154	34089	2282	1902	12952	20581	7629	12953
2041285	1296668	215471	835509	98438	484484	950514	489978	460536
12992089	5179425	465815	1205860	155850	3044864	4621229	1651404	2969825
9357519	4486904	271097	1691916	124463	1007658	1776303	768443	1007860
5675856	1989189	410189	349453	129824	2521690	3795441	1372940	2422501
7689285	2311082	233583	124276	47772	1500091	2185116	684277	1500839
9675391	3209133	261979	865698	99384	2260864	3501136	1345355	2155781

9-14 大中型工业企业

（2016年）

项目	企业单位数（个）	亏损企业	工业总产值	工业增加值
煤炭开采和洗选业	6	5	145229	78236
黑色金属矿采选业	2		59851	22025
有色金属矿采选业	1		31509	15496
非金属矿采选业	2		72908	41114
农副食品加工业	4		260899	38870
食品制造业	6		195794	67762
烟草制品业	2	1	1316611	1125923
纺织业	11	1	393190	92471
纺织服装、服饰业	8		213209	76111
皮革、毛皮、羽毛及其制品和制鞋业	1		12992	4342
木材加工和木、竹、藤、棕、草制品业	4		177297	19273
家具制造业	2		69729	16837
造纸和纸制品业	1		9913	1157
印刷和记录媒介复制业	1		17490	10506
文教、工美、体育和娱乐用品制造业	1		13778	3278
化学原料和化学制品制造业	6	1	327861	76215
橡胶和塑料制品业	1		103344	12880
非金属矿物制品业	13	5	964834	225044
黑色金属冶炼和压延加工业	2		60298	15252
有色金属冶炼和压延加工业	4	1	2794070	441041
金属制品业	2		138198	23494
通用设备制造业	2		54906	21650
专用设备制造业	4		877264	170059
汽车制造业	3	1	395613	58293
电气机械和器材制造业	1	1	22009	5267
计算机、通信和其他电子设备制造业	6	1	150090	38780
其他制造业	2		40354	16511
电力、热力生产和供应业	8	3	654685	144490

主要指标（续）

单位：万元

资产总计	流动资产	应收账款	存货		固定资产合计	固定资产原价	累计折旧	固定资产净值
				产成品				
341518	67823	4187	14638	12970	130557	190121	63941	126180
515938	75281	1479	3377	243	246492	264873	74929	189944
51940	5595	264	993	346	32999	57661	24130	33531
56236	9696	4526	1982	740	12259	19929	7672	12258
195778	94639	47908	10258	7920	61307	57606	20202	37404
58710	22191	8064	3653	2500	33749	84271	51398	32874
1198420	819250	34343	733914	36310	282136	614070	331933	282136
243906	154824	25741	51735	31035	69830	120233	56550	63682
132808	109413	53552	17470	10031	18504	32829	14516	18313
14679	12044	5097	1928	1037	2206	5161	2955	2206
162495	79116	12253	43530	12177	30345	38418	9899	28519
13796	8806	1333	4481	2901	3870	5657	1787	3870
4084	2138	582	610	475	1946	2600	654	1946
93761	14727	6152	1390	558	3519	11829	8310	3519
4041	1461	287	750	228	756	940	184	756
496555	159708	61464	25263	9331	283386	323983	54435	269548
82464	58106	1660	15965	2015	24083	30569	11758	18811
1316979	431633	40603	74172	19488	535352	954841	358573	596267
59237	21362	8215	5588	1575	31234	59355	28121	31234
6674094	2483543	173390	468120	45328	713408	1157689	443978	713710
25290	8845	1053	5002	3929	12507	12507	2260	10247
52012	38372	4386	4558	571	13533	29002	16329	12673
1486754	1272773	42682	467530	7060	45789	83827	38038	45789
636321	316034	82778	61490	36219	164291	197832	33542	164291
46665	36801	33176	2667	1792		8209	425	7784
82515	57618	18472	11929	7511	16682	27242	10250	16992
17785	12500	−1522	2027		1623	2071	827	1243
968593	101798	9162	6349		756987	1178420	473786	704634

9-14 大中型工业企业

（2016年）

项目	负债合计	流动负债合计	应付账款	非流动负债合计	所有者权益合计	实收资本
总计	**8777476**	**5880199**	**1316003**	**2875749**	**6255899**	**2141983**
一、按登记注册类型分组						
内资企业	7911716	5196114	1182445	2695818	5305289	1581200
国有企业	148010	64236	18789	83774	74646	94798
中央企业	144235	60461	15014	83774	67212	92282
地方企业	3775	3775	3775		7434	2517
有限责任公司	2228253	1960961	736543	265592	2048064	891755
国有独资公司	808681	662311	349844	146370	1070857	196875
其他有限责任公司	1419572	1298650	386699	119222	977207	694880
股份有限公司	5276800	2962301	372486	2314499	2931857	507985
私营企业	258652	208616	54626	31953	250722	86662
私营有限责任公司	209183	167121	38029	23978	202269	70672
私营股份有限公司	49469	41495	16597	7974	48453	15990
港、澳、台商投资企业	403081	359504	33724	41834	369012	162906
合资经营企业（港或澳、台资）	57357	40942	3431	16415	80426	6313
港澳台商独资经营企业	345259	318096	30213	25419	280435	155905
其他港澳台商投资企业	466	466	80		8151	689
外商投资企业	462679	324582	99834	138097	581598	397878
中外合资经营企业	296106	202152	54859	93954	90085	141334
外资企业	95650	54285	27552	41365	334495	161500
外商投资股份有限公司	41839	41567	15038	272	105381	61903
其他外商投资企业	29084	26578	2386	2506	51638	33140
二、按轻重工业分组：轻工业	714030	678908	359128	32778	1327256	350898
重工业	8063446	5201292	956875	2842970	4928643	1791085
三、按企业规模分组：大型企业	5588097	3525222	791518	2062875	3769422	840551
中型企业	3189379	2354978	524484	812874	2486477	1301433
四、在总计中：亏损企业	4834931	2553371	250383	2281560	2854354	732689
国有控股企业	5566046	2989965	591950	2575481	4109344	1019683
五、按行业类型分组						

主要指标（二）

单位：万元

主营业务收入	主营业务成本	主营业务税金及附加	管理费用	利润总额	亏损企业亏损总额	利税总额	本年应交增值税	全部从业人员年平均人数（人）
9317439	**7515996**	**842581**	**382551**	**202408**	**232517**	**1511589**	**463249**	**69820**
8089250	6434508	838617	328886	182978	180958	1454227	429978	54198
102629	94906	1451	15964	-18327	21444	-8788	8080	1391
41383	52740	1451		-21444	21444	-17205	2779	757
61247	42166		15964	3117		8417	5301	634
5510302	4264468	795995	136551	209589	17694	1324258	316842	23840
1773037	816509	786555	67085	79908	13578	1061881	193621	5902
3737265	3447959	9441	69466	129681	4116	262377	123221	17938
1626829	1327280	36038	141052	-45265	141688	76840	85253	17340
849489	747854	5132	35319	36981	133	61916	19803	11627
740059	651872	4458	30913	33470	133	53728	15799	10633
109430	95982	674	4406	3510		8189	4004	994
525597	448293	2398	29361	23643	14239	42962	16921	11170
43093	33476	296	3516	6802	664	8597	1499	1267
444414	394613	1720	18051	14061	13575	29808	14028	8920
38090	20204	382	7794	2780		4556	1395	983
702592	633195	1567	24304	-4213	37321	14401	16350	4452
234755	212953	309	7347	-3673	4863	-1061	1607	842
289117	259792	963	10554	-8283	32458	3494	10814	2317
103625	94394	295	4990	3872		6830	2664	912
75095	66057		1413	3872		5137	1265	381
2564221	1469961	789207	94971	152056	3686	1142734	199702	24582
6753218	6046036	53374	287580	50352	228831	368855	263547	45238
5026783	3713353	816784	192658	122755	111193	1262726	321421	19135
4290656	3802643	25797	189892	79653	121324	248863	141828	50685
996601	926471	31567	109065	-232517	232517	-150591	49603	18403
3241869	2086167	819465	194136	-50485	184602	1093846	322306	23860

9-14 大中型工业企业

（2016 年）

项目	负债合计	流动负债合计	应付账款	非流动负债合计	所有者权益合计	实收资本
煤炭开采和洗选业	211506	153338	10339	58168	130012	80171
黑色金属矿采选业	299428	109275	21180	190153	216510	90000
有色金属矿采选业	30865	30853	5920	12	21075	5000
非金属矿采选业	19883	10561	495	9322	36353	5215
农副食品加工业	81604	77052	25960	3953	114174	74832
食品制造业	29856	29856	9407		28855	15425
烟草制品业	355549	355544	284957	5	842872	140759
纺织业	131186	119930	21143	11256	112720	56665
纺织服装、服饰业	31200	29456	7707		101608	33292
皮革、毛皮、羽毛及其制品和制鞋业	2909	2544	2140	365	11770	3458
木材加工和木、竹、藤、棕、草制品业	61690	47055	1111	14635	100805	44400
家具制造业	7309	7309	2018		6487	2130
造纸和纸制品业	2777	2777	320		1307	500
印刷和记录媒介复制业	20099	3684	1565	16415	73662	4313
文教、工美、体育和娱乐用品制造业	2352	2352			1689	
化学原料和化学制品制造业	290113	164712	33665	125401	206443	127274
橡胶和塑料制品业	66877	49237	3300	17640	15587	10000
非金属矿物制品业	881377	812346	154025	50442	435602	267672
黑色金属冶炼和压延加工业	10883	8545	4180	1912	48355	49548
有色金属冶炼和压延加工业	4103505	2181283	326793	1922223	2570588	648407
金属制品业	19580	18795	848	785	5710	2000
通用设备制造业	7905	7905	4267		44107	15072
专用设备制造业	982773	891204	179040	91569	503981	155129
汽车制造业	394368	275995	105809	118373	241952	74835
电气机械和器材制造业	30159	30159	2530		16507	12000
计算机、通信和其他电子设备制造业	49663	49477	12595	17	32853	4144
其他制造业	4748	4748	630		13037	6525
电力、热力生产和供应业	647313	404208	94061	243105	321281	213218

主要指标（续）

单位：万元

主营业务收入	主营业务成本	主营业务税金及附加	管理费用	利润总额	亏损企业亏损总额	利税总额	本年应交增值税	全部从业人员年平均人数（人）
150090	156915	2657	28159	–44319	47436	–25399	16247	9064
56281	40516	1925	9336	4264		12177	5988	1182
31006	18264	617	3055	2474		5577	2486	325
73572	36871	2011	3396	9612		17346	5722	702
248093	225314	56	5995	7139		8668	1473	2735
193226	158902	772	7008	12866		16931	3293	3635
1297721	373216	783800	54177	74118	1383	1030326	170639	2132
380073	344631	625	8489	15524	1745	24775	8626	5328
202201	170236	718	2885	25862		34570	7991	5196
10018	8861	55	409	1007		1017	–46	693
137462	123822	285	6176	2188		2806	333	2168
66594	51497	2660	5379	3176		7024	1188	1043
9913	9590	11	42	110		222	101	405
17568	11624	177	1655	7067		8719	1476	348
13778	12110	163	420	195		1260	902	600
317928	272669	682	15201	5758	4863	14291	7154	2458
81997	65814	3	6225	5247		5435	185	770
933818	875606	3488	34471	–13000	46209	17798	27309	6393
59847	53951	302	1753	3040		5851	2509	673
2824365	2581432	26895	79776	–2761	75049	128864	104730	5486
133693	105002	110	5498	9392		15025	4732	998
53644	44686	205	2411	4731		6482	1546	1145
872551	736691	4260	53223	71328		111632	36044	4301
284617	233021	4541	23638	–1979	30495	12593	10031	2841
21383	18241	49	2239	–558	558	595	1104	517
136234	96142	982	14082	14411	664	18043	2650	3231
40354	36356	25	1004	2443		4223	1754	1282
669413	654017	4507	6450	–16926	24116	24741	37083	4169

9–15　规模以上工业企业

（2016年）

行　业　分　类	综合能源消费量（吨标准煤）	原煤（吨）	无烟煤（吨）	一般烟煤（吨）	褐煤（吨）
全部工业企业	**5080427**	**6595308**	**3269106**	**3313017**	**4150**
一、按轻重工业分组：轻工业	243935	107485	41115	57335	
重工业	4836491	6487823	3227991	3255682	4150
二、按行业类型分组：					
采矿业	86795	608833	2928	605905	
煤炭开采和洗选业	25412	605649		605649	
黑色金属矿采选业	40524	472	472		
有色金属矿采选业	701				
非金属矿采选业	20158	2712	2456	256	
制造业	4300404	4562178	1846032	2707112	
农副食品加工业	35824	12240	1654	10585	
食品制造业	52708	50191	22921	26043	
酒、饮料和精制茶制造业	8030	4617	3275	1342	
烟草制品业	14525	5541	5541		
纺织业	38830	8978		1171	
纺织服装、服饰业	8534	1538		1538	
皮革、毛皮、羽毛及其制品和制鞋业	515				
木材加工和木、竹、藤、棕、草制品业	30478	12198	137	12061	
家具制造业	1558				
造纸和纸制品业	14232	10385	278	10107	
印刷和记录媒介复制业	2338	1321	1321		
文教、工美、体育和娱乐用品制造业	4011	177		177	
石油加工、炼焦和核燃料加工业	4930	4975		4975	
化学原料和化学制品制造业	484555	475985	112688	363296	
医药制造业	2827	1565	1165	400	
化学纤维制造业	16533	4577		4577	
橡胶和塑料制品业	39720	35609		35609	
非金属矿物制品业	3217646	3927672	1695731	2231941	
黑色金属冶炼和压延加工业	85396	802	802		
有色金属冶炼和压延加工业	165822	1994		1994	
金属制品业	6068	442	392	50	
通用设备制造业	14621	813		813	
专用设备制造业	10791	396		396	
汽车制造业	15128				
铁路、船舶、航空航天和其他运输设备制造业	438	127	127		
电气机械和器材制造业	10014	36		36	
计算机、通信和其他电子设备制造业	9795				
其他制造业	217				
废弃资源综合利用业	4319				
电力、热力、燃气及水生产和供应业	693228	1424297	1420147		4150
电力、热力生产和供应业	692508	1424297	1420147		4150
燃气生产和供应业	2				
水的生产和供应业	718				

主要能源产品消费量

其它洗煤（吨）	焦炭（吨）	天然气（气态）（万立方米）	液化天然气（液态）（吨）	汽油（吨）	煤油（吨）	柴油（吨）
13214	**33026**	**426**	**744**	**5364**	**690**	**33187**
		22		2457		2273
13214	33026	403	744	2907	690	30913
1544				973		9155
				678		880
228				245		2893
				5		
1316				45		5381
11670	33026	426	744	3614	690	23578
				7		531
		16		13		585
		7		84		140
				15		588
				18		41
				39		7
				60		150
				84		92
				14		15
				4		
				11		15
				9		3
				2231		384
				4		119
				86	1	24
11670		200		71		14579
	27916	27		7		73
	5103	51		206	689	2610
		116		27		35
				320		1701
				202		664
	7		744	87		1190
				3		
		10		11		16
						18
				777		454
				777		454

9-15 规模以上工业企业

（2016年）

行业分类	燃料油（吨）	液化石油气（吨）	润滑油（吨）	石蜡（吨）	溶剂油（吨）
全部工业企业	**10851**	**2897**	**67**	**3**	**98**
一、按轻重工业分组：轻工业	10332	816			
重工业	519	2081	67	3	98
二、按行业类型分组：					
采矿业					
煤炭开采和洗选业					
黑色金属矿采选业					
有色金属矿采选业					
非金属矿采选业					
制造业	10851	2897	67	3	98
农副食品加工业		4			
食品制造业		224			
酒、饮料和精制茶制造业		588			
烟草制品业	2827				
纺织业					
纺织服装、服饰业					
皮革、毛皮、羽毛及其制品和制鞋业					
木材加工和木、竹、藤、棕、草制品业					
家具制造业					
造纸和纸制品业					
印刷和记录媒介复制业					
文教、工美、体育和娱乐用品制造业					
石油加工、炼焦和核燃料加工业					
化学原料和化学制品制造业					98
医药制造业					
化学纤维制造业	7505				
橡胶和塑料制品业			22	3	
非金属矿物制品业	484				
黑色金属冶炼和压延加工业					
有色金属冶炼和压延加工业	35	1935	13		
金属制品业					
通用设备制造业		52	28		
专用设备制造业		93	5		
汽车制造业					
铁路、船舶、航空航天和其他运输设备制造业					
电气机械和器材制造业					
计算机、通信和其他电子设备制造业					
其他制造业					
废弃资源综合利用业					
电力、热力、燃气及水生产和供应业					
电力、热力生产和供应业					
燃气生产和供应业					
水的生产和供应业					

主要能源产品消费量（续）

石油焦（吨）	其它石油制品（吨）	热力（百万千焦）	电力（万千瓦时）	煤矸石用于燃料（吨）	生物质废料用于燃料（吨）	其它工业废料用于燃料（吨）	其他燃料（吨标准煤）
16637	**11304**	**562289**	**772225**	**19323**	**8186**	**1476**	**164**
	10173	144252	77449		6882	975	164
16637	1131	418037	694776	19323	1304	501	
	1		50917				
			17922				
	1		26476				
			524				
			5996				
16637	11304	562289	648888	19323	8186	1476	164
		144252	11104		3322		164
			5685		3560	65	
			2394				
			4591				
			21785				
			5504				
			376				
			9894		1304	501	
			969				
			5221				
			848				
			2606			910	
			1043				
7803	10173	342331	66122				
			918				
			793				
			10558				
7384			305201	19323			
1450			39615				
	7	75706	108951				
			3317				
			8264				
	744		5909				
	379		8531				
			239				
			7838				
			7086				
			161				
			3364				
			72419				
			71877				
			3				
			539				

9-16 规模以上工业企业能源购进、消费与库存情况

（2016 年）

能源名称	计量单位	年初库存量	购进量	消费量				年末库存量
			实物量	合计	工业生产消费	用于原材料	非工业生产消费	
原煤	吨	749037	6468978	6595308	6594862	769331	446	613713
其中：1. 无烟煤	吨	489737	3177341	3269106	3268666	408939	440	389762
2. 炼焦烟煤	吨	1668	7810	9035	9035			433
3. 一般烟煤	吨	253473	3283827	3313017	3313011	360392	6	223518
4. 褐煤	吨	4160		4150	4150			
洗精煤	吨	164						
其它洗煤	吨	1696	12651	13214	13214	4804		1062
煤制品	吨							
焦炭	吨	1270	32764	33026	33026	8271		3250
天然气（气态）	万立方米	13	425	426	417	54	8	
液化天然气（液态）	吨	95	816	744	723		21	72
汽油	吨	144	5720	5841	5303	286	537	159
煤油	吨	1104	776	759	759	758		1103
柴油	吨	1540	36795	36835	32889	1820	3946	1351
燃料油	吨	347	12123	12310	12258		52	116
液化石油气	吨	60	3203	3198	3162		36	71
石脑油	吨	1						
润滑油	吨	4	78	76	76	17		3
石蜡	吨		4	3	3	3		
溶剂油	吨	7	102	108	108	108		
石油焦	吨	1485	20082	19207	19207	6812		1556
石油沥青	吨	6	4067	4069	4069	4069		4
其它石油制品	吨	19	12362	12375	12375	859		6
热力	百万千焦		633362	633362	633362			
电力	万千瓦时		814992	846806	838569		8237	
煤矸石用于燃料	吨	112	20654	20654	20654			
生物质废料用于燃料	吨	55	17517	17505	17505			21
余热余压	百万千焦		1315138	7832502	7832502			
其它工业废料用于燃料	吨		1534	1514	1514			20
其他燃料	吨标准煤		164	164	164			
能源合计	吨标准煤			6239340	6221976		17364	

9-17 规模以上工业企业用水情况

（2016 年）

指 标	取水量（万立方米）	外供水量（万立方米）
合 计	**11415**	**5979**
1. 陆表淡水	3969	
2. 地下淡水	2800	
3. 自来水	4645	5943
4. 雨水	2	
5. 其他水		36

注：2016 年规模以上工业企业外排水取水量 1760 立方米、重复用水取水量 32139 万立方米

主要统计指标解释

工业 是指从事自然资源的开采，对采掘品及农产品进行加工和再加工的物质生产部门。工业生产活动主要包括以下几个方面：

对自然资源的开采，如采矿、晒盐、森林采伐等，但禽兽捕猎和水产捕捞按国家标准《国民经济行业分类和代码》的划分，均属农业生产活动，不包括在工业生产活动内。

对农副产品的加工、再加工如粮油加工、食品加工、轧花、缫丝、纺织、制革等。

对采掘品的加工、再加工，如冶金加工、石油加工、化学加工、机械加工、木材加工等，以及电力、煤气及水的生产和供应等。

对工业品的修理、翻新如机械设备的修理、交通运输工具的修理等。

规模以上工业 是指年主营业务收入(产品销售收入)2000万元及以上的法人工业企业。其余的称规模以下工业。

工业总产值（当年价格） 是指工业企业在报告期内生产的以货币形式表现的工业最终产品和提供工业劳务活动的总价值量。它是反映一定时间内工业生产总规模和总水平的重要指标，是计算工业生产发展速度和主要比例关系、计算工业产品销售率和其他经济指标的重要依据。

工业增加值 指工业企业在报告期内以货币表现的工业生产活动的最终成果 。工业增加值有两种计算方法：一是生产法，即工业总产值减去工业中间投入；二是收入法 ，即从收入的角度出发，根据生产要素在生产过程中应得到收入份额计算，具体构成项目有固定资产折旧、劳动者报酬、生产税净额、营业盈余，这种方法也称要素分配法。

轻工业 指主要提供生活消费品和制作手工工具的工业。按其所使用的原料不同，可分为两大类：(1) 以农产品为原料的轻工业，是指直接或间接以农产品为基本原料的轻工业。主要包括食品制造、饮料制造、烟草加工、纺织、缝纫、皮革和毛皮制作、造纸以及印刷等工业；(2) 以非农产品为原料的轻工业，是指以工业品为原料的轻工业。主要包括文教体育用品、化学药品制造、合成纤维制造、日用化学制品、日用玻璃制品、日用金属制品、手工工具制造、医疗器械制造、文化和办公用品机械制造等工业。

重工业 是指为国民经济各部门提供物质技术基础的主要生产资料的工业。 按其生产性质和产品用途，可分为下列三类：(1) 采掘 (伐) 工业，是指对自然资源的开采， 包括石油开采、煤炭开采、金属矿开采、非金属矿开采和木材采伐等工业；(2) 原材料工业 ，指向国民经济各部门提供基本材料、动力和燃料的工业。包括金属冶炼及加工、炼焦及焦炭化学、化工原料、水泥、人造板以及电力、石油和煤炭加工等工业；(3) 加工工业，是指对工业原材料进行再加工制造的工业，包括装备国民经济各部门的机械设备制造工业、金属结构 、水泥制品等工业，以及为农业提供的生产资料如化肥、农药等工业。

国有企业 是指企业全部资产归国家所有，并按《中华人民共和国企业法人登记管理条例》规定登记注册的非公司制的经济组织。不包括有限责任公司的国有独资公司 。

集体企业 是指企业资产归集体所有，并按《中华人民共和国企业法人登记管理条例》规定登记注册的经济组织。

股份合作企业 是指以合作制为基础，由企业职工共同出资入股，吸收一定比例的社会资产投资组建，实行自主经营，自负盈亏，共同劳动，民主管理，按劳分配与按股分红相结合的一种集体经济组织。

联营企业 是指两个及两个以上相同或不同所有制性质的企业法人或事业单位法人，按自愿、平等、互利的原则，共同投资组成的的经济组织。

有限责任公司 是指根据《中华人民共和国公司登记管理条例》规定登记注册，由两个以上，五十个以下的股东共同出资，每个股东以其所认缴的出资额对公司承担有限责任，公司以其全部资产对其债务承担责任的经济组织。

股份有限公司　是指根据《中华人民共和国公司登记管理条例》规定登记注册，其全部注册资本由等额股份构成并通过发行股票筹集资本，股东以其认购的股份对公司承担有限责任，公司以其全部资产对其债务承担责任的经济组织。

私营企业　是指由自然人投资设立或由自然人控股，以雇佣劳动为基础的营利性经济组织。包括按照《公司法》、《合伙企业法》、《私营企业暂行条例》规定登记注册的私营有限责任公司、私营股份有限公司、私营合伙企业和私营独资企业。

其他内资企业　是指上述之外的其他内资经济组织。

与港澳台商合资经营企业　是指港澳台地区投资者与内地的企业依照《中华 人民共和国中外合资经营企业法》及有关法律的规定，按合同规定的比例投资设立、分享利润和分担风险的企业。

与港澳台商合作经营企业　是指港澳台地区投资者与内地企业依照《 中华人民共和国中外经营企业法》及有关法律的规定，依照合作合同的约定进行投资或提供条件设立、分配利润和分担风险的企业。

港澳台独资经营企业　是指依照《中华人民共和国外资企业法》及有关法律的规定，在内地由港澳台地区投资者全额投资设立的企业。

港澳台商投资股份有限公司　是指根据国家有关规定，经外经贸部依法批准设立，其中港、澳、台商的股本占公司注册资本的比例达 25% 以上的股份有限公司。凡其中 港、澳、台商的股本占公司注册资本的比例小于 25% 的，属于内资企业中的股份有限公司。

中外合资经营企业　是指外国企业或外国人与中国内地企业依照《中华人民共和国中外合资经营企业法》及有关法律的规定，按合同规定的比例投资设立、分享利润和分担风险的企业。

中外合作经营企业　是指外国企业或外国人与中国内地企业依照《中华人民共和国中外合作经营企业法》及有关法律的规定，依照合作合同的约定进行投资或提供条件设立、分配利润和分担风险的企业。

外资企业　是指依照《中华人民共和国外资企业法》及有关法律的规定，在中国内地由外国投资者全额投资设立的企业。

外商投资股份有限公司　是指根据国家有关规定，经外经贸部依法批准设立 ，其中外资的股本占公司注册资本的比例达 25% 以上的股份有限公司。凡其中外资股本占公司注册资本的比例小于 25% 的，属于内资企业中的股份有限公司。

国有控股　是指在企业的全部实收资本中，国有经济成分的出资人拥有的实收资本 (股本) 所占企业全部实收资本 (股本) 的比例大于 50% 的国有绝对控股。

在企业全部实收资本中，国有经济成分的出资人拥有的实收资本 (股本) 所占比例虽未大于 50%，但相对大于其他任何一方经济成分的出资人所占比例的国有相对控股；或者虽不大于其他经济成分，但根据协议规定拥有企业实际控制权的国有协议控股。投资双方各占 50%，且未明确由谁绝对控股的企业，若其中一方为国有经济成分的，一律按国有控股处理。

集体控股　是指在企业的全部实收资本中，集体经济成分的出资人拥有的实收资本 (股本) 所占企业全部实收资本 (股本) 的比例大于 50% 的集体绝对控股。

在企业的全部实收资本中，集体经济成分的出资人拥有的实收资本 (股本) 所占比例虽未大于 50%，但相对大于其他任何一方经济成分的出资人所占比例的集体相对控股；或者虽不大于其他经济成分，但根据协议规定拥有实际控制权的集体协议控股。

私人控股　是指在企业的全部实收资本中，私人经济成分的出资人拥有的实收资本 (股本) 的所占企业全部实收资本(股本)的比例大于50%的私人绝对控股。

在企业的全部实收资本中，港澳台商经济成分的出资人拥有的实收资本(股本)所占比例虽未大于50%，但相对大于其他任何一方经济成分的出资人所占比例的港澳台商相对控股，或者虽不大于其他经济成分，但根据协议规定拥有企业实际控制权的港澳台商协议控股。

港澳台商控股 是指企业全部实收资本中，港澳台商经济成分的出资人拥有的实收资本(股本)所占企业全部实收资本(股本)的比例大于50%的港澳台商绝对控股。

在企业的全部实收资本中，港澳台商经济成分的出资人拥有的实收资本(股本)所占比例虽未大于50%，但相对大于其他任何一方经济成分的出资人所占比例的港澳台商相对控股；或者虽不大于其他经济成分，但根据协议规定拥有企业实际控制权的港澳台商协议控股。

外商控股 是指在企业的全部实收资本中，外商经济成分的出资人拥有的实收资本(股本)所占企业全部实收资本(股本)的比例大于50%的外商绝对控股。

在企业的全部实收资本中，外商经济成分的出资人拥有的实收资本(股本)所占比例虽未大于50%，但相对大于其他任何一方经济成分的出资人所占比例的外商相对控股；或者虽不大于其他经济成分，但根据协议规定拥有企业实际控制权的外商协议控股。

终端消费 指以能源产品形式存在的某种物质，经过各阶段的消费到达的一种状态，此时产品所具有的某种能量在各阶段的不可逆过程中，以光、热、电等形式已释放到宇宙空间中，或以作为非能源产品的形式存在，即能源消费到此终止。例如：燃烧煤生产蒸汽，蒸汽用于取暖，用煤合成氨，用原油生产橡胶等。

中间消费 也称加工转换消费，它是相对于能源终端消费而存在的，用以反映能源消费流程的不同阶段。自然界的能源，除少部分直接利用外，大部分都要进行加工转换，便于运输、分配，以提高其使用价值，更好地适应生产和生活的需要。能源加工转换就是把一种能源或多种能源投入加工转换装置，产出一种或多种更高级的能源产品。

能源库存 指独立核算的法人企业在报告期初、期末实际结存的能源的数量。能源库存数量分别用实物量和价值量表示(详细说明参见原材料部分)。

标准能源 标准能源是将不同质的能源按照规定的标准换算成同一热值标准的计量单位。能源的主要属性是燃料，燃料燃烧释放热量，是不同质燃料的共同属性。因此，采用热量做为能源的共同换算标准具有同质性和可比性。由于煤、油、燃气等各种能源质量不同，所含热值不同，为了便于把不同的各种能源加总、对比和数量分析，必须换算成标准能源。标准能源可分为标准煤（煤当量）、标准油（油当量）等，各国使用的标准能源单位不尽相同，我国使用的是标准煤。

折标准煤系数 折标准煤系数是指某种能源的实际热值与标准燃料的热值之比，主要用于没有实测条件的企业。各种能源由于原始计量单位不同，热值不一样，因此，必须折算成同一标准计量单位，才能进行汇总、对比和分析。国际上通常采用的标准燃料有：油当量，电当量，热功当量(焦耳)和煤当量。因我国能源以煤为主，均采用煤当量，即规定每千克标准煤的热量为7000卡(也称7000大卡)(见各种能源折标准煤参考系数)，用7000大卡除各种能源每千克的热值获得各种能源的折标准煤系数。

第十篇　建 筑 业

Jian zhu ye

供稿人：刘 启 丽

10-1　资质建筑业主要经济指标

（1993-2016年）

年　　份	企　业 单位数 （个）	总产值 （万元）	增加值 （万元）	年　　末 从业人员 （人）	固定资产 原　　值 （万元）
1993	40	28721	5299	12900	7543
1994	75	66902	17300	20966	13897
1995	81	83367	23106	20711	22379
1996	199	83250	25641	25463	29267
1997	148	89209	28580	24914	38839
1998	153	95898	29674	24004	45320
1999	152	109913	34943	23915	50758
2000	141	116290	34185	23885	49705
2001	124	153380	41162	22819	55560
2002	111	159628	53254	20859	71923
2003	127	355275	81298	35963	89771
2004	127	414379	107552	44499	94528
2005	129	494792	126017	43826	101246
2006	137	686831	196995	63518	134612
2007	150	1037608	301269	75165	161252
2008	172	1335177	417071	103570	186734
2009	179	1760881	562522	119628	238967
2010	187	2478701	775821	179215	291436
2011	197	3320495	1053677	194646	358370
2012	218	4141817	1355121	245224	455907
2013	249	4711650	1593758	294851	507451
2014	291	5707743	1905512	293905	594369
2015	299	6653345	2256222	320628	607073
2016	350	7379510	2235243	348645	630746

10–2 资质总承包和专业

（1996–2016 年）

项　　目	单位	1996 年	1997 年	1998 年	1999 年	2000 年	2001 年	2002 年	2003 年
企业单位数	个	199	148	153	152	141	124	111	127
总产值	万元	83250	89209	95898	109913	116290	153380	159628	355275
增加值	万元	25641	28580	29674	34943	34185	41162	53254	81298
竣工产值	万元	52792	57203	61392	72900	76275	129792	130169	275639
房屋施工面积	万平方米	157	145.6	167.54	182.2	179.95	196.13	214.66	390.95
房屋竣工面积	万平方米	77.66	70.49	68.4	84.87	76.51	125.71	99.78	187.11
#住宅	万平方米	30.33	28.9	29.71	53.61	41.11	75.98	44.22	84.83
计算建筑业全员劳动生产率的平均人数	人	25463	24914	24004	23915	23885	23422	20973	34870
全员劳动生产率（按总产值计算）	元 / 人	32695	35807	39951	45960	48687	65485	76111	101885
工资总额	万元	13466	13748	14399	18160	18539	21590	25261	45299
财务指标									
资本金合计	万元	26533	31358	38865	46145	50891	73503	101034	151594
流动资产年末数	万元	102102	98749	113806	118107	122540	130091	147473	211913
固定资产原值	万元	29267	38839	45320	50758	49705	55560	71923	89771
固定资产净值	万元	20915	27306	33215	38089	37890	43651	53238	69482
企业总收入	万元	78661	84647	97495	114223	114135	156511	181688	349682
工程结算收入	万元	79431	84318	97030	110016	111987	153595	173301	345619
工程结算成本	万元	69690	73952	85042	97430	99751	138440	152416	302813
利润总额	万元	1028	909	950	1138	1064	2070	6550	11651
#工程结算利润	万元	6533	7115	8212	8455	7876	9091	14236	29233
利税总额	万元	4473	4248	2072	5516	5543	8377	13418	29418

承包建筑业主要经济指标

2004年	2005年	2006年	2007年	2008年	2009年	2010年	2011年	2012年	2013年	2014年	2015年	2016年
127	129	132	144	172	179	187	197	218	233	291	299	350
414379	494792	686541	1037212	1334323	1760099	2476667	3315339	4131983	4693413	5685523	6628635	7345433
107552	126017	196806	301021	416680	561931	774100	1045098	1346987	1579412	1905512	2240306	2235243
322614	368766	499383	673344	988142	1228161	1540246	2376482	2689202	3244059	3891450	4821957	5229010
511.24	621.8	776.63	1070.70	1079.60	1370.17	2150.29	2499.09	3201.34	3397.98	4153	5002	4972
254.7	324.93	299.18	479.11	527.10	617.17	895.52	1148.90	1252.26	1322.51	1713	1987	2407
91.75	102.36	97.19	173.41	194.50	243.90	323.53	503.90	419.63	579.28	740	791	1170
42466	40165	60766	75399	103300	127088	187588	194878	229357	276508	283620	307791	347198
97579	123189	112981	137563	129170	138495	132027	170124	180155	169739	200463	215362	211563
60200	66922	111815	181669	272692	359664	495925	739886	989426	1163641	1412549	1604556	1578088
170821	197142	226792	253332	720558	923991	1144041	1496015	1810587	2021450	2240144	2595932	2820044
245923	269864	324369	412044	537791	713423	864327	1113567	1292671	1460991	1582407	1920009	2138647
94528	101246	134250	160879	186179	237886	290295	358371	455907	507451	591984	606580	627791
68985	74709	95905	114698	120788	154380	213306	238352	296061	326082	392283	378953	381139
424418	492161	683678	989435	1337547	1767777	2294979	3317477	4142297	4439411	5202738	6130789	6485049
414443	471341	656907	986168	1260181	1704417	2288252	3127353	3836350	4433197	5194394	6122166	6481229
364377	404609	564092	858691	1100941	1502573	2008673	2725684	3370965	3882757	4546425	5414114	5712753
16042	23411	37146	41792	47473	65121	101228	130455	159643	192404	235492	259386	299649
32640	43106	61160	76143	91665	119116	175423	264212	310162	366047	435008	464455	556255
34531	22524	66918	87424	104430	140674	198775	270738	325271	381207	235492	590520	519420

10-3 资质总承包和专业承包

（2016年）

项　　目	企业数（个）	有工作量的企业个数	建筑业总产值（万元）	在外省完成的产值
总　　计	**330**	**323**	**7345433**	**4089339**
其中：国有及国有控股企业	7	5	76425	1617
一、按登记注册类型分组				
内资企业	330	323	7345433	4089339
国有企业	1	1	15644	317
有限责任公司	67	64	1383998	742211
国有独资公司	5	3	50557	
其他有限责任公司	62	61	1333441	742211
股份有限公司	4	4	60668	21162
私营企业	258	254	5885124	3325649
私营有限责任公司	249	245	5391965	2987446
私营股份有限公司	9	9	493159	338203
二、按隶属关系分组				
省（自治区、直辖市）	1	1	6006	
地区（州、盟、省辖市）	6	5	79166	1617
县（区、市、旗）	13	11	266643	88795
其他	310	306	6993619	3998927
三、按企业资质等级分组				
施工总承包	270	265	6929978	3864728
一级	21	21	3177285	2220257
二级	89	88	2481317	1241962
三级及以下	160	156	1271377	402509
专业承包	60	58	415455	224612
一级	9	9	245374	166152
二级	21	19	114910	57658
三级及以下	30	30	55171	802
四、按县（市、区）分				
全　市	330	323	7345433	4089339
新罗区	130	124	2074238	894545
永定区	23	23	275476	52186
漳平市	11	11	179862	54405
长汀县	29	28	370569	128828
上杭县	93	93	3935027	2862163
武平县	36	36	398467	69213
连城县	8	8	111795	28000

建筑业主要生产指标（一）

按构成分			竣工产值（万元）	房屋建筑施工面积（万平方米）	本年新开工面积	实行投标承包面积
建筑工程产值	安装工程产值	其他产值				
6986478	**258791**	**100164**	**5229010**	**4971.98**	**2181.09**	**3400.75**
64869	11555		32618	4.87		4.87
6986478	258791	100164	5229010	4971.98	2181.09	3400.75
4089	11555		14822			
1289428	37986	56584	918966	911.43	409.50	482.75
50557			11153	4.87		4.87
1238871	37986	56584	907814	906.56	409.50	477.88
46833		13835	44535	3.91	1.35	3.01
5646129	209250	29745	4250687	4056.63	1770.24	2914.99
5178229	186067	27670	3838704	3922.05	1652.48	2876.59
467900	23184	2075	411983	134.59	117.76	38.40
6006			405			
64471	14695		35645	4.70		4.70
255938	6095	4610	220735	130.19	3.19	128.12
6660063	238001	95554	4972226	4837.09	2177.90	3267.93
6656081	177124	96774	4849489	4611.37	1956.94	3297.81
3117343	57583	2359	2339216	2759.49	1024.28	2139.04
2390889	41717	48712	1647321	1303.79	632.19	807.31
1147849	77824	45704	862951	548.10	300.48	351.46
330398	81668	3390	379522	360.61	224.14	102.94
198517	46857		254544	283.03	164.75	47.20
103959	10951		89659	75.94	57.75	54.99
27922	23860	3390	35318	1.64	1.64	0.75
6986478	258791	100164	5229010	4971.98	2181.09	3400.75
1952051	108278	13908	1393697	1294.59	523.84	1201.81
256647	10329	8500	190728	53.48	9.13	25.37
177210	190	2462	82236	144.71	51.61	108.99
333036	12532	25002	230763	203.02	60.02	184.12
3775576	109159	50292	2932844	2993.37	1376.91	1627.26
386428	12038		309792	178.76	83.54	150.83
105530	6265		88950	104.05	76.03	102.38

10–3 资质总承包和专业承包

（2016 年）

项目	企业数（个）	有工作量的企业个数	建筑业总产值（万元）	在外省完成的产值
五、按营业状态分				
营业	330	323	7345433	4089339
六、按控股情况分				
国有控股	7	5	76425	1617
集体控股	8	7	123819	4978
私人控股	315	311	7145190	4082744
七、按单位规模分				
大型	2	2	430022	256945
中型	113	113	5582751	3476411
小型	180	179	1291054	347578
微型	35	29	41607	8406
八、按 2011 行业类别分				
房屋建筑业	178	175	4124706	2240121
土木工程建筑业	105	103	3057799	1792646
铁路、道路、隧道和桥梁工程建筑	54	54	560889	158830
公路工程建筑	9	9	191228	30007
市政道路工程建筑	43	43	332693	112069
其他道路、隧道和桥梁工程建筑	2	2	36968	16754
水利和内河港口工程建筑	8	8	202889	81293
水源及供水设施工程建筑	6	6	125287	34430
河湖治理及防洪设施工程建筑	2	2	77603	46863
工矿工程建筑	33	32	2205205	1517407
架线和管道工程建筑	7	6	27335	5830
架线及设备工程建筑	6	6	27335	5830
管道工程建筑	1			
其他土木工程建筑	3	3	61481	29286
建筑安装业	17	17	117434	47756
电气安装	13	13	63016	6101
管道和设备安装	2	2	9866	
其他建筑安装业	2	2	44552	41655
建筑装饰和其他建筑业	30	28	45494	8816
建筑装饰业	28	26	41424	8816
工程准备活动	2	2	4070	
建筑物拆除活动	1	1	1339	
其他工程准备活动	1	1	2732	

建筑业主要生产指标（续）

按构成分			竣工产值（万元）	房屋建筑施工面积（万平方米）	本年新开工面积	实行投标承包面积
建筑工程产值	安装工程产值	其他产值				
6986478	258791	100164	5229010	4971.98	2181.09	3400.75
64869	11555		32618	4.87		4.87
106356	17463		135890	120.26	1.00	120.26
6815253	229773	100164	5060502	4846.85	2180.09	3275.62
415862	14160		163201	267.30	116.77	267.30
5329326	201191	52234	4145414	3898.31	1719.28	2681.70
1200524	42801	47728	889664	748.00	328.39	393.45
40765	640	202	30731	58.38	16.66	58.30
3994131	93213	37362	2965402	3760.37	1511.87	2931.21
2867183	131204	59413	2130497	1136.16	638.19	469.54
536195	4302	20392	463075	97.23	54.56	60.74
191228			186291	5.64		5.64
307999	4302	20392	244337	91.59	54.56	55.10
36968			32447			
171954	29744	1191	102653	6.27	0.37	6.27
94351	29744	1191	76772	0.37	0.37	0.37
77603			25881	5.91		5.91
2134342	36924	33940	1491141	1032.66	583.27	402.53
6100	17345	3890	23265			
6100	17345	3890	19814			
			3450			
18592	42889		50363			
81540	33843	2051	106572	75.45	31.02	
30969	29996	2051	52838			
8216	1650		4385			
42355	2197		49350	75.45	31.02	
43624	531	1339	26539			
40893	531		22459			
2732		1339	4080			
		1339	1339			
2732			2741			

10-3 资质总承包和专业承包

（2016 年）

项　　目	年末自有施工机械设备			从业人员（人）	
	净值（万元）	总台数（台）	总功率（千瓦）	直接从事生产经营活动的平均人数	年末从业人数
总　　计	**337468**	**41016**	**1825294**	**347198**	**346080**
其中：国有及国有控股企业	11012	239	17122	4093	4224
一、按登记注册类型分组					
内资企业	337468	41016	1825294	347198	346080
国有企业	129	75	620	668	726
有限责任公司	82639	8467	458752	64477	61685
国有独资公司	10872	141	16477	2765	2829
其他有限责任公司	71766	8326	442275	61712	58856
股份有限公司	3770	709	42592	2748	2835
私营企业	250930	31765	1323330	279305	280834
私营有限责任公司	236567	30088	1204187	247391	248717
私营股份有限公司	14363	1677	119143	31914	32117
二、按隶属关系分组					
省（自治区、直辖市）				114	114
地区（州、盟、省辖市）	11044	242	17322	4171	4413
县（区、市、旗）	23099	1638	107065	11663	8675
其他	303325	39136	1700907	331250	332878
三、按企业资质等级分组					
施工总承包	322371	36289	1743627	329550	328480
一级	106156	12601	562992	164927	163355
二级	125745	14363	680322	106986	109544
三级及以下	90470	9325	500313	57637	55581
专业承包	15097	4727	81667	17648	17600
一级	9567	2912	54015	11103	11053
二级	3204	1128	12204	4129	4135
三级及以下	2326	687	15448	2416	2412
四、按县（市、区）分					
全　市	337468	41016	1825294	347198	346080
新罗区	80535	14863	491208	94786	96356
永定区	27628	1813	95840	14705	14280
漳平市	5801	1281	36103	9238	11364
长汀县	14033	1854	70743	18247	14864
上杭县	190270	17846	994760	189757	188183
武平县	14140	2612	113252	16574	17427
连城县	5062	747	23388	3891	3606

建筑业主要生产指标（二）

主要建筑材料消耗量					
钢　材 （吨）	木　材 （立方米）	水　泥 （吨）	平板玻璃 （重量箱）	平板玻璃 （平方米）	铝　材 （吨）
4837669	**2474864**	**14890921**	**2170365**	**13221557**	**258697**
19327	12685	187525			50
4837669	2474864	14890921	2170365	13221557	258697
5921	11250	128571			
564556	688517	1718528	342075	1331995	91569
7111	1200	49345			50
557445	687317	1669183	342075	1331995	91519
30523	17012	237645	628	6280	3508
4236669	1758085	12806177	1827662	11883282	163620
3948073	1631245	11731361	1807479	11727238	158934
288596	126840	1074816	20183	156044	4686
19304	12685	184625			50
77232	70333	196423	33360	167396	4076
4741133	2391846	14509873	2137005	13054161	254571
4524084	2449886	14607441	2104758	12864381	248636
2294058	873717	4797011	1130406	6940416	48303
1558194	1178947	6471709	537275	4004631	156345
671832	397222	3338721	437077	1919334	43988
313585	24978	283480	65607	357176	10061
224373	14395	196890	26811	133821	7938
77921	9240	54327	29661	199270	1788
11291	1343	32263	9135	24085	335
4837669	2474864	14890921	2170365	13221557	258697
1209348	490779	5296367	623512	3990124	97337
159325	101991	786551	44278	207084	5029
97650	53146	350127	86430	324359	16773
206202	96107	667667	188857	611837	12945
2872480	1454503	6280892	1110287	7603664	108358
248909	246323	1063597	100814	397880	14733
43755	32015	445720	16187	86609	3522

10-3 资质总承包和专业承包

（2016 年）

项　　目	年末自有施工机械设备			从业人员（人）	
	净值（万元）	总台数（台）	总功率（千瓦）	直接从事生产经营活动的平均人数	年末从业人数
五、按营业状态分					
营业	337468	41016	1825294	347198	346080
六、按控股情况分					
国有控股	11012	239	17122	4093	4224
集体控股	3336	539	17089	5345	2324
私人控股	323120	40238	1791083	337760	339532
七、按单位规模分					
大型	7441	1998	94078	19365	19578
中型	243528	28653	1291631	267034	265164
小型	80069	9062	337065	58401	59067
微型	6429	1303	102520	2398	2271
八、按 2011 行业类别分					
房屋建筑业	143905	22600	936890	195430	194426
土木工程建筑业	187108	15153	847642	144642	144599
铁路、道路、隧道和桥梁工程建筑	61497	4972	201037	25636	25674
公路工程建筑	17365	2261	71054	9430	8955
市政道路工程建筑	29915	2459	112145	14867	15375
其他道路、隧道和桥梁工程建筑	14217	252	17838	1339	1344
水利和内河港口工程建筑	8722	1196	41555	8439	8747
水源及供水设施工程建筑	3501	706	22750	5754	5986
河湖治理及防洪设施工程建筑	5220	490	18805	2685	2761
工矿工程建筑	115498	8824	598763	106274	104926
架线和管道工程建筑	1146	60	4875	1446	1510
架线及设备工程建筑	1146	60	4875	1383	1443
管道工程建筑				63	67
其他土木工程建筑	246	101	1412	2847	3742
建筑安装业	2892	806	19085	4788	4584
电气安装	1124	607	7385	2106	2191
管道和设备安装	990	130	6500	317	228
其他建筑安装业	778	69	5200	2365	2165
建筑装饰和其他建筑业	3563	2457	21677	2338	2471
建筑装饰业	2142	2358	18064	2135	2268
工程准备活动	1421	99	3613	203	203
建筑物拆除活动				52	52
其他工程准备活动	1421	99	3613	151	151

建筑业主要生产指标（续）

主要建筑材料消耗量					
钢材（吨）	木材（立方米）	水泥（吨）	平板玻璃（重量箱）	平板玻璃（平方米）	铝材（吨）
4837669	2474864	14890921	2170365	13221557	258697
19327	12685	187525			50
46500	30764	46856	29826	119302	114
4771842	2431415	14656540	2140539	13102255	258533
341452	41005	803322	72321	343657	1671
3626093	1944700	10464357	1848220	11554547	158991
856842	486729	3553223	243363	1288194	96207
13282	2430	70019	6461	35159	1828
2717818	1561054	8146521	1615247	8978584	146639
2063907	898794	6689652	530798	4100876	108222
343992	217897	1565141	66579	347468	64386
119084	69484	478251	1810	4926	56262
198352	138080	971395	64769	342542	8108
26556	10333	115495			16
107147	58975	593230	2685	15485	3262
85152	53392	507701	2590	14987	252
21995	5583	85529	95	498	3010
1597432	598251	4447984	460621	3701423	39684
3670	7312	15251	913	36500	840
3670	7312	15251	913	36500	840
11666	16359	68046			50
49046	4190	24358	3182	21217	1672
12888	2518	6835			71
2720	96	7000	4	40	25
33438	1576	10523	3178	21177	1576
6898	10826	30390	21138	120880	2164
6814	10675	29969	21125	120789	2163
84	151	421	13	91	1
84	151	421	13	91	1

10-3 资质总承包和专业承包

（2016年）

项目	房屋建筑竣工面积(万平方米)					
	合计	住宅房屋	商业及服务用房屋	商厦房屋(批发和零售用房)	宾馆用房屋(住宿用房)	餐饮用房屋(餐饮用房)
总计	**2406.75**	**1169.56**	**143.68**	**45.18**	**15.44**	**0.46**
其中：国有及国有控股企业						
一、按登记注册类型分组						
内资企业	2406.75	1169.56	143.68	45.18	15.44	0.46
国有企业						
有限责任公司	411.54	70.34	8.71	1.55		
国有独资公司						
其他有限责任公司	411.54	70.34	8.71	1.55		
股份有限公司	1.20					
私营企业	1994.02	1099.22	134.97	43.63	15.44	0.46
私营有限责任公司	1887.76	1053.26	132.12	43.23	13.23	0.22
私营股份有限公司	106.26	45.96	2.85	0.40	2.21	0.24
二、按隶属关系分组						
省(自治区、直辖市)	2.89		0.62	0.62		
地区(州、盟、省辖市)						
县(区、市、旗)	50.67	47.72	1.29			
其他	2353.19	1121.84	141.77	44.56	15.44	0.46
三、按企业资质等级分组						
施工总承包	2156.33	1157.68	143.68	45.18	15.44	0.46
一级	1404.73	926.51	77.89	12.25	10.89	
二级	532.30	179.78	51.02	32.27	2.35	0.22
三级及以下	219.29	51.40	14.77	0.66	2.21	0.24
专业承包	250.43	11.88				
一级	206.20	11.88				
二级	42.97					
三级及以下	1.26					
四、按县(市、区)分						
全市	2406.75	1169.56	143.68	45.18	15.44	0.46
新罗区	396.30	195.64	95.76	30.69	7.47	
永定区	9.32	1.20				
漳平市	25.65	21.89	0.09			
长汀县	68.35	52.60	1.77			
上杭县	1753.57	862.05	36.93	13.87	7.97	0.46
武平县	87.16	20.77	6.01			
连城县	66.41	15.42	3.12	0.62		

建筑业主要生产指标（三）

房屋建筑竣工面积（万平方米）											
商务会展用房屋	其他商业及服务用房屋（居民服务业用房）	办公用房屋	科研、教育、医疗用房屋	科学研究用房屋	教育用房屋	医疗用房屋（卫生医疗用房）	文化、体育、娱乐用房屋	厂房及建筑物	厂房	仓库	其他未列明的房屋建筑物
	82.60	**79.98**	**63.03**	**2.11**	**39.14**	**21.78**	**14.66**	**896.87**	**340.18**	**16.91**	**22.07**
	82.60	79.98	63.03	2.11	39.14	21.78	14.66	896.87	340.18	16.91	22.07
	7.16	7.16	4.63		2.86	1.78		317.75	7.68		2.93
	7.16	7.16	4.63		2.86	1.78		317.75	7.68		2.93
		0.43						0.77			
	75.44	72.39	58.39	2.11	36.28	20.00	14.66	578.35	332.50	16.91	19.13
	75.44	60.47	56.53	2.11	34.61	19.81	9.78	541.90	330.64	16.53	17.17
		11.92	1.86		1.67	0.19	4.88	36.45	1.86	0.38	1.97
								2.27			
	1.29							1.66	1.66		
	81.31	79.98	63.03	2.11	39.14	21.78	14.66	892.94	338.51	16.91	22.07
	82.60	71.13	62.97	2.11	39.09	21.78	11.19	679.60	275.35	8.06	22.01
	54.76	33.39	18.54	1.43	3.75	13.35	7.69	336.55	103.73	4.17	
	16.17	17.59	27.89		21.71	6.17	2.33	233.27	119.36	2.54	17.89
	11.67	20.15	16.55	0.68	13.62	2.25	1.16	109.78	52.27	1.36	4.12
		8.85	0.05		0.05		3.47	217.27	64.82	8.85	0.06
		7.58	0.05		0.05		3.47	174.30	47.91	8.85	0.06
								42.97	16.91		
		1.26									
	82.60	79.98	63.03	2.11	39.14	21.78	14.66	896.87	340.18	16.91	22.07
	57.60	42.18	23.12	0.20	10.94	11.97	3.55	35.76	23.43		0.29
		0.28						7.84	6.12		
	0.09		1.76		1.76			1.90	1.43		
	1.77	0.78	2.09		2.09			11.12	1.21		
	14.63	28.64	28.14	1.23	20.18	6.73	9.65	769.05	285.96	16.11	3.02
	6.01	3.40	5.54		2.47	3.08		51.44	22.04		
	2.50	4.70	2.38	0.68	1.70		1.47	19.77		0.80	18.76

10–3 资质总承包和专业承包

（2016 年）

项目	房屋建筑竣工面积（万平方米）					
	合计	住宅房屋	商业及服务用房屋	商厦房屋（批发和零售用房）	宾馆用房屋（住宿用房）	餐饮用房屋（餐饮用房）
五、按营业状态分						
营业	2406.75	1169.56	143.68	45.18	15.44	0.46
六、按控股情况分						
国有控股						
集体控股	47.72	47.72				
私人控股	2359.03	1121.84	143.68	45.18	15.44	0.46
七、按单位规模分						
大型	7.27	2.47				
中型	2119.68	1102.22	119.68	44.52	13.23	0.46
小型	266.55	62.58	23.35	0.04	2.21	
微型	4.03					
八、按 2011 行业类别分						
房屋建筑业	1843.67	1081.82	136.15	44.31	13.09	
土木工程建筑业	504.85	87.74	7.53	0.88	2.35	0.46
铁路、道路、隧道和桥梁工程建筑	52.28	6.84	4.09			0.24
公路工程建筑						
市政道路工程建筑	52.28	6.84	4.09			0.24
其他道路、隧道和桥梁工程建筑						
水利和内河港口工程建筑						
水源及供水设施工程建筑						
河湖治理及防洪设施工程建筑						
工矿工程建筑	452.57	80.90	3.45	0.88	2.35	0.22
架线和管道工程建筑						
架线及设备工程建筑						
管道工程建筑						
其他土木工程建筑						
建筑安装业	58.24					
电气安装						
管道和设备安装						
其他建筑安装业	58.24					
建筑装饰和其他建筑业						
建筑装饰业						
工程准备活动						
建筑物拆除活动						
其他工程准备活动						

建筑业主要生产指标（续）

房屋建筑竣工面积（万平方米）											
商务会展用房屋	其他商业及服务用房屋（居民服务业用房）	办公用房屋	科研、教育、医疗用房屋	科学研究用房屋	教育用房屋	医疗用房屋（卫生医疗用房）	文化、体育、娱乐用房屋	厂房及建筑物	厂房	仓库	其他未列明的房屋建筑物
	82.60	79.98	63.03	2.11	39.14	21.78	14.66	896.87	340.18	16.91	22.07
	82.60	79.98	63.03	2.11	39.14	21.78	14.66	896.87	340.18	16.91	22.07
			1.91	0.20		1.70	2.90				
	61.46	57.48	37.57	1.23	20.11	16.22	10.59	758.35	263.35	15.83	17.95
	21.10	21.34	21.80	0.68	17.27	3.85	1.16	131.13	75.98	1.08	4.12
		1.15	1.13		1.13			1.75	0.85		
	78.75	60.66	52.31	2.11	33.89	16.31	10.51	464.78	219.35	15.37	22.07
	3.85	19.32	10.71		5.25	5.47	4.15	373.86	120.83	1.54	
	3.85	10.44	3.18		3.18			27.40	21.64	0.33	
	3.85	10.44	3.18		3.18			27.40	21.64	0.33	
		8.88	7.53		2.07	5.47	4.15	346.46	99.19	1.21	
								58.24			
								58.24			

10-3 资质总承包和专业承包

（2016 年）

项目	竣工房屋价值（万元）						
	合计	住宅房屋	商业及服务用房屋	商厦房屋（批发和零售用房）	宾馆用房屋（住宿用房）	餐饮用房屋（餐饮用房）	商务会展用房屋
总　　计	**2741884**	**1332198**	**238004**	**47774**	**24042**	**954**	
其中：国有及国有控股企业							
一、按登记注册类型分组							
内资企业	2741884	1332198	238004	47774	24042	954	
国有企业							
有限责任公司	417728	126792	18879	1014			
国有独资公司							
其他有限责任公司	417728	126792	18879	1014			
股份有限公司	2347						
私营企业	2321810	1205406	219125	46760	24042	954	
私营有限责任公司	2137589	1115077	216190	46212	22073	536	
私营股份有限公司	184221	90329	2936	548	1969	418	
二、按隶属关系分组							
省（自治区、直辖市）	2020		459	459			
地区（州、盟、省辖市）							
县（区、市、旗）	94571	89991	2581				
其他	2645294	1242208	234964	47315	24042	954	
三、按企业资质等级分组							
施工总承包	2531019	1322666	238004	47774	24042	954	
一级	1543091	940031	145731	15663	18358		
二级	713228	307110	73679	31623	3715	536	
三级及以下	274700	75524	18594	488	1969	418	
专业承包	210866	9532					
一级	161109	9532					
二级	48129						
三级及以下	1628						
四、按县（市、区）分							
全　市	2741884	1332198	238004	47774	24042	954	
新罗区	722929	387579	151471	26140	14940		
永定区	11782	1800					
漳平市	40067	33211	225				
长汀县	115506	97079	2654				
上杭县	1669065	767790	61672	21175	9102	954	
武平县	126366	30527	15927				
连城县	56170	14213	6055	459			

建筑业主要生产指标（四）

竣工房屋价值（万元）										
其他商业及服务用房屋（居民服务业用房）	办公用房屋	科研、教育、医疗用房屋	科学研究用房屋	教育用房屋	医疗用房屋（卫生医疗用房）	文化、体育、娱乐用房屋	厂房及建筑物	厂房	仓库	其他未列明的房屋建筑物
165234	**129492**	**119239**	**4957**	**64960**	**49323**	**25753**	**875365**	**368098**	**9496**	**12337**
165234	129492	119239	4957	64960	49323	25753	875365	368098	9496	12337
17865	8076	7969		4771	3198		250583	10069		5428
17865	8076	7969		4771	3198		250583	10069		5428
	1320						1027			
147369	120096	111270	4957	60189	46125	25753	623755	358028	9496	6909
147369	97789	108039	4957	57124	45958	16716	569849	354178	8776	5155
	22308	3231		3065	166	9038	53907	3850	720	1754
							1561			
2581							2000	2000		
162653	129492	119239	4957	64960	49323	25753	871805	366098	9496	12337
165234	121282	119155	4957	64876	49323	24015	686565	327560	7012	12320
111711	65291	45971	4816	8251	32903	19686	322214	138391	4167	
37805	32207	47768		34478	13289	2353	238236	122813	1598	10278
15719	23784	25417	141	22146	3130	1977	126115	66356	1247	2042
	8210	84		84		1738	188801	40538	2484	18
	6582	84		84		1738	140672	28888	2484	18
							48129	11650		
	1628									
165234	129492	119239	4957	64960	49323	25753	875365	368098	9496	12337
110391	75276	44477	1341	19070	24066	11396	52202	29586		528
	306						9676	7180		
225		3665		3665			2966	2451		
2654	1951	2945		2945			10877	1517		
30441	42750	55182	3475	33683	18024	12443	717621	304908	9146	2462
15927	4800	10256		3023	7233		64856	22456		
5595	4409	2715	141	2574		1915	17167		350	9347

10-3 资质总承包和专业承包

（2016 年）

项目	竣工房屋价值（万元）						
	合计	住宅房屋	商业及服务用房屋	商厦房屋（批发和零售用房）	宾馆用房屋（住宿用房）	餐饮用房屋（餐饮用房）	商务会展用房屋
五、按营业状态分							
营业	2741884	1332198	238004	47774	24042	954	
六、按控股情况分							
国有控股							
集体控股	89991	89991					
私人控股	2651894	1242208	238004	47774	24042	954	
七、按单位规模分							
大型	19534	6303					
中型	2345169	1220601	198289	47286	22073	954	
小型	360740	103172	39170	29	1969		
微型	6818						
八、按 2011 行业类别分							
房屋建筑业	2103098	1145895	227230	46724	20327		
土木工程建筑业	589949	186303	10774	1050	3715	954	
铁路、道路、隧道和桥梁工程建筑	74642	6074	5473			418	
公路工程建筑							
市政道路工程建筑	74642	6074	5473			418	
其他道路、隧道和桥梁工程建筑							
水利和内河港口工程建筑							
水源及供水设施工程建筑							
河湖治理及防洪设施工程建筑							
工矿工程建筑	515307	180228	5301	1050	3715	536	
架线和管道工程建筑							
架线及设备工程建筑							
管道工程建筑							
其他土木工程建筑							
建筑安装业	48838						
电气安装							
管道和设备安装							
其他建筑安装业	48838						
建筑装饰和其他建筑业							
建筑装饰业							
工程准备活动							
建筑物拆除活动							
其他工程准备活动							

建筑业主要生产指标（续）

竣工房屋价值（万元）										
其他商业及服务用房屋（居民服务业用房）	办公用房屋	科研、教育、医疗用房屋	科学研究用房屋	教育用房屋	医疗用房屋（卫生医疗用房）	文化、体育、娱乐用房屋	厂房及建筑物	厂房	仓库	其他未列明的房屋建筑物
165234	129492	119239	4957	64960	49323	25753	875365	368098	9496	12337
165234	129492	119239	4957	64960	49323	25753	875365	368098	9496	12337
		3951	1341		2610	9280				
127977	95458	76858	3475	34279	39104	14497	720378	276640	8793	10295
37172	31676	35724	141	27975	7609	1977	146277	90438	703	2042
	2358	1865		1865			2595	1020		
160179	100089	93152	4957	55910	32285	17463	498875	251873	8057	12337
5055	29403	26088		9050	17037	8290	327652	116225	1439	
5055	11909	5585		5585			44969	36437	632	
5055	11909	5585		5585			44969	36437	632	
	17494	20503		3465	17037	8290	282684	79788	807	
							48838			
							48838			

10-4 资质总承包和专业承包

（2016年）

项目	年初存货	年末资产负债		
		流动资产合计	存货	固定资产合计
总计	**392425**	**2138647**	**419436**	**461882**
其中：国有及国有控股企业	6086	248517	7989	2639
一、按登记注册类型分组				
内资企业	392425	2138647	419436	461882
国有企业	772	9549	755	121
有限责任公司	82501	663825	72450	92811
国有独资公司	5314	234980	7235	905
其他有限责任公司	77187	428846	65215	91906
股份有限公司	2160	34838	4160	4399
私营企业	306991	1430435	342072	364551
私营有限责任公司	293370	1378019	329991	347584
私营股份有限公司	13621	52416	12081	16967
二、按隶属关系分组				
省（自治区、直辖市）		1425	4	1483
地区（州、盟、省辖市）	6330	179904	8232	2068
县（区、市、旗）	6005	164774	7437	27056
其他	380090	1792543	403763	431274
三、按企业资质等级分组				
施工总承包	345456	1917726	370051	426210
一级	145428	592272	158240	118073
二级	152491	841798	152028	170915
三级以下	47536	483655	59783	137222
专业承包	46969	220921	49385	35671
一级	24224	101518	28204	14049
二级	14722	53874	11905	14137
三级以下	8023	65529	9276	7485
四、按县（市、区）分				
全市	392425	2138647	419436	461882
新罗区	151892	995535	159428	134128
永定区	11320	78893	11120	29759
漳平市	25355	58911	15502	5840
长汀县	20261	108817	16473	29124
上杭县	163233	758773	193398	228302
武平县	9514	101604	14103	27251
连城县	10850	36114	9412	7478

建筑业主要财务指标（一）

单位：万元

年末资产负债						
固定资产原价	累计折旧	本年折旧	在建工程	资产合计	流动负债合计	负债合计
627791	**246652**	**43569**	**51028**	**2820044**	**926771**	**1136071**
3414	865	111		270372	94207	236791
627791	246652	43569	51028	2820044	926771	1136071
329	208	12		10425	7710	7710
125417	50651	11133	10482	859111	286560	468787
1393	577	99		254347	85796	228380
124024	50074	11034	10482	604764	200764	240407
7081	2916	499	233	44804	13113	15435
494964	192877	31924	40312	1905705	619388	644140
473987	187105	31258	38684	1835335	606671	630656
20976	5772	666	1629	70371	12717	13483
2155	672	172		2909	400	600
2701	633	70		200438	57238	168088
46570	19604	5466		197746	95194	131012
576365	225743	37862	51028	2418952	773940	836372
582141	224614	41010	41415	2543206	838097	1044170
173346	67789	11076	6214	766466	318803	321366
254096	108703	15938	13602	1127278	336468	486671
154700	48122	13995	21599	649462	182826	236132
45650	22038	2559	9612	276838	88674	91902
20961	11111	958	3877	126643	34354	35430
14120	7292	718	5308	71919	27270	28471
10569	3636	883	428	78276	27050	28001
627791	246652	43569	51028	2820044	926771	1136071
159769	56552	10085	21895	1226119	462252	621615
39459	12746	2686	1200	113349	30125	30490
9853	4976	677	963	72516	27865	28652
31731	7931	1932	5	144636	45660	52735
337325	144312	21928	24677	1084610	318872	359583
40149	17566	5438	1745	134208	25297	26297
9505	2570	824	543	44607	16699	16699

10-4 资质总承包和专业承包

（2016年）

项　　目	年初存货	年末资产负债		
		流动资产合计	存货	固定资产合计
五、按营业状态分				
营业	392425	2138647	419436	461882
六、按控股情况分				
国有控股	6086	248517	7989	2639
集体控股	11969	60305	6472	6048
私人控股	374369	1829825	404975	453194
七、按单位规模分				
大型	41407	156077	54216	8648
中型	280858	1478406	299956	325588
小型	68499	467593	63920	124154
微型	1661	36571	1345	3492
八、按2011行业代码分				
房屋建筑业	237817	1094286	254211	202364
土木工程建筑业	121280	901132	134682	239156
铁路、道路、隧道和桥梁工程建筑	40111	357481	41451	90315
公路工程建筑	27033	255216	20494	17063
市政道路工程建筑	12008	92769	20024	57835
其他道路、隧道和桥梁工程建筑	1070	9496	934	15417
水利和内河港口工程建筑	6857	61716	7552	9682
水源及供水设施工程建筑	2784	35631	1951	3292
河湖治理及防洪设施工程建筑	4073	26086	5601	6389
工矿工程建筑	71744	433165	82304	136916
架线和管道工程建筑	2025	26341	1133	1369
架线及设备工程建筑	996	22770	619	1354
管道工程建筑	1029	3571	515	15
其他土木工程建筑	543	22429	2242	876
建筑安装业	30173	105371	25113	12416
电气安装	23580	83912	17283	9425
管道和设备安装	114	1905	79	1888
其他建筑安装业	6480	19554	7751	1102
建筑装饰和其他建筑业	3155	37858	5430	7945
建筑装饰业	3155	35597	5215	5731
工程准备活动		2261	215	2214
建筑物拆除活动		1232	215	633
其他工程准备活动		1029		1582

建筑业主要财务指标（续）

单位：万元

年末资产负债						
固定资产原价	累计折旧	本年折旧	在建工程	资产合计	流动负债合计	负债合计
627791	246652	43569	51028	2820044	926771	1136071
3414	865	111		270372	94207	236791
8203	3662	556		70082	46697	46697
616174	242126	42901	51028	2479590	785867	852584
15239	6591	488		181809	84064	84064
458922	187934	31673	36193	1968344	640978	796605
149053	50721	11140	14629	627645	198326	233329
4578	1406	268	206	42247	3404	22073
257824	95375	18641	20505	1394771	467297	514167
347727	141720	23611	25090	1252606	388678	549085
87911	24053	6545	22882	474817	120135	243578
18608	4691	1007	2315	295256	99460	210982
47323	11599	4367	19368	152813	19513	31435
21980	7763	1170	1200	26748	1162	1162
18086	8405	1072		75581	22169	22169
9139	5846	705		42482	16862	16862
8948	2559	367		33099	5307	5307
238865	108262	15730	1845	648451	224646	261301
2065	713	224		28523	16118	16427
2032	694	224		24918	13441	13750
33	18			3605	2677	2677
800	287	40	363	25234	5610	5610
11248	5922	719	5148	121958	62369	62572
6111	3636	394	5148	97507	59491	59494
2653	802	193		3794	498	698
2484	1484	132		20656	2381	2381
10992	3636	599	285	50710	8428	10248
8753	3504	579	285	46235	7285	9105
2240	132	20		4475	1143	1143
658	25	8		1865	792	792
1582	107	12		2610	351	351

10-4 资质总承包和专业承包

（2016年）

项目	年末资产负债					
	所有者权益合计	实收资本				
			国家资本	集体资本	法人资本	个人资本
总　计	**1676445**	**1047441**	**5975**	**10944**	**124056**	**906465**
其中：国有及国有控股企业	33581	10184	5975		4210	
一、按登记注册类型分组						
内资企业	1676445	1047441	5975	10944	124056	906465
国有企业	2715	1225	1225			
有限责任公司	390323	205474	4750	10944	36719	153061
国有独资公司	25967	4750	4750			
其他有限责任公司	364357	200724		10944	36719	153061
股份有限公司	29369	12913			2881	10032
私营企业	1254038	827828	0		84456	743373
私营有限责任公司	1197151	790993	0		74772	716222
私营股份有限公司	56887	36835			9684	27151
二、按隶属关系分组						
省（自治区、直辖市）	2310	1417				1417
地区（州、盟、省辖市）	32350	10384	4975	1200	4210	
县（区、市、旗）	66733	46957	1000	1144	11100	33713
其他	1575053	988682	0	8600	108747	871335
三、按企业资质等级分组						
施工总承包	1499037	932984	4925		120074	807985
一级	445100	264312			29446	234866
二级	640607	375927	2100		45328	328499
三级以下	413330	292745	2825		45300	244620
专业承包	177409	114457	1050	10944	3982	98480
一级	91213	41286			1781	39505
二级	43448	36038		5000		31038
三级以下	42748	37133	1050	5944	2201	27938
四、按县（市、区）分						
全　市	1676445	1047441	5975	10944	124056	906465
新罗区	604504	413923	5975	5000	20170	382778
永定区	82859	68866		1200	20066	47600
漳平市	43864	29694			3442	26252
长汀县	91901	69375	0	1144	6581	61649
上杭县	717499	368691		1200	63551	303940
武平县	107911	77210		1200	10247	65763
连城县	27908	19683		1200		18483

建筑业主要财务指标（二）

单位：万元

损益及分配										
工程结算收入	工程结算成本	工程结算税金及附加	管理费用	税金	财务费用	利息支出	营业利润	利润总额	应交所得税	应付职工薪酬（本年贷方累计发生额）
6481229	**5712753**	**212221**	**170817**	**7550**	**27038**	**14737**	**301162**	**299649**	**87992**	**1578088**
84827	78768	1514	1614	35	93	216	2946	3046	1001	18442
6481229	5712753	212221	170817	7550	27038	14737	301162	299649	87992	1578088
15565	14632	301	448	9	–17		297	317	312	3187
1080501	955453	32912	32106	1818	5033	3885	51438	49975	16328	267815
56504	52089	444	1166	26	112	216	2705	2708	685	12419
1023997	903365	32469	30940	1793	4921	3669	48732	47267	15643	255396
57424	48140	1557	3147	61	299	281	2461	2585	657	14656
5327739	4694527	177451	135117	5662	21722	10571	246966	246772	70695	1292430
4846058	4278662	154483	129664	5521	21411	10396	213607	213174	67150	1144439
481681	415865	22968	5452	142	311	176	33360	33598	3545	147991
701	597	46	29	3	0	0	29	29	8	301
89158	82675	1694	1880	43	24	216	3002	3104	1015	19049
230125	206371	5007	6044	934	848	618	13492	12047	3360	49848
6161245	5423110	205474	162864	6571	26166	13903	284638	284469	83610	1508890
6091918	5387263	198554	147161	6575	23759	13046	281279	279639	83768	1492379
2801431	2559624	78161	40618	1347	9473	6718	110110	110538	30007	752364
2211985	1928704	74758	58625	2798	11766	5129	105633	105003	35583	501931
1078503	898935	45635	47918	2430	2520	1200	65536	64098	18178	238085
389311	325490	13667	23656	975	3279	1691	19883	20010	4224	85709
239206	198387	9538	10040	317	3161	1087	14282	14528	3043	55522
106883	91251	2963	10237	209	64	320	3668	3565	702	21388
43222	35853	1167	3378	449	54	284	1933	1916	479	8799
6481229	5712753	212221	170817	7550	27038	14737	301162	299649	87992	1578088
1902246	1723362	41119	44083	3755	6834	5605	79843	80038	30702	465754
215043	184302	9847	11627	193	746	647	8433	8405	3227	49954
122322	112272	3456	2182	182	693	854	4308	4245	2597	50384
281375	244172	10456	9147	1223	1213	1162	9992	9548	2725	86295
3486279	3084037	122378	84325	1739	17283	6245	162908	162823	39867	840472
371397	300970	20092	16563	242	297	224	30347	29258	6951	69930
102566	63637	4874	2891	216	–28	2	5332	5332	1924	15301

10-4 资质总承包和专业承包

（2016年）

项　　目	年末资产负债					
	所有者权益合计	实收资本				
			国家资本	集体资本	法人资本	个人资本
五、按营业状态分						
营业	1676445	1047441	5975	10944	124056	906465
六、按控股情况分						
国有控股	33581	10184	5975		4210	
集体控股	23386	22983		10944		12039
私人控股	1619479	1014273	0		119847	894426
七、按单位规模分						
大型	97745	43969				43969
中型	1171738	684144	3325	5000	100126	575694
小型	386788	301430	2650	5944	19703	273133
微型	20174	17898	0		4228	13669
八、按2011行业代码分						
房屋建筑业	873076	572737	1000		41995	529742
土木工程建筑业	703521	404441	4975	4744	77860	316862
铁路、道路、隧道和桥梁工程建筑	231238	163886	2100		32628	129158
公路工程建筑	84274	49510	2100		4210	43200
市政道路工程建筑	121379	93290			8353	84938
其他道路、隧道和桥梁工程建筑	25586	21086			20066	1020
水利和内河港口工程建筑	53411	37559	1225		2460	33874
水源及供水设施工程建筑	25620	20851	1225		2460	17166
河湖治理及防洪设施工程建筑	27791	16708				16708
工矿工程建筑	387150	176982			42772	134210
架线和管道工程建筑	12096	10444	600	4744		5100
架线及设备工程建筑	11168	9844		4744		5100
管道工程建筑	929	600	600			
其他土木工程建筑	19625	15570	1050			14520
建筑安装业	59386	36837		6200	4092	26545
电气安装	38014	26932		6200	4092	16640
管道和设备安装	3097	1917				1917
其他建筑安装业	18275	7988				7988
建筑装饰和其他建筑业	40463	33426			109	33317
建筑装饰业	37130	30344			109	30235
工程准备活动	3333	3082				3082
建筑物拆除活动	1073	1073				1073
其他工程准备活动	2259	2009				2009

建筑业主要财务指标（续）

单位：万元

损益及分配										
工程结算收入	工程结算成本	工程结算税金及附加	管理费用	税金	财务费用	利息支出	营业利润	利润总额	应交所得税	应付职工薪酬（本年贷方累计发生额）
6481229	5712753	212221	170817	7550	27038	14737	301162	299649	87992	1578088
84827	78768	1514	1614	35	93	216	2946	3046	1001	18442
109386	102788	3114	3303	715	102	608	2716	2203	386	28161
6287016	5531196	207593	165900	6800	26843	13913	295500	294400	86605	1531485
391744	360802	11757	4020	136	2460	2847	12720	13249	2040	104486
4954710	4395077	154873	119811	4444	22676	10796	223907	222928	67242	1169946
1104909	932133	44109	45380	2915	1823	1081	62676	61813	17398	299084
29866	24741	1482	1605	55	79	13	1860	1659	1312	4573
3676668	3267005	124804	79441	3804	13972	8262	147767	147102	47918	908155
2660624	2323232	82867	83235	3359	12721	5839	144034	143287	38081	637847
494940	417351	19918	24005	1165	1480	1027	24936	24966	7753	115841
167592	154106	3866	2427	230	544	604	6749	6828	2245	44923
290465	236052	13616	16176	917	720	242	16658	16608	4833	67350
36883	27193	2437	5402	18	216	182	1529	1529	676	3568
179703	157430	5067	5643	294	201	204	11531	11581	3290	39878
117313	102486	3738	3189	49	69	72	7901	7934	2385	25975
62390	54944	1329	2454	246	132	132	3630	3647	905	13903
1913740	1683968	56164	50958	1607	11128	4488	104081	103240	26016	466221
32912	28548	1070	2026	261	−70	119	1352	1340	460	4806
29462	25561	1065	1850	260	−69	119	1040	1026	382	4650
3450	2987	5	177	1	−1		312	314	79	156
39329	35936	648	603	31	−17		2135	2161	562	11101
114231	98968	3136	5159	321	212	538	7863	7775	1531	23381
68470	60883	1274	3689	298	−45	284	3779	3687	645	10133
1951	1607	92	34	4	2	0	212	212	8	1073
43810	36478	1770	1436	20	254	254	3873	3876	878	12174
29705	23547	1414	2981	65	133	98	1498	1485	462	8706
25635	20207	1170	2783	63	134	97	1235	1221	440	7839
4070	3340	245	199	2	−1	1	263	263	22	867
1329	1019	85	117	1	−1		87	87	22	80
2741	2321	160	82	1	1	1	177	177	0	786

10-5 资质劳务分包建筑业主要指标

（2016年）　　单位：万元、人

项目	企业数（个）	有工作量的企业个数	生产情况		财务状况				
					资产负债				
			建筑业总产值	年末从业人数	固定资产原价	本年折旧	资产总计	负债合计	实收资本
总　　计	**20**	**16**	**34077**	**2565**	**2955**	**469**	**14053**	**5048**	**7728**
一、按登记注册类型分组									
内资企业	20	16	34077	2565	2955	469	14053	5048	7728
有限责任公司	2	2	1847	222	165	12	1395	116	1100
其他有限责任公司	2	2	1847	222	165	12	1395	116	1100
私营企业	18	14	32230	2343	2790	457	12658	4932	6628
私营有限责任公司	18	14	32230	2343	2790	457	12658	4932	6628
二、按隶属关系分组									
其他	20	16	34077	2565	2955	469	14053	5048	7728
三、按企业资质等级分组									
劳务分包	20	16	34077	2565	2955	469	14053	5048	7728
一级	8	5	14191	1451	1601	247	6132	3097	2750
二级	6	5	7546	523	260	82	2582	812	1395
三级及以下	6	6	12340	591	1095	139	5338	1139	3582
四、按县（市、区）分									
龙岩市	20	16	34077	2565	2955	469	14053	5048	7728
新罗区	15	13	31683	2242	2618	390	12570	5007	6828
永定区	2	1	56	14	75	15	222	4	100
上杭县	3	2	2337	309	261	65	1260	38	800
五、按营业状态分									
营业	19	16	34077	2565	2955	469	14053	5048	7728
其他	1								
六、按控股情况分									
私人控股	20	16	34077	2565	2955	469	14053	5048	7728
七、按单位规模分									
小型	10	10	33129	2132	2774	434	8274	2175	4931
微型	20	16	34077	2565	2955	469	14053	5048	7728
八、按2011年行业代码分									
房屋建筑业	1	1	3610	113	925	114	1342	262	1080
建筑装饰和其他建筑业	19	15	30466	2452	2030	355	12711	4786	6648
建筑装饰业	4	4	8343	438	116	13	3139	521	2001
工程准备活动	10	8	11757	834	1253	289	7905	4224	3396
其他工程准备活动	10	8	11757	834	1253	289	7905	4224	3396
其他未列明建筑业	5	3	10367	1180	660	53	1667	42	1250

10-5　资质劳务分包建筑业主要指标（续1）

（2016年）　　　　单位：万元、人

项　　目	财务状况						
	损益及分配						
	营业收入合计	主营业务收入	主营业务成本	主营业务税金及附加	销售费用	管理费用	其中：税金
总　　计	**33920**	**33920**	**30060**	**1120**	**77**	**1221**	**141**
一、按登记注册类型分组							
内资企业	33920	33920	30060	1120	77	1221	141
有限责任公司	1842	1842	1557	65	0	94	25
其他有限责任公司	1842	1842	1557	65	0	94	25
私营企业	32077	32077	28503	1055	76	1127	116
私营有限责任公司	32077	32077	28503	1055	76	1127	116
二、按隶属关系分组							
其他	33920	33920	30060	1120	77	1221	141
三、按企业资质等级分组							
劳务分包	33920	33920	30060	1120	77	1221	141
一级	14191	14191	12334	740	55	571	38
二级	7394	7394	6750	118	6	222	6
三级及以下	12335	12335	10976	262	15	428	98
四、按县（市、区）分							
龙岩市	33920	33920	30060	1120	77	1221	141
新罗区	31526	31526	28231	1028	77	864	116
永定区	56	56	28	0		26	
上杭县	2337	2337	1801	91		331	25
五、按营业状态分							
营业	33920	33920	30060	1120	77	1221	141
六、按控股情况分							
私人控股	33920	33920	30060	1120	77	1221	141
七、按单位规模分							
小型	32979	32979	29292	1070	55	1015	123
微型	33920	33920	30060	1120	77	1221	141
八、按2011年行业代码分							
房屋建筑业	3610	3610	2962	121		260	82
建筑装饰和其他建筑业	30310	30310	27098	998	77	961	59
建筑装饰业	8338	8338	7763	121	15	110	16
工程准备活动	11604	11604	10243	332	6	605	6
其他工程准备活动	11604	11604	10243	332	6	605	6
其他未列明建筑业	10367	10367	9092	545	55	246	37

10–5 资质劳务分包建筑业主要指标（续2）

（2016年） 单位：万元、人

项目	财务状况				
	损益及分配			应付职工薪酬（本年贷方累计发生额）	直接从事生产经营活动的平均人数
	财务费用	营业利润	利润总额		
总计	**67**	**1377**	**1227**	**18357**	**2595**
一、按登记注册类型分组					
内资企业	67	1377	1227	18357	2595
有限责任公司	–4	130	106	1038	229
其他有限责任公司	–4	130	106	1038	229
私营企业	71	1247	1121	17319	2366
私营有限责任公司	71	1247	1121	17319	2366
二、按隶属关系分组					
其他	67	1377	1227	18357	2595
三、按企业资质等级分组					
劳务分包	67	1377	1227	18357	2595
一级	67	425	395	11031	1483
二级	19	281	264	3497	542
三级及以下	–18	672	569	3830	570
四、按县（市、区）分					
全　市	67	1377	1227	18357	2595
新罗区	52	1276	1167	16936	2265
永定区		2	2	40	14
上杭县	15	100	59	1381	316
五、按营业状态分					
营业	67	1377	1227	18357	2595
其他					
六、按控股情况分					
私人控股	67	1377	1227	18357	2595
七、按单位规模分					
小型	14	1533	1383	17339	2137
微型	67	1377	1227	18357	2595
八、按2011年行业代码分					
房屋建筑业	1	267	267	963	90
建筑装饰和其他建筑业	67	1110	960	17394	2505
建筑装饰业	–28	357	265	2601	440
工程准备活动	80	338	304	5958	876
其他工程准备活动	80	338	304	5958	876
其他未列明建筑业	14	415	391	8836	1189

10-6　资质总承包和专业承包竣工房屋建筑面积

（1995–2016 年）

单位：万平方米

项　　目	1995 年	1996 年	1997 年	1998 年	1999 年	2000 年	2001 年	2002 年	2003 年	2004 年	2005 年
总　计	**80.19**	**77.66**	**70.49**	**68.40**	**84.87**	**76.51**	**125.71**	**99.78**	**187.11**	**254.70**	**324.94**
厂房仓库	13.62	9.01	5.74	5.49	4.31	6.74	6.94	16.51	61.92	106.12	147.55
住宅	37.33	30.33	28.90	29.71	53.61	41.12	75.98	44.22	84.83	91.75	102.36
办公用房	8.52	16.23	14.80	10.90	10.63	10.01	11.38	12.51	21.79	19.18	23.66
文化教育用房	4.07	6.24	9.64	6.90	4.48	7.07	6.06	10.82	14.43	18.70	15.46
医疗用房	3.22	0.59	0.59	3.83	1.14	1.18	1.86	2.81	1.94	0.25	2.71
科研用房	0.26	0.20		0.28	0.40	0.41		0.02			
商业住宿餐饮居民服务用房	8.99	9.02	6.26	7.40	9.05	6.24	19.58	10.66	1.06	9.18	22.30
其他用房	4.18	6.04	4.56	3.89	1.25	3.74	3.91	2.23	1.14	9.52	10.90

10-6　资质总承包和专业承包竣工房屋建筑面积（续）

（1995–2016 年）

单位：万平方米

项　　目	2006 年	2007 年	2008 年	2009 年	2010 年	2011 年	2012 年	2013 年	2014 年	2015 年	2016 年
总　计	**299.18**	**479.11**	**527.09**	**617.17**	**895.52**	**1149.00**	**1252.26**	**1322.51**	**1712.58**	**1986.93**	**2406.75**
厂房仓库	156.19	235.93	250.35	224.04	393.89	409.68	553.53	520.61	712.16	857.00	913.78
住宅	97.20	173.41	194.49	243.90	323.53	503.90	419.63	579.28	739.53	790.68	1169.56
办公用房	10.84	26.45	36.24	91.76	59.00	81.51	55.63	51.76	54.12	59.12	79.98
文化教育用房	14.58	16.36	15.06	21.78	29.45	57.13	57.10	34.69	48.50	97.47	53.80
医疗用房	2.84	2.06	3.50	3.86	3.51	5.88	13.05	12.48	19.31	15.63	21.78
科研用房		0.50	1.96	3.02		1.32	5.94	11.93	1.22	16.39	2.11
商业住宿餐饮居民服务用房	16.02	13.13	20.52	19.41	70.20	55.64	136.08	103.16	124.78	130.43	143.68
其他用房	1.51	11.27	4.97	9.40	15.94	33.94	11.30	8.60	12.94	20.22	22.07

主要统计指标解释

建筑业总产值 指以货币表现的建筑业企业在一定时期内生产的建筑业产品和服务的总和。建筑业总产值包括建筑工程产值、安装工程产值和其他产值三部分内容。

劳务分包企业建筑业总产值指劳务分包企业与总承包企业或专业承包企业签定劳务分包合同后，从事建筑安装工程取得的所有劳务收入。

建筑工程产值 指列入建筑工程预算内的各种工程价值，包括：

（1）各种房屋如厂房、仓库、办公室、住宅、商店、学校、医院、俱乐部、食堂、车库、招待所等房屋建筑，按照当前预算制度规定，列入房屋工程预算内的暖气、卫生、通风、照明、煤气等设备价值及其装饰油漆工程，以及列入建筑工程预算内的各种管道（如蒸汽、压缩空气、石油、给排水等管道），电力、电讯电缆导线的敷设等工程。

（2）设备基础、支柱、操作平台、梯子、烟囱、凉水塔、水池、灰塔等建筑工程，炼焦炉、裂解炉、蒸汽炉等各种窑炉的砌筑工程及金属结构工程。

（3）为施工而进行的建筑场地的布置，工程地质勘探，原有建筑物和障碍物的拆除及平整土地，施工临时用水、电、汽、道路工程，以及完工后建筑场地的清理，环境绿化工作等。

（4）矿井的开凿、井巷掘进延伸、露天矿的剥离、石油、天然气钻井工程和铁路、公路、港口、桥梁等工程。

（5）水利工程，如水库、堤坝、灌渠以及河道整治等工程。

（6）防空、地下建筑等特殊工程。

（7）装饰装修工程。

安装工程产值 指设备安装工程价值，包括：

（1）生产、动力、起重、运输、传动和医疗、实验等各种需要安装设备的装配和安装与设备相连的工作台、梯子、栏杆等装设工程，附属于被安装设备的管线敷设工程、被安装设备的绝缘、防腐、保温、油漆等工作。

（2）为测定安装工作质量，对单个设备、系统设备进行单机试运和系统联动无负荷试运工作。

在设备安装产值中，不得包括被安装设备本身价值。

其他产值 建筑业总产值中除建筑工程、安装工程以外的产值。包括房屋构筑物修理产值、非标准设备制造产值、总包企业向分包企业收取的管理费以及不能明确划分的施工活动所完成的产值。

房屋构筑物修理产值：指房屋和构筑物的修理所完成的产值，但不包括被修理房屋、构筑物本身价值和生产设备的修理价值。

非标准设备制造产值：指加工制造没有定型的非标准生产设备的加工费和原材料价值（如化工厂、炼油厂用的各种罐、槽，矿井生产统一使用的各种漏斗、三角槽、阀门等）以及附属加工厂为本企业承建工程制作的非标准设备的价值。

竣工产值 一般是以单位工程为对象，当该工程按照设计所规定的工程内容全部完成，达到了设计规定的交工条件，经有关部门检查验收鉴定合格的单位工程价值，即为竣工产值。

房屋施工面积 指报告期内施工的全部房屋建筑面积。包括本期新开工的房屋建筑面积、上期跨入本期继续施工的房屋建筑面积、上期停缓建在本期恢复施工的房屋建筑面积、本期竣工的房屋建筑面积以及本期施工后又停缓建的房屋建筑面积。多层建筑应填各层建筑面积之和。

房屋新开工面积 指报告期内新开工建设的房屋建筑面积，以单位工程为核算对象，即整栋房屋的全部建筑面积，不能分割计算。不包括在上期开工跨入报告期继续施工的房屋建筑面积和上期停缓建而在本期恢复施工的房屋建筑面积。房屋的开工应以房屋正式开始破土刨槽（地基处理或打永久桩）的日期为准。

实行投标承包面积 指报告期内建筑施工企业经过投标招标而承担的全部房屋建筑面积。

房屋竣工面积 指报告期内房屋建筑按照设计要求已全部完工，达到住人和使用条件，经验收鉴定合格或达到竣工验收标准，可正式移交使用的各栋房屋建筑面积的总和。

从事建筑业活动的从业人员平均人数 指建筑业企业（或单位）报告期实际拥有的、与建筑施工活动有关的人员的平均人数，包括参加本企业（或单位）建筑施工活动的非本企业（或单位）人员，但不包括企业内部社会服务性机构的人员以及由本企业支付工资但所从事的工作与本企业生产基本无关的人员。

第十一篇　交通运输邮电通信业

Jiao tong yun shu you dian tong xin ye

供稿人：陈丽兰

11-1 主要年份公路、铁路通车里程

单位：公里

项　　目	2000年	2005年	2010年	2015年	2016年
铁路正线延长长度	230	389	389	509	509
铁路营业长度	227	362	362	486	486
#电气化长度	74	74	74	255	255
站房个数（个）	21	30	30	38	38
公路通车里程	6950	10160	12161	14222	14314
其中：高速公路	25	38	329	662	662
干线公路	1202	1134	1161	1208	1316
国道	419	393	393	393	959
省道	784	740	768	815	358
县级公路	1774	1740	1773	2674	2518
乡镇公路	3488	6659	6716	6137	6186
专用公路	461	590	295	62	62
村道			1887	3480	3572
其中：等级路里程合计	5677	7743	10298	12227	12402
高速公路	25	38	329	662	662
一级				7	16
二级	707	889	1024	1406	1487
三级	303	557	1234	1303	1286
四级	4642	6258	7711	8855	8968
其中：晴雨通车里程	6088	9444	11538	12891	13049
其中：绿化里程	2565	2100	2666	10462	10328
其中：养护里程	6925	9803	12161	14222	14314
其中：有铺装路面	1093	5019	9281	11525	11735
简易铺装路面	816	754	319	68	56
未铺装路面	5041	4388	2561	2629	2524

注：2006年以前村道数据包含在“乡镇公路”及“专用公路”中。

11-2 公路运输情况

（1985-2016 年）

年　份	公路通车里　程（公里）	民　用汽车数（辆）	客运量（万人）	旅客周转量（万人公里）	货运量（万吨）	货物周转量（万吨公里）
1985	3750	5073	1420	54777	93	11533
1986	3788		1406	53581	82	11578
1987	3853		1467	60092	69	11100
1988	3909		1513	69845	60	11310
1989	4040		1573	67129	95	10927
1990	4141	9887	1372	62994	91	9512
1991	4218		1276	63915	108	10805
1992	4218		1176	63215	86	8239
1993	4592		545	38486	64	4125
1994	4891		2828	56158	1351	150931
1995	5243	11771	1209	78562	906	82300
1996	5243	12723	1389	83006	986	86954
1997	5227	13797	1459	87606	1027	92307
1998	5253	14903	1532	91232	1212	102211
1999	6900	15948	1567	95363	1469	112107
2000	6950	16405	1658	108919	1573	123316
2001	8939	19591	1759	114321	1872	165158
2002	8970	24545	1743	116802	1912	186365
2003	9179	31695	1984	142772	2196	211170
2004	9916	37685	2239	154358	2824	257239
2005	10160	48581	2610	182169	3261	296923
2006	11470	61945	3220	226604	3687	339707
2007	11606	78276	3512	256349	4793	441749
2008	11954	102742	3917	270273	6031	538819
2009	11902	133272	4368	262080	7296	649921
2010	12161	164974	3881	213455	8889	716464
2011	12337	198418	3354	157638	8869	718389
2012	12620	233768	3387	118101	9656	730294
2013	13446	265729	3418	118337	11086	844950
2014	13627	298132	2078	123023	9056	998853
2015	14222	316168	2094	121861	10299	1151204
2016	14314	345724	2023	120771	8281	1156497

注：本表从 1994 年开始为全社会客、货运输量，1994 年以前只包括交通系统的专业运输。2010 年以前客运量含公交客运及出租客运，2010 年起不再计算此 2 项数据。

2010 年客运量变化原因：以前含公交客运及出租客运 ,2010 年不再计算此 2 项数据，口径变小 .

11-3 主要年份全社会民用车辆拥有量

单位：辆

项目	1985年	1990年	1995年	2000年	2005年	2010年	2015年	2016年
一、民用汽车	**5073**	**9887**	**11771**	**16405**	**48581**	**164974**	**316168**	**345724**
1、载客汽车	1123	1922	2605	5700	25864	111059	236291	267791
大型	407	574	449	618	644	769	1020	1119
中型					1363	1657	1450	1414
小型	716	1348	2156	5082	21173	103201	227274	258897
微型					2684	5432	6547	6361
2、载货汽车	3726	7697	8809	10545	22301	49029	77786	76715
重型					1564	5689	10270	10356
中型					6321	6710	3341	2293
轻型					13268	35377	63482	63382
微型					1148	1253	693	684
3、其他汽车	224	268	357	157	416	4886	2091	1218
二、拖拉机	**9849**	**16498**	**13850**	**15864**	**18449**	**9511**	**17848**	**17752**
三、摩托车	**2904**	**15856**	**67135**	**199866**	**389499**	**522704**	**563978**	**589005**
四、载货挂车	**459**	**551**	**130**		**61**	**678**	**2272**	**3014**

11-4 通信用户基本情况

（2000-2016 年）

年　份	电信业务总量（万元）	互联网用户（万户）	移动电话用户（万户）	固定电话用户（万户）
2000		5.23	21.10	35.00
2001		9.67	39.93	44.00
2002		15.23	45.66	54.06
2003		19.20	58.14	63.40
2004		13.94	67.02	68.17
2005		16.77	87.56	73.51
2006		19.83	110.90	76.09
2007	201045	20.76	130.07	76.13
2008	222711	16.39	152.67	72.78
2009	210066	20.67	189.60	63.37
2010	261071	24.90	201.60	57.19
2011	225967	34.27	252.17	55.50
2012	243361	39.50	294.82	53.29
2013	260886	42.52	288.60	49.93
2014	288791	40.32	298.26	50.48
2015	248797	64.15	252.89	50.38
2016	319776	75.45	260.33	57.09

11–5　邮政业务基本情况

（2000–2016 年）

年　份	邮政业务总量（万元）	函　件（万件）	报刊杂志期发数（万份）	快递业务量（万件）	集邮业务（万枚）	邮路单程长度（公里）	农村投递路线（公里）	汇　票（万张）	邮政局所（处）	信筒信箱（个）
2000	8734	1146	47		399	3308	8747	46	173	1780
2001	9254	963	42		557	3296	8592	40	166	1779
2002	10142	1075	40		456	3295	8510	39	166	1710
2003	10694	697	32		374	3364	8026	38	165	1714
2004	11228	685	31		497	3346	8098	31	162	1557
2005	12857	684	32		342	3354	8044	27	161	1570
2006	14551	812	34		418	3527	8215	25	162	1570
2007	16345	903	31		352	4275	8309	33	158	1502
2008	18826	1604	35		349	4501	8317	55	130	1497
2009	21621	1963	40		412	5391	8350	62	127	1487
2010	21910	1893	41		334	3465	8429	57	128	1405
2011	10464	1226	42		546	3476	8152	55	137	1377
2012	17515	970	37		433	3496	8758	37	130	1197
2013	18821	1209	40	677.4	361	3496	8626	27	128	1467
2014	20321	642	35	1121.0	347	3518	8517	19	141	1025
2015	21821	453	35	1683.4	487	3821	7950	11	141	1040
2016	73750	433	32	2880	379	4063	11356	7	141	940

注：本表数据由龙岩市邮政管理局提供。

主要统计指标解释

铁路营业里程 又称营业长度(包括正式营业和临时营业里程),指办理客货运输业务的铁路正线总长度。凡是全线或部分建成双线及以上的线路,以第一线的实际长度计算复线、站线、段管线、岔线和特殊用途线以及不计算运费的联络线都不计算营业里程。该指标可以反映铁路运输业基础设施的发展水平,也是计算客货周转量、运输密度和机车车辆运用效率等指标的基础资料。

铁路电气化里程 指在全部铁路营业里程中已安装了供电线路及设备,可以供电力机车牵引列车运行的区段的总里程。

铁路自动、半自动闭塞里程 指装有列车自动或人工完成闭塞状态的铁路设备里程。为保证列车安全运行,在一个区间、同一时间内,一般只允许一列列车运行,这种保证列车在这个区间安全间隔运行的技术方法称为"闭塞"。自动或半自动闭塞里程占铁路营业里程的比重是反映铁路现代化的重要标志之一。

公路里程 指在一定时期内实际达到《公路工程[WTBZ]技术标准JTJ01-88》规定的等级公路,并经公路主管部门正式验收交付使用的公路里程数。包括大中城市的郊区公路以及通过小城镇街道部分的公路里程和桥梁、渡口的长度,不包括大中城市的街道、厂矿、林区生产用道和农业生产用道的里程。两条或多条公路共同经由同一路段,只计算一次,不得重复计算里程长度。该指标可以反映公路建设的发展规模,也是计算运输网密度等指标的基础资料。

民用航空航线里程 指民航运输定期班机飞行的航线长度的总和。航线长度按机场之间的距离计算,通常有两种计算方法:一是将每条航线长度相加称为重复计算航线里程;一是将两线或两条以上航线经过同一区段里程,只计算一次航线长度称为不重复计算航线里程。一般常用的是后者,该指标可以确切反映民航运输网的规模,是表明民航事业为国民经济服务和方便人民生活程度的主要指标。

输油(气)管道长度 也称输油(气)里程,指油品(或天然气)的实际输送距离,一般按输油(气)管道的单线长度计算。若包括复线和备用线长度则称为输油(气)管道延展长度,是指管道铺设的实际长度。我们通常使用的是不包括复线的"输油(气)管道里程",该指标可以反映管道运输的发展规模和水平。

货(客)运量 指在一定时期内,各种运输工具实际运送的货物(旅客)数量。该指标是反映运输业为国民经济和人民生活服务的数量指标,也是制定和检查运输生产计划、研究运输发展规模和速度的重要指标。货运按吨计算,客运按人计算。货物不论运输距离长短、货物类别,均按实际重量统计。旅客不论行程远近或票价多少,均按一人一次客运量统计;半价票、小孩票也按一人统计。

货(客)运密度 指在一定时期内某种运输方式在营运线路的某一区段平均每公里线路通过的货物(旅客)运输周转量。计算公式为:

货(客)运密度=Σ 货物(旅客)周转量/营业线路长度

该指标可以反映交通运输线路上的货物(旅客)运输量运输繁忙程度,是平衡运输线路运输能力和通过能力,规划线路建设及改造、配备技术设备,研究运输网布局的重要依据。

货物(旅客)周转量 指在一定时期内,由各种运输工具运送的货物(旅客)数量与其相应运输距离的乘积之总和。该指标可以反映运输业生产的总成果,也是编制和检查运输生产计划,计算运输效率、劳动生产率以及核算运输单位成本的主要基础资料。计算货物周转量通常按发出站与到达站之间的最短距离,也就是计费距离计算。计算公式为:

货物(旅客)周转量=货物(旅客)运输量 × 运输距离

铁路货车平均静载重 指铁路货车在始发站静止状态下平均每车装载的货物重量,用以分析货车完成装车时车辆载重力的利用情况。计算公式为:

货车平均静载重 = 货物发送吨数 / 装车数

静载重的多少取决于运送货物的性质、种类、车辆的类型和装载技术的高低。根据货车的平均标记载重与静载重进行对比，可以反映货车载重能力的利用程度。计算公式为：

货车载重力利用率 (%)=(货车平均静载重 / 货车平均标记载重) × 100%

铁路货运机车日产量　指在一定时期内，平均每台货运机车在一昼夜内所完成的总重吨公里数，包括载运货物的重量和车辆本身的自重。该指标从时间和牵引能力两方面反映了机车运用效率。计算公式为：

货运机车平均日产量 = 货运总重吨公里数 / 货运机车台日数

民用汽车拥有量　指报告期末，在公安交通管理部门按照《机动车注册登记工作规范》，已注册登记领有民用车辆牌照的全部汽车数量。汽车拥有量统计的主要分类：根据汽车结构分为载客汽车、载货汽车及其他汽车；根据汽车所有者不同分为个人 (私人) 汽车、单位汽车；根据汽车的使用性质分为营运汽车、非营运汽车和特种汽车；根据汽车大小规格不同载客汽车分为大型、中型、小型和微型，载货汽车分为重型、中型、轻型和微型。

邮电业务总量　指以价值量形式表现的邮电通信企业为社会提供各类邮电通信服务的总数量。邮电业务量按专业分类包括函件、包件、汇票、报刊发行、邮政快件、特快专递、邮政储蓄、集邮、公众电报、用户电报、传真、长途电话、出租电路、无线寻呼、移动电话、分组交换数据通信、出租代维等。计算方法为各类产品乘以相应的平均单价 (不变价) 之和，再加上出租电路和设备、代用户维护电话交换机和线路等的服务收入。该指标综合反映了一定时期邮电业务发展的总成果，是研究邮电业务量构成和发展趋势的重要指标。计算公式为：

邮电业务总量 = Σ(各类邮电业务量 × 不变单价)+ 出租代维及其他业务收入 = 邮电业务总量 + 电信业务总量

移动电话用户　指通过移动电话交换机进入移动电话网、占用移动电话号码的各类电话用户。包括签约用户和智能网预付费用户。一个移动电话号码统计为一户。

本地电话用户　指接入本地电信运营商固定电话网上的电话用户。包括：住宅用户、单位用户、公用电话用户等。按电话用户位置又分为市内电话用户和农村电话用户。1997 年以前，“市内电话用户”是指接入县城及县以上城市的电话网上的电话用户；“农村电话用户”是指接入县邮电局农话台及县以下农村电话交换点，以县城为中心 (除市话用户外) 联通县、乡 (镇)、行政村、村民小组的用户。从 1997 年起，电话用户数分组调整为以用户所在区域划分为“城市电话用户”和“乡村电话用户”，与过去的按市内电话和农村电话划分方法不同。而电话用户总数、电话机总部数统计范围不变。

城市电话用户　指直辖市、省辖市、地级市、县级市的市区、市郊区及县城 (包括县人民政府所在地的县城关区或行政建制相当于县人民政府所在地的镇) 范围内接入局用交换机的电话用户数，包括分布在农村地区的独立工矿区、林区、驻军等电话用户数。

乡村电话用户　指按行政区划属于城市范围以外的乡 (镇)、村的电话用户数。

住宅电话用户　指安装在居民住宅或农民家里并按照住宅电话用户登记注册和收费的电话用户。包括私人付费、单位付费和按规定免费安装的住宅电话用户。

长途电话交换机容量　指用于接入长途电话网的电话交换机设备的额定容量，包括国际电话交换机容量。局用交换机容量指安装在电信运营企业内用于接续本地固定电话的电话交换机容量，包括现用和备用的人工或自动交换机的全部容量。不包括用户交换机容量。

移动电话交换机容量　指移动电话交换机根据一定话务模型和交换机处理能力计算出来的最大同时服务用户的数量。

第十二篇　批发零售贸易与餐饮业

Pi fa ling shou mao yi yu can yin ye

供稿人：华　玉

12-1 历年社会消费品零售总额

单位：万元

年　　份	社会消费品零售总额	年　　份	社会消费品零售总额
1949	2445	1983	49285
1950	2672	1984	51073
1951	2923	1985	65555
1952	3450	1986	82135
1953	3998	1987	96701
1954	5239	1988	126924
1955	5471	1989	146853
1956	6418	1990	149927
1957	7139	1991	165769
1958	7771	1992	196474
1959	9928	1993	270158
1960	10387	1994	360931
1961	7581	1995	446833
1962	8408	1996	504921
1963	9120	1997	553393
1964	9568	1998	610393
1965	10142	1999	667159
1966	10769	2000	732541
1967	11006	2001	801400
1968	9772	2002	886348
1969	11364	2003	986505
1970	12306	2004	1134481
1971	14560	2005	1304126
1972	14790	2006	1499261
1973	15570	2007	1747040
1974	16089	2008	2200030
1975	16994	2009	2616521
1976	18984	2010	3120202
1977	19480	2011	3742682
1978	21995	2012	4320926
1979	27023	2013	4906412
1980	31104	2014	5599920
1981	36058	2015	6395822
1982	41313	2016	7290015

注 1、自 1996 年开始商品房销售不计入社会消费品零售总额内；

2、自 2003 年开始社会消费品零售总额不包括农民对非农业居民的零售和制造业零售。

12-2 社会消费品零售总额

（2015-2016 年）

单位：万元

指　　标	2015 年	2016 年
社会消费品零售总额	**6395822**	**7290015**
一、按销售单位所在地分		
1. 城镇	5677428	
城区	3268955	
2. 乡村	718394	
二、按限额标准分		
1. 限额以上	3511762	4265319
2. 限额以下	2884060	3024696
三、按行业分		
1. 批发业	701760	837547
限额以上	483260	608015
限额以下	218500	229532
2. 零售业	5076525	5723477
限额以上	2827211	3372342
限额以下	2249314	2351136
3. 住宿业	31702	37672
限额以上	28910	34789
限额以下	2792	2882
4. 餐饮业	585836	691319
限额以上	172381	250174
限额以下	413455	441146

12–3 限额以上重要商品购进、销售和库存情况

（2015–2016 年）

指标名称	计量单位	购进量		销售量		期末库存量	
		2015 年	2016 年	2015 年	2016 年	2015 年	2016 年
大米（稻米）	千克	162456203	166248065	167607330	169558695	30621125	27909999
白面（小麦面）	千克	1748789	12066383	1788664	10806322	87535	1745377
杂粮	千克	38109688	25913875	38038122	25923825	116216	49391
食用植物油	千克	17160201	7506437	16733327	7448517	1233755	805225
猪肉	千克	45219715	45012925	44957684	44957750	72858	101469
牛肉	千克	712349	975475	708671	972935	6950	5727
羊肉	千克	252426	398990	251974	397058	3189	3269
禽肉	千克	6496689	8339823	6561898	8292442	85336	147229
鲜蛋	千克	2680900	4250718	2723736	4274097	438187	401804
彩色电视机	台	145631	167418	145550	166584	8168	8644
家用电冰箱	台	143330	137127	145819	136573	8728	8259
房间空调器	台	147009	172034	146071	167903	12285	15311
电脑（微型计算机）	台	130099	148550	127417	145214	12736	13422
汽车	辆	136199	175155	136600	181499	14788	9484
轿车	辆	57448	51793	57454	51701	2926	2080
钢材	吨	1211328	1176672	1197105	1179563	113201	62707
铜	吨	43429	4756	43361	4753	79	8
铝	吨		12900		11250		1650
水泥	吨	8728197	11184751	8740860	11185926	23638	29331
化学肥料	吨	620256	523203	637982	525949	43161	25250
化学农药	吨	17533	20894	17528	20279	1488	1116

12-4 限额以上批发零售贸易业商品分类零售额

（2015-2016 年） 单位：万元

指标名称	零售额	
	2015 年	2016 年
合计	**3309204**	**3990890**
1. 粮油、食品类	362424	543333
粮油类	60263	81274
肉禽蛋类	58947	87246
水产品类	11699	12841
蔬菜类	44047	57631
干鲜果品类	73366	117612
2. 饮料类	71642	113378
3. 烟酒类	120889	147190
4. 服装、鞋帽、针纺织品类	128635	162364
服装类	81781	94993
鞋帽类	23913	29394
针、纺织品类	22941	37976
5. 化妆品类	37951	32448
6. 金银珠宝类	78942	123795
7. 日用品类	91686	123088
儿童玩具类	14443	14979
8. 五金、电料类	46303	76910
9. 体育、娱乐用品类	7233	11717
照相机类	153	207

12–4　限额以上批发零售贸易业商品分类零售额（续）

（2015–2016 年　　　　单位：万元

指　标　名　称	零　售　额	
	2015 年	2016 年
10. 书报杂志类	324	466
11. 电子出版物及音像制品类	1528	2512
12. 家用电器和音像器材类	130501	156736
13. 中西药品类	70460	37624
西药类	47720	23557
中草药及中成药类	16794	11672
14. 文化办公用品类	87954	125852
计算机及其配套产品	14564	39253
15. 家具类	71039	102367
16. 通讯器材类	51888	67933
17. 煤炭及制品类	18977	24331
18. 石油及制品类	480895	435173
19. 建筑及装潢材料类	105145	157384
20. 机电产品及设备类	65283	84530
21. 汽车类	1191463	1367583
22. 棉麻类	52	109
23. 其他类	87992	94069
其中：吃	554954	803901
穿	128635	162364
用	675807	861447
其他	1949808	2163178

12-5 限额以上批发和零售业法人企业

（2016年）

指标名称	法人企业数（个）	从业人员期末人数（人）	商品购进额	进口	商品销售额
总计	**1830**	**36687**	**9304478**	**50003**	**10839187**
一、批发业	**910**	**17981**	**6512807**	**29326**	**7456158**
1.按批发行业小类分					
农、林、牧产品批发	112	1960	713745	9302	762712
谷物、豆及薯类批发	8	184	71132		77237
饲料批发	53	700	321987		338001
棉、麻批发	1	12	4728		4770
林业产品批发	5	121	24876	4846	29817
牲畜批发	22	401	136795		148717
其他农牧产品批发	23	542	154228	4456	164170
食品、饮料及烟草制品批发	113	4673	987988	3	1373102
米、面制品及食用油批发	16	443	92793		93050
糕点、糖果及糖批发	1	230	15991		16343
果品、蔬菜批发	30	656	125257		143319
肉、禽、蛋、奶及水产品批发	20	1174	116543		129731
盐及调味品批发	4	68	26223		26875
营养和保健品批发	2	25	22766		24438
酒、饮料及茶叶批发	21	390	128220		183508
烟草制品批发	6	1469	373099		664625
其他食品批发	13	218	87096	3	91214
纺织、服装及家庭用品批发	76	1249	367961	68	418108
纺织品、针织品及原料批发	12	135	56194		61632
服装批发	12	135	45041	68	52055
鞋帽批发	1	10	2474		3015
化妆品及卫生用品批发	6	395	71001		91147
厨房、卫生间用具及日用杂货批发	5	90	26411		27636
灯具、装饰物品批发	6	49	28805		34558
家用电器批发	20	306	74574		80487
其他家庭用品批发	14	129	63461		67577
文化、体育用品及器材批发	10	196	255416		270787
文具用品批发	3	28	10455		12074
体育用品及器材批发	1	85	6510		7390
图书批发	1	7	2000		2426
首饰、工艺品及收藏品批发	4	58	233074		245533

商品购进、销售和库存综合表

单位：万元

通过公共网络实现的销售额	通过非自营平台实现的商品销售额	使用银行卡支付的商品销售额	批发额	出口	零售额	通过公共网络实现的零售额	通过非自营平台实现的零售额	期末商品库存额	年末零售营业面积（平方米）
536643	**213377**	**1053421**	**7055384**	**173209**	**3783804**	**100449**	**14944**	**480698**	**1285173**
446188	**207921**	**921456**	**6819641**	**173209**	**636517**	**18231**	**10228**	**294864**	**233764**
895		99924	686825		75887	869		34828	45840
			61549		15688			8985	1371
27		13165	329631		8370			13356	4257
			4770					212	
			28466		1351			336	820
		18730	129870		18847			6247	30080
869		68030	132539		31632	869		5693	9312
370868	182301	457582	1220502	10954	152600	11329	8828	47045	31533
3391		4357	84706		8345			9030	2060
			11177		5167			352	300
3223	808	10277	116073	9409	27246	584	584	2504	7924
14720	11640	5378	99853	1545	29877	9779	8245	3729	13732
			26545		329			1520	180
			15542		8896			547	270
		525	141115		42392			6649	4118
346334	169853	375048	664625					19338	
3200		61997	60865		30348	967		3376	2949
12457	4846	19767	364988	32908	53120	1461	6	13330	12769
1699	21	1327	54633	6007	6999	853	6	2135	1615
183	1	154	48444	5751	3612	12		1411	868
			3015	3015					
2562	1704	3291	70642		20506	596		1381	1080
		2475	25171		2466			681	490
3119	3119		29012	2149	5546			613	1520
		4572	71319		9167			5138	4016
4894		7949	62752	15985	4825			1971	3180
		4609	184174	5092	86613			2269	1720
		3399	11749		325			233	364
			7390					25	
			1728		698			22	280
		1211	160661	5092	84872			1973	1020

12-5 限额以上批发和零售业法人企业

（2016年）

指　标　名　称	法　人 企业数 （个）	从业人员 期末人数 （人）	商　品 购进额	进口	商　品 销售额
其他文化用品批发	1	18	3378		3364
医药及医疗器材批发	17	1031	215707		232441
西药批发	9	806	185023		192863
中药批发	3	164	16390		16400
医疗用品及器材批发	5	61	14295		23179
矿产品、建材及化工产品批发	367	5518	2456686	90	2647100
煤炭及制品批发	75	1135	494381		525246
石油及制品批发	18	240	109921		122011
非金属矿及制品批发	23	384	85172		94583
金属及金属矿批发	66	909	508337		548249
建材批发	135	1943	993366	90	1054025
化肥批发	18	473	95207		102288
农药批发	1	5	4350		4729
其他化工产品批发	31	429	165952		195970
机械设备、五金产品及电子产品批发	195	2861	1338542	739	1569934
农业机械批发	27	263	120167		128161
汽车批发	45	659	319431		345495
汽车零配件批发	14	206	66698		69943
摩托车及零配件批发	1	14	5910		5866
五金产品批发	34	405	181327	701	241615
电气设备批发	15	186	105487		117195
计算机、软件及辅助设备批发	4	78	18195		19769
通讯及广播电视设备批发	4	76	8182		11494
其他机械设备及电子产品批发	51	974	513145	39	630396
贸易经纪与代理	3	23	10611		10945
贸易代理	3	23	10611		10945
其他批发业	17	470	166150	19124	171030
再生物资回收与批发	4	41	14084		14465
其他未列明批发业	13	429	152066	19124	156565
2. 按登记注册类型分					
内资企业	905	17675	6208359	29326	7057139
国有企业	11	1658	403893		696232
集体企业	8	283	50787		52862
有限责任公司	351	6782	2541895	24738	2842237

商品购进、销售和库存综合表（续1）

单位：万元

通过公共网络实现的销售额	通过非自营平台实现的商品销售额	使用银行卡支付的商品销售额	批发额	出口	零售额	通过公共网络实现的零售额	通过非自营平台实现的零售额	期末商品库存额	年末零售营业面积（平方米）
			2646		719			16	56
13236	722	8490	223047		9395	1100	23	18663	5525
9015	722	6454	186908		5954	135	23	15954	3995
		227	14704		1696			2087	1300
4221		1809	21435		1744	965		622	230
34458	16607	148337	2556851	27518	90249	3212	1371	65193	66928
7869		2536	511577		13669	80		8159	15684
		468	115118		6893			3579	8286
		5152	88819		5764			2173	1622
26403	16607	33810	533040	24615	15209	2964	1371	13795	12083
162		71598	1010532	90	43494	162		30139	19008
24		29007	100186		2102	6		4478	8530
			4729					112	
		5765	192849	2812	3120			2758	1715
14274	3446	89916	1407743	75174	162191	259		110218	67064
		35264	105147		23014			3721	9361
7364	472	14288	289011		56484	256		14523	43018
4077	2974		62723		7221			3510	1933
			5012		854			66	420
347		17501	194971	21363	46644	3		7173	3677
2487			104870		12325			2401	1036
			16455		3314			734	770
			10302		1191			1020	260
		22864	619252	53811	11144			77069	6589
			10945	2225				301	
			10945	2225				301	
		92830	164568	19339	6462			3018	2385
			14465					256	
		92830	150103	19339	6462			2762	2385
446188	207921	921456	6421242	130986	635897	18231	10228	226842	233664
346334	169853	375048	695902		330			24012	200
		12451	52164		697			2559	310
41939	31235	179822	2532329	106413	309908	9275	8195	83676	89051

12-5 限额以上批发和零售业法人企业

（2016年）

指标名称	法人企业数（个）	从业人员期末人数（人）	商品购进额	进口	商品销售额
国有独资公司	10	271	172912	19124	177980
其他有限责任公司	341	6511	2368983	5615	2664257
股份有限公司	10	268	45138	90	48925
私营企业	521	8553	3128013	41	3375882
私营独资企业	1	6	11258		12599
私营有限责任公司	515	8459	3088055	41	3331206
私营股份有限公司	5	88	28699		32077
其他企业	4	131	38633	4456	41002
港、澳、台商投资企业	2	31	13515		14964
与港澳台商合资经营企业	1	6	2588		3264
港澳台商独资企业	1	25	10927		11700
外商投资企业	3	275	290933		384055
外资企业	3	275	290933		384055
3. 按控股情况分					
国有控股	31	2426	859485	19124	1186420
集体控股	10	300	59910	90	62185
私人控股	810	13730	4749213	10112	5229591
港澳台商控股	2	31	13515		14964
外商控股	3	275	290933		384055
其他	54	1219	539751		578943
4. 按经营形式分					
独立门店	619	10689	3780599	900	4417710
连锁总店	3	163	12085		12925
连锁门店	1	6	4352		5370
其他	287	7123	2715771	28426	3020153
5. 按单位规模分					
大型	3	731	343205		450623
中型	90	5017	1546853	41	1903865
小型	764	10788	4272631	24439	4705242
微型	53	1445	350118	4846	396429
二、零售业	**920**	**18706**	**2791671**	**20677**	**3383029**
1. 按零售行业小类分					
综合零售	67	3737	302629	170	325324
百货零售	14	521	49267		52436

商品购进、销售和库存综合表（续2）

单位：万元

通过公共网络实现的销售额	通过非自营平台实现的商品销售额	使用银行卡支付的商品销售额	批发额	出口	零售额	通过公共网络实现的零售额	通过非自营平台实现的零售额	期末商品库存额	年末零售营业面积（平方米）
		95251	177759	19339	221			13519	500
41939	31235	84571	2354570	87074	309687	9275	8195	70157	88551
		5976	41589	90	7335			3714	3610
57915	6834	347634	3069716	24482	306166	8956	2033	110596	139653
			12599					163	
57915	6834	347634	3026307	24482	304899	8956	2033	110083	138933
			30809		1268			350	720
		525	29541		11460			2285	840
			14344		620			253	100
			2644		620			253	100
			11700						
			384055	42223				67769	
			384055	42223				67769	
346334	169853	471151	1179181	33871	7240			46220	12700
		12451	61446	90	738			3365	2190
90838	37347	408726	4722467	97025	507124	18095	10205	161129	206895
			14344		620			253	100
			384055	42223				67769	
9015	722	29128	458148		120795	135	23	16128	11879
358470	179633	649279	3969881	17115	447829	6514	2639	165186	164058
3200		227	10262		2663	967		1177	1400
			5032		338			35	1000
84518	28288	271950	2834465	156094	185688	10750	7589	128466	67306
			433418		17205			64234	660
342732	184482	426534	1775664	26119	128202	8308	8195	74458	30744
67512	23440	416270	4228516	139265	476725	9916	2033	147799	186798
35944		78652	382043	7825	14386	6		8373	15562
90456	**5455**	**131966**	**235743**		**3147286**	**82219**	**4716**	**185833**	**1051409**
288	100	15585	39300		286024	288	100	22564	204032
			6921		45515			4466	85981

12-5 限额以上批发和零售业法人企业

（2016年）

指标名称	法人企业数（个）	从业人员期末人数（人）	商品购进额	进口	商品销售额
超级市场零售	22	2612	151273		159982
其他综合零售	31	604	102089	170	112906
食品、饮料及烟草制品专门零售	248	3119	339200	670	400709
粮油零售	17	212	32215		40799
糕点、面包零售	1	36	99		629
果品、蔬菜零售	26	343	38283		45254
肉、禽、蛋、奶及水产品零售	33	449	47615		57035
营养和保健品零售	5	51	5432		6150
酒、饮料及茶叶零售	106	1241	144840	670	169274
烟草制品零售	6	102	8557		9879
其他食品零售	54	685	62159		71689
纺织、服装及日用品专门零售	62	1196	119380	39	129420
纺织品及针织品零售	4	50	3005		3604
服装零售	21	546	54615	39	59279
鞋帽零售	1	7	793		834
化妆品及卫生用品零售	8	86	8035		9040
钟表、眼镜零售	5	73	3827		4926
厨房用具及日用杂品零售	4	44	3857		4751
其他日用品零售	19	390	45249		46985
文化、体育用品及器材专门零售	32	467	102697		117216
文具用品零售	7	83	31062		31872
体育用品及器材零售	3	21	3582		3524
珠宝首饰零售	10	254	36726		43474
工艺美术品及收藏品零售	9	89	18144		24160
乐器零售	1	5	1		533
其他文化用品零售	2	15	13182		13653
医药及医疗器材专门零售	12	569	26409		29567
药品零售	12	569	26409		29567
汽车、摩托车、燃料及零配件专门零售	197	5524	1388945	19798	1816524
汽车零售	124	3558	1137741	19798	1253322
汽车零配件零售	8	69	12376		14534
摩托车及零配件零售	23	227	35982		44027
机动车燃料零售	42	1670	202846		504641
家用电器及电子产品专门零售	136	2164	280832		294593

商品购进、销售和库存综合表（续3）

单位：万元

通过公共网络实现的销售额	通过非自营平台实现的商品销售额	使用银行卡支付的商品销售额	批发额	出口	零售额	通过公共网络实现的零售额	通过非自营平台实现的零售额	期末商品库存额	年末零售营业面积（平方米）
188		14240	1482		158500	188		14041	92319
100	100	1345	30896		82009	100	100	4057	25732
11975	1867	12942	36346		364363	9117	1559	24593	80344
616	616	2139	267		40532	616	616	1679	3644
					629				446
			11005		34248			1254	7206
705	165	1399	13228		43807	657	145	1019	14239
60		1356			6150	60		181	886
7111	16	3071	6976		162298	6740	3	15203	28987
		2702	210		9669			1619	1925
3483	1070	2275	4660		67029	1044	795	3638	23011
7846	310	7191	9939		119481	6934	43	20907	65152
		940			3604			237	852
1993		2227	2043		57236	1993		2826	30203
					834			35	130
406	217	3312	2058		6982	77	43	481	1253
					4926			180	1080
1825					4751	1825		240	1025
3622	92	713	5837		41148	3040		16908	30609
5079	472	26975	3340		113876	4835	472	5988	9656
688			490		31383	688		352	1593
1882			242		3283	1656		367	970
2491	472	25948			43474	2491	472	3560	4027
18		600	2406		21754			1577	2281
1		427	202		330			3	200
					13653			130	585
65	65	3282	5798		23769			4881	8098
65	65	3282	5798		23769			4881	8098
4005	382	43393	80088		1736436	3274	382	73608	422018
2575		37974	33584		1219738	1843		58600	236078
1431	382	3821			14534	1431	382	480	2687
		1154	1980		42047			3769	7553
		444	44523		460118			10759	175700
10234	420	8499	27853		266741	10234	420	16336	80527

12–5 限额以上批发和零售业法人企业

（2016 年）

指　标　名　称	法　人 企业数 （个）	从业人员 期末人数 （人）	商　品 购进额	进口	商　品 销售额
家用视听设备零售	16	211	27624		28962
日用家电设备零售	40	787	109690		114432
计算机、软件及辅助设备零售	45	406	68397		71194
通信设备零售	22	641	64208		66775
其他电子产品零售	13	119	10912		13231
五金、家具及室内装饰材料专门零售	112	1185	167880		191815
五金零售	23	179	35425		40761
灯具零售	4	47	3038		3793
家具零售	39	460	57827		63010
涂料零售	1	8	569		816
卫生洁具零售	6	86	5496		7004
木质装饰材料零售	7	38	8484		12337
陶瓷、石材装饰材料零售	20	208	25609		28807
其他室内装饰材料零售	12	159	31431		35286
货摊、无店铺及其他零售业	54	745	63700		77862
互联网零售	35	430	42167		50201
生活用燃料零售	8	144	6126		7027
其他未列明零售业	11	171	15407		20633
2. 按登记注册类型分					
内资企业	914	17184	2746368	20677	3054196
国有企业	1	26	2292		2302
集体企业	18	470	97139		107207
有限责任公司	371	7902	1048564	19061	1202105
国有独资公司	2	251	54006		67645
其他有限责任公司	369	7651	994558	19061	1134460
股份有限公司	5	125	100086		105055
私营企业	517	8650	1495432	1617	1634327
私营独资企业	25	172	50533		57283
私营合伙企业	3	40	3642		4117
私营有限责任公司	481	8370	1434804	1617	1565535
私营股份有限公司	8	68	6453		7392
其他企业	2	11	2853		3200
港、澳、台商投资企业	4	391	39663		43111
与港澳台商合资经营企业	1	15	735		1010

商品购进、销售和库存综合表（续4）

单位：万元

通过公共网络实现的销售额	通过非自营平台实现的商品销售额	使用银行卡支付的商品销售额	批发额	出口	零售额	通过公共网络实现的零售额	通过非自营平台实现的零售额	期末商品库存额	年末零售营业面积（平方米）
		398	791		28170			2504	9311
8040	407	2434	17607		96825	8040	407	7950	34387
852	12	3458	6397		64797	852	12	3280	8329
100		917	1193		65582	100		1671	24283
1242		1293	1864		11367	1242		931	4217
7483	415	5241	26253		165562	7483	415	13640	139801
		802	4962		35799			2274	3709
128			1482		2312	128		296	1360
6563	415	1095	5291		57720	6563	415	3822	52626
					816			87	60
			2453		4552			349	2072
		954	4821		7516			716	1048
793		260	7064		21744	793		1514	15022
		2130	181		35105			4583	63904
43480	1425	8860	6828		71033	40053	1325	3316	41781
43480	1425	8860	1423		48778	40053	1325	2077	7463
			3285		3743			317	22767
			2121		18512			922	11551
89402	5455	116722	198942		2855254	81166	4716	166414	894399
			114		2189			240	156
			35832		71375			4329	22978
46409	4057	69869	57895		1144210	44552	3972	64953	443946
117			5030		62615	117		1220	16600
46292	4057	69869	52865		1081595	44436	3972	63733	427346
					105055			4626	6838
42994	1399	46854	105101		1529226	36613	744	92241	419481
2575		55	4672		52611	2558		2322	16169
		333	1019		3099			537	3090
40126	1399	46466	98960		1466574	33763	744	89002	397641
293			450		6942	293		380	2581
					3200			26	1000
1053		15244			43111	1053		680	10420
					1010			22	500

12-5 限额以上批发和零售业法人企业

（2016年）

指标名称	法人企业数（个）	从业人员期末人数（人）	商品购进额	进口	商品销售额
港澳台商独资企业	2	66	10260		11229
外商投资企业	1	310	28668		30872
中外合资经营企业	2	1131	5641		285722
外资企业	2	1131	5641		285722
3. 按控股情况分					
国有控股	11	1688	171251	39	483988
集体控股	18	470	97139		107207
私人控股	845	15184	2319021	2850	2568942
港澳台商控股	3	81	10995		12239
外商控股	2	378	55078	8256	60860
其他	41	905	138188	9533	149794
4. 按经营形式分					
独立门店	821	13737	2345991	20677	2597899
连锁总店	12	3385	133920		428187
连锁门店	8	179	89568		95088
其他	79	1405	222193		261855
5. 按单位规模分					
大型	2	1362	66438		69790
中型	68	6094	1014850	18429	1128360
小型	416	7591	1155964	1353	1280029
微型	434	3659	554419	896	904850
6. 按零售业态分					
有店铺零售	866	18025	2717476	20677	3296506
食杂店	12	83	14493		16659
便利店	34	563	51609		58571
超市	36	995	75498	120	84938
大型超市	6	2124	118743		123110
仓储会员店	2	44	1152		1428
百货店	40	929	150254	89	164486
专业店	498	8286	1174906	670	1597139
专卖店	187	4256	1021194	19798	1123650
家居建材商店	39	451	64585		75609
购物中心	3	138	34032		37587
厂家直销中心	9	156	11011		13330
无店铺零售	54	681	74195		86523
网上商店	50	632	62965		74119

商品购进、销售和库存综合表（续5）

单位：万元

通过公共网络实现的销售额	通过非自营平台实现的商品销售额	使用银行卡支付的商品销售额	批发额	出口	零售额	通过公共网络实现的零售额	通过非自营平台实现的零售额	期末商品库存额	年末零售营业面积（平方米）
1053		3531			11229	1053		658	1220
		11712			30872				8700
			36801		248921			18739	146590
			36801		248921			18739	146590
117		3032	42430		441558	117		12539	177279
			35832		71375			4329	22978
83643	4821	109741	155560		2413382	76748	4082	157321	780210
1053		3531			12239	1053		680	1720
		11712			60860			2339	14040
5642	634	3949	1920		147873	4301	634	8625	55182
52443	4041	100009	150950		2446950	47587	3401	149954	819115
		5113	43775		384412			19994	195623
		1853	972		94116			4843	4570
38013	1415	24991	40046		221808	34632	1315	11043	32101
		13814			69790			6982	39880
14966	257	36875	33287		1095073	14901	192	75994	368640
49512	2363	50703	116161		1163868	44125	1862	72775	361371
25977	2836	30574	86295		818555	23193	2661	30084	281518
28519	4029	121273	234320		3062186	23708	3389	182635	1038700
1663		1236	580		16079	1663		528	1309
		2173	7562		51008			3284	24056
1503	270	999	15039		69900	1503	270	5253	35038
		13814	104		123007			11292	77323
		3			1428			37	320
1497	16	1276	35958		128528	1125	3	7944	101249
20803	2719	43137	131238		1465901	16767	2093	64521	485243
3053	1024	38412	39172		1084478	2650	1024	79920	191715
		1392	4667		70942			7626	105142
		18831			37587			1442	3460
					13330			788	13845
61937	1427	10693	1423		85100	58511	1327	3198	12709
61937	1427	10693	1423		72696	58511	1327	2479	11299

12-6 限额以上住宿和

（2016年）

指 标 名 称	法 人 企业数（个）	从业人员期末人数（人）	营业额	使用银行卡支付的营业额	客房收入	通过公共网络实现的客房收入	通过非自营平台实现的客房收入
总　计	**226**	**8769**	**208316**	**27210**	**44533**	**4459**	**2145**
一、住宿业	**60**	**4095**	**62604**	**11873**	**32476**	**2951**	**1817**
1. 按住宿业行业小类分							
旅游饭店	45	3652	54467	11301	26982	2734	1603
一般旅馆	15	443	8137	572	5493	218	215
2. 按登记注册类型分							
内资企业	59	4075	61699	11873	32369	2951	1817
国有企业	2	252	4797	225	2531		
集体企业	1	11	505		101		
有限责任公司	27	2593	36987	8125	17973	2320	1702
国有独资公司	1	125	4963		1310		
其他有限责任公司	26	2468	32024	8125	16663	2320	1702
股份有限公司	3	142	3845	1145	2108	94	52
私营企业	24	1037	14923	2378	9496	538	64
私营独资企业	4	214	3072	453	2266	6	
私营合伙企业	2	145	2115	626	821	65	
私营有限责任公司	18	678	9736	1300	6408	467	64
其他企业	2	40	642		160		
港、澳、台商投资企业	1	20	905		107		
与港澳台商合资经营企业	1	20	905		107		
3. 按控股情况分							
国有控股	8	1039	18463	342	8199	271	38
集体控股	1	11	505		101		
私人控股	46	2698	39745	9154	22754	2617	1779
港澳台商控股	1	20	905		107		
其他	4	327	2986	2377	1314	64	
4. 按经营形式分							
独立门店	49	3418	52814	11483	26764	2866	1812
连锁门店	4	102	1476	165	1451	29	5
其他	7	575	8314	225	4261	57	
5. 按单位规模分							
中型	7	1675	28020	5076	12319	1655	1463
小型	50	2404	33018	6797	19364	1296	354
微型	3	16	1566		793		

餐饮业法人单位经营情况

单位：万元

					客房数（间）	床位数（个）	餐位数（位）	年末餐饮营业面积（平方米）
餐费收入	通过公共网络实现的餐费收入	通过非自营平台实现的餐费收入	商品销售额收入	其他收入				
149073	**2005**	**805**	**6275**	**8436**	**8694**	**13798**	**61565**	**261463**
24868	**467**	**214**	**276**	**4984**	**6252**	**9873**	**17093**	**111760**
23088	467	214	245	4152	5039	8110	15002	97845
1781			31	833	1213	1763	2091	13915
24868	467	214	276	4187	6199	9801	17093	111760
1915			56	295	228	307	501	2482
381				23	41	61	256	400
15965	449	214	151	2897	3469	5409	8342	57473
3556			42	56	120	215	500	3000
12410	449	214	110	2841	3349	5194	7842	54473
1045	19		5	688	272	429	841	10473
5080			64	284	2107	3436	6793	39032
765			41		301	518	348	3900
1294					185	316	1200	3417
3020			23	284	1621	2602	5245	31715
482					82	159	360	1900
				798	53	72		
				798	53	72		
9607	86		108	549	1076	1672	3561	22471
381				23	41	61	256	400
13443	380	214	168	3379	4598	7336	12530	85754
				798	53	72		
1437	1			235	484	732	746	3135
20855	464	214	270	4926	4965	7991	15009	103161
3			6	17	389	502	52	75
4011	4			41	898	1380	2032	8524
12828	357	214	152	2721	1648	2606	4495	25831
11286	110		105	2264	4544	7169	12198	85009
755			18		60	98	400	920

12-6　限额以上住宿和

（2016 年）

指标名称	法人企业数（个）	从业人员期末人数（人）	营业额	使用银行卡支付的营业额	客房收入	通过公共网络实现的客房收入	通过非自营平台实现的客房收入
6. 按星级分							
四星	13	1980	28635	6898	13466	1238	1096
三星	12	742	12847	1645	4980	241	38
二星	1	20	396		83		
其他	34	1353	20727	3331	13947	1472	683
二、餐饮业	**166**	**4674**	**145712**	**15337**	**12057**	**1508**	**328**
1. 按餐饮业行业小类分							
正餐服务	164	4614	144629	15337	12057	1508	328
快餐服务	2	60	1083				
2. 按登记注册类型分							
内资企业	166	4674	145712	15337	12057	1508	328
国有企业	1	45	568		292		
有限责任公司	77	2056	58776	3179	4527	484	168
其他有限责任公司	77	2056	58776	3179	4527	484	168
股份有限公司	1	35	371		203		
私营企业	84	2499	84884	12012	7035	1024	160
私营独资企业	12	322	12889	54	1195		
私营合伙企业	3	224	3887	458	901	48	
私营有限责任公司	68	1945	67424	11500	4939	975	160
私营股份有限公司	1	8	685				
其他企业	3	39	1113	146			
3. 按控股情况分							
国有控股	1	45	568		292		
集体控股	1	8	579				
私人控股	150	3968	136158	14217	9369	1270	328
其他	14	653	8407	1120	2396	238	
4. 按经营形式分							
独立门店	150	4019	129961	13390	10500	1347	328
连锁总店	1	27	345				
连锁门店	3	172	7297	653			
其他	12	456	8110	1293	1557	161	
5. 按单位规模分							
中型	6	1097	21112	3173	3533	845	159
小型	122	3309	104394	10195	7702	564	168
微型	38	268	20206	1969	822	99	1

餐饮业法人单位经营情况（续）

单位：万元

餐费收入	通过公共网络实现的餐费收入	通过非自营平台实现的餐费收入	商品销售额收入	其他收入	客房数（间）	床位数（个）	餐位数（位）	年末餐饮营业面积（平方米）
12599	188	41	56	2514	2232	3252	6966	45206
7074	19		42	751	1035	1750	4264	21310
313					53	102	220	1500
4882	260	173	178	1719	2932	4769	5643	43744
124205	**1537**	**591**	**5999**	**3451**	**2442**	**3925**	**44472**	**149703**
123122	1537	591	5999	3451	2442	3925	43668	148035
1083							804	1668
124205	1537	591	5999	3451	2442	3925	44472	149703
277					81	162	400	1085
50962	102	6	2361	926	1229	1906	18971	72118
50962	102	6	2361	926	1229	1906	18971	72118
168					50	78	450	468
71739	1436	586	3638	2472	1082	1779	24304	73610
8680			1161	1853	146	223	3818	12401
2986	58				168	279	1835	12606
59389	1378	586	2478	619	768	1277	18481	48408
685							170	195
1059				53			347	2422
277					81	162	400	1085
579							280	600
117560	1537	591	5999	3230	1826	2951	39936	134143
5790				221	535	812	3856	13875
110366	744	345	5689	3405	1960	3120	39083	121150
345							600	2500
7271	553	247		26			1181	3000
6224	240		310	20	482	805	3608	23053
16242	63	63	1051	286	588	877	6598	25755
88911	1276	526	4843	2938	1731	2846	32527	106850
19052	199	2	105	227	123	202	5347	17098

12-7 限额以上批发和零售业法人

（2016 年）

指标名称	法人企业数（个）	执行《2006年企业会计准则》企业数（个）	一、年初存货	二、期末资产负债		
				流动资产合计	应收账款	存货
总计	**1830**	**930**	**423351**	**2560120**	**790673**	**464670**
一、批发业	**910**	**460**	**245940**	**1885604**	**662619**	**295302**
1. 按批发行业小类分						
农、林、牧产品批发	112	69	20729	118202	36444	32524
谷物、豆及薯类批发	8	1	9559	23081	1681	8639
饲料批发	53	33	6059	52932	14273	16783
棉、麻批发	1	1	251	1252	346	212
林业产品批发	5	4	348	8983	7189	283
牲畜批发	22	13	1881	16676	6853	3358
其他农牧产品批发	23	17	2631	15278	6103	3249
食品、饮料及烟草制品批发	113	62	36159	257139	62646	40405
米、面制品及食用油批发	16	7	5286	15453	3155	8654
糕点、糖果及糖批发	1	1	295	2974	2502	352
果品、蔬菜批发	30	17	2797	24966	8509	2925
肉、禽、蛋、奶及水产品批发	20	8	4117	17633	3628	4696
盐及调味品批发	4	3	394	2676	387	426
营养和保健品批发	2	1	544	842	36	450
酒、饮料及茶叶批发	21	12	6274	19264	6140	9600
烟草制品批发	6	6	12627	163268	34692	9957
其他食品批发	13	7	3826	10063	3598	3345
纺织、服装及家庭用品批发	76	31	14311	109989	29490	14267
纺织品、针织品及原料批发	12	7	3948	30322	7603	2962
服装批发	12	3	1242	12444	7147	789
鞋帽批发	1			1076	873	
化妆品及卫生用品批发	6	4	1217	31078	1115	1431
厨房、卫生间用具及日用杂货批发	5	1	669	4335	1511	657
灯具、装饰物品批发	6	4	648	6972	4720	633
家用电器批发	20	7	5220	16560	3740	6020
其他家庭用品批发	14	5	1367	7201	2782	1777
文化、体育用品及器材批发	10	3	1687	6619	1174	2111
文具用品批发	3		35	1160	249	176
体育用品及器材批发	1	1	25			
图书批发	1		20	108	28	12
首饰、工艺品及收藏品批发	4	2	1591	5095	657	1907

企业财务状况综合表（一）

单位：万元

二、期末资产负债								
固定资产合计	固定资产原价	累计折旧	本年折旧	在建工程	资产总计	流动负债合计	应付账款	非流动负债合计
379001	**520682**	**145332**	**27436**	**18446**	**3290749**	**1577573**	**471973**	**91971**
224138	**302117**	**81445**	**12444**	**12347**	**2340332**	**1152096**	**390197**	**43506**
28155	35982	10021	1634	3679	179345	101851	30917	9315
6722	8287	1765	148	2406	33642	22284	673	4731
9913	12472	2560	702	260	84811	52108	14947	2719
	2	2			1252	564	471	
503	597	95	23		10881	6860	6547	45
3794	4965	1171	199	659	25238	9096	2446	235
7223	9660	4430	562	354	23522	10938	5833	1585
88741	128702	40059	3732	2689	388953	49997	24937	13149
1572	2272	699	133		18278	8891	4072	
					2974	2774	2263	
5986	6959	1068	431		37165	14539	5142	1973
6440	9976	3537	690	1105	47920	6379	4231	9677
1918	2644	726	29	176	7208	843	487	630
8	16	9	2		901	591	183	
3429	4057	630	102	34	23917	10237	5876	238
67490	100367	32877	2205	1374	238443	3911	1636	64
1899	2413	514	140		12147	1833	1047	568
7321	9412	2091	689	1250	121711	54010	21811	1646
839	1376	537	167		31533	15543	3624	1371
1936	2292	356	189	1158	14519	6331	4681	174
1	6	5	1		1077	22	22	
129	218	90	37		31272	8512	2304	21
133	179	47	4		4468	1725	490	
109	185	77	7		7080	3442	2971	
2485	3249	764	272		19413	10731	4811	
1689	1907	217	12	92	12349	7704	2908	80
819	1158	340	59		16271	10064	2893	5
59	90	31	4		1436	417	130	
258	436	178	3		3697	1145	202	
120	121	1	1		228	45	24	
152	277	125	48		10347	8424	2537	

12-7 限额以上批发和零售业法人

（2016年）

指标名称	法人企业数（个）	执行《2006年企业会计准则》企业数（个）	一、年初存货	二、期末资产负债		
				流动资产合计	应收账款	存货
其他文化用品批发	1		16	256	240	16
医药及医疗器材批发	17	10	14579	82024	42838	16414
西药批发	9	7	11563	72362	39469	14716
中药批发	3		2581	6776	1906	1298
医疗用品及器材批发	5	3	436	2886	1464	400
矿产品、建材及化工产品批发	367	177	63384	775577	265310	77604
煤炭及制品批发	75	39	9547	163916	49891	6995
石油及制品批发	18	4	1979	22327	11227	2732
非金属矿及制品批发	23	8	2543	17411	7068	2636
金属及金属矿批发	66	36	17000	153999	63941	16324
建材批发	135	61	24069	351982	105452	41645
化肥批发	18	11	4880	14928	4559	3879
农药批发	1	1	110	209	22	112
其他化工产品批发	31	17	3256	50806	23151	3282
机械设备、五金产品及电子产品批发	195	96	91863	501234	198723	107664
农业机械批发	27	19	2980	23605	6803	9812
汽车批发	45	24	14302	75170	21615	11653
汽车零配件批发	14	6	1956	21610	9830	2340
摩托车及零配件批发	1	1	25	908	247	66
五金产品批发	34	17	4564	24504	9604	5658
电气设备批发	15	6	1512	24108	8483	2120
计算机、软件及辅助设备批发	4		580	3437	2034	976
通讯及广播电视设备批发	4	3	292	2317	1245	494
其他机械设备及电子产品批发	51	20	65653	325576	138863	74544
贸易经纪与代理	3	1	210	1306	318	41
贸易代理	3	1	210	1306	318	41
其他批发业	17	11	3016	33514	25675	4273
再生物资回收与批发	4	2	318	3025	2046	266
其他未列明批发业	13	9	2698	30490	23629	4007
2. 按登记注册类型分						
内资企业	905	456	185770	1643938	557616	227796
国有企业	11	9	15570	189856	35498	14621
集体企业	8	4	2792	11277	2921	2559
有限责任公司	351	179	74244	712179	242123	104638

企业财务状况综合表（续1）

单位：万元

二、期末资产负债								
固定资产合计	固定资产原价	累计折旧		在建工程	资产总计	流动负债合计		非流动负债合计
			本年折旧				应付账款	
230	235	6	4		563	32		5
5085	7033	1947	332	269	91889	64537	16182	
4545	6092	1547	290	260	80995	58479	14453	
119	276	157	33		7066	4842	1382	
421	664	243	9	9	3829	1215	347	
63363	79797	17608	4622	3124	938662	529920	154710	9308
12336	18673	6337	2435	2502	209981	100816	29339	2626
11171	11712	565	130		34289	15524	2136	196
3109	3528	419	95		23293	9856	3783	872
9200	11623	2594	751	329	180676	113686	58897	1043
22427	27073	5624	915	188	410477	242026	47579	3660
2739	3652	912	89	48	18586	11036	1677	670
					225	187	122	
2380	3537	1157	207	56	61135	36791	11178	242
26612	34053	7441	1103	84	559422	309394	129597	7024
4054	4624	570	153	1	30668	14009	8944	2648
3949	5714	1765	283	45	97250	55341	7016	1199
1798	2493	696	71		25574	8805	3787	1120
127	145	17	5		1035	541	242	198
2773	3375	601	166	38	28283	13254	8197	314
8892	9660	768	70		33552	17575	4152	26
195	269	74	9		3748	2270	1600	
84	146	62	4		2430	1201	791	
4741	7628	2887	343		336882	196399	94868	1520
249	270	22	9		1646	692	269	26
249	270	22	9		1646	692	269	26
3795	5711	1916	265	1253	42433	31631	8881	3033
176	361	185	62		4642	3525	2343	
3619	5350	1731	203	1253	37791	28106	6538	3033
222312	298550	79704	12224	11427	2095205	988486	310458	43426
73995	108819	34824	2297	1594	274482	29399	2220	699
2507	3438	931	64	124	14109	11033	2319	165
57274	72368	15397	3550	7681	907864	528697	158262	24869

12-7 限额以上批发和零售业法人

（2016年）

指 标 名 称	法 人 企业数（个）	执行《2006年企业会计准则》企业数（个）	一、年初存货	二、期末资产负债		
				流动资产合计	应收账款	存 货
国有独资公司	10	7	10781	74519	29225	13303
其他有限责任公司	341	172	63463	637660	212898	91336
股份有限公司	10	6	1610	18462	8594	2407
私营企业	521	256	91256	710111	268008	103273
私营独资企业	1	1	167	422	100	163
私营有限责任公司	515	253	90754	692867	263484	102495
私营股份有限公司	5	2	335	16822	4424	615
其他企业	4	2	298	2053	472	299
港、澳、台商投资企业	2	2	72	5047	618	
合资经营企业（港或澳、台资）	1	1		171	171	
港、澳、台商独资经营企业	1	1	72	4877	448	
外商投资企业	3	2	60099	236618	104385	67506
外资企业	3	2	60099	236618	104385	67506
3. 按控股情况分						
国有控股	31	24	38725	433810	125856	40849
集体控股	10	6	3150	19535	7177	3310
私人控股	810	406	131692	1048560	395243	164324
港澳台商控股	2	2	72	5047	618	
外商控股	3	2	60099	236618	104385	67506
其他	54	20	12203	142033	29340	19314
4. 按经营形式分						
独立门店	619	323	132850	964434	306037	163010
连锁总店	3	1	954	1226	291	353
连锁门店	1	1	19	1060	158	28
其他	287	135	112118	918884	356133	131912
5. 按单位规模分						
大型	3	1	57434	227068	88609	63788
中型	90	52	59769	561516	160680	69999
小型	764	380	123310	995622	369713	154884
微型	53	27	5428	101399	43617	6632
二、零售业	**920**	**470**	**177411**	**674517**	**128053**	**169368**
1. 按零售行业小类分						
综合零售	67	40	15738	87593	7006	18632
百货零售	14	8	1770	41202	1401	2259

企业财务状况综合表(续2)

单位：万元

二、期末资产负债								
固定资产合计	固定资产原价	累计折旧		在建工程	资产总计	流动负债合计		非流动负债合计
			本年折旧				应付账款	
5446	7210	1964	192	3919	109188	78416	7675	6773
51827	65158	13433	3358	3763	798676	450280	150587	18096
2474	2808	334	79	255	21425	8173	482	555
83137	107930	25962	6026	1770	871989	410288	146432	16534
23	26	2	2		445	17	10	
83045	107834	25958	6023	1770	854653	400415	142072	16534
69	70	1			16890	9856	4350	
2926	3188	2256	209	3	5336	898	743	605
1175	1508	334	72	920	7582	6741	101	81
65	74	9			630	101	101	81
1110	1434	325	72	920	6952	6640		
651	2058	1407	148		237545	156868	79638	
651	2058	1407	148		237545	156868	79638	
89449	127333	38083	2695	6534	593913	253064	55998	7553
2612	3615	1003	78	124	22699	15182	2687	165
117256	152834	38747	8759	4239	1307409	611077	232888	33166
1175	1508	334	72	920	7582	6741	101	81
651	2058	1407	148		237545	156868	79638	
12995	14769	1870	692	530	171183	109164	18884	2542
170176	230915	62181	9153	8425	1235401	495058	174063	26823
608	767	159	5		1904	992	307	161
	3	3			1060	95	18	
53354	70433	19102	3286	3922	1101966	655951	215809	16523
764	2002	1238	192		228048	138915	69447	
104250	153264	49930	5947	6069	756457	307014	97064	15207
116445	143252	29356	6162	6278	1226420	626679	210600	28034
2678	3599	921	144		129406	79488	13087	266
154862	**218565**	**63888**	**14991**	**6099**	**950418**	**425477**	**81776**	**48465**
15561	27508	11948	4733	455	131446	64143	18180	27681
6687	7809	1122	572	178	49124	10874	1547	26311

12-7 限额以上批发和零售业法人

（2016 年）

指标名称	法人企业数（个）	执行《2006年企业会计准则》企业数（个）	一、年初存货	二、期末资产负债		
				流动资产合计	应收账款	存货
超级市场零售	22	13	11203	39127	4646	12909
其他综合零售	31	19	2766	7264	959	3464
食品、饮料及烟草制品专门零售	248	128	23035	70549	24672	15979
粮油零售	17	12	1360	4851	770	1303
糕点、面包零售	1			93	30	
果品、蔬菜零售	26	12	991	4926	2433	1287
肉、禽、蛋、奶及水产品零售	33	13	1452	7864	2474	1287
营养和保健品零售	5	2	125	1300	291	161
酒、饮料及茶叶零售	106	60	14916	30650	12149	6502
烟草制品零售	6	2	960	3456	133	1025
其他食品零售	54	27	3230	17409	6392	4415
纺织、服装及日用品专门零售	62	32	40330	65725	6330	21354
纺织品及针织品零售	4	2	234	2496	288	309
服装零售	21	11	2301	12870	2571	2716
鞋帽零售	1		38	175	63	35
化妆品及卫生用品零售	8	3	82	2173	598	470
钟表、眼镜零售	5	3	124	1762	370	224
厨房用具及日用杂品零售	4	3	135	959	310	238
其他日用品零售	19	10	37417	45289	2130	17363
文化、体育用品及器材专门零售	32	15	4872	15633	4751	4978
文具用品零售	7	4	304	4277	794	285
体育用品及器材零售	3	1	49	738	488	132
珠宝首饰零售	10	4	4021	4969	710	3381
工艺美术品及收藏品零售	9	4	351	5021	2546	1043
乐器零售	1	1		119	112	3
其他文化用品零售	2	1	146	511	101	133
医药及医疗器材专门零售	12	8	4630	14901	3780	7573
药品零售	12	8	4630	14901	3780	7573
汽车、摩托车、燃料及零配件专门零售	197	99	59149	257679	34094	67557
汽车零售	124	58	52564	229995	30122	60823
汽车零配件零售	8	3	596	1571	613	479
摩托车及零配件零售	23	7	3236	6964	1029	2825
机动车燃料零售	42	31	2753	19150	2330	3430
家用电器及电子产品专门零售	136	70	16821	81751	20252	17889

企业财务状况综合表（续3）

单位：万元

二、期末资产负债								
固定资产合计	固定资产原价	累计折旧	本年折旧	在建工程	资产总计	流动负债合计	应付账款	非流动负债合计
6311	16594	10283	4037	27	67050	48057	15385	1118
2563	3106	543	125	250	15273	5212	1248	252
21095	25196	4180	1712	663	99228	32656	14638	2551
1406	1709	324	136		6277	2934	1073	142
					153	60		16
2512	2824	312	139	111	8314	2779	1724	208
2184	2678	534	193	356	11528	2123	1165	241
273	313	40	14		1706	1117	223	
9438	11302	1874	638	197	43265	14507	6029	1016
597	804	207	14		4191	285	113	12
4685	5567	889	578		23796	8852	4311	916
17413	22708	5328	900		84199	21777	5479	342
389	630	241	45		2893	878	17	101
1618	2533	915	246		15289	5087	3017	147
1	1				176	38	38	
187	209	33	15		2409	544	394	
153	185	32	5		1922	797	174	10
70	143	73	33		1029	613	466	
14995	19008	4035	555		60481	13819	1375	84
3667	4178	519	94	88	21679	6271	2838	847
1502	1706	204	37		6812	2619	1195	91
45	50	5	3		784	311	90	
439	574	143	15		5600	2020	641	102
914	1062	148	33	88	7087	1130	722	606
2	2				120	8	6	
765	784	20	6		1277	184	184	48
1870	2678	807	163	51	17199	13157	2416	
1870	2678	807	163	51	17199	13157	2416	
62538	92670	30174	5529	4388	391580	201502	15942	12398
44184	61755	17613	4988	246	314607	200491	25894	6171
325	365	40	6		2372	364	202	1
1275	1910	635	50	44	8562	3595	824	64
16754	28639	11885	485	4099	66039	–2947	–10978	6162
12951	17246	4313	663	98	99107	54446	9865	574

12-7 限额以上批发和零售业法人

（2016年）

指标名称	法人企业数（个）	执行《2006年企业会计准则》企业数（个）	一、年初存货	二、期末资产负债		
				流动资产合计	应收账款	存货
家用视听设备零售	16	10	1545	6143	1139	1797
日用家电设备零售	40	18	9707	38782	5785	9687
计算机、软件及辅助设备零售	45	24	3583	19112	4022	4050
通信设备零售	22	14	1321	14405	8550	1602
其他电子产品零售	13	4	664	3310	756	753
五金、家具及室内装饰材料专门零售	112	52	8937	57050	22624	11534
五金零售	23	12	1822	14594	7480	2105
灯具零售	4	2	275	970	436	185
家具零售	39	19	2107	19440	6013	3553
涂料零售	1	1	81	320	120	87
卫生洁具零售	6	3	250	4022	1679	362
木质装饰材料零售	7	2	179	1573	746	461
陶瓷、石材装饰材料零售	20	8	1677	5973	2610	1462
其他室内装饰材料零售	12	5	2546	10159	3540	3319
货摊、无店铺及其他零售业	54	26	3900	23637	4545	3873
互联网零售	35	16	2574	14720	2834	2568
生活用燃料零售	8	4	298	5853	777	284
其他未列明零售业	11	6	1029	3064	934	1022
2. 按登记注册类型分						
内资企业	914	467	140767	629032	127590	153624
国有企业	1	1	250	446	101	240
集体企业	18	12	1541	4710	430	2650
有限责任公司	371	190	55876	292048	47727	67998
国有独资公司	2	1	1555	4037	412	1370
其他有限责任公司	369	189	54321	288011	47315	66628
股份有限公司	5	4	340	5613	690	990
私营企业	517	258	82741	325997	78616	81734
私营独资企业	25	19	1275	6134	3163	1180
私营合伙企业	3	2	888	1055	70	531
私营有限责任公司	481	233	80198	316054	74702	79484
私营股份有限公司	8	4	380	2755	681	539
其他企业	2	2	18	218	27	13
港、澳、台商投资企业	4	1	690	9125	464	589
合资经营企业（港或澳、台资）	1		22	149	51	21

企业财务状况综合表（续4）

单位：万元

二、期末资产负债								
固定资产合计	固定资产原价	累计折旧	本年折旧	在建工程	资产总计	流动负债合计	应付账款	非流动负债合计
934	1254	320	64		7432	4838	943	197
1427	2356	939	133	80	43253	33013	4350	113
2887	3166	288	93	15	22223	5010	2645	157
7379	10093	2714	353		22521	10679	1305	103
324	376	53	20	3	3678	906	622	3
12596	16512	3916	827	109	73475	20837	9681	2190
1576	2203	628	153		16934	4692	2023	1051
70	101	31	20		1040	505	264	
6057	6985	928	246	97	26634	6142	2356	487
30	47	17			350	249	134	
396	519	123	17		4992	2556	701	
85	120	35	8	11	2795	540	421	29
1569	2115	546	132		7588	2721	1277	38
2814	4424	1610	252		13141	3432	2505	584
7172	9868	2703	370	246	32505	10688	2737	1883
1268	1441	180	70	246	16842	3696	1374	217
3622	5789	2166	251		9907	4914	335	895
2281	2638	357	50		5756	2077	1028	771
137867	194293	56612	13924	6099	887750	405763	81322	48465
706	1091	385	10	44	1152	301	164	
1727	2252	525	65	405	7108	4415	1128	180
47953	70400	22462	6499	4191	423415	187882	36590	37548
5341	10834	5493	213	3399	36202	−9288	−11544	4827
42612	59566	16969	6286	793	387212	197170	48133	32721
7596	12311	4715	69	700	14785	1085	174	
79791	108130	28509	7280	759	440979	212064	43265	10734
1548	1927	379	80		7803	2226	915	88
69	137	69	25		1123	464	201	238
77746	105347	27772	7043	759	428646	208556	41908	10399
429	719	290	133		3407	818	241	8
93	110	17	1		312	15	1	4
3109	6753	3644	682		12421	8030	454	
187	454	267	18		336	15	12	

12–7 限额以上批发和零售业法人

（2016年）

指标名称	法人企业数（个）	执行《2006年企业会计准则》企业数（个）	一、年初存货	二、期末资产负债		
				流动资产合计	应收账款	存货
港、澳、台商独资经营企业	2		668	2189	313	568
外商投资企业	1	1		6787	101	
中外合资经营企业	2	2	35955	36360		15155
外资企业	2	2	35955	36360		15155
3. 按控股情况分						
国有控股	11	8	4995	36676	3381	5567
集体控股	18	12	1541	4710	430	2650
私人控股	845	431	159114	594874	118990	150211
港澳台商控股	3		690	2338	363	589
外商控股	2	1	3380	12432	376	2196
其他	41	18	7692	23488	4514	8154
4. 按经营形式分						
独立门店	821	424	154856	580917	111999	139183
连锁总店	12	7	12520	38676	5843	17059
连锁门店	8	4	1164	2802	985	856
其他	79	35	8872	52122	9227	12270
5. 按单位规模分						
大型	2	2	4945	22850	1114	6105
中型	68	34	89177	286141	29863	78514
小型	416	223	61161	241856	58801	60084
微型	434	211	22129	123670	38276	24665
6. 按零售业态分						
有店铺零售	866	450	172998	649761	123309	165325
食杂店	12	7	441	2582	1321	294
便利店	34	28	2410	8330	2656	2247
超市	36	22	5456	16002	2337	5772
大型超市	6	4	8515	32829	3887	10379
仓储会员店	2		92	525	56	28
百货店	40	12	4196	50162	3706	5554
专业店	498	246	49946	250622	71198	58249
专卖店	187	102	94214	258238	30123	73926
家居建材商店	39	22	5240	21323	7000	6638
购物中心	3		1424	6499	292	1112
厂家直销中心	9	7	1065	2650	734	1125
无店铺零售	54	20	4413	24756	4744	4043
网上商店	50	19	2985	21539	4456	2908

企业财务状况综合表（续5）

单位：万元

二、期末资产负债								
固定资产合计	固定资产原价	累计折旧	本年折旧	在建工程	资产总计	流动负债合计	应付账款	非流动负债合计
97	183	86	7		2473	1676	149	
2825	6116	3291	657		9612	6339	293	
13887	17519	3632	386		50247	11683		
13887	17519	3632	386		50247	11683		
17708	29457	11748	532	4350	94881	25526	–9770	4830
1727	2252	525	65	405	7108	4415	1128	180
124572	170609	46211	13115	1271	791839	363835	83139	42522
284	637	353	25		2809	1691	161	
3642	7159	3517	755	1	16947	12385	3452	
6930	8451	1533	500	72	36834	17625	3666	933
124619	168682	44234	10120	1602	773497	368506	72819	41248
9252	21894	12642	3542	3399	95964	34660	1954	5408
7111	11475	4374	6	798	11614	1080	311	7
13881	16514	2638	1324	301	69343	21230	6692	1802
4327	10939	6612	657		35575	23453	5332	272
68602	100433	31854	8723	3637	429687	232228	16606	36103
53891	73937	20178	3944	1722	321790	127112	42161	7301
28042	33256	5244	1667	741	163365	42685	17677	4789
152471	215774	63473	14851	5759	921423	416872	78549	47586
775	886	111	38		3362	822	354	38
1600	2057	457	101	227	10871	5009	2307	263
4661	6385	1747	771	50	21643	8491	2939	998
5467	15593	10126	3949		59412	44582	14322	580
223	281	59	29	10	758	123	66	
9825	11130	1315	610	182	66794	16347	3458	26392
66554	94281	27823	4539	4688	368525	132627	28291	10799
58632	77972	19380	4369	591	354423	200042	21648	7675
3773	5993	2220	400	11	25420	6386	3694	637
38	52	14	2		6637	782	217	
923	1144	221	42		3577	1662	1253	204
2392	2791	414	141	340	28995	8605	3227	879
1926	2255	345	103	252	24643	7787	2728	325

12-7 限额以上批发和零售业法人

（2016 年）

指标名称	二、期末资产负债						
	负债合计	所有者权益合计	实收资本	国家资本	集体资本	法人资本	个人资本
总　　计	**1669573**	**1621176**	**997421**	**65465**	**4862**	**298480**	**530171**
一、批发业	**1195632**	**1144700**	**661136**	**60639**	**2280**	**180622**	**324703**
1. 按批发行业小类分							
农、林、牧产品批发	111182	68163	42251	7166	23	12920	22124
谷物、豆及薯类批发	27016	6626	3340	2166		874	300
饲料批发	54827	29984	20565	5000		7119	8446
棉、麻批发	564	688	500				500
林业产品批发	6905	3976	3420			3200	220
牲畜批发	9331	15907	8861		3	465	8393
其他农牧产品批发	12539	10983	5565		20	1262	4265
食品、饮料及烟草制品批发	63146	325806	67609	14922	671	30093	21923
米、面制品及食用油批发	8891	9387	5079	200		970	3909
糕点、糖果及糖批发	2774	200	200				200
果品、蔬菜批发	16512	20653	8419			2805	5614
肉、禽、蛋、奶及水产品批发	16055	31865	23490		671	21300	1519
盐及调味品批发	1472	5736	1509	1100			409
营养和保健品批发	591	310	150				150
酒、饮料及茶叶批发	10476	13442	7864			3618	4246
烟草制品批发	3975	234468	13622	13622			
其他食品批发	2401	9746	7275			1400	5875
纺织、服装及家庭用品批发	55657	66055	22718		100	4411	18207
纺织品、针织品及原料批发	16914	14619	5023			535	4488
服装批发	6504	8015	1921			600	1321
鞋帽批发	22	1055	1000				1000
化妆品及卫生用品批发	8534	22738	4814			2868	1946
厨房、卫生间用具及日用杂货批发	1725	2743	1270				1270
灯具、装饰物品批发	3442	3638	2180				2180
家用电器批发	10731	8682	3801			408	3393
其他家庭用品批发	7784	4565	2709		100		2609
文化、体育用品及器材批发	10069	6202	2096		10	1126	960
文具用品批发	417	1019	900			500	400
体育用品及器材批发	1145	2552	200			200	
图书批发	45	183	100			95	5
首饰、工艺品及收藏品批发	8424	1923	860		10	295	555

企业财务状况综合表(二)

单位：万元

二、期末资产负债		三、损益及分配						
港澳台资本	外商资本	营业收入	主营业务收入	营业成本	主营业务成本	营业税金及附加	主营业务税金及附加	其他业务利润
3493	**94950**	**9411562**	**9351400**	**8359641**	**8314756**	**95516**	**94676**	**6503**
1787	**91107**	**6602111**	**6555746**	**5852332**	**5817743**	**75672**	**75274**	**2152**
18		694893	691028	638948	634914	5313	5241	14
		72794	72794	67409	67409	129	129	
		284080	283509	261621	260719	1369	1321	14
		4769	4769	4582	4582			
		27146	27146	26188	26188	66	66	
		143759	143407	131300	130952	2533	2529	
18		162345	159403	147847	145064	1216	1196	
		1106959	1087242	857369	843788	45891	45814	
		83743	83743	72419	72419	579	509	
		13969	13969	11999	11999	24	24	
		131518	131454	107795	107732	1750	1749	
		119957	118531	97701	96275	997	995	
		24381	24356	18890	18890	142	139	
		20887	20887	19487	19487	113	113	
		166584	166553	142445	142093	3373	3373	
		457710	439717	306140	294577	38455	38455	
		88211	88033	80493	80316	458	457	
		394176	393237	335425	334795	1964	1935	137
		57769	57763	52925	52883	413	413	
		49299	48798	45860	45602	241	218	137
		2577	2577	2474	2474	2	2	
		90613	90613	60960	60960	570	570	
		23935	23935	21640	21640	22	22	
		31870	31870	26901	26901	306	306	
		73015	72583	64834	64504	319	317	
		65098	65098	59832	59832	92	86	
		239146	239133	225678	225664	276	276	
		10424	10424	9346	9346	16	16	
		7290	7290	5530	5530	21	21	
		2425	2411	2204	2190	3	3	
		215643	215643	205940	205940	210	210	

12-7 限额以上批发和零售业法人

（2016 年）

指标名称	二、期末资产负债						
	负债合计	所有者权益合计	实收资本	国家资本	集体资本	法人资本	个人资本
其他文化用品批发	37	526	36			36	
医药及医疗器材批发	64537	27353	19737	4078		4426	11234
西药批发	58479	22516	17078	4078		2440	10561
中药批发	4842	2223	2086			1986	100
医疗用品及器材批发	1215	2614	573				573
矿产品、建材及化工产品批发	539241	399421	311218	31483	1446	90080	186450
煤炭及制品批发	103441	106539	88077	20562	2	24199	41557
石油及制品批发	15719	18570	11350	5000		784	5567
非金属矿及制品批发	10728	12565	8771			4200	4571
金属及金属矿批发	114742	65934	50528	5000		15835	29694
建材批发	245686	164791	134232			40596	93636
化肥批发	11705	6881	3319	322	1441	546	1010
农药批发	187	39	3		3		
其他化工产品批发	37032	24103	14938	600		3921	10417
机械设备、五金产品及电子产品批发	316419	243004	188798	10	30	36179	61463
农业机械批发	16657	14011	8155	10	30	5825	2270
汽车批发	56540	40711	29316			15550	13766
汽车零配件批发	9925	15649	11603			4003	7600
摩托车及零配件批发	739	296	120			120	
五金产品批发	13567	14716	9697			2637	7060
电气设备批发	17601	15951	10826			1736	9090
计算机、软件及辅助设备批发	2270	1478	550				550
通讯及广播电视设备批发	1201	1229	1137			300	837
其他机械设备及电子产品批发	197919	138962	117394			6007	20290
贸易经纪与代理	718	927	900			300	600
贸易代理	718	927	900			300	600
其他批发业	34664	7768	5810	2980		1088	1741
再生物资回收与批发	3525	1117	570			250	320
其他未列明批发业	31139	6652	5240	2980		838	1421
2. 按登记注册类型分							
内资企业	1031941	1063264	568221	60639	2280	180580	324703
国有企业	30097	244385	17852	16261		1591	
集体企业	11198	2912	1864		1544	120	200
有限责任公司	553565	354299	247032	44368	15	104227	98422

企业财务状况综合表（续1）

单位：万元

二、期末资产负债		三、损益及分配						
港澳台资本	外商资本	营业收入	主营业务收入	营业成本	主营业务成本	营业税金及附加	主营业务税金及附加	其他业务利润
		3364	3364	2658	2658	26	26	
		205716	205129	190157	189840	540	537	319
		171118	170531	160953	160636	207	207	319
		14198	14198	13096	13096	17	17	
		20400	20400	16108	16108	315	313	
1759		2369706	2353596	2162042	2150405	10441	10323	1525
1759		470198	457165	417617	408586	1648	1636	1
		107732	107722	97971	97971	1905	1895	
		83578	83578	73659	73659	400	400	
		492043	491946	456113	455913	1923	1922	15
		940245	939769	867163	866768	3741	3660	1
		98956	97749	91872	90668	130	124	224
		4729	4729	4350	4350	0	0	
		172225	170938	153298	152490	694	686	1285
10	91107	1430981	1425951	1292855	1288701	10413	10350	142
10	10	123795	122157	111486	109878	833	819	3
		310160	310055	282103	282029	3691	3681	46
		62926	62926	56092	56092	830	830	
		5857	5857	5098	5098	34	34	
		219414	219406	200999	200994	1550	1543	38
		104184	103518	87880	87304	1126	1125	
		17450	17450	15275	15275	476	476	1
		10214	9678	9232	8945	106	106	
	91097	576982	574904	524690	523087	1769	1737	55
		10282	10282	8749	8749	114	114	
		10282	10282	8749	8749	114	114	
		150251	150148	141110	140887	722	685	16
		13598	13598	11412	11289	35	35	
		136653	136549	129698	129598	686	650	16
10	10	6232000	6187186	5511747	5478655	75453	75055	2098
		487407	469352	332143	320578	38527	38521	34
		50630	50090	47014	46474	52	52	221
		2521195	2518456	2312494	2309920	12299	12066	504

12-7　限额以上批发和零售业法人

（2016 年）

指　标　名　称	二、期末资产负债						
	负　债合　计	所有者权　益合　计	实收资本				
				国家资本	集体资本	法人资本	个人资本
国有独资公司	85189	23999	17907	16407		1500	
其他有限责任公司	468376	330300	229125	27961	15	102727	98422
股份有限公司	8727	12697	10890			4920	5970
私营企业	426834	445154	286956	10	30	69722	217174
私营独资企业	17	428	100				100
私营有限责任公司	416962	437691	285445	10	30	69700	215686
私营股份有限公司	9856	7035	1410			22	1388
其他企业	1519	3817	3627		691		2936
港、澳、台商投资企业	6822	760	1819			42	
合资经营企业（港或澳、台资）	182	448	60			42	
港、澳、台商独资经营企业	6640	312	1759				
外商投资企业	156868	80676	91097				
外资企业	156868	80676	91097				
3. 按控股情况分							
国有控股	260617	333296	82541	59750		22231	560
集体控股	15347	7352	6164		1544	4420	200
私人控股	644272	663137	439287	12	32	129404	309820
港澳台商控股	6822	760	1819			42	
外商控股	156868	80676	91097				
其他	111705	59478	40229	878	704	24525	14123
4. 按经营形式分							
独立门店	521881	713520	301423	15960	2267	92736	185585
连锁总店	1153	751	522	322			200
连锁门店	95	965	100				100
其他	672503	429464	359092	44357	13	87886	138818
5. 按单位规模分							
大型	138915	89133	90600	2160		3340	100
中型	322221	434236	118368	28345	964	40887	43317
小型	654742	571679	408443	30134	1316	116856	257099
微型	79753	49653	43725			19539	24186
二、零售业	**473941**	**476476**	**336285**	**4827**	**2583**	**117858**	**205468**
1. 按零售行业小类分							
综合零售	91824	39623	39051		1704	13716	22289
百货零售	37184	11939	9742		448	5722	3573

企业财务状况综合表（续2）

单位：万元

二、期末资产负债		三、损益及分配						
港澳台资本	外商资本	营业收入	主营业务收入	营业成本	主营业务成本	营业税金及附加	主营业务税金及附加	其他业务利润
		161298	161101	157554	157079	128	46	16
		2359897	2357356	2154940	2152842	12171	12020	488
		44652	44547	39446	39387	311	311	46
10	10	3087453	3065984	2745355	2728426	23885	23727	1293
		12599	12599	12017	12017	4	4	
10	10	3044098	3022629	2705800	2688871	23794	23636	1293
		30756	30756	27538	27538	87	87	
		40663	38757	35295	33869	379	379	
1777		13169	13169	12238	12238	16	16	
18		3169	3169	2841	2841			
1759		10000	10000	9397	9397	15	15	
	91097	356942	355391	328347	326850	203	203	54
	91097	356942	355391	328347	326850	203	203	54
		917156	898356	743465	731098	38923	38834	273
		58669	58129	54513	53973	64	64	221
10	10	4732536	4709707	4228000	4209997	35149	34863	1604
1777		13169	13169	12238	12238	16	16	
	91097	356942	355391	328347	326850	203	203	54
		523640	520994	485770	483587	1318	1295	
1769	3107	4037233	3995521	3466606	3436525	68490	68273	551
		11998	11998	10674	10674	82	82	
		4590	4590	4186	4186	10	10	
18	88000	2548290	2543637	2370865	2366357	7091	6909	1601
	85000	419785	417728	367221	365407	573	573	243
1759	3097	1734628	1700875	1463225	1439240	42693	42630	374
28	3010	4254190	4245254	3844194	3836577	30239	29904	282
		193508	191889	177692	176518	2167	2167	1253
1707	3843	2809450	2795653	2507310	2497014	19844	19402	4351
	1343	305258	299096	275194	268945	1288	1236	2777
		47244	45329	40689	38809	184	183	749

12-7 限额以上批发和零售业法人

（2016 年）

指标名称	二、期末资产负债						
	负债合计	所有者权益合计	实收资本	国家资本	集体资本	法人资本	个人资本
超级市场零售	49175	17874	20748		150	7859	11396
其他综合零售	5464	9809	8561		1106	135	7320
食品、饮料及烟草制品专门零售	35206	64022	46356	800	826	15306	29425
粮油零售	3077	3200	1913			990	923
糕点、面包零售	76	77	77			77	
果品、蔬菜零售	2986	5328	4091			1722	2369
肉、禽、蛋、奶及水产品零售	2364	9164	6725	500		1214	5010
营养和保健品零售	1117	589	480				480
酒、饮料及茶叶零售	15523	27742	21463			6765	14698
烟草制品零售	296	3895	520	300		10	210
其他食品零售	9767	14029	11087		826	4527	5735
纺织、服装及日用品专门零售	22119	62080	35531			19363	16167
纺织品及针织品零售	980	1913	1426			20	1406
服装零售	5234	10055	11077			3128	7948
鞋帽零售	38	139	100				100
化妆品及卫生用品零售	544	1865	1475			725	750
钟表、眼镜零售	807	1115	988			200	788
厨房用具及日用杂品零售	613	416	270				270
其他日用品零售	13904	46578	20195			15290	4905
文化、体育用品及器材专门零售	7118	14561	8566			3028	5438
文具用品零售	2710	4102	3494			1766	1728
体育用品及器材零售	311	473	396			121	175
珠宝首饰零售	2122	3478	1880			100	1780
工艺美术品及收藏品零售	1736	5351	1650			500	1150
乐器零售	8	112	100				100
其他文化用品零售	231	1046	1046			541	505
医药及医疗器材专门零售	13157	4042	4035			2385	1650
药品零售	13157	4042	4035			2385	1650
汽车、摩托车、燃料及零配件专门零售	213900	177680	109730	3527	37	37091	65118
汽车零售	206662	107945	92056			32138	55961
汽车零配件零售	365	2007	1590			300	1290
摩托车及零配件零售	3659	4903	3432	97		654	2682
机动车燃料零售	3214	62825	12653	3430	37	3999	5187
家用电器及电子产品专门零售	55019	44087	40820	500	2	13496	26821

企业财务状况综合表（续3）

单位：万元

二、期末资产负债		三、损益及分配						
港澳台资本	外商资本	营业收入	主营业务收入	营业成本	主营业务成本	营业税金及附加	主营业务税金及附加	其他业务利润
	1343	149184	145688	135983	132416	448	447	2028
		108831	108079	98522	97720	657	606	
		364408	363853	307889	307024	3856	3834	10
		36757	36757	30594	30594	206	206	
		628	628	400	400	2	2	
		41629	41629	35961	35950	227	226	
		50905	50905	42936	42926	856	853	
		5993	5993	5180	5180	7	7	
		153896	153758	129022	128544	1804	1799	
		8989	8989	7600	7600	126	126	
		65611	65194	56196	55830	628	615	10
		118016	117441	100843	100801	976	777	
		3278	3270	2682	2667	12	12	
		54266	53727	46639	46639	541	342	
		834	834	669	669	7	7	
		8175	8175	7291	7291	30	30	
		4375	4375	3492	3492	28	27	
		4123	4123	3647	3647	12	12	
		42966	42938	36423	36395	347	347	
100		107333	107231	85258	85257	892	878	
		27841	27739	20116	20116	332	324	
100		3321	3321	2346	2346	91	91	
		40517	40517	35932	35932	154	148	
		23276	23276	16864	16864	199	199	
		530	530	502	502	1	1	
		11848	11848	9498	9498	114	114	
		23885	23885	19906	19906	220	220	467
		23885	23885	19906	19906	220	220	467
1457	2500	1379756	1376017	1280595	1279455	8062	7971	1085
1457	2500	1115539	1113063	1041923	1041745	6960	6872	1085
		13462	13462	11789	11789	55	55	
		39530	39201	36487	36487	260	260	
		211225	210292	190396	189433	787	786	
		259618	259434	229438	229042	1912	1906	11

12-7 限额以上批发和零售业法人

（2016 年）

指 标 名 称	二、期末资产负债						
	负 债 合 计	所有者 权 益 合 计					
			实收 资本	国家 资本	集体 资本	法人 资本	个人 资本
家用视听设备零售	5035	2397	2212			809	1403
日用家电设备零售	33126	10127	13009	500		3099	9409
计算机、软件及辅助设备零售	5167	17056	14135		2	1428	12706
通信设备零售	10783	11739	9133			7061	2072
其他电子产品零售	909	2769	2331			1100	1231
五金、家具及室内装饰材料专门零售	23027	50448	35770		10	7251	28510
五金零售	5744	11190	7452			1178	6274
灯具零售	505	535	380				380
家具零售	6630	20005	12904			1177	11727
涂料零售	249	102	55				55
卫生洁具零售	2556	2436	2100			850	1250
木质装饰材料零售	569	2227	2142		10	1178	954
陶瓷、石材装饰材料零售	2759	4829	3249			1150	2099
其他室内装饰材料零售	4016	9124	7488			1718	5770
货摊、无店铺及其他零售业	12570	19934	16427		5	6223	10050
互联网零售	3913	12929	10993			5471	5521
生活用燃料零售	5809	4098	3961			243	3568
其他未列明零售业	2848	2908	1474		5	508	961
2. 按登记注册类型分							
内资企业	454228	433523	318097	4827	2583	102858	205330
国有企业	301	851	97	97			
集体企业	4594	2513	1696		1591	22	84
有限责任公司	225430	197984	150861	4730	815	50496	92320
国有独资公司	-4460	40663	3930	3930			
其他有限责任公司	229891	157322	146931	800	815	50496	92320
股份有限公司	1085	13700	1884			1884	
私营企业	222798	218181	163417		178	50456	112784
私营独资企业	2315	5489	1902			121	1781
私营合伙企业	702	421	370		150	58	162
私营有限责任公司	218955	209691	159132		26	49897	109210
私营股份有限公司	827	2580	2014		2	380	1632
其他企业	19	293	142				142
港、澳、台商投资企业	8030	4391	3188				138
合资经营企业（港或澳、台资）	15	321	288				138

企业财务状况综合表(续4)

单位：万元

二、期末资产负债		三、损益及分配						
港澳台资本	外商资本	营业收入	主营业务收入	营业成本	主营业务成本	营业税金及附加	主营业务税金及附加	其他业务利润
		26348	26348	23862	23862	114	110	
		99710	99703	89321	89199	648	648	7
		63451	63444	54881	54881	759	757	3
		58060	58060	50614	50614	334	334	
		12049	11880	10761	10487	58	58	
		177111	175213	148889	147633	2172	2115	1
		39382	39338	33458	33404	707	707	
		3342	3342	2858	2858	21	18	
		57988	57988	49796	49629	834	834	
		697	697	593	593	2	2	
		6329	6329	5101	5101	104	104	
		10708	8897	7893	6890	124	122	
		26977	26934	22698	22667	277	227	1
		31688	31688	26492	26492	102	102	
150		74066	73483	59298	58951	466	465	
		47741	47549	38816	38663	138	138	
150		6712	6692	5428	5428	40	39	
		19613	19242	15054	14860	289	289	
	2500	2764200	2751942	2471441	2461145	19733	19291	4155
		2302	2302	2292	2292	2	2	
		103030	102012	94025	93018	266	266	
	2500	1087355	1080557	973837	967487	8659	8542	3262
		62822	62822	58124	58124	210	210	
	2500	1024533	1017735	915713	909362	8449	8332	3262
		101215	100282	88887	87924	355	355	
		1467414	1463905	1309742	1307767	10433	10108	893
		54734	54716	46387	46378	315	315	
		4099	4099	3867	3867	22	22	
		1402115	1398624	1254033	1252066	10071	9748	890
		6466	6466	5456	5456	26	25	3
		2884	2884	2657	2657	19	19	
1707	1343	39062	37523	31672	31672	111	111	196
150		992	992	734	734	3	3	

12-7 限额以上批发和零售业法人

（2016 年）

指标名称	二、期末资产负债						
	负债合计	所有者权益合计	实收资本	国家资本	集体资本	法人资本	个人资本
港、澳、台商独资经营企业	1676	796	1557				
外商投资企业	6339	3273	1343				
中外合资经营企业	11683	38563	15000			15000	
外资企业	11683	38563	15000			15000	
3. 按控股情况分							
国有控股	30356	64525	15425	4827		10598	
集体控股	4594	2513	1696		1591	22	84
私人控股	406357	385483	297500		187	99596	197717
港澳台商控股	1691	1118	1845				138
外商控股	12385	4562	3843				
其他	18558	18276	15975		805	7642	7528
4. 按经营形式分							
独立门店	409755	363742	279358	97	1797	98553	173362
连锁总店	40067	55897	20335	3730		7407	9198
连锁门店	1087	10527	2096			1381	715
其他	23032	46311	34496	1000	786	10517	22193
5. 按单位规模分							
大型	23725	11851	9921				8578
中型	268330	161357	98216	3730		57344	33186
小型	134413	187377	137874	597	2124	37401	97603
微型	47474	115891	90273	500	459	23113	66101
6. 按零售业态分							
有店铺零售	464458	456965	319657	4327	2557	109867	197356
食杂店	860	2502	2162			90	2072
便利店	5271	5600	3459		620	562	2277
超市	9488	12155	9282		150	2860	6272
大型超市	45162	14250	18219			7298	9578
仓储会员店	123	635	600			600	
百货店	42739	24055	21488		934	7864	12690
专业店	143426	225099	137670	3827	839	41161	91744
专卖店	207716	146707	107528	500	5	45635	57281
家居建材商店	7023	18397	12669		10	3365	9295
购物中心	782	5855	5360				5360
厂家直销中心	1866	1711	1219			432	788
无店铺零售	9484	19511	16628	500	26	7990	8112
网上商店	8112	16532	14128	500	26	7490	6112

企业财务状况综合表（续5）

单位：万元

二、期末资产负债		三、损益及分配						
港澳台资本	外商资本	营业收入	主营业务收入	营业成本	主营业务成本	营业税金及附加	主营业务税金及附加	其他业务利润
1557		9708	9708	8943	8943	24	24	196
	1343	28362	26823	21996	21996	84	84	
		6189	6189	4196	4196			
		6189	6189	4196	4196			
		192777	190883	171990	171027	649	638	
		103030	102012	94025	93018	266	266	
		2308249	2299569	2058137	2050155	17180	16750	3747
1707		10700	10700	9677	9677	27	27	196
	3843	53993	52454	46591	46591	105	105	329
		140703	140036	126891	126547	1616	1616	79
1707	3843	2340563	2329564	2088287	2082832	17531	17285	1940
		134963	133302	125374	121807	396	393	2408
		91862	90928	81466	80503	480	480	
		242063	241860	212182	211871	1438	1245	3
	1343	65281	62843	61333	57767	196	196	
1457	2500	997842	992866	923300	921707	3896	3801	4166
150		1178632	1175120	1027981	1025462	10373	10074	184
100		567695	564825	494695	492078	5379	5331	
1707	3843	2728485	2715176	2438686	2428741	19596	19166	4340
		15708	15708	13511	13511	144	144	
		55277	54910	48196	47830	1088	1088	
		77106	75844	67930	66692	664	658	2
	1343	116060	112564	106459	102892	243	243	2026
		1338	1338	1144	1144	4	4	
		153379	151790	134361	133273	464	402	749
100		1193447	1189232	1041931	1039123	11307	11227	507
1607	2500	998804	996681	925142	924344	4543	4496	1057
		68356	68275	56804	56725	741	693	
		36482	36482	32300	32300	376	189	
		12529	12352	10908	10908	23	23	
		80965	80478	68623	68272	249	237	10
		69825	69338	58041	57690	231	219	10

12-7 限额以上批发和零售业法人

（2016年）

指 标 名 称	三、损益及分配							
	销售费用	管理费用	税金	财务费用	利息收入	利息支出	资产减值损失	公允价值变动收益
总　计	**283708**	**246451**	**9437**	**45431**	**3651**	**26675**	**1051**	**-45**
一、批发业	**177817**	**171437**	**6670**	**30317**	**2639**	**18514**	**84**	**-45**
1. 按批发行业小类分								
农、林、牧产品批发	15121	10902	871	2525	362	1171	46	1
谷物、豆及薯类批发	2156	914	10	370	45	388		
饲料批发	7071	5090	328	596	265	464	36	1
棉、麻批发	58	46	1	10		10		
林业产品批发	242	135	1	-12	23	2		
牲畜批发	1643	2318	72	1148	24	154		
其他农牧产品批发	3950	2399	460	414	5	153	10	
食品、饮料及烟草制品批发	38724	55198	1408	5026	1016	1591	6	-50
米、面制品及食用油批发	2610	3800	163	1016	4	150		
糕点、糖果及糖批发	1584	647						
果品、蔬菜批发	5786	4599	49	2255	70	290		-20
肉、禽、蛋、奶及水产品批发	3587	4161	98	1807	12	838	6	-30
盐及调味品批发	1300	669	40	44	13			
营养和保健品批发	224	828	7	47		47		
酒、饮料及茶叶批发	5368	4077	131	377	4	223		
烟草制品批发	15530	35263	904	-828	832			
其他食品批发	2736	1155	16	308	81	43		
纺织、服装及家庭用品批发	15122	7412	316	1366	112	657	27	1
纺织品、针织品及原料批发	638	959	20	400	2	176	23	1
服装批发	558	682	26	186	15	129		
鞋帽批发	24	50		1				
化妆品及卫生用品批发	8414	336	47	149	13	128	4	
厨房、卫生间用具及日用杂货批发	230	605	5	59		58		
灯具、装饰物品批发	2485	1203	119	32	5	21		
家用电器批发	1539	2328	78	202	25	74		
其他家庭用品批发	1234	1250	21	338	52	71		
文化、体育用品及器材批发	4730	3721	92	216	82	200		
文具用品批发	378	365	4	8		7		
体育用品及器材批发	295	199	9	62	7	45		
图书批发	14	12		4	3	1		
首饰、工艺品及收藏品批发	3946	3080	80	136	73	147		

企业财务状况综合表（三）

单位：万元

三、损益及分配							四、人工成本及增值税		五、从事批发和零售业活动的从业人员平均人数（人）
投资收益	营业利润	营业外收入	政府补助	营业外支出	利润总额	应交所得税	应付职工薪酬（本年贷方累计发生额）	应交增值税	
4570	**380824**	**29244**	**10878**	**2910**	**342549**	**51370**	**200496**	**94043**	**37006**
4122	**292881**	**13663**	**10592**	**1007**	**265277**	**42452**	**127012**	**73811**	**18384**
620	22381	2974	1933	6	23438	2220	9152	5815	1895
	1822	1295	1256	4	3372	398	814	46	184
565	8580	991		1	9548	904	3519	3901	676
	73				73		34	1	12
	526				526	17	523	173	130
55	4872	684	676		5616	407	1956	847	369
	6509	4	2	2	4304	493	2306	849	524
194	99554	6567	5826	291	100748	20532	60669	28854	5154
	3319	340	294	9	3338	520	2926	517	554
	–286	1			–286		895	257	205
	9678	101	100	1	8643	831	4448	1235	634
12	11680	183	183	23	11217	1014	3209	776	1150
	3336			12	1265	143	686	216	59
	188				188	12	74	27	24
	10944	2	2		10173	1804	1935	2718	412
182	57632	5940	5246	240	63332	15768	45473	22557	1769
	3062			6	2878	441	1024	552	347
3	32865	2263	2113	99	34785	6479	5679	6847	1231
3	2416	32			2439	169	584	761	140
	1773	124	5	36	1369	161	791	271	135
	27						25		10
	20180	2100	2100	38	22326	5670	2069	4849	374
	1380				1380	57	305	67	90
	943				943	182	168	211	47
	3793	7	7	26	3789	179	1238	378	306
	2353	1	1		2539	62	501	309	129
–426	4100	331	310		3917	74	733	235	193
	311				311	68	142	96	28
	1184				1184		229	77	85
	188				189	1	10	1	7
–426	1906	331	310		2233	6	296	62	55

12-7 限额以上批发和零售业法人

（2016 年）

指标名称	三、损益及分配							
	销售费用	管理费用		财务费用			资产减值损失	公允价值变动收益
			税金		利息收入	利息支出		
其他文化用品批发	98	65		6				
医药及医疗器材批发	5090	4225	150	1918	52	1650	22	
西药批发	4279	2897	136	1526	51	1483	22	
中药批发	325	531	4	151	1	148		
医疗用品及器材批发	486	797	9	241		20		
矿产品、建材及化工产品批发	59661	45577	1880	10845	–248	7280	41	2
煤炭及制品批发	20495	10811	139	2981	18	2073		
石油及制品批发	1029	1994	190	762	118	581	9	
非金属矿及制品批发	3373	2411	13	270	14	78		
金属及金属矿批发	7853	8217	471	1218	–733	1176		
建材批发	17401	16290	911	4571	283	2802	20	2
化肥批发	2915	1730	37	418	4	165		
农药批发	12	35		1		1		
其他化工产品批发	6584	4091	120	624	48	404	11	
机械设备、五金产品及电子产品批发	36317	41308	1728	7563	1255	5661	–140	1
农业机械批发	2303	2015	220	314	7	204	1	1
汽车批发	6077	5737	95	1860	930	2255	–206	
汽车零配件批发	1872	2023	317	127	69	55		
摩托车及零配件批发	482	67	2					
五金产品批发	4543	4010	313	1004	31	289		
电气设备批发	2269	3214	32	1958	–58	822		
计算机、软件及辅助设备批发	455	638	10	33		2		
通讯及广播电视设备批发	333	421	119	2				
其他机械设备及电子产品批发	17984	23183	620	2265	275	2033	65	
贸易经纪与代理	466	389	25	189		71		
贸易代理	466	389	25	189		71		
其他批发业	2587	2706	201	670	7	233	83	
再生物资回收与批发	820	650	169	71		7		
其他未列明批发业	1767	2056	33	598	7	226	83	
2. 按登记注册类型分								
内资企业	164357	155419	6639	28897	2395	17052	19	–45
国有企业	17646	36242	949	–691	877	168		
集体企业	1496	1028	23	326	54	97		
有限责任公司	59087	50091	2631	10164	1129	8159	–158	

企业财务状况综合表（续1）

单位：万元

三、损益及分配							四、人工成本及增值税		五、从事批发和零售业活动的从业人员平均人数（人）
投资收益	营业利润	营业外收入	政府补助	营业外支出	利润总额	应交所得税	应付职工薪酬（本年贷方累计发生额）	应交增值税	
	511						57		18
	3767	195	3	71	2933	698	4236	1488	1091
	1233	191	1	42	1477	571	3532	1272	874
	79	4	2	28	48	18	495	154	162
	2456				1409	109	209	62	55
1434	82756	956	309	377	60393	6036	27223	18562	5441
726	17373	71		16	7632	929	5503	3915	1116
56	4118	70	56	32	2432	368	2018	897	240
	3466	5	4	1	3452	155	1617	1026	339
6	16727	111		37	16430	1066	4861	3279	903
644	31705	422	13	68	22643	2679	9159	7638	1929
1	2114	13	13		2138	371	1760	551	472
	329				329		22		5
1	6924	266	224	224	5338	468	2285	1256	437
2297	44708	307	93	146	36650	6201	16380	11260	2899
1	6845	2		3	5296	766	1547	1904	255
2237	13106	209	3	4	13128	1162	3716	2538	712
	1983				1145	97	1128	595	180
	176				176	44	86	328	14
	7308	14	14	1	4496	381	2389	1965	377
59	7796			17	7771	911	791	409	197
	573				574	5	279	31	78
	121				121	18	328	83	73
	6800	81	75	122	3943	2816	6115	3408	1013
	376	5	5		80	20	81	85	26
	376	5	5		80	20	81	85	26
	2374	65	2	17	2333	192	2859	665	454
	610				610	55	222	175	39
	1764	65	2	17	1723	137	2637	490	415
4122	294537	13566	10517	902	266940	40568	124679	71978	18073
183	58023	6162	5427	252	63933	15917	46756	22886	1950
1	934	13	13		947	128	1123	390	282
1881	79182	3835	1995	190	67118	7302	32175	18744	6665

12-7 限额以上批发和零售业法人

（2016 年）

指标名称	三、损益及分配							
	销售费用	管理费用	税金	财务费用	利息收入	利息支出	资产减值损失	公允价值变动收益
国有独资公司	2600	2177	25	891	220	777	15	
其他有限责任公司	56487	47914	2606	9274	909	7383	-173	
股份有限公司	1616	1649	4	87	-194	272	120	
私营企业	83001	65260	2609	18661	528	8203	57	-45
私营独资企业	149	96		5				
私营有限责任公司	81708	64329	2608	18365	528	8039	57	-45
私营股份有限公司	1144	834	1	291		165		
其他企业	1512	1149	421	348		152		
港、澳、台商投资企业	101	309	4	239	-13	243		
合资经营企业（港或澳、台资）	15	1		3				
港、澳、台商独资经营企业	87	307	4	236	-13	243		
外商投资企业	13359	15710	28	1182	257	1219	65	
外资企业	13359	15710	28	1182	257	1219	65	
3. 按控股情况分								
国有控股	24273	41119	1051	2151	1228	4436	-162	
集体控股	1657	1229	25	191	-146	160	120	
私人控股	125353	102620	5304	25001	1084	11744	57	-45
港澳台商控股	101	309	4	239	-13	243		
外商控股	13359	15710	28	1182	257	1219	65	
其他	13074	10452	258	1553	228	712	4	
4. 按经营形式分								
独立门店	118510	118179	4676	16741	2267	9951	-155	-15
连锁总店	661	484	2	67		18		
连锁门店	15	28	1	1				
其他	58631	52747	1992	13507	372	8545	239	-30
5. 按单位规模分								
大型	19263	15776	82	2983	466	2802	18	
中型	49765	65548	1946	5877	119	4350	39	
小型	105755	87397	4205	19100	1102	8260	232	-46
微型	3034	2717	437	2357	952	3102	-205	1
二、零售业	**105890**	**75013**	**2766**	**15114**	**1012**	**8161**	**968**	
1. 按零售行业小类分								
综合零售	25646	8478	185	2040	60	1169	18	
百货零售	1359	2312	107	370	13	19		

企业财务状况综合表（续2）

单位：万元

三、损益及分配							四、人工成本及增值税		五、从事批发和零售业活动的从业人员平均人数（人）
投资收益	营业利润	营业外收入	政府补助	营业外支出	利润总额	应交所得税	应付职工薪酬（本年贷方累计发生额）	应交增值税	
65	-1998	2496	1369	21	498	72	1843	238	233
1815	81180	1340	626	169	66620	7231	30332	18506	6432
	1424	43		34	1426	94	1172	722	267
2057	152993	3513	3083	426	132135	17125	42889	29198	8762
	328				328	3	16		6
2057	151804	3513	3083	426	131007	17067	42509	29134	8666
	861				800	55	365	64	90
	1980				1380	2	564	38	147
	267	22			289	25	179	119	31
	309				309		25		6
	-42	22			-20	25	154	119	25
	-1923	75	75	105	-1952	1859	2154	1714	280
	-1923	75	75	105	-1952	1859	2154	1714	280
2490	64180	9017	6796	289	72929	16809	52143	24751	2741
1	1116	53	13	2	1167	209	1202	462	299
2057	217847	4033	3290	591	182846	23113	64591	44817	13823
	267	22			289	25	179	119	31
	-1923	75	75	105	-1952	1859	2154	1714	280
-426	11394	463	419	20	9998	437	6744	1948	1210
2998	246195	10254	8832	776	223691	37248	90177	61199	11286
	31			6	25		805	40	292
	350				350	10	20	3	6
1124	46305	3409	1761	225	41211	5195	36011	12568	6800
	13951	2223	2100	15	16159	5637	4279	6106	740
303	102659	8189	6335	411	99607	20136	61023	29173	5583
1582	168288	2958	2151	326	140336	15984	51843	36969	10850
2237	7983	293	7	254	9174	695	9867	1562	1211
448	**87943**	**15581**	**285**	**1904**	**77273**	**8918**	**73485**	**20233**	**18622**
47	-5416	273	92	899	4920	1709	12163	3127	3792
47	2378	6		13	2434	144	1939	194	521

12-7 限额以上批发和零售业法人

（2016 年）

指标名称	三、损益及分配							
	销售费用	管理费用	税金	财务费用	利息收入	利息支出	资产减值损失	公允价值变动收益
超级市场零售	20019	2781	11	969	3	572	18	
其他综合零售	4267	3385	67	701	44	578		
食品、饮料及烟草制品专门零售	14891	14402	519	1650	103	820	72	
粮油零售	1307	1035	16	269	5	108		
糕点、面包零售	100	20	1					
果品、蔬菜零售	1071	1081	24	94	3	38		
肉、禽、蛋、奶及水产品零售	1750	1833	38	279	1	148		
营养和保健品零售	133	480	1		1	1		
酒、饮料及茶叶零售	7562	6681	196	784	50	414	4	
烟草制品零售	180	791	8	-23	27	2	58	
其他食品零售	2789	2481	235	248	16	110	10	
纺织、服装及日用品专门零售	5226	4126	142	1025	5	732		
纺织品及针织品零售	133	210	4	59		54		
服装零售	3650	1503	13	196	4	69		
鞋帽零售	81	38		1				
化妆品及卫生用品零售	256	313	1	36		1		
钟表、眼镜零售	76	569	11	22		2		
厨房用具及日用杂品零售	209	116	2	19				
其他日用品零售	821	1377	110	692	1	606		
文化、体育用品及器材专门零售	3574	4338	42	2210	2	573	-27	
文具用品零售	608	491	10	177	1	18		
体育用品及器材零售	52	111		8		1		
珠宝首饰零售	1539	1415	12	554	1	552	-27	
工艺美术品及收藏品零售	1225	2243	20	1430		2		
乐器零售	9	1		1				
其他文化用品零售	140	77		41				
医药及医疗器材专门零售	1618	1174	45	180	3	156		
药品零售	1618	1174	45	180	3	156		
汽车、摩托车、燃料及零配件专门零售	34111	22640	1344	5898	723	3429	873	
汽车零售	18862	17480	852	5170	744	3302	847	
汽车零配件零售	525	687	5	9	1	5		
摩托车及零配件零售	840	1067	24	221	1	74		
机动车燃料零售	13883	3407	463	498	-23	48	25	
家用电器及电子产品专门零售	10234	7634	181	770	86	411	27	

企业财务状况综合表（续3）

单位：万元

三、损益及分配							四、人工成本及增值税		五、从事批发和零售业活动的从业人员平均人数（人）
投资收益	营业利润	营业外收入	政府补助	营业外支出	利润总额	应交所得税	应付职工薪酬（本年贷方累计发生额）	应交增值税	
-1	-9094	246	89	884	1235	1486	8620	2316	2670
	1299	21	3	2	1252	79	1605	617	601
113	21731	367	10	261	18762	1669	12630	3303	2950
	3347				2933	384	949	417	212
	106						165		36
	3194	5		5	3193	129	1255	351	324
	3251	14		29	2447	309	1617	214	440
	194				194	25	174	40	51
	8038	328	4	193	6593	530	4998	1338	1200
	315	13		1	323	52	1181	266	91
113	3285	8	5	33	3079	240	2291	678	596
	5820	16	5	3	5731	608	4318	1570	1171
	181				181	8	171	35	50
	1737	13	3		1723	422	1712	831	534
	39				39	3	27		7
	248				248	31	294	98	74
	188			3	185	18	248	22	71
	120	2	2		122	2	145	3	44
	3306	1			3233	125	1721	580	391
	11090	606	3	14	6081	639	1813	557	467
	6116	1			1190	257	293	166	83
	713				713	154	78	82	21
	950	605	2		972	128	1007	91	250
	1314			14	1288	97	348	214	89
	17				17	4	41	3	5
	1979				1900		46		19
	786	70	40	28	286	28	1872	325	560
	786	70	40	28	286	28	1872	325	560
275	27862	14056	28	498	20591	2120	25294	6853	5620
275	24911	14048	28	438	18387	1146	20205	4187	3585
	398	1			399	6	358	152	71
	325	6			183	99	839	300	226
	2228	2		60	1623	870	3892	2213	1738
	9709	130	58	179	8869	857	7639	1918	2125

12-7 限额以上批发和零售业法人

（2016年）

指标名称	三、损益及分配							
	销售费用	管理费用	税金	财务费用	利息收入	利息支出	资产减值损失	公允价值变动收益
家用视听设备零售	960	577	59	106	1	52	27	
日用家电设备零售	5161	3398	66	197	67	121		
计算机、软件及辅助设备零售	1658	1468	40	215	14	21		
通信设备零售	2093	1709	8	234	3	216		
其他电子产品零售	362	483	7	18	1	1		
五金、家具及室内装饰材料专门零售	6228	7273	284	1020	27	698	6	
五金零售	983	1032	41	326	8	266		
灯具零售	127	152	1	18		15		
家具零售	2242	1882	107	207	15	102	6	
涂料零售	33	34						
卫生洁具零售	92	361	1	48		6		
木质装饰材料零售	349	404	90	32		33		
陶瓷、石材装饰材料零售	919	1161	29	209	3	97		
其他室内装饰材料零售	1481	2247	17	181	1	180		
货摊、无店铺及其他零售业	4363	4949	24	322	2	172		
互联网零售	2285	3409	13	76	2	2		
生活用燃料零售	733	325	11	94		66		
其他未列明零售业	1344	1215	1	152		105		
2.按登记注册类型分								
内资企业	100483	74479	2715	14491	983	7577	968	
国有企业	12	289	12					
集体企业	4413	3193	59	540	12	495		
有限责任公司	50811	27152	1410	5027	558	3765	937	
国有独资公司	5418	689	416	57	-32	20		
其他有限责任公司	45394	26464	994	4971	591	3745	937	
股份有限公司	7602	1380	28	242	-2		25	
私营企业	37623	42418	1203	8681	414	3317	5	
私营独资企业	1948	2901	24	1420	5	18		
私营合伙企业		143	2	22		23		
私营有限责任公司	35339	39182	1176	7212	409	3274	5	
私营股份有限公司	336	192	2	27		3		
其他企业	22	46	3	1				
港、澳、台商投资企业	5111	35	6	40	29	1		
合资经营企业（港或澳、台资）	245	5	2					

企业财务状况综合表（续4）

单位：万元

三、损益及分配							四、人工成本及增值税		五、从事批发和零售业活动的从业人员平均人数（人）
投资收益	营业利润	营业外收入	政府补助	营业外支出	利润总额	应交所得税	应付职工薪酬（本年贷方累计发生额）	应交增值税	
	703	15		1	289	50	697	268	207
	987	88	56	115	953	218	3065	683	801
	4470	24	1	26	4176	306	1383	566	382
	3077	2	1	3	2994	260	1994	277	605
	472	1		34	457	23	500	125	130
14	11537	19	12	18	9572	1150	4851	2160	1206
	2875			5	2848	329	726	600	175
	166				114	14	207	44	48
14	3036	12	8	12	2822	288	1630	788	457
	36	2	2		38	1	36	3	8
	622				622	106	389	62	85
	1905				226	2	206	122	40
	1712	4	2		1715	271	979	284	237
	1186	2		1	1186	139	677	256	156
	4825	44	39	5	2460	137	2905	420	731
	2983	20	14	5	1403	123	1869	219	423
	283				87	12	505	113	140
	1559	24	24		970	2	532	89	168
448	85285	15540	278	1894	74584	8430	70818	19643	17097
	−293				−293		146	2	26
	592	13	1		598	27	1124	416	472
275	23568	627	231	1350	25457	3450	33132	8922	7911
	−1676	65	55	54	−1665	63	2157	1148	347
275	25244	562	176	1296	27122	3387	30975	7774	7564
	2707	1		1	2078	575	809	525	114
173	58572	14899	45	543	46605	4343	35543	9771	8563
	1764			5	1708	224	568	384	173
	45				45	10	90	16	40
173	56333	14896	45	538	44416	4097	34622	9274	8280
	430	3			436	12	262	97	70
	139				139	35	65	7	11
	2044	40	8	10	2075	487	2032	590	406
	6				6	2	71	21	15

12-7 限额以上批发和零售业法人

（2016年）

指标名称	三、损益及分配							
	销售费用	管理费用	税金	财务费用	利息收入	利息支出	资产减值损失	公允价值变动收益
港、澳、台商独资经营企业	546	30	4	−17	29	1		
外商投资企业	4320			57				
中外合资经营企业	297	500	46	583		583		
外资企业	297	500	46	583		583		
3. 按控股情况分								
国有控股	15071	3876	660	390	413	504	933	
集体控股	4413	3193	59	540	12	495		
私人控股	75346	64809	1884	13858	445	6908	27	
港澳台商控股	791	35	6	−17	29	1		
外商控股	5736	300		51	15		−2	
其他	4533	2800	158	292	98	253	10	
4. 按经营形式分								
独立门店	70332	60389	2186	12735	1014	6857	892	
连锁总店	19943	4017	460	836	−2	582	76	
连锁门店	7187	835	6	244		8		
其他	8429	9772	115	1299	−1	713		
5. 按单位规模分								
大型	12723	984		107		19	18	
中型	36162	21763	1189	6591	643	4935	931	
小型	40040	35558	768	6597	306	2395	19	
微型	16965	16708	810	1820	63	812		
6. 按零售业态分								
有店铺零售	102828	70136	2750	14904	996	8126	968	
食杂店	616	502	51	22	1	8		
便利店	1623	1453	62	125		55		
超市	2370	2111	52	291	9	170		
大型超市	18974	2106	3	824	1	517	18	
仓储会员店	45	142						
百货店	7462	5652	163	1110	96	586		
专业店	43219	33985	1472	6199	131	1805	125	
专卖店	23140	19032	837	5288	751	4087	824	
家居建材商店	2981	3620	110	379	6	324		
购物中心	1528	1205	1	569		523		
厂家直销中心	871	328		96		50		
无店铺零售	3062	4877	16	211	17	35		
网上商店	2892	4671	12	169	17	35		

企业财务状况综合表（续5）

单位：万元

三、损益及分配							四、人工成本及增值税		五、从事批发和零售业活动的从业人员平均人数（人）
投资收益	营业利润	营业外收入	政府补助	营业外支出	利润总额	应交所得税	应付职工薪酬（本年贷方累计发生额）	应交增值税	
	133	8	8	4	138	3	289	107	58
	1905	32		6	1932	483	1672	462	333
	614				614		635		1119
	614				614		635		1119
275	200	109	55	277	–444	884	4993	1914	1751
	592	13	1		598	27	1124	416	472
173	80913	15305	219	1569	70902	7358	61038	16255	15063
	139	9	8	4	144	5	360	128	73
	1538	52		28	1562	483	2403	483	398
	4561	93	2	26	4511	162	3566	1037	865
449	91032	15152	97	685	75728	7480	58147	16427	13594
	–13680	203	109	941	–3125	827	9423	2706	3495
	1649	1			505	83	734	128	167
–1	8942	225	80	278	4165	528	5181	973	1366
	–10080	66		48	1230	1194	4741	1454	1385
322	7798	14112	136	1128	5083	1317	26328	6000	6054
39	58112	1300	135	307	42381	4004	32200	7911	7494
87	32113	103	15	420	28578	2403	10216	4867	3689
422	84009	15495	216	1899	74854	8744	70567	19669	17951
	914	2	2	185	713	65	274	111	83
	2793	13	1		2286	134	1903	752	555
47	3788	29	9	7	2591	330	2942	696	950
	–10624	225	83	880	13	1209	7210	1840	2197
	3				3		160	30	41
	4330	21		13	4344	378	3544	459	933
101	56724	639	47	441	41984	4490	30150	9049	8247
275	21446	14533	49	373	18199	1714	21569	5618	4207
	3831	10	3	1	3929	397	1798	890	477
	503				490	3	525	127	134
	303	23	23		303	24	493	99	127
26	3934	85	69	5	2419	173	2917	564	671
26	3812	85	69	5	2321	149	2719	344	622

12-8 限额以上住宿和餐饮业法人

（2016年）

指标名称	法人企业数（个）	执行《2006年企业会计准则》企业数（个）	一、年初存货	二、期末资产负债		
				流动资产合计	应收账款	存货
总计	**226**	**112**	**6025**	**140472**	**13560**	**7887**
一、住宿业	**60**	**23**	**2252**	**88185**	**3899**	**2855**
1. 按住宿业行业小类分						
旅游饭店	45	20	2025	81566	3488	2307
一般旅馆	15	3	227	6619	411	549
2. 按登记注册类型分						
内资企业	59	23	2227	87568	3824	2832
国有企业	2	2	100	2953	711	108
集体企业	1	1		18	9	
有限责任公司	27	12	1791	76167	1941	2293
国有独资公司	1	1	55	2019	1	40
其他有限责任公司	26	11	1736	74148	1940	2253
股份有限公司	3		38	816	74	43
私营企业	24	6	299	7449	1051	385
私营独资企业	4		23	677	278	57
私营合伙企业	2		23	625	74	31
私营有限责任公司	18	6	253	6147	699	297
其他企业	2	2		165	39	3
港、澳、台商投资企业	1		25	617	76	24
与港澳台商合资经营企业	1		25	617	76	24
3. 按控股情况分						
国有控股	8	5	434	37815	1701	404
集体控股	1	1		18	9	
私人控股	46	13	1713	46819	1880	2057
港澳台商控股	1		25	617	76	24
其他	4	4	80	2917	234	370
4. 按经营形式分						
独立门店	49	20	1995	76919	2602	2600
连锁门店	4		5	727	36	4
其他	7	3	252	10539	1262	252
5. 按单位规模分						
中型	7	3	1290	27287	1192	1276
小型	50	19	954	60150	2642	1467
微型	3	1	9	748	65	113

企业财务状况综合表（一）

单位：万元

二、期末资产负债								
固定资产合计	固定资产原价	累计折旧	本年折旧	在建工程	资产总计	流动负债合计	应付账款	非流动负债合计
122122	**166770**	**44651**	**8294**	**26429**	**359970**	**104074**	**14907**	**52655**
98601	**130938**	**32338**	**5979**	**5585**	**243568**	**50820**	**8388**	**40424**
94762	125551	30789	5798	5478	229106	47352	7959	40424
3839	5387	1549	181	107	14462	3468	429	
97752	129510	31759	5958	5548	242065	50817	8385	40424
600	2064	1464	111		3553	1564	1345	
17	23	6	1		35	5	2	
85159	109403	24243	4857	4601	211650	39033	5402	39001
3897	4411	514	219	365	10705	2753	120	4000
81263	104992	23730	4638	4236	200945	36280	5282	35001
2561	4128	1567	207		6304	806	358	158
9360	13791	4431	777	947	20300	9384	1256	1265
2783	2933	150	97		3484	134	72	750
103	296	193	19	87	728	251	73	
6475	10562	4087	661	860	16088	8999	1111	515
54	102	48	4		224	26	22	
849	1428	579	21	37	1503	3	3	
849	1428	579	21	37	1503	3	3	
22837	30129	7292	1002	4406	85905	16507	4634	4000
17	23	6	1		35	5	2	
74810	99056	24246	4944	1130	152598	30898	3357	36101
849	1428	579	21	37	1503	3	3	
87	302	215	11	12	3527	3407	392	323
80471	105823	25352	5078	5585	211844	36147	7947	39761
884	1201	318	96		1615	18	4	158
17247	23914	6668	805		30109	14655	437	505
80346	101713	21367	4347	479	132960	19908	2347	38678
16115	27007	10892	1603	5107	107706	30223	5790	1746
2140	2218	78	29		2902	689	251	

12-8 限额以上住宿和餐饮业法人

（2016年）

指标名称	法人企业数（个）	执行《2006年企业会计准则》企业数（个）	一、年初存货	二、期末资产负债		
				流动资产合计	应收账款	存货
6. 按星级分						
四星	13	8	751	35959	2418	763
三星	12	6	174	6160	559	257
二星	1	1		54	1	
其他	34	8	1327	46012	921	1835
二、餐饮业	**166**	**89**	**3773**	**52287**	**9660**	**5031**
1. 按餐饮业行业小类分						
正餐服务	164	88	3723	51722	9660	4839
快餐服务	2	1	49	565		192
2. 按登记注册类型分						
内资企业	166	89	3773	52287	9660	5031
国有企业	1	1		40	5	2
有限责任公司	77	36	1332	23716	4190	2352
其他有限责任公司	77	36	1332	23716	4190	2352
股份有限公司	1		33	56	14	30
私营企业	84	49	2384	27794	5307	2633
私营独资企业	12	10	206	1040	493	133
私营合伙企业	3	1	78	1666	1257	77
私营有限责任公司	68	37	2091	24791	3418	2354
私营股份有限公司	1	1	10	297	139	69
其他企业	3	3	24	681	145	14
3. 按控股情况分						
国有控股	1	1		40	5	2
集体控股	1			53		
私人控股	150	84	3105	48476	8872	4229
其他	14	4	667	3718	784	800
4. 按经营形式分						
独立门店	150	80	3417	48702	8343	4707
连锁总店（总部）	1	1	5	54	11	2
连锁门店	3		40	1016	69	56
其他	12	8	312	2515	1237	267
5. 按单位规模分						
中型	6	2	1046	17609	605	1322
小型	122	68	2387	31471	8105	3340
微型	38	19	340	3206	951	369

企业财务状况综合表（续）

单位：万元

二、期末资产负债								
固定资产合计	固定资产原价	累计折旧	本年折旧	在建工程	资产总计	流动负债合计	应付账款	非流动负债合计
35616	53922	18307	2392	122	77356	25119	3204	11278
8291	12041	3750	703	473	22727	6702	1372	4974
4	40	36			58	8	8	
54690	64935	10245	2883	4991	143427	18991	3804	24172
23521	**35831**	**12314**	**2315**	**20844**	**116401**	**53254**	**6519**	**12231**
22872	35090	12222	2256	20844	115090	52963	6325	11926
649	741	92	59		1311	292	194	305
23521	35831	12314	2315	20844	116401	53254	6519	12231
31	167	136	1		72	51	5	
8282	11763	3481	688	4502	48233	23705	2890	473
8282	11763	3481	688	4502	48233	23705	2890	473
430	470	40	1		486	247	2	
14332	22667	8338	1545	16341	66467	29228	3612	11758
1645	2186	544	42		6858	1686	342	415
63	746	684	54		2178	466	210	8
12423	19503	7079	1433	16341	56933	26939	3050	11336
201	232	31	16		498	137	11	
446	765	319	80		1144	23	10	
31	167	136	1		72	51	5	
26	26				235	184		
21676	32964	11291	2271	20844	104589	48419	5672	12231
1788	2675	887	44		11506	4601	842	
21685	33251	11569	2070	19534	105156	51463	5839	11369
8	12	5	1		62	1		
265	459	195	49		1846	178	61	
1563	2109	545	194	1309	9338	1612	620	863
7151	10087	2936	614	15032	48387	27246	2278	9500
14445	23448	9007	1610	5812	62517	24825	3838	2666
1925	2296	371	91		5497	1184	403	66

12-8 限额以上住宿和餐饮业法人

（2016年）

指标名称	二、期末资产负债					
	负债合计	所有者权益合计	实收资本	国家资本	集体资本	法人资本
总计	**156729**	**203241**	**171590**	**9627**	**50**	**88744**
一、住宿业	**91243**	**152325**	**120753**	**9312**		**68009**
1. 按住宿业行业小类分						
旅游饭店	87775	141331	108827	9312		66359
一般旅馆	3468	10994	11926			1650
2. 按登记注册类型分						
内资企业	91240	150825	119253	9312		67209
国有企业	1564	1989	316	316		
集体企业	5	30	30			20
有限责任公司	78033	133616	100697	8996		62970
国有独资公司	6753	3952	4977	4977		
其他有限责任公司	71280	129664	95720	4019		62970
股份有限公司	964	5341	5590			220
私营企业	10649	9652	12540			3999
私营独资企业	884	2600	2563			
私营合伙企业	251	477	400			
私营有限责任公司	9514	6574	9577			3999
其他企业	26	198	80			
港、澳、台商投资企业	3	1500	1500			800
与港澳台商合资经营企业	3	1500	1500			800
3. 按控股情况分						
国有控股	20507	65398	58182	9312		48870
集体控股	5	30	30			20
私人控股	66999	85599	59831			18219
港澳台商控股	3	1500	1500			800
其他	3729	-202	1210			100
4. 按经营形式分						
独立门店	75908	135936	112760	5687		67234
连锁门店	176	1439	1393			655
其他	15160	14949	6600	3625		120
5. 按单位规模分						
中型	58586	74374	37952	8286		11800
小型	31968	75738	80708	1026		56209
微型	689	2212	2093			

企业财务状况综合表(二)

单位：万元

		三、损益及分配						
个人资本	港澳台资本	营业收入	主营业务收入	营业成本	主营业务成本	营业税金及附加	主营业务税金及附加	其他业务利润
72469	**700**	**193188**	**191123**	**118148**	**117217**	**5735**	**5681**	**933**
42732	**700**	**58330**	**56925**	**26086**	**25390**	**1817**	**1785**	**857**
33156		50427	49056	21492	20798	1517	1495	831
9576	700	7903	7869	4594	4592	300	290	26
42732		57443	56038	25335	24639	1786	1754	857
		3069	3055	831	805	63	63	
10		505	505	345	345	21	21	
28731		35820	34461	14976	14324	1062	1031	835
		4902	4902	3093	2901	190	190	
28731		30918	29559	11883	11423	872	840	835
5370		3711	3681	2251	2233	90	90	20
8542		13696	13693	6584	6584	517	516	1
2563		2873	2873	1749	1749	92	92	
400		2105	2105	1077	1077	138	138	
5579		8719	8716	3758	3758	287	286	1
80		642	642	349	349	34	34	
	700	887	887	751	751	31	31	
	700	887	887	751	751	31	31	
		16452	16293	6400	6094	425	425	34
10		505	505	345	345	21	21	
41612		37559	36365	17096	16706	1282	1250	771
	700	887	887	751	751	31	31	
1110		2926	2874	1494	1494	59	59	52
39139	700	49126	47914	21985	21395	1551	1520	809
738		1537	1504	871	853	61	60	47
2855		7667	7508	3230	3142	205	205	
17866		25490	24218	9654	8977	748	727	724
22773	700	31286	31153	15452	15432	961	951	133
2093		1554	1554	981	981	108	108	

12-8 限额以上住宿和餐饮业法人

（2016年）

指标名称	二、期末资产负债					
	负债合计	所有者权益合计	实收资本			
				国家资本	集体资本	法人资本
6. 按星级分						
四星	36397	40959	36951	3625		7800
三星	11676	11051	12741	5677		3934
二星	8	50				
其他	43163	100265	71062	10		56275
二、餐饮业	**65486**	**50916**	**50836**	**315**	**50**	**20735**
1. 按餐饮业行业小类分						
正餐服务	64889	50201	50133	315	50	20735
快餐服务	597	715	703			
2. 按登记注册类型分						
内资企业	65486	50916	50836	315	50	20735
国有企业	51	20	15	15		
有限责任公司	24178	24055	23287	300	50	7943
其他有限责任公司	24178	24055	23287	300	50	7943
股份有限公司	247	239	148			
私营企业	40986	25481	26476			12772
私营独资企业	2101	4757	4402			575
私营合伙企业	474	1704	1180			880
私营有限责任公司	38275	18659	20770			11317
私营股份有限公司	137	361	125			
其他企业	23	1121	910			20
3. 按控股情况分						
国有控股	51	20	15	15		
集体控股	184	51	50		50	
私人控股	60650	43940	46414			18682
其他	4601	6905	4357	300		2053
4. 按经营形式分						
独立门店	62832	42324	43405	315	50	18114
连锁总店（总部）	1	61	50			
连锁门店	178	1668	1182			1182
其他	2475	6863	6199			1438
5. 按单位规模分						
中型	36746	11641	13700			12600
小型	27491	35026	33695	315		7525
微型	1249	4248	3441		50	610

企业财务状况综合表（续）

单位：万元

		三、损益及分配						
个人资本	港澳台资本	营业收入	主营业务收入	营业成本	主营业务成本	营业税金及附加	主营业务税金及附加	其他业务利润
25526		25968	24630	9666	9182	684	663	775
3130		12566	12566	7368	7176	472	472	
		396	396	275	275	18	18	
14076	700	19400	19333	8777	8757	643	633	81
29736		**134858**	**134198**	**92062**	**91827**	**3918**	**3896**	**76**
29033		133791	133130	91488	91253	3834	3812	76
703		1068	1068	574	574	84	84	
29736		134858	134198	92062	91827	3918	3896	76
		564	564	292	292	20	20	
14995		55829	55641	37950	37950	1508	1506	75
14995		55829	55641	37950	37950	1508	1506	75
148		371	371	297	297	17	17	
13704		77064	76593	52783	52549	2345	2326	2
3827		9529	9177	6852	6848	126	126	
300		3692	3692	1866	1866	157	157	
9453		63160	63040	43496	43265	2049	2029	2
125		684	684	570	570	14	14	
890		1030	1030	739	739	28	28	
		564	564	292	292	20	20	
		579	579	325	325	6	6	
27732		125701	125128	86996	86762	3703	3681	2
2004		8015	7928	4448	4448	190	190	74
24925		119539	118879	82861	82757	3417	3400	76
50		324	324	212	212	4	4	
		7241	7241	4360	4230	262	262	
4761		7754	7754	4629	4629	234	230	
1100		20493	20493	9005	9005	490	490	1
25855		96392	95732	69114	68880	3081	3059	73
2781		17973	17973	13943	13943	348	348	2

12-8 限额以上住宿和餐饮业法人

（2016年）

指 标 名 称	三、损益及分配						
	销售费用	管理费用		财务费用			资产减值损失
			税 金		利息收入	利息支出	
总 计	**32445**	**26344**	**1218**	**5283**	**61**	**4540**	**-2**
一、住宿业	**14888**	**13270**	**977**	**3348**	**39**	**3131**	**-3**
1. 按住宿业行业小类分							
旅游饭店	13578	12275	879	2956	7	2757	-3
一般旅馆	1310	995	98	392	32	374	
2. 按登记注册类型分							
内资企业	14850	13202	956	3347	39	3130	-3
国有企业	685	1284	3	1	1		
集体企业		137	10				
有限责任公司	10447	8713	750	2698	6	2512	-3
国有独资公司	735	490	10	240	2	242	
其他有限责任公司	9712	8223	740	2458	4	2270	-3
股份有限公司	521	595	41	40		20	
私营企业	3029	2392	145	606	32	598	
私营独资企业	519	385	7	32	1	22	
私营合伙企业	561	242	9				
私营有限责任公司	1949	1765	129	574	31	575	
其他企业	168	81	8	2			
港、澳、台商投资企业	38	69	21	1		1	
与港澳台商合资经营企业	38	69	21	1		1	
3. 按控股情况分							
国有控股	5327	5358	340	245	3	233	-3
集体控股		137	10				
私人控股	7619	7299	600	3082	36	2881	
港澳台商控股	38	69	21	1		1	
其他	1905	408	7	21		16	
4. 按经营形式分							
独立门店	12952	10017	799	3321	38	3129	-3
连锁门店	260	296	24	13		2	
其他	1676	2958	154	14	1		
5. 按单位规模分							
中型	5472	6819	557	2546	4	2425	
小型	9273	6414	420	802	35	706	-3
微型	143	37					

企业财务状况综合表（三）

单位：万元

三、损益及分配							四、人工成本及增值税		五、从事批发和零售业活动的从业人员平均人数（人）
投资收益	营业利润	营业外收入	政府补助	营业外支出	利润总额	应交所得税	应付职工薪酬（本年贷方累计发生额）	应交增值税	
909	**6578**	**669**	**465**	**283**	**7904**	**1281**	**31070**	**1747**	**8475**
908	**–55**	**495**	**403**	**193**	**1593**	**391**	**15113**	**685**	**3955**
908	–547	493	401	188	1162	344	13791	606	3515
	492	2	1	5	431	47	1322	78	440
908	–53	495	403	193	1595	388	15065	667	3935
	205	10		5	211	71	893	28	224
	2				2		26		11
908	–881	410	395	180	573	140	10254	476	2537
	153				153		435	120	128
908	–1034	410	395	180	420	140	9820	356	2409
	214	40			274	78	522	39	131
	382	33	8	8	522	93	3269	120	992
	89	15		3	107	9	624		188
	52				86	21	371	19	147
	241	19	8	5	329	63	2274	101	657
	24	2			12	6	101	3	40
	–2				–2	4	48	18	20
	–2				–2	4	48	18	20
908	–380	16		49	891	78	4665	221	1013
	2				2		26		11
	1284	235	159	142	1425	300	8946	414	2583
	–2				–2	4	48	18	20
	–959	245	244	2	–723	10	1429	32	328
908	240	495	403	188	1878	370	12294	620	3279
	101				119	20	418		101
	–396			6	–405	2	2402	65	575
	340	165	150	131	385	147	6292	407	1593
908	–681	330	252	62	922	222	8761	265	2346
	286				286	22	60	13	16

12-8 限额以上住宿和餐饮业法人

（2016年）

指标名称	三、损益及分配						
	销售费用	管理费用	税金	财务费用	利息收入	利息支出	资产减值损失
6. 按星级分							
四星	8052	7662	355	1095	2	949	
三星	2153	1654	29	382	2	345	
二星	50	68	8	1			
其他	4634	3887	585	1870	35	1837	-3
二、餐饮业	**17557**	**13074**	**241**	**1935**	**21**	**1410**	**1**
1. 按餐饮业行业小类分							
正餐服务	17423	12974	241	1874	21	1357	1
快餐服务	134	100		61		53	
2. 按登记注册类型分							
内资企业	17557	13074	241	1935	21	1410	1
国有企业		251	6				
有限责任公司	6427	5879	56	319	2	193	1
其他有限责任公司	6427	5879	56	319	2	193	1
股份有限公司	25	11	1	11		9	
私营企业	11062	6809	178	1600	19	1203	
私营独资企业	563	1083	9	277	15	133	
私营合伙企业	916	596	3	13		13	
私营有限责任公司	9565	5110	166	1308	4	1055	
私营股份有限公司	17	21		2		2	
其他企业	43	124	1	5		5	
3. 按控股情况分							
国有控股		251	6				
集体控股	32	35		11			
私人控股	15803	11560	231	1870	22	1370	
其他	1722	1227	5	53		40	1
4. 按经营形式分							
独立门店	14773	10882	230	1898	13	1395	1
连锁总店（总部）		95	11				
连锁门店	1552	829		4		1	
其他	1232	1268		34	9	14	
5. 按单位规模分							
中型	8395	3506	1	1015		975	
小型	8344	8520	192	835	20	420	1
微型	818	1048	49	85	1	15	

企业财务状况综合表（续）

单位：万元

三、损益及分配							四、人工成本及增值税		五、从事批发和零售业活动的从业人员平均人数（人）
投资收益	营业利润	营业外收入	政府补助	营业外支出	利润总额	应交所得税	应付职工薪酬（本年贷方累计发生额）	应交增值税	
	−1202	413	344	42	−802	137	7693	400	1886
	515	17		45	581	73	2206	157	706
					−16		36		20
908	633	66	59	106	1830	181	5179	127	1343
1	**6633**	**173**	**62**	**90**	**6311**	**889**	**15956**	**1062**	**4520**
1	6519	172	61	90	6195	861	15780	1031	4484
	115	1	1		116	28	176	31	36
1	6633	173	62	90	6311	889	15956	1062	4520
	2	2			3		210		42
	3791	13		56	3201	385	6636	344	1969
	3791	13		56	3201	385	6636	344	1969
	12				12		120	7	32
1	2740	158	62	34	2994	495	8848	711	2437
	628				627	29	1220	23	337
	143	2			133	5	865		227
1	1908	156	62	34	2172	456	6724	686	1865
	61				61	5	39	2	8
	89				101	9	142		40
	2	2			3		210		42
	169				169	23	22	12	4
1	6021	166	62	88	5909	811	13641	976	3861
	442	5		1	230	55	2083	74	613
1	6186	165	62	90	5854	861	13714	1038	3878
	13						66		27
	57				57	4	526		167
	377	9			400	24	1650	24	448
	−1843	64	57	28	−1852		3674	83	1107
	6843	105	3	55	6783	722	11119	803	3111
1	1633	4	3	7	1380	167	1163	176	302

12-9　批发和零售业连锁

（2015-2016年）

指　标　名　称	连锁总店数（个）	门店数（个）	
	2016年	2015年	2016年
总　计	**5**	**209**	**210**
一、按登记注册类型分			
内资企业	4	87	87
国有企业	1	46	47
有限责任公司	3	41	40
其他有限责任公司	3	41	40
外商投资企业	1	122	123
中外合资经营企业	1	122	123
二、按行业分			
零售业	5	209	210
综合零售	2	29	28
食品、饮料及烟草制品专门零售	1	12	12
汽车、摩托车、燃料及零配件专门零售	2	168	170
三、按业态分			
超市	1	23	22
大型超市	1	6	6
专业店	3	180	182
加油站	2	168	170

企业基本情况

单位：万元

直营店门店数(个)		年末从业人员数（人）		直营店年末从业人员数（人）	
2015年	2016年	2015年	2016年	2015年	2016年
209	**210**	**3267**	**3057**	**3267**	**3057**
87	87	2242	2046	2242	2046
46	47	335	340	335	340
41	40	1907	1706	1907	1706
41	40	1907	1706	1907	1706
122	123	1025	1011	1025	1011
122	123	1025	1011	1025	1011
209	210	3267	3057	3267	3057
29	28	1856	1656	1856	1656
12	12	51	50	51	50
168	170	1360	1351	1360	1351
23	22	751	568	751	568
6	6	1105	1088	1105	1088
180	182	1411	1401	1411	1401
168	170	1360	1351	1360	1351

12-9 批发和零售业连锁

（2015-2016 年）

指标名称	年末零售营业面积（平方米）		直营店年末零售营业面积（平方米）		商品购进总额	
	2015 年	2016 年	2015 年	2016 年	2015 年	2016 年
总计	**230909**	**220686**	**230909**	**220686**	**146558**	**110990**
一、按登记注册类型分						
内资企业	105119	93896	105119	93896	146558	110990
国有企业	15600	15800	15600	15800	79480	52932
有限责任公司	89519	78096	89519	78096	67079	58058
其他有限责任公司	89519	78096	89519	78096	67079	58058
外商投资企业	125790	126790	125790	126790		
中外合资经营企业	125790	126790	125790	126790		
二、按行业分						
零售业	230909	220686	230909	220686	146558	110990
综合零售	88439	77016	88439	77016	62932	53560
食品、饮料及烟草制品专门零售	1080	1080	1080	1080	4147	4499
汽车、摩托车、燃料及零配件专门零售	141390	142590	141390	142590	79480	52932
三、按业态分						
超市	26866	15443	26866	15443	34344	24175
大型超市	61573	61573	61573	61573	28588	29385
专业店	142470	143670	142470	143670	83627	57431
加油站	141390	142590	141390	142590	79480	52932

企业基本情况（续1）

单位：万元

直营店商品购进总额		统一配送商品购进额		直营店统一配送商品购进额	
2015年	2016年	2015年	2016年	2015年	2016年
146558	**110990**	**67079**	**58058**	**67079**	**58058**
146558	110990	67079	58058	67079	58058
79480	52932				
67079	58058	67079	58058	67079	58058
67079	58058	67079	58058	67079	58058
146558	110990	67079	58058	67079	58058
62932	53560	62932	53560	62932	53560
4147	4499	4147	4499	4147	4499
79480	52932				
34344	24175	34344	24175	34344	24175
28588	29385	28588	29385	28588	29385
83627	57431	4147	4499	4147	4499
79480	52932				

12-9 批发和零售业连锁

（2015–2016 年）

指 标 名 称	自有配送中心配送商品购进额		直营店自有配送中心配送商品购进额		非自有配送中心配送商品购进额	
	2015 年	2016 年	2015 年	2016 年	2015 年	2016 年
总 计	**28588**	**29385**	**28588**	**29385**	**4147**	**4499**
一、按登记注册类型分						
内资企业	28588	29385	28588	29385	4147	4499
国有企业						
有限责任公司	28588	29385	28588	29385	4147	4499
其他有限责任公司	28588	29385	28588	29385	4147	4499
外商投资企业						
中外合资经营企业						
二、按行业分						
零售业	28588	29385	28588	29385	4147	4499
综合零售	28588	29385	28588	29385		
食品、饮料及烟草制品专门零售					4147	4499
汽车、摩托车、燃料及零配件专门零售						
三、按业态分						
超市						
大型超市	28588	29385	28588	29385		
专业店					4147	4499
加油站						

企业基本情况（续2）

单位：万元

直营店非自有配送中心配送商品购进额		商品销售总额		直营店商品销售总额		零售额		直营店零售额	
2015年	2016年	2015年	2016年	2015年	2016年	2015年	2016年	2015年	2016年
4147	**4147**	**487609**	**409111**	**487609**	**409111**	**414271**	**367177**	**414271**	**367177**
4147	4147	150972	129578	150972	129578	127170	124444	127170	124444
		79480	63690	79480	63690	59927	58660	59927	58660
4147	4147	71493	65888	71493	65888	67243	65784	67243	65784
4147	4147	71493	65888	71493	65888	67243	65784	67243	65784
		336637	279533	336637	279533	287102	242732	287102	242732
		336637	279533	336637	279533	287102	242732	287102	242732
4147	4147	487609	409111	487609	409111	414271	367177	414271	367177
		65888	60484	65888	60484	61638	60381	61638	60381
4147	4147	5605	5404	5605	5404	5605	5404	5605	5404
		416116	343223	416116	343223	347029	301392	347029	301392
		26276	21566	26276	21566	22026	21462	22026	21462
		39612	38919	39612	38919	39612	38919	39612	38919
4147	4147	421721	348627	421721	348627	352634	306796	352634	306796
		416116	343223	416116	343223	347029	301392	347029	301392

12-10 限额以上批发和零售业产业活动

（2016年）

指标名称	法人企业数（个）	从业人员期末人数（人）	商品购进额	商品销售额	通过公共网络实现的商品销售额	通过非自营平台实现的商品销售额
总计	**195**	**2106**	**487778**	**511211**	**539**	**539**
一、批发业	**39**	**733**	**278465**	**290660**		
1. 按批发行业小类分						
农、林、牧产品批发	21	157	121751	124462		
种子批发	1	3	4107	4122		
饲料批发	20	154	117645	120340		
食品、饮料及烟草制品批发	5	444	74335	82775		
米、面制品及食用油批发	1	11	11651	11545		
营养和保健品批发	1	20	4925	4752		
酒、饮料及茶叶批发	2	18	8699	8761		
烟草制品批发	1	395	49061	57718		
纺织、服装及家庭用品批发	1	12	7300	7210		
厨房、卫生间用具及日用杂货批发	1	12	7300	7210		
矿产品、建材及化工产品批发	10	87	67987	69626		
非金属矿及制品批发	1	12	2602	2567		
建材批发	8	70	61063	62805		
其他化工产品批发	1	5	4322	4254		
机械设备、五金产品及电子产品批发	1	25	3427	3398		
其他机械设备及电子产品批发	1	25	3427	3398		
其他批发业	1	8	3666	3189		
其他未列明批发业	1	8	3666	3189		
2. 按登记注册类型分						
内资企业	1	395	49061	57718		
国有企业	1	395	49061	57718		
个体经营	38	338	229405	232942		
个体户	36	321	222366	226008		
个体合伙	2	17	7038	6934		
3. 按经营形式分						
独立门店	36	321	223957	227469		
连锁门店	1	5	2847	2906		
其他	2	407	51662	60285		
二、零售业	156	1373	209313	220551	539	539
1. 按零售行业小类分						
综合零售	12	162	26631	27032		

单位（个体经营户）商品购进、销售和库存

单位：万元

使用银行卡支付的商品销售额	批发额	零售额	通过公共网络实现的零售额	通过非自营平台实现的零售额	期末商品库存额	年末零售营业面积（平方米）
15511	**284813**	**226399**	**539**	**539**	**18604**	**62661**
10691	**275199**	**15461**			**6931**	**1716**
3764	124462				3392	
	4122				86	
3764	120340				3307	
	69968	12807			839	400
	11545				251	
	4752				201	
	6953	1808			388	100
	46719	10999				300
	7210				90	
	7210				90	
4719	67941	1685			1385	990
	2567				111	
4719	61119	1685			1060	990
	4254				214	
2209	2718	680			326	200
2209	2718	680			326	200
	2900	289			899	126
	2900	289			899	126
	46719	10999				300
	46719	10999				300
10691	228480	4462			6931	1416
10691	221547	4462			6720	1416
	6934				212	
10691	223007	4462			6731	1416
	2906				90	
	49286	10999			111	300
4820	9614	210937	539	539	11672	60945
	2635	24397			1591	7144

12-10 限额以上批发和零售业产业活动

（2016年）

指标名称	法人企业数（个）	从业人员期末人数（人）	商品购进额	商品销售额	通过公共网络实现的商品销售额	通过非自营平台实现的商品销售额
百货零售	1	9	640	784		
超级市场零售	7	115	19993	20266		
其他综合零售	4	38	5998	5982		
食品、饮料及烟草制品专门零售	39	281	39292	42649		
粮油零售	1	4	654	760		
糕点、面包零售	1	20	816	969		
果品、蔬菜零售	2	13	1731	1684		
酒、饮料及茶叶零售	31	222	31436	34082		
其他食品零售	4	22	4655	5155		
纺织、服装及日用品专门零售	15	127	12312	14958		
纺织品及针织品零售	4	18	3073	3148		
服装零售	6	60	5483	6197		
鞋帽零售	1	7	808	809		
厨房用具及日用杂品零售	2	26	2047	1995		
自行车零售	1	8	634	667		
其他日用品零售	1	8	267	2141		
文化、体育用品及器材专门零售	6	69	30336	30813		
体育用品及器材零售	1	3	724	1029		
珠宝首饰零售	5	66	29612	29784		
医药及医疗器材专门零售	2	23	3439	3275		
药品零售	2	23	3439	3275		
汽车、摩托车、燃料及零配件专门零售	18	146	21756	21615		
汽车零配件零售	1	28	816	720		
摩托车及零配件零售	14	102	18796	18356		
机动车燃料零售	3	16	2144	2540		
家用电器及电子产品专门零售	23	184	23699	25104		
家用视听设备零售	5	35	7102	7432		
日用家电设备零售	4	28	3167	3160		
计算机、软件及辅助设备零售	8	49	7063	7676		
通信设备零售	6	72	6367	6836		
五金、家具及室内装饰材料专门零售	37	335	47901	50678		
五金零售	4	28	2950	3082		
家具零售	17	194	30111	32289		

单位（个体经营户）商品购进、销售和库存（续1）

单位：万元

使用银行卡支付的商品销售额	批发额	零售额	通过公共网络实现的零售额	通过非自营平台实现的零售额	期末商品库存额	年末零售营业面积（平方米）
		784			420	512
	2625	17641			952	6032
	10	5972			218	600
2129	981	41668			1346	6132
	543	218			24	120
		969				200
		1684			95	245
2129	439	33643			1016	3107
		5155			211	2460
		14958			697	3639
		3148			73	580
		6197			380	1629
		809			58	50
		1995			111	500
		667			45	160
		2141			30	720
		30813			1198	2142
		1029			11	42
		29784			1187	2100
		3275			253	1680
		3275			253	1680
	40	21575			1596	5524
		720			229	1000
	40	18316			1319	3795
		2540			48	729
992	1562	23542			1161	5290
	1550	5882			385	1516
		3160			229	1240
310	12	7664			357	781
682		6836			191	1753
1699	4395	46283			2444	22854
	428	2655			134	798
1321	3723	28566			1705	18815

12–10 限额以上批发和零售业产业活动

（2016 年）

指标名称	法人企业数（个）	从业人员期末人数（人）	商品购进额	商品销售额	通过公共网络实现的商品销售额	通过非自营平台实现的商品销售额
涂料零售	2	24	1544	1589		
卫生洁具零售	2	8	1745	1736		
木质装饰材料零售	3	17	2614	2923		
陶瓷、石材装饰材料零售	9	64	8937	9058		
货摊、无店铺及其他零售业	4	46	3947	4428	539	539
互联网零售	1	4	535	539	539	539
旧货零售	1	15	850	1487		
其他未列明零售业	2	27	2562	2402		
2. 按登记注册类型分						
内资企业	1	25	16039	15876		
股份有限公司	1	25	16039	15876		
个体经营	155	1348	193274	204675	539	539
个体户	154	1343	191820	203150	539	539
个体合伙	1	5	1454	1526		
3. 按经营形式分						
独立门店	152	1324	205434	216562	539	539
连锁总店	1	20	816	969		
连锁门店	1	18	990	868		
其他	2	11	2073	2153		
4. 按零售业态分						
有店铺零售	155	1369	208778	220013		
食杂店	4	27	3999	3928		
便利店	6	54	7245	7580		
超市	10	155	23674	24133		
百货店	1	25	702	828		
专业店	63	499	69039	73330		
专卖店	48	395	75937	80424		
家居建材商店	21	197	26101	27761		
购物中心	1	14	1306	1187		
厂家直销中心	1	3	775	841		
无店铺零售	1	4	535	539	539	539
网上商店	1	4	535	539	539	539

单位（个体经营户）商品购进、销售和库存（续 2）

单位：万元

使用银行卡支付的商品销售额	批发额	零售额	通过公共网络实现的零售额	通过非自营平台实现的零售额	期末商品库存额	年末零售营业面积（平方米）
		1589			32	373
		1736			33	350
379	244	2678			77	270
		9058			463	2248
		4428	539	539	1387	6540
		539	539	539	4	20
		1487			1204	5000
		2402			180	1520
		15876			164	400
		15876			164	400
4820	9614	195062	539	539	11508	60545
4820	9614	193536	539	539	11421	60365
		1526			88	180
4820	9614	206948	539	539	11462	58500
		969				200
		868			130	200
		2153			80	2045
4820	9614	210399			11669	60925
		3928			223	485
367		7580			266	2810
	2635	21498			1435	7854
		828			38	398
2140	6009	67321			3136	19329
2313	142	80283			5058	18149
	478	27283			1344	10720
		1187			138	1100
	350	491			31	80
		539	539	539	4	20
		539	539	539	4	20

12-11 限额以上产业活动单位

（2016年）

指标名称	法人企业数（个）	从业人员期末人数（人）	营业额	使用银行卡支付的营业额	客房收入	通过公共网络实现的客房收入
总计	**181**	**3245**	**127724**	**7560**	**9419**	**52**
一、住宿业	**22**	**541**	**15102**	**172**	**7126**	**52**
1. 按住宿业行业小类分						
旅游饭店	7	350	6923	120	2401	
一般旅馆	14	172	7092	52	4337	52
其他住宿业	1	19	1088		389	
2. 按登记注册类型分						
内资企业	2	270	4263		1273	
有限责任公司	1	164	1038		333	
其他有限责任公司	1	164	1038		333	
股份有限公司	1	106	3225		939	
个体经营	20	271	10840	172	5854	52
个体户	20	271	10840	172	5854	52
3. 按经营形式分						
独立门店	18	501	13558	172	5808	52
其他	4	40	1545		1318	
4. 按星级分						
四星	1	164	1038		333	
三星	1	106	3225		939	
其他	20	271	10840	172	5854	52
二、餐饮业	**159**	**2704**	**112622**	**7388**	**2292**	
1. 按餐饮业行业小类分						
正餐服务	159	2704	112622	7388	2292	
2. 按登记注册类型分						
个体经营	159	2704	112622	7388	2292	
个体户	157	2653	109212	7388	1819	
个体合伙	2	51	3409		473	
3. 按经营形式分						
独立门店	153	2620	109873	7192	2292	
其他	6	84	2749	196		

（个体经营户）住宿和餐饮业经营情况

单位：万元

餐费收入	通过公共网络实现的餐费收入	商品销售额收入	其他收入	客房数（间）	床位数（个）	餐位数（位）	年末餐饮营业面积（平方米）
113826	**54**	**4002**	**477**	**1204**	**2018**	**47672**	**96577**
7552		**254**	**171**	**944**	**1560**	**4550**	**9973**
4370		27	124	345	594	3182	6893
2482		227	46	575	918	1008	2660
699				24	48	360	420
2839		26	124	221	264	1622	4700
705				107	147	986	1200
705				107	147	986	1200
2135		26	124	114	117	636	3500
4712		227	46	723	1296	2928	5273
4712		227	46	723	1296	2928	5273
7552		27	171	740	1234	4550	9973
		227		204	326		
705				107	147	986	1200
2135		26	124	114	117	636	3500
4712		227	46	723	1296	2928	5273
106275	**54**	**3749**	**306**	**260**	**458**	**43122**	**86604**
106275	54	3749	306	260	458	43122	86604
106275	54	3749	306	260	458	43122	86604
103339	54	3749	306	240	423	41822	85304
2936				20	35	1300	1300
103647	54	3628	306	260	458	42182	85327
2628		121				940	1277

主要统计指标解释

商品购进额 指从本企业以外的单位和个人购进（包括从国外直接进口）作为转卖或加工后转卖的商品金额（含增值税）。本指标反映批发和零售业从国内外市场上购进商品的总价。

商品销售额 指对本单位以外的单位和个人出售的商品金额（包括售给本单位消费用的商品，含增值税），在批发和零售业中，本指标反映在国内市场上销售商品以及出口商品的总价。

社会消费品零售总额 指企业（单位、个体户）通过交易直接售给个人、社会集团非生产、非经营用的实物商品金额，以及提供餐饮服务所取得的收入金额。个人包括城乡居民和入境人员，社会集团包括机关、社会团体、部队、学校、企事业单位、居委会或村委会等。

限额以上统计标准 批发业年主营业务收入2000万元以上；零售业年主营业务收入500万元以上；住宿餐饮业年主营业务收入200万元以上。

批发额 指售给国民经济各行业用于生产、经营用的商品金额。

零售额 指售给城乡居民用于生活消费和社会集团用于公共消费的商品金额。

营业额 指住宿和餐饮业单位在经营活动中因提供服务或销售商品等取得的全部收入，包括：客房收入、餐费收入、商品销售额（含增值税）和其他收入。不包括法人企业附营的其他行业产业活动单位的餐费收入、商品销售收入等各项收入。

商品分类 指根据商品的主要用途和性质所进行的分类。通过对商品分类统计，反映市场对各类商品的需求情况。

第十三篇　对外经济贸易与旅游

Dui wai jing ji mao yi yu lv you

供稿人：陈丽兰

13-1 进出口总额

（1988-2016 年）

年 份	按美元计算（万美元）			按人民币计算（万元）			出口贸易相当于当年 GDP（%）
	进出口总额	出口总额	进口总额	进出口总额	出口总额	进口总额	
1988	409	409		1521	1521		0.5
1989	467	467		2204	2204		0.6
1990	783	783		4087	4087		1.1
1991	708	708		3697	3697		0.9
1992	1185	1185		6529	6529		1.2
1993	2168	2168		12488	12488		1.6
1994	3661	3661		31228	31228		3.0
1995	4605	4605		38590	38590		3.0
1996	5384	5384		44687	44687		3.0
1997	8920	6730	2190	73840	55711	18129	4.3
1998	2317	2317		19231	19231		1.0
1999	2864	2864		23771	23771		1.1
2000	4552	4498	54	37782	37333	448	1.7
2001	5055	4512	543	41957	37450	4507	1.6
2002	5297	4832	465	43965	40106	3860	1.6
2003	10344	9715	630	85131	79946	5184	2.7
2004	22468	21097	1371	186484	175105	11379	5.0
2005	17695	16439	1256	143329	133156	10174	3.7
2006	19685	15609	4076	153543	121750	31793	2.7
2007	27108	24432	2677	201955	182018	19944	3.3
2008	53978	45924	8054	374845	318916	55928	5.6
2009	68040	59230	8811	464714	404537	60176	4.9
2010	151055	131336	19719	1022569	889082	133487	10.3
2011	241957	185206	56750	1562750	1196209	366540	9.6
2012	349085	210855	138230	2203597	1331020	872577	16.2
2013	325817	211768	114049	2017847	1311519	706328	8.9
2014	397757	241552	156204	2443339	1483806	959532	9.2
2015	385280	257708	127573	2399678	1605107	794573	9.2
2016	371108	231778	139330	2446956	1527099	919857	8.1

注：1988-1997 年外贸出口数字按业务统计口径，1998 年起外贸出口数字按海关统计口径。

13-2 外贸出口完成情况

（1988-2016 年） 单位：万美元

年份	总计	流通型	生产型	三资企业
1988	409	153		256
1989	467	202		265
1990	783	226		557
1991	708	275		433
1992	1185	266		919
1993	2168	440	30	1698
1994	3661	1366	448	1847
1995	4605	1629	383	2594
1996	5384	1809	307	3268
1997	6730	2212	173	4345
1998	2317	1195	90	1032
1999	2864	1430	70	1364
2000	4498	2913	67	1518
2001	4512	3008		1504
2002	5032	2783		1601
2003	9715	4979	1774	2961
2004	21097	9793	7017	4287
2005	16439	2232	8102	6105
2006	15609	1435	6546	7628
2007	24432	4729	9524	10179
2008	45924	21665	7821	16438
2009	59230	38600	6476	14154
2010	131336	84795	25160	21382
2011	185206	133688	51518	27123
2012	210855	159194	51661	27009
2013	211768	161421	50347	26500
2014	241552	186147	55405	35943
2015	257708	193966	63742	35760
2016	231778	159273	72505	32242

注：1988-1997 年外贸出口数为业务口径，1998 年起按海关口径。

13-3 主要年份出口商品分类构成

单位：%

项　　目	1995年	2000年	2005年	2010年	2011年	2012年	2013年	2015年	2016年
出口总值	**100.00**	**100.00**	**100.00**	**100.00**	**100.00**	**100.00**	**100.00**	**100.00**	**100.00**
一、初级产品	**27.15**	**11.5**	**3.23**	**0.22**	**0.19**	**0.58**	**0.74**	**0.76**	**1.07**
食品	18.41	3.7	1.09	0.21	0.18	0.57	0.66	0.21	0.46
饲料及烟草									
非食用原料	5.55	7.8	2.14	0.01	0.01	0.01		0.54	0.59
矿物燃料	1.74								
动、植物油、脂及蜡		2.2					0.08		0.02
来料加工补偿贸易对口合同	1.45								
二、工业制成品	**72.85**	**88.5**	**96.77**	**99.78**	**99.81**	**99.42**	**99.26**	**99.24**	**98.93**
化学品及有关产品	8.19	0.18	18.1	6.49	9.21	5.53	5.53	4.48	7.15
按原料分类的制成品	4.44	9.38	65.35	25.35	27.68	26.62	23.46	34.26	36.05
机械及运输设备	1.05	7.8	3.56	12.43	9.26	9.87	15.53	18.17	16.43
杂项制品	59.04	71.06	9.77	55.51	53.65	57.40	54.74	42.32	39.30
未分类商品	0.13	0.08							

注：1995-2001年本表数字根据外贸专业公司出口数计算，2002年起按全市的外贸出口额计算。

13-4 主要年份分国别（地区）出口贸易额

单位：万美元

国别（地区）	2005年	2010年	2014年	2015年	2016年
合　计	**16439**	**131336**	**241552**	**257708**	**231778**
亚　洲	8259	71722	129105	136800	135924
#中国香港	2623	5460	11805	27345	17502
台湾	1026	3295	4041	5064	4954
日本	1614	2761	9367	8621	8586
韩国	184	1733	19043	13517	15511
东　盟	810	25231	54764	42328	56070
#菲律宾	115	4769	8140	7844	11742
泰国	73	3271	2169	4938	4961
印度尼西亚	76	3088	4542	3181	3526
马来西亚	138	5392	9289	5832	11225
新加坡	296	2236	6688	9341	14498
越南	112	5873	21437	9639	8289
中　东	1561	17905	19078	29079	19151
#沙特阿拉伯	430	3401	5184	9152	5338
阿拉伯联合酋长国	643	4902	6353	6456	5313
以色列	128	1274	766	1666	1230
非　洲	580	13680	16817	16008	16146
#阿尔及利亚	22	1506	921	854	1124
埃及	162	2938	3723	2032	1535
南非	80	1316	2155	2046	1302
突尼斯		315	211	132	67
欧　洲	4767	21621	43943	38284	33644
#欧盟	3182	17420	37855	32635	27964
英国	327	2035	8472	8966	8070
法国	131	948	2419	1500	1211
德国	721	5063	8069	7017	5346
意大利	349	1113	1497	1323	1081
西班牙	693	2503	3273	3154	2991
北美洲	1768	13387	37230	48134	32090
#美国	1419	12063	33185	43922	29634
加拿大	348	1323	4044	4212	2456
拉丁美洲	890	9649	10576	14636	8632
#巴西	185	2291	3158	3190	1091
阿根廷	19	672	1792	3992	946
墨西哥	73	1333	1661	1340	1429
大洋洲	174	1277	3882	3844	5343
#澳大利亚	153	891	3205	3022	3998
新西兰	8	177	565	552	1031

13-5 利用外资情况

（1984-2016 年）

年　份	新批利用外资合同数、金额		实际利用外资（万美元）	实际利用外资相当于全社会固定资产投资（%）
	合同数（个）	金　额（万美元）		
1984	8	306		
1985	5	128	84	
1986			7	
1987	7	86	2	
1988	22	584	125	1.2
1989	23	784	194	2.2
1990	22	520	145	1.9
1991	37	1851	218	2.1
1992	117	20660	1169	7.6
1993	146	11925	5368	15.7
1994	84	10746	9491	28.4
1995	62	9514	7978	16.1
1996	59	13460	8595	16.1
1997	58	11191	5027	11.7
1998	45	3304	5260	9.4
1999	40	4455	5632	11.7
2000	29	2594	4015	5.6
2001	30	2606	2249	3.4
2002	24	3199	3039	4.1
2003	41	6493	4639	5.1
2004	58	10190	3109	2.8
2005	47	15982	5161	3.4
2006	88	21893	8157	3.9
2007	64	26128	12672	3.9
2008	85	24387	15350	3.3
2009	65	18081	16199	2.5
2010	58	32840	16637	2.0
2011	28	46222	17297	1.4
2012	16	27587	19908	1.3
2013	17	17964	21500	1.0
2014	18	34039	24082	0.9
2015	25	56501	26000	0.8
2016	32	68238	27768	0.8

注：2004 年起实际利用外资为验资口径，2004 年以前的为报表口径。

主要统计指标解释

进出口总额 指实际进出我国国境的货物总金额。包括对外贸易实际进出口货物，来料加工装配进出口货物，国家间、联合国及国际组织无偿援助物资和赠送品，华侨、港澳台同胞和外籍华人捐赠品，租赁期满归承租人所有的租赁货物，进料加工进出口货物，边境地方贸易及边境地区小额贸易进出口货物(边民互市贸易除外)，中外合资企业、中外合作经营企业、外商独资经营企业进出口货物和公用物品，到、离岸价格在规定限额以上的进出口货样和广告品(无商业价值、无使用价值和免费提供出口的除外)，从保税仓库提取在中国境内销售的进口货物，以及其他进出口货物。进出口总额用以观察一个国家在对外贸易方面的总规模。我国规定出口货物按离岸价格统计，进口货物按到岸价格统计。

外商直接投资 指外国企业和经济组织或个人(包括华侨、港澳台胞以及我国在境外注册的企业)按我国有关政策、法规，用现汇、实物、技术等在我国境内开办外商独资企业、与我国境内的企业或经济组织共同举办中外合资经营企业、合作经营企业或合作开发资源的投资(包括外商投资收益的再投资)，以及经政府有关部门批准的项目投资总额内企业从境外借入的资金。

对外承包工程 指各对外承包公司以招标议标承包方式承揽的下列业务：(1) 承包国外工程建设项目，(2) 承包我国对外经援项目，(3) 承包我国驻外机构的工程建设项目，(4) 承包我国境内利用外资进行建设的工程项目，(5) 与外国承包公司合营或联合承包工程项目时我国公司分包部分，(6) 对外承包兼营的房屋开发业务。对外承包工程的营业额是以货币表现的本期内完成的对外承包工程的工作量，包括以前年度签订的合同和本年度新签订的合同在报告期内完成的工作量。

对外劳务合作 指以收取工资的形式向业主或承包商提供技术和劳动服务的活动。我国对外承包公司在境外开办的合营企业，中国公司同时又提供劳务的，其劳务部分也纳入劳务合作统计。劳务合作营业额按报告期内向雇主提交的结算数(包括工资、加班费和奖金等)统计。

第十四篇　科学　教育　文化

Ke xue　jiao yu　wen huai

供稿人：巫城亮

14-1 全社会科技开发活动情况

（2009-2016 年）

项　　　目	单位	2009 年	2010 年	2011 年	2012 年	2013 年	2014 年	2015 年	2016 年
一、企业数	个	**1238**	**1482**	**1074**	**1060**	**1119**	**1167**	**1232**	**1262**
#有 R&D 活动企业数	个	101	148	159	191	231	255	328	337
二、科技活动人员	人	**6360**	**7832**	**9572**	**10692**	**11396**	**12225**	**12915**	**12818**
#大学本科及以上学历	人	2253	3281	4395	4653	5238	5245	5666	7360
R&D 人员合计	人	3195	3935	5852	7355	7914	8684	9907	9896
#全时人员	人	1712	1945	3366	3919	4054	4804	5723	6054
博士毕业	人	32	77	67	76	91	85	109	119
硕士毕业	人	181	313	326	364	348	374	578	600
本科毕业	人	1065	2282	2762	2771	2622	2745	3126	4808
R&D 人员折合全时当量合计	人年	2918	2893	4333	5381	5012	6104	6577	6487
三、R&D 经费内部支出	万元	**57660**	**85775**	**120036**	**154454**	**185204**	**206435**	**251419**	**300941**
1、按活动类型分组									
基础研究支出	万元	86	177	160	187	238	246	393	444
应用研究支出	万元	1930	1879	3902	1775	1980	2000	2992	2892
试验发展支出	万元	55645	83719	115974	152492	182986	204188	248034	297606
2、按支出用途分组									
日常性支出	万元	45537	72269	96504	123879	141932	167292	203337	236096
资产性支出	万元	12123	13507	23532	30576	43272	39143	48082	64845
3、按资金来源分组									
政府资金	万元	4223	5098	8265	6600	6249	6277	7430	7819
企业资金	万元	52194	80427	109883	145760	168234	189301	235945	285649
境外资金	万元	727	83	133	0	0	104		690
其他资金	万元	516	167	1756	2094	10719	10752	8044	6782
四、R&D 外部经费支出	万元	**2587**	**2423**	**3564**	**3997**	**9634**	**3761**	**3212**	**3225**
五、R & D 项目（课题）情况									
项目（课题）数	项	566	733	993	1201	1403	1496	1828	2025
项目（课题）参加人员折合全时当量	人年	1968	2476	3780	4939	4563	5629	6086	5993
项目（课题）经费内部支出	万元	47112	74322	101421	140709	169990	185208	231589	282071
六、R & D 产出情况									
专利申请数	件	337	506	675	796	1121	1274	1242	1841
#发明专利	件	89	162	211	231	277	336	316	477
有效发明专利数	件	158	191	238	198	233	320	442	597
七、企业办研究机构情况									
1、机构数	个	101	135	129	175	182	207	194	182
2、R&D 人员	人	1483	1901	3954	4459	4153	4337	4491	3443
#博士毕业	人	23	39	36	71	86	94	77	82
硕士毕业	人	112	147	281	306	290	382	320	307
3、R&D 经费支出	万元	27264	50606	55019	111568	109855	101912	124067	122235

14–2 规模以上工业企业

（2006–2016 年）

项　　目	单位	2006 年	2007 年	2008 年	2009 年
一、企业数	个	**808**	**975**	**1141**	**1257**
#有 RND 活动企业数	个	29	24	48	101
有科技机构企业数	个	24	29	43	71
二、R&D 活动人员					
R&D 人员合计	人	890	912	1651	2918
#全时人员	人	408	540	925	1586
R&D 人员折合全时当量合计	人年	541	672	1155	2246
三、R&D 经费内部支出	万元	**18406**	**21520**	**28184**	**55689**
1、按活动类型分组					
#基础研究支出	万元				
应用研究支出	万元		7826		674
试验发展支出	万元		13616	27993	55015
2、按支出用途分组					
#经常费支出	万元	18233	21442	27993	44036
资产性支出	万元				11653
3、按资金来源分组					
#政府资金	万元		561	1037	2558
企业资金	万元		20833	27145	51905
境外资金	万元				727
其他资金	万元		127	2	500
四、R&D 外部经费支出	万元	**2944**	**1669**	**3556**	**2587**
五、科技项目情况					
新产品开发项目数	项	94	97	200	372
R&D 项目数	项	68	91	157	377
R&D 项目经费支出	万元	7659	11370	23116	45913

科技开发活动情况

2010年（1）	2010年（2）	2011年	2012年	2013年	2014年	2015年	2016年
1399	**839**	**978**	**965**	**987**	**1034**	**1095**	**1205**
129	111	139	172	212	233	298	331
87	80	104	142	149	160	145	138
3576	3435	5428	6914	7386	8076	8858	8946
1812	1770	3223	3782	3877	4559	5419	5763
2692	2596	4098	5144	4738	5765	5982	6056
83433	**81086**	**117544**	**151971**	**180404**	**201589**	**245714**	**294999**
251	251	2154		63		171	134
83182	80836	115390	151971	180341	201589	245543	294865
70666	68811	94733	122185	138234	163373	198710	231679
12767	12275	22811	29787	42170	38125	47004	63320
3384	3248	6454	4797	3533	3617	4230	3686
79876	77665	109303	145181	166251	187290	233796	284387
83	83	133			104		690
91	91	1654	1993	10620	10577	7687	6236
2403	**2382**	**3539**	**3972**	**9616**	**3742**	**3174**	**3113**
545	513	573	705	774	778	768	863
491	459	658	816	916	956	988	1092
72891	71186	99806	139192	166887	180644	227804	278531

14-2 规模以上工业企业

（2006-2016 年）

项目	单位	2006 年	2007 年	2008 年	2009 年
六、科技活动产出情况					
1、新产品产值	万元	391581	522295	611926	689524
2、新产品开发经费支出	万元	16847	24491	31175	67157
3、新产品销售收入	万元	406342	523669	618785	650797
#出口	万元	4944	21413	53727	12593
4、专利申请数	件	61	81	106	337
#发明专利	件	34	37	42	89
5、有效发明专利数	件	33	68	108	158
七、技术改造和技术获取情况					
1、引进国外技术经费支出	万元	21203	29988	7403	4374
2、引进技术的消化吸收经费支出	万元	1045	884	1622	3674
3、购买国内技术经费支出	万元	3797	1852	1006	4315
4、技术改造经费支出	万元	44377	45997	35413	77693
八、政府相关政策落实情况					
1、来自政府部门的科技活动资金					4938
2、研究开发费用加计扣除减免税					1220
3、高新技术企业减免税	万元	402	3577.2	1857	30582
九、企业办研究机构情况					
1、机构数	个	35	40	52	86
2、机构人员	人	1187	1391	2005	2329
#博士毕业	人	22	38	38	43
硕士毕业	人	66	188	229	201
3、机构经费支出	万元	26165	33150.9	39031	45944

备注：2010 年（1）及以前统计口径是主营业务收入 500 万元以上工业企业，2010 年（2）及以后统计口径是主营业务收入 2000 万元以上工业企业。）

科技开发活动情况(续)

2010年(1)	2010年(2)	2011年	2012年	2013年	2014年	2015年	2016年
1315668	1310769	1554113	1572728	1514494	1993066	2177653	2314376
87222	84805	104038	123318	147100	152248	172657	232092
1295686	1291190	1521034	1561759	1556918	1775721	2011688	2227128
127777	127777	27324	20938	61677	85503	67760	134050
499	473	664	787	1109	1222	1138	1686
157	149	203	225	271	308	261	396
174	162	218	193	223	304	420	555
4262	4236	7112	7928	7359	9548	3412	2454
2550	2527	3102	2160	1839	851	752	715
6686	6678	35055	37830	51984	22032	20230	37749
84856	84565	61333	43020	44043	54715	56341	128546
4671	4514	7693	6168	4831	4291	5250	4434
1651	1646	1857	2621	2906	4203	6279	6411
10204	10202	10638	6052	11797	12338	10625	13644
107	100	104	148	155	181	165	157
3411	3331	4609	4301	5568	5300	5121	3796
70	68	64	57	97	88	73	68
261	257	288	243	293	302	331	298
86792	86226	84193	110906	136017	123226	145057	129942

14-3 大中型工业企业

（2006-2016 年）

项　　目	单位	2006 年	2007 年	2008 年	2009 年
一、企业数	个	**50**	**54**	**62**	**75**
#有 R&D 活动企业数	个	9	12	14	23
有科技机构企业数	个	10	13	14	21
二、R&D 活动人员					
R&D 人员合计	人	626	636	1244	1894
#全时人员	人	341	317	654	1027
R&D 人员折合全时当量合计	人	436	432	839	1492
三、R&D 内部经费支出	万元	**16484**	**18455**	**22193**	**39829**
1、按活动类型分组					
#基础研究支出	万元				
应用研究支出	万元		5613		403
试验发展支出	万元		12782	22023	39426
2、按支出用途分组					
#经常费支出	万元		18394.7	22023	33245
资产性支出	万元				6583
3、按资金来源分组					
#政府资金	万元		348	650	1588
企业资金	万元		18065	21542	37433
境外资金	万元				727
其他资金	万元		42	16	81
四、R&D 外部经费支出	万元	**2896**	**1525**	**3096**	**1959**
五、科技项目情况					
新产品开发项目数	项	52	53	94	183
R&D 项目数	项	44	68	102	231

科技开发活动情况

2010年	2011年	2012年	2013年	2014年	2015年	2016年
80	**151**	**122**	**125**	**119**	**111**	**105**
27	37	40	52	47	58	63
27	34	34	36	33	26	24
2124	3720	4064	3987	4624	4835	4489
1023	2176	2189	1933	2791	2757	2795
1705	2951	3079	2539	3451	3539	3152
55431	**71896**	**75670**	**104526**	**110991**	**136245**	**168474**
18	1783		63		171	4
55414	70113	75670	104463	110991	136074	168470
49624	60228	65603	79085	89536	109099	124159
5807	11668	10067	25441	21455	27145	44315
1787	3893	1760	1642	1855	2165	1384
53548	67986	73580	93550	99892	128349	162525
83	18			15		177
14		331	9333	9230	5731	4387
700	**1250**	**2164**	**8579**	**2569**	**1061**	**1223**
273	266	293	323	334	318	320
251	371	384	415	452	443	433

14-3 大中型工业企业

（2006-2016年）

项　　目	单位	2006年	2007年	2008年	2009年
R&D项目经费支出	项	5837	10247	17560	32557
六、科技活动产出情况					
1、新产品产值	万元	365296	476688	550146	543244
2、新产品开发经费支出	万元	12822	20259	20959	45586
3、新产品销售收入	万元	380338	479063	561782	522849
#出口	万元	3925	17025	47363	8300
4、专利申请数	件	19	33	68	154
#发明专利	件	8	11	27	25
5、有效发明专利数	件	8	22	30	59
七、技术改造和技术获取情况					
1、引进国外技术经费支出	万元	20997	29988	7300	3897
2、引进技术的消化吸收经费支出	万元	969	868	767	2581
3、购买国内技术经费支出	万元	3656	1500	606	3811
4、技术改造经费支出	万元	42336	42717	30857	55191
八、政府相关政策落实情况					
1、来自政府部门的科技活动资金	万元				2417
2、研究开发费用加计扣除减免税	万元				949
3、高新技术企业减免税	万元	402	453.3	1836	30540
九、企业办科技机构情况					
1、企业办科技机构数	个	14	22	23	32
2、机构人员	人	1007	1188	1582	1632
#博士毕业	人	17	37	33	30
硕士毕业	人	64	184	214	168
3、机构经费支出	万元	24183	30947.6	34576	39183

科技开发活动情况（续）

2010年	2011年	2012年	2013年	2014年	2015年	2016年
50524	62705	68600	97889	101025	127870	158056
978162	1141631	1190371	1198460	1505807	1743172	1746547
52713	58360	54496	78779	67397	84647	125042
961756	1129364	1193950	1248253	1326714	1597825	1650767
102588	16540	14810	49212	45241	37676	67139
264	347	406	622	631	482	666
59	73	106	152	136	93	149
56	110	102	126	157	230	300
3016	6263	4414	6210	8680	2487	2254
2225	1574	393	1088	741	694	550
3835	19235	14843	32683	10172	9605	11131
52068	43322	32774	39123	42996	40526	50965
2405	4670	2582	2323	2063	2980	1820
1319	1183	1842	2512	2627	3434	2651
9735	9477	4775	10967	11437	8781	10033
33	38	38	39	45	36	32
2342	3545	3869	3333	3408	3208	1872
31	40	33	50	48	36	32
202	225	271	202	210	196	166
76370	72649	80909	88781	81039	99124	92839

14-4 高新技术

（2006–2016 年）

项　　目	单位	2006 年	2007 年	2008 年	2009 年
一、企业数	个	**37**	**52**	**121**	**155**
#工业高新技术产业	个	35	50	120	149
#规模以上工业	个	22	37	51	83
科技部门认定的高新技术企业	个	15	26	26	24
高技术产业	个	23	28	80	98
二、高新技术产业经济指标情况					
总产值	万元	664188	979383	1381504	1789789
增加值	万元	310111	426596	501879	620173
主营业务收入	万元	624738	971178	1367119	1778934
利润总额	万元	257185	332250	362419	463062
出口交货值	万元	5654	46910	52958	34823
三、科技活动人员情况					
科技活动人员合计	人	1251	1654	2553	3465
# R&D 人员	人	531	561	1213	1901
四、R&D 活动经费内部支出	万元	**13716**	**11136**	**18329**	**39973**
# R&D 经常费支出	万元	13550	11080	18175	34103
# R&D 人员劳务费支出	万元	2507	2634	3097	7362
五、R&D 活动经费外部支出	万元	**2862**	**1526**	**2461**	**1010**
六、科技活动产出情况					
1、新产品产值	万元	293854	394903	537091	546454
2、新产品销售收入	万元	302557	400899	546581	527244
#出口	万元	159	1078	32252	2234
3、专利申请数	件	34	59	81	195
#发明专利	件	13	21	35	62
七、技术改造和技术获取情况					
1、引进国外技术经费支出	万元	1325	1025	615	4331
2、引进技术的消化吸收经费支出	万元	890	761	731	1533
3、购买国内技术经费支出	万元	50	565	438	571
4、技术改造经费支出	万元	4647	4892	8387	51841
八、享受技术开发减免税情况					
研究开发费用加计扣除减免税	万元	81	165	311	968

注：本表所有指标 2016 年为“四上”企业口径，2015 年及以前年份为全社会口径。

产业发展情况

2010年	2011年	2012年	2013年	2014年	2015年	2016年
162	**195**	**215**	**660**	**695**	**948**	**277**
160	191	211	306	341	595	256
109	116	124	207	236		256
36	59	56	59	60	74	77
90	108	108	495	501	500	78
2644597	3225129	3309108	4555007	5215326		
820930	884540	958604	1119282	1293042	1950608	2069759
2497321	3102041	3286177	5008093	5193162	7501116	8618465
622094	555990	789342		692478		
144864	146442	156244				
4672	4829	7178	7828	8545	6632	6633
2251	3074	5444	5773	6257	5634	5756
61724	**72775**	**119489**	**136273**	**142594**	**160101**	**191711**
53755	59085	93852	111450	126267	128444	150293
10049	15788	27283	28129	37189	33145	36443
1712	**1781**	**2949**	**2499**	**2983**	**1766**	**1558**
1115261	819175	1427472	1514494	1993066	2010688	2110548
1083917	809310	1421720	1556918	1775721	1848512	1993580
79250	18619	11685	61677	85503	51299	77106
247	421	535	999	1138	492	771
105	155	180	236	290	133	212
1400	2625	3576	6789	8914	439	200
1966	1564	1774	1619	772	117	164
1214	17615	20951	32037	16368	10840	5026
30395	8211	27996	34898	44324	40462	39063
1436	1419	3259	2906	4203	55574	6253

14–5　专利受理、批准情况

（2016年）

项　　目	合计	按类型分			按单位分				
		发　明	实用新型	外观设计	个人	大专院校	科研院所	工厂企业	机关团体
申请专利数（项）	9569	2219	6280	1070	6394	93	39	2796	247
批准专利数（项）	4138	241	3305	592	2483	50	1	1603	1

14–6　技术市场基本情况

（2016年）

项　　目	合同数（项）	合同金额（万元）	#技术交易额
合　　计	**12**	**288.06**	**256.34**
技术开发合同	8	256.06	224.34
技术转让合同			
技术咨询合同			
技术服务合同	4	32	32

14–7　科技成果情况

（2009–2016年）

项　　目	单位	2009年	2010年	2011年	2012年	2013年	2014年	2015年	2016年
全年取得科技成果	项	58	53	59	61	65	53	47	52
#省部级以上应用科技成果	项	23	20	22	55	60	15	11	13
#市级成果	项	35	33	37	6	6	37	36	38
#达到国际先进水平	项	15	5	6	3	3	2	2	2
#达到国内先进水平	项	41	42	43	53	56	44	41	39

14-8 各级各类学校基本情况

（2016年） 单位：所、个、人

项目	学校数	班级数	毕业生数	招生数	在校学生	教职工数	
						合计	#专任教师
高等学校	2		4657	4991	18044	1110	745
中等职业教育学校	18		7589	8332	23846	1499	1284
普通中学	168	2926	41596	42411	124218		12502
#初中	125	1864	26663	26521	77538		8129
#高中	43	1062	14933	15890	46680		4373
小学	391	5350	26390	33974	186013	13016	12370
特殊教育	7	82	129	134	964	243	208
幼儿园	605	4586	38354	55569	139189	9940	6269

14-9 历年中小学生数

单位：万人

年份	普通中学在校学生数	小学在校生数	年份	普通中学在校学生数	小学在校生数
1949	0.48	7.53	1983	9.55	33.30
1950	0.65	7.50	1984	10.30	33.24
1951	0.79	9.57	1985	11.52	33.04
1952	1.15	10.73	1986	12.19	31.72
1953	1.32	9.96	1987	12.46	30.35
1954	1.32	10.04	1988	11.47	30.58
1955	1.30	10.65	1989	10.49	31.77
1956	1.68	12.62	1990	10.77	32.46
1957	1.73	12.40	1991	11.40	33.35
1958	2.12	15.70	1992	12.25	35.03
1959	2.55	17.89	1993	12.67	35.88
1960	3.14	19.33	1994	13.61	36.67
1961	2.08	14.02	1995	15.59	37.25
1962	1.65	12.73	1996	18.26	38.03
1963	1.64	15.10	1997	20.36	38.98
1964	1.91	20.02	1998	20.82	39.07
1965	2.24	23.67	1999	20.54	38.20
1966	2.20	23.41	2000	20.76	36.24
1967	2.05	19.17	2001	22.15	33.34
1968	2.10	15.61	2002	24.28	29.94
1969	2.76	19.14	2003	26.33	25.47
1970	3.24	21.30	2004	26.51	21.49
1971	4.79	23.79	2005	25.11	18.80
1972	5.62	27.38	2006	22.88	18.27
1973	5.29	31.33	2007	20.54	17.37
1974	5.81	33.64	2008	18.92	16.60
1975	7.95	35.05	2009	16.92	16.27
1976	10.76	35.16	2010	15.23	15.99
1977	12.44	34.42	2011	13.89	16.36
1978	12.53	33.04	2012	13.31	16.62
1979	11.55	33.31	2013	12.88	16.64
1980	12.11	33.71	2014	12.66	17.28
1981	10.12	32.60	2015	12.46	17.92
1982	9.77	32.80	2016	12.42	18.60

14-10 普通高等学校基本情况

（1978-2016年） 单位：万人

年 份	学校数（所）	在校学生数	招生数	毕业生数	教职工数	#专任教师数
1978	1	657	257	54	54	24
1979	1	1553	896		57	32
1980	1	1168	270	651	156	96
1981	1	492	220	896	184	102
1982	1	445	221	265	203	121
1983	1	432	210	223	192	113
1984	2	658	440	213	280	153
1985	2	1149	712	218	345	203
1986	2	1626	576	90	400	223
1987	2	1334	620	920	400	225
1988	2	1499	775	636	394	208
1989	2	1540	683	631	391	212
1990	2	1282	646	785	399	210
1991	2	1264	600	731	394	341
1992	2	1379	660	541	405	212
1993	2	1550	747	573	418	213
1994	2	1650	735	631	427	214
1995	2	1752	832	716	430	207
1996	2	1890	879	754	445	229
1997	2	2119	974	724	471	220
1998	2	2226	960	827	483	230
1999	2	3157	1243	296	467	225
2000	2	3820	1675	884	503	265
2001	2	4004	1503	939	467	386
2002	2	6204	2809	1153	1738	423
2003	2	7250	3388	1613	761	458
2004	2	9566	3556	1269	951	554
2005	2	11488	4552	2617	1071	670
2006	2	12614	4448	3343	1129	737
2007	2	13309	4180	3278	1166	765
2008	2	13502	4000	3636	1267	883
2009	2	13434	4015	3846	1303	920
2010	2	14100	4410	3675	1325	956
2011	2	14443	4744	4174	1335	971
2012	2	15562	4774	3554	1311	972
2013	2	16588	5320	4162	1320	1320
2014	2	17146	5204	4403	1331	988
2015	2	17846	5526	4951	1344	953
2016	2	18044	4991	4657	1110	745

14-11 普通高中基本情况

（1978-2016 年） 单位：人

年　份	学校数（所）	在校学生数	招生数	毕业生数	专任教师数
1978	107	39555	17828	13893	1963
1979	107	37262	18265	19755	1656
1980	97	21969		14596	1250
1981	58	12246	8822	18619	951
1982	57	16646	8241	3171	1173
1983	53	15064	7175	7996	1120
1984	39	15684	6490	5083	1054
1985	39	17918	6838	4233	1109
1986	38	19868	6726	4611	1201
1987	41	20233	7091	6006	1349
1988	42	18998	6058	6183	1419
1989	41	17069	5503	6169	1421
1990	39	16953	6286	5947	1405
1991	38	17793	6458	5173	1422
1992	37	19364	6885	5042	1461
1993	36	19382	6380	5833	1454
1994	36	18173	5969	6288	1432
1995	35	18144	6898	6261	1422
1996	37	20059	7871	5458	1494
1997	37	23884	9638	5423	1625
1998	38	28819	11766	6382	1859
1999	42	35567	14710	7269	2171
2000	47	42254	16509	9101	2637
2001	52	47124	16646	10791	2998
2002	53	52319	19809	13668	3247
2003	55	57926	22089	15540	3794
2004	60	64815	24546	15686	4161
2005	58	72591	27505	18820	4517
2006	61	80737	30167	20139	5135
2007	57	82006	26491	22297	5517
2008	56	77895	23205	25153	5603
2009	56	66460	19141	28146	5436
2010	55	59135	18485	24610	5192
2011	48	55318	18370	21234	5024
2012	46	53570	17274	18393	4870
2013	45	50760	15896	17727	4743
2014	46	48066	15184	17392	4620
2015	45	46618	15771	16439	4386
2016	43	46680	15890	14933	4373

14–12 普通初中基本情况

（1978–2016 年）

单位：人

年份	学校数（所）	在校学生数	招生数	毕业生数	专任教师数
1978	36	85734	39799	34595	4259
1979	37	78256	34663	36388	4109
1980	54	99103	32229		4737
1981	92	88923	30192	28033	5016
1982	95	81078	29787	23448	4592
1983	118	80458	30266	19514	4355
1984	105	87324	32635	18719	4276
1985	110	97283	36288	20827	4385
1986	114	102002	34439	15871	4697
1987	119	104390	34710	25307	5121
1988	124	95654	30874	28352	5338
1989	131	87785	29093	26363	5601
1990	138	90743	34989	26050	5818
1991	143	96211	34901	23455	6242
1992	146	103112	36258	24139	6679
1993	153	107283	39194	29500	6942
1994	157	117952	45917	29599	7289
1995	163	137764	55134	32905	8124
1996	160	162566	63061	35698	9128
1997	162	179753	62751	44128	9973
1998	158	179343	57375	53673	10436
1999	158	169786	54101	59653	10294
2000	155	165301	58084	58669	10412
2001	157	174369	66515	53719	10381
2002	148	190480	69898	50306	10490
2003	145	205364	73210	54205	10891
2004	151	200308	61237	62463	10758
2005	147	178470	47955	66288	10084
2006	146	148058	39966	67609	9454
2007	132	123401	37168	58544	9077
2008	129	111340	36042	46167	8826
2009	123	102751	30978	37494	8797
2010	121	93201	27226	35551	8715
2011	122	83570	25558	34878	8646
2012	123	79563	26775	30713	8359
2013	124	78039	26975	26751	8253
2014	123	78595	25317	24628	8222
2015	125	78003	25623	25959	8064
2016	125	77538	26521	26663	8129

14-13 小学基本情况

（1978-2016 年）

单位：人

年 份	学校数（所）	在校学生数	招生数	毕业生数	教职工数	# 专任教师数
1978	4689	330403	62344	46830	15590	13673
1979	4506	333056	64511	41024	16086	14056
1980	4362	337119	62659	43019	16997	14332
1981	4205	326021	57949	45643	17637	14690
1982	4085	327990	61502	44560	16949	14180
1983	4056	332965	61078	48095	16293	13394
1984	4248	332448	56324	52320	16071	12564
1985	4405	330445	52179	53926	15775	12647
1986	2494	317225	46903	54843	17272	14368
1987	1727	303463	45055	54995	16854	14033
1988	1730	305809	51030	43395	16647	13540
1989	1700	317744	58115	40738	17168	14078
1990	1704	324647	56217	46396	17434	14322
1991	1659	333464	55676	43845	17642	14748
1992	1603	350302	59445	42513	17916	15223
1993	1604	358790	56558	44735	17954	15994
1994	1584	366662	61035	50666	18112	15866
1995	1468	372465	65008	59432	18193	16316
1996	1422	380344	68688	62981	18574	17154
1997	1435	389769	70685	62563	19160	17967
1998	1026	390686	60172	59002	19956	18854
1999	990	382048	47369	55357	20173	19094
2000	952	362426	38268	59032	20207	19132
2001	1153	333440	36191	67576	19586	18682
2002	943	299399	35155	70356	19037	18064
2003	919	254704	30350	73948	17596	16480
2004	816	214920	24710	62045	15761	14746
2005	727	188030	23609	48660	14439	13615
2006	656	182716	27650	39038	13912	13095
2007	647	173658	28536	36354	13225	12476
2008	603	166028	27073	34957	13171	12439
2009	543	162657	27844	29814	12817	12124
2010	491	159949	27760	26363	12907	12128
2011	395	163626	29394	25217	12709	11949
2012	368	166151	29544	26414	12596	11823
2013	365	166382	30604	27288	12531	11971
2014	370	172833	32475	25451	12781	12002
2015	367	179199	32935	25692	12854	12133
2016	391	186013	33974	26390	13016	12370

14-14 中等职业学校基本情况

（2005-2016 年）

年份	学校数（所）	合计			全日制			非全日制			专任教师数	聘请校外教师数
		在校学生数	招生数	毕业生数	在校学生数	招生数	毕业生数	在校学生数	招生数	毕业生数		
2005	28	30935	13323	6764	30784	13185	6760	151	138	4	1295	134
2006	26	36747	15965	8135	36117	15485	8134	630	480	1	1407	208
2007	22	44064	21383	9106	34660	12804	9094	9404	8579	12	1417	188
2008	21	43377	15697	13402	33881	10877	10384	9496	4820	3018	1301	162
2009	22	44777	19947	14471	27638	8510	10332	17139	11437	4139	1324	192
2010	21	43807	18628	18168	24414	8528	10275	19393	10100	7893	1330	152
2011	20	34678	12695	19031	21135	7303	8522	13543	5392	10509	1313	125
2012	17	36305	16316	13148	18523	6043	7028	17782	10273	6120	1565	137
2013	17	35389	10804	9601	16918	6090	6112	18471	4714	3479	1261	110
2014	18	31767	9377	8789	16194	5918	5377	15573	3459	3412	1291	142
2015	18	24580	7695	13501	15739	5831	4933	8841	1864	8568	1299	103
2016	18	23846	8332	7589	15865	6280	4629	5320	1520	1220	1284	139

14–15 技工学校基本情况

（1986–2016 年）

单位：人

年 份	在校学生数	招生数	毕业生数	教职工数	# 专任教师数
1986	2010	890	878	315	239
1987	2193	880	870	320	260
1988	2215	980	960	326	261
1989	2140	970	965	331	269
1990	2030	980	973	338	275
1991	1975	1000	987	345	280
1992	3170	1100	1090	350	285
1993	4015	1200	1180	360	292
1994	4180	1300	1285	370	301
1995	4215	1600	1590	375	309
1996	4792	2292	2054	380	317
1997	4429	1808	2635	385	344
1998	5100	2400	2730	412	387
1999	4358	2205	1759	485	259
2000	4603	2162	1962	498	268
2001	5434	2895	2045	428	250
2002	2506	1280	1130	235	131
2003	4515	1729	942	247	144
2004	11883	5713	3647	632	483
2005	11253	4800	5180	711	570
2006	10400	4400	4300	550	450
2007	10393	3854	4003	529	429
2008	9738	3814	3547	506	414
2009	9841	3765	3547	552	348
2010	8453	2864	3476	571	456
2011	8255	3506	2858	579	428
2012	7745	2555	2367	548	436
2013	6300	1765	1768	441	360
2014	6300	1700	1800	430	350
2015	6609	2375	1737	450	369
2016	6429	2321	1643	429	358

14–16　幼儿园和特殊教育学校基本情况

（1978–2016 年）

单位：人

年　份	幼儿园				特殊教育学校			
	园数（所）	在园幼儿	教职工数	# 专任教师	学校数（所）	在校学生	教职工数	# 专任教师
1978	436	25681	717	703				
1979	491	39397	1213	1187				
1980	410	49511	1662	1560				
1981	751	45693	1584	1421				
1982	903	49314	1776	1586				
1983	343	39937	1956	1554				
1984	172	51642	2149	1732				
1985	659	58481	2430	1958				
1986	839	64235	2557	2124				
1987	699	79112	2918	2299				
1988	887	84181	3249	2556				
1989	869	83587	3522	2794				
1990	1000	85115	3697	2886				
1991	1030	88324	4043	3631	1	28	7	4
1992	1294	95738	4093	3697	2	728	69	63
1993	1237	105327	4312	3943	3	746	51	45
1994	1478	107245	4517	4126	6	1534	56	51
1995	1696	109562	4734	4187	8	4310	101	74
1996	1555	103795	4835	4300	6	4168	104	78
1997	1577	85857	4735	4202	7	2849	119	88
1998	1408	68777	4462	4118	8	3126	141	102
1999	1340	63551	4047	3425	8	3013	151	113
2000	1262	59650	3792	3189	8	2782	160	121
2001	505	58255	2587	2167	7	4631	164	122
2002	482	54241	2479	1807	7	4541	171	128
2003	492	65394	2764	1969	7	4672	164	125
2004	491	68842	3084	2091	7	4192	163	124
2005	548	73898	3426	2278	7	4097	172	137
2006	524	75751	3572	2351	7	4229	169	135
2007	529	77249	3613	2374	7	4084	174	140
2008	568	87238	3805	2610	7	4348	174	137
2009	577	92701	4172	2865	7	4242	182	142
2010	388	97567	4792	3128	7	3926	196	154
2011	437	106432	5542	3475	7	3401	202	166
2012	472	116439	5844	3719	7	3432	210	167
2013	534	112093	7478	4753	7	817	216	182
2014	562	118030	7839	5217	7	858	226	191
2015	580	128789	8742	5571	7	916	240	203
2016	605	139189	9940	6269	7	964	243	208

14–17 学龄儿童入学率和小学升学率

（1978–2016 年）

年　份	学龄儿童入学率(%)	小学升学率(%)	年　份	学龄儿童入学率(%)	小学升学率(%)
1978	94.83	84.99	1998	99.80	97.24
1979	95.60	84.49	1999	99.90	97.73
1980	95.70	74.92	2000	99.90	98.39
1981	92.90	66.15	2001	99.40	98.43
1982	94.00	66.85	2002	99.70	99.30
1983	95.60	62.76	2003	99.30	99.00
1984	97.29	52.38	2004	99.92	98.70
1985	98.30	67.29	2005	99.84	98.55
1986	98.15	62.80	2006	99.28	102.38
1987	98.89	63.11	2007	99.99	102.24
1988	99.14	71.15	2008	99.95	103.10
1989	99.26	71.41	2009	99.99	103.90
1990	99.53	75.41	2010	100.00	103.27
1991	99.74	79.60	2011	100.00	101.35
1992	99.61	85.29	2012	99.99	100.00
1993	99.69	87.61	2013	99.78	101.37
1994	99.74	90.63	2014	100.00	99.47
1995	99.72	92.77	2015	100.00	99.71
1996	99.78	100.13	2016	98.63	100.00
1997	99.81	100.30			

14-18　事业单位各类专业技术人员分行业情况

（2016年）　　　　单位：人

项　　目	合　计	农　林 牧渔业	采矿业	制造业	电力、 煤气及 水的生 产和供 应业	建筑业	交　通 运　输 仓储及 邮政业	信息传 输计算 机服务 和软件 业	批发和 零售业	住宿和 餐饮业
总　　计	**49675**	**2500**	**86**	**4**		**306**	**297**	**41**	**8**	**6**
按级别分										
#高级职务	8122	276	11			45	79	2		
中级职务	23467	1055	38	3		108	123	15	5	6
初级职务	16986	1103	36	1		135	89	18	3	
未聘任专业技术职务	1100	66	1			18	6	6		
按类别分										
#工程技术人员	3486	1188	74	10		306	243	35		
农业技术人员	1401	1222				1				
科学研究人员	227							2		
卫生技术人员	9168	12								
教学人员	32157	1								
经济人员	596	43	6			23	17	3	3	4
会计人员	1090	44	7	1		10	34		5	1
统计人员	480	2				2	1			
翻译人员	1									
图书、档案、文博人员	300						1	5		
新闻、出版人员	134									
律师、公证人员	15									
播音人员	20							1		
工艺美术人员	4									
体育人员	53									
艺术人员	428									
政工人员	86	13				1				1

14-18 事业单位各类专业技术人员分行业情况（续）

（2016 年）

单位：人

项　　目	金融业	房地产业	租　赁和商务服务业	科学研究技术服务和地质勘查　业	水利环境和公共设施管理业	居民服务和其他服务业	教　育	卫生、社　会保障和社　会福利业	文化体育和娱乐业	公共管理和社会组织
总　　计	**46**	**48**	**49**	**436**	**460**	**364**	**32517**	**9771**	**852**	**1870**
按级别分										
#高级职务	1	12	2	118	44	4	5812	1496	66	134
中级职务	13	24	10	177	141	287	16406	3793	511	752
初级职务	21	12	37	129	241	41	9897	4041	269	919
未聘任专业技术职务	11			12	34	32	402	441	6	65
按类别分										
#工程技术人员		23	3	289	390	20	26	398	80	401
农业技术人员			3	5	7		1	6		156
科学研究人员				111			112			2
卫生技术人员				4			103	9005	1	43
教学人员					1	2	32122	2		29
经济人员	8	36	22	6	31	7	18	42	4	323
会计人员	3	6	16	11	14	277	70	187	18	386
统计人员		1			1	21		21	1	430
翻译人员						1				
图书、档案、文博人员			1	4	6		76	63	133	11
新闻、出版人员							1		126	7
律师、公证人员						2		1		12
播音人员									19	
工艺美术人员										4
体育人员						1			52	
艺术人员			1				10		413	4
政工人员				2	3	1		31		34

14–19 主要年份各类文化事业机构数

单位：个

年份	艺术事业							群众文化事业				
	小计	创作机构	表演团体	表演场所	研究机构	演出公司	其他	公共图书馆	博物馆	艺术馆	文化馆	文化站
1985	17	1	8	8				7	7	1	8	124
1990	17	1	8	8				7	7	1	8	140
1995	18	1	8	8	1			7	7	1	8	133
1996	19	1	9	8	1			7	7	1	8	136
1997	20	1	10	8	1			7	7	1	8	132
1998	21	1	9	10	1			7	7	1	8	136
1999	27	1	9	9	1	3	4	7	7	1	8	136
2000	22	1	10	10	1			7	7	1	8	112
2001	13	1	11	10	1			7	7	1	8	129
2002	23	1	11	10	1			7	7	1	8	129
2003	24	1	10	11	1		1	7	7	1	8	136
2004	23	1	9	10	1		2	7	7	1	8	125
2005	18	1	9	7	1			7	7	1	8	125
2006	21	1	9	8	1		2	7	7	1	8	134
2007	21	1	10	9	1			7	7	1	7	133
2008	20	1	9	9	1			7	7	1	7	133
2009	12	1	9	1	1			7	7	1	7	133
2010	15	1	12	1	1			7	7	1	7	134
2011	14	1	11	1	1			7	7	1	7	134
2012	26	1	11	11	1		2	7	7	1	7	135
2013	19	1	8	9	1			7	7	1	7	140
2014	19		7	12				7	7	8	8	134
2015	18		7	11				7	7		8	134
2016	18		7	11				7	7	1	7	134

14–20 广播电视基本情况

（1991–2016 年）

年 份	广播事业			电视事业		
	电台（座）	节目（套）	覆盖率（%）	电视台（座）	节目（套）	覆盖率（%）
1991	3	3	68.0	2	2	85.0
1992	3	3	53.0	2	2	87.0
1993	8	8	83.0	3	3	92.0
1994	8	8	77.0	3	3	92.0
1995	8	8	89.0	3	3	92.0
1996	8	8	90.0	3	3	92.0
1997	8	8	90.0	3	3	95.0
1998	7	7	90.0	3	3	95.0
1999	7	7	90.0	3	3	96.0
2000	7	7	93.0	3	3	96.0
2001	7	7	93.0	3	3	96.5
2002	7	7	93.0	2	2	97.0
2003	7	7	93.0	2	7	97.5
2004	7	7	93.2	2	7	97.5
2005	1	7	96.2	1	8	98.5
2006	1	7	96.2	1	8	98.5
2007	1	7	96.2	1	8	98.9
2008	1	7	96.3	1	8	98.9
2009	1	7	96.3	1	8	98.9
2010	1	8	96.3	1	8	98.9
2011	1	8	96.3	1	8	98.9
2012	7	8	96.2	4	2	98.0
2013	7	8	96.8	4	2	98.2
2014	7	8	97.2	4	9	99.0
2015	7	8	97.9	4	9	99.0
2016	7	8	98.0	4	9	98.6

主要统计指标解释

研究与试验发展简称研发 指在科学技术领域，为增加知识总量、以及运用这些知识去创造新的应用进行的系统的创造性的活动，包括基础研究、应用研究、试验发展三类活动。

基础研究 是指为了获得关于现象和可观察事实基本原理的新知识而进行的实验性或理论性研究，它不以任何专门或特定的应用或使用为目的。成果形式以科学论文、著作为主。

应用研究 是指为获得新知识而进行的创造性研究，主要针对某一特定的目的或目标。应用研究是为了确定基础研究成果可能的用途，或是为了达到预定的目标探索应采取的新方法（原理性）或新途径。成果形式以科学论文、著作、原理性模型、发明专利为主。

试验发展 是指利用从基础研究、应用研究和实际经验所获得的现有知识，为产生新的产品、材料和装置，建立新的工艺、系统和服务，以及对已产生和建立的上述各项作实质性的改进而进行的系统性工作（把获得的知识转变成可实施的计划）。成果形式以专利，专有技术、具有新产品基本特征的产品原型或具有新装置基本特征的原始样机。

研发经费支出 指报告期内企业研发活动的经费支出，包括企业内部的日常研发经费支出，当年形成用于研发的固定资产支出和委托外单位开展研发的经费支出。

企业内部的日常研发经费支出 指报告期内企业内部研发活动的直接支出，以及用于研发活动的管理费、服务费以及外协加工费等支出。不包括当年形成用于研发的固定资产支出、委托外单位开展研发的经费支出、生产性活动支出、归还贷款支出以及购买专利等无形资产支出。对于在财务上单独核算研究开发费或技术开发费的企业，该指标直接抄取相应会计科目当年实际发生额，包括人员人工费、直接投入（包括原材料费等）、折旧费用与长期费用摊销、无形资产摊销、其他费用（含设计费、装备调试费等）等。对于在财务上未单独核算研究开发费或技术开发费的企业，该指标应分项目归集整理，即按项目分列人员劳务费、原材料费、其他费用等支出项，再加上未列入项目经费的相关人员工资、管理和服务费用等支出取得。

当年形成用于研发的固定资产支出 指报告期内企业形成的用于研发的固定资产原价。对于研发与生产共用的固定资产应按比例进行分摊，其中仪器和设备一般应按使用时间进行分摊，建筑物一般应按使用面积进行分摊。

当年形成用于研发的固定资产支出中的仪器和设备 指报告期内企业形成的用于研发的固定资产中的仪器和设备原价。其中，设备包括用于科技活动的各类机器和设备、试验测量仪器、运输工具、工装工具等。

研发经费支出中使用来自政府部门的研发资金 指报告期内企业使用的从政府有关部门得到的研发活动资金，包括纳入国家计划的中间试验费、政府科技贷款等。

机构数 指报告期末企业办研发机构的数量。企业办研发机构指企业自办（或与外单位合办），管理上同生产系统相对独立（或单独核算）的专门研发活动机构，如企业办的技术中心、研究院所、开发中心、开发部、实验室、中试车间、试验基地等。企业办研发活动机构经过资源整合，被国家或省级有关部门认定为国家级或省级技术中心的，应按一个机构填报。与外单位合办的研发活动机构若主要由本企业出资兴办，则由本企业统计，否则应由合办方统计。企业研发管理职能处（科）室（如科研处、技术科等）一般不统计在内；若科研处、技术科等同时挂有研发活动机构的牌子，视其报告期内主要工作任务而定，主要任务是从事研发活动的可以统计，否则不予统计。本指标不含企业在国外或港澳台设立的研发活动机构数。

专利申请数 指报告期内企业作为第一申请人向境内外知识产权行政部门提出专利申请并被受理的件数。

专利申请数中发明专利 指报告期内企业作为第一申请人向境内外知识产权行政部门提出发明专利申请并被受

理的件数。

有效发明专利数 指报告期末企业作为第一专利权人拥有的、经境内外知识产权行政部门授权且在有效期内的发明专利件数。

新产品产值 指报告期内企业生产的新产品的产值。新产品是指采用新技术原理、新设计构思研制、生产的全新产品，或在结构、材质、工艺等某一方面比原有产品有明显改进，从而显著提高了产品性能或扩大了使用功能的产品。新产品既包括经政府有关部门认定并在有效期内的新产品，也包括企业自行研制开发，未经政府有关部门认定，从投产之日起一年之内的新产品。

新产品销售收入 指报告期内企业销售新产品实现的销售收入。

新产品销售收入中出口 指报告期内企业将新产品销售给外贸部门和直接出售给外商所实现的销售收入。

研究开发费用加计扣除减免税 指报告期内企业按有关政策和税法规定税前加计扣除的研究开发活动费用所得税，按当年税务部门实际减免的税额填报。对尚未得到当年减免税额的企业，按上年实际减免税额填报。

高新技术企业减免税 指报告期内高新技术企业按照国家有关政策依法享受的企业所得税减免额，按当年税务部门实际减免的税额填报。对尚未得到当年减免税额的企业，按上年实际减免税额填报。

引进境外技术经费支出 指报告期内企业用于购买国外或港澳台技术的费用支出，包括产品设计、工艺流程、图纸、配方、专利等技术资料的费用支出，以及购买关键设备、仪器、样机和样件等的费用支出。

引进境外技术的消化吸收经费支出 指报告期内企业引进技术的消化吸收经费支出。引进技术的消化吸收指对引进技术的掌握、应用、复制而开展的工作，以及在此基础上的创新。引进技术的消化吸收经费支出包括：人员培训费、测绘费、参加消化吸收人员的工资、工装、工艺开发费、必备的配套设备费、翻版费等。消化吸收经费支出中属于研发活动的经费支出，除包含在本项外，还要计入研发经费支出中。

购买境内技术经费支出 指报告期内企业购买境内其他单位研发成果的经费支出。包括购买产品设计、工艺流程、图纸、配方、专利、技术诀窍及关键设备的费用支出。

技术改造经费支出 指报告期内企业进行技术改造而发生的费用支出。技术改造指企业在坚持科技进步的前提下，将研发成果应用于生产的各个领域（产品、设备、工艺等），用先进工艺、设备代替落后工艺、设备，实现以内涵为主的扩大再生产，从而提高产品质量、促进产品更新换代、节约能源、降低消耗，全面提高综合经济效益。

普通高等学校 指按照国家的审批程序批准举办，通过全国统一招生考试，招收高级中等学校毕业生和具有同等学历者，实施高等教育，培养高等专门人才的学校。包括大学、专科学校和短期职业大学。

成人高等学校 指按照国家规定的审批程序批准举办，招收高中毕业或同等学历者，利用多种形式对成人实施高等教育，培养相当普通高等学校专科或本科毕业水平的专门人才的学校。包括广播电视大学、职工高等学校、农民高等学校、干部管理学院、教育学院、独立函授学院以及普遍高等学校举办的函授大学，夜大学等。

自然科学技术人员 指已取得科学技术职称，或大学、中专的理、工、农、医科系毕业、以及国民经济各部门从工作实践中提拔，从事理、工、农、医等自然科学技术的研究、教学、生产的专业人员和在机关、企业、事业中从事科学技术业务管理工作的专业人员。

工程技术人员 指在国民经济各行业从事工程技术工作的自然科学技术人员，包括：高级工程师、工程师、助理工程师、技术员和未评定职称的技术人员。

农业技术人员 指在国民经济各行业从事农业技术工作的自然科学技术专业人员，包括：高级农艺师、农艺师、助理农艺师、技术员和未评定职称的技术人员。

卫生技术人员 指在国民经济各行业从事卫生医务工作的自然科学技术专业人员，包括：正副主任医师、主治医师、医师、医（护）士和未评定职称的技术人员。

科学研究人员 指在国民经济各行业从事科学技术活动和自然科学技术活动的自然科学技术专业人员，包括：正副研究员、助理研究员、研究实习员、技术员和未评定职称的技术人员。

教学人员 指在国民经济各行业从事自然科学技术方面教学活动的专业人员，包括：正副教授、讲师、助教、教师和在中学从事自然科学技术方面教学活动的人员。

发明 专利法及其实施细则所称的发明是指对有关产品、方法或者改进所提出的技术方案。

实用新型 专利法及其实施细则所称的实用新型是指对产品的形状、构成或者结合所提出的适于实用的新的技术方案。

外观设计 专利法及其实施细则所称的外观设计是指对产品的形状、图案、色彩或者其结合所作出的富有美感并适于工业上应用的新设计。

文化事业机构 指从事专业文化工作和为专业文化工作服务的单独核算、独立建制的单位。不包括文化主管部门直属单位举办的其他行业和各部门的业务文化组织。

艺术表演团体 指从事戏曲、音乐、舞蹈、杂技等专业艺术表演，有独立帐户，实行单独核算的团体。不包括半工半艺、半农半艺的业余剧团。

电影放映单位 指具有放映机器设备、固定或不固定的放映场所与专职或兼职的放映技术人员，经有关部门登记批准，经常为一定的观众对象放映电影的机构。包括经批准对外开放营业、并与电影发行放映管理机构分帐的专用放映单位和军委系统租片单位。

艺术表演观众人数（人次） 指售票、包场演出或民族地区免费演出的艺术表演观众人次数。不包括彩排审查和内部观摩演出的观看人次数。

第十五篇　体育 卫生 环境保护与社会福利

Ti yu wei sheng huan jing bao hu yu she hui fu li

供稿人：周兴鑫　巫城亮

15-1 体育事业基本情况

（2006-2016 年）

	单位	2006 年	2007 年	2008 年	2009 年	2010 年	2011 年	2012 年	2013 年	2014 年	2015 年	2016 年
一、体育系统职工人数	人	**195**	**185**	**176**	**197**	**238**	**204**	**210**	**216**	**225**	**294**	**281**
# 专职教练员	人	86	94	87	93	100	90	110	117	98	104	96
管理人员	人	48	47	49	68	100	74	76	82	87	52	49
科技人员	人											
公务员	人	37	38	37	36	38	37	39	39	39	41	49
其他人员	人	23	6	3	3	3	3	3	3	3	97	87
二、体育设施数												
体育场地	个	2485	3076	3076	3098	3567	3902	4340	5193	5193	5215	5274
# 标准场地	个	1461	1461	1461	1459	1895	2230	2668	3817	3752	3757	3786
非标准场地	个	1024	1615	1615	1639	1672	1672	1672	1376	1441	1458	1488
# 体育系统	个	86	86	86	86	86	86	86				
体育场	个	7	7	7	7	7	7	7	7	6	6	6
体育馆	个	13	13	13	13	13	13	13	13	7	9	10
田径场	个	17	17	17	17	17	17	17				
小运动场	个	246	246	246	246	246	246	246		212	215	215
足球场	个	1	1	1	1	1	1	1	1	1	7	7
游泳池	个	26	26	26	26	25	25	25	25	54	57	57
旱冰场	个	3	3	3	2	2	2	2	2	2	2	2
有固定看台灯光球场	个	28	28	28	28	28	28	28	28	28	36	36
三、体育经费	万元	**8361**	**5369**	**3860**	**3629**	**3212**	**4238**	**6828**	**7430**	**7751**	**9760**	**27644**
# 体育基建支出	万元	1942						959	865	763	4531	21464
体育事业费	万元	6419	5173	3190	2423	2058	4030	5869	6565	6988	5229	6181

15-2　少年儿童业余体校基本情况

（2006-2016 年）

单位：人

	2006 年	2007 年	2008 年	2009 年	2010 年	2011 年	2012 年	2013 年	2014 年	2015 年	2016 年
一、学生数	**1668**	**1386**	**1327**	**1594**	**1448**	**1424**	**1572**	**1682**	**1466**	**1657**	**1435**
#田径	316	317	303	346	328	332	270	293	247	278	253
游泳	168	165	150	162	168	140	158	186	155	188	143
举重	110	99	110	116	100	110	115	124	113	109	118
体操	100	66	50	42	54	55	67	64	73	43	39
射击	85	48	60	60	61	60	64	65	44	48	48
射箭	40	86	64	61	58	54	65	66	25	51	61
篮球		12		28	16	41	70	60	48	40	15
乒乓球	165	137	110	123	86	90	101	111	100	96	145
羽毛球	233	177	220	254	208	187	233	252	229	230	190
武术	85	52	30	49	50	49	80	63		144	0
蹦床	30	22	22	24	24	14	23	8	12	10	8
跆拳道	75	90	78	101	98	95	82	68	81	95	98
皮划艇	86	28	20	34	24	20	56	40	40	55	71
网球	40	43	48	71	65	60	60	82	80	83	85
击剑	55	32	42	46	36	12	55	43	22	40	25
赛艇	80	12	20	55	50	45	36	49	46	55	76
排球				4	4	45	20	16		30	40
帆船				18	18	15	17	8	14	2	20
二、教练员	**95**	**88**	**87**	**89**	**86**	**87**	**110**	**117**	**98**	**104**	**96**
#田径	25	25	23	24	18	24	21	22	22	23	19
游泳	7	6	7	8	5	8	10	11	8	10	9
举重	9	6	9	9	9	8	10	10	9	11	12
体操	6	5	5	4	5	4	10	6	5	5	7
射击	5	6	6	6	4	5	4	5	5	4	3
射箭	4	6	4	4	5	4	5	5	6	5	6
篮球	1	1	1	1		1	5	1	1	1	1
乒乓球	8	9	7	6	5	4	7	8	6	6	4
羽毛球	15	14	16	16	14	15	16	13	11	14	14
武术	2	2	3	3	4	4	8	8	9	9	9
蹦床	1	2	2	2	2	3	3	1	1	1	3
击剑	2	2		1	2	1	3	2	1	1	0
网球	1	1		1	5	2	3	6	5	5	5
皮划艇	2						3	4	3	1	
跆拳道	3	2	3	3	4	3	5	5	5	5	5
赛艇	2							4	1	2	
航模	1										
自行车	1	1	1	1		1				1	
水上四项	1	1	1	1	4						

15-3 等级裁判员和运动员人数

（2006–2016 年）

单位：人

项　　目	2006 年	2007 年	2008 年	2009 年	2010 年	2011 年	2012 年	2013 年	2014 年	2015 年	2016 年
一、等级裁判员											
国际级裁判	1	1	1	1	1	1	1	1	1	1	1
国家级裁判	7	7	7	7	7	7	7	7	7	8	8
一级裁判	120	120	125	125	125	125	125	125	125	147	160
二级裁判	904	939	939	995	1026	1147	1182	1262	1285	1350	1437
三级裁判	632	632	632	632	632	632	632	632	632	660	660
二、等级运动员											
国际级运动健将	25	25	25	25	25	25	25	25	25		
运动健将		1	1	1	1	1	1	1	1		
一级运动员	95	107	113	113	113	113	126	126	126	136	141
二级运动员	509	546	563	592	594	653	714	767	853	901	1383
三级运动员	923	923	923	923	923	923	923	923	923	955	955

15-4 竞技体育与群众体育运动情况

（2006-2016 年）

	单位	2006 年	2007 年	2008 年	2009 年	2010 年
一、获奖情况						
（一）获世界冠军						
项数	项	2	4	4	3	4
人次数	人次	4	3	3	4	2
（二）获亚洲冠军						
项数	项	1	4	1	1	2
人次数	人次	1	2	1	3	1
（三）获全国冠军						
项数	项	5	14	10	5	6
人次数	人次	11	9	12	11	4
二、举办县级以上运动会						
次数	次	17	80	100	289	346
参加人数	万人	10	12	15	24	28

15-4 竞技体育与群众体育运动情况（续）

（2006-2016 年）

	单位	2011 年	2012 年	2013 年	2014 年	2015 年	2016 年
一、获奖情况							
（一）获世界冠军							
项数	项	6	2	1	7	4	3
人次数	人次	6	4	1	3	4	3
（二）获亚洲冠军							
项数	项	1	3	2	7		7
人次数	人次	1	6	4	4		7
（三）获全国冠军							
项数	项	10	8	3	25	16	33
人次数	人次	21	16	6	15	11	33
二、举办县级以上运动会							
次数	次	352	374	383	392	301	325
参加人数	万人	30	30	30	35	29.75	32.17

15-5 主要年份卫生事业基本情况

年份	卫生机构（个）	医院、卫生院	卫生技术人员（人）	医师（士）	护师（士）	医疗床位（张）	医院、卫生院床位	每千人拥有卫生技术人员数（人/千人）	医师（士）	护师（士）	每千人拥有医疗床位数（张/千人）	医院床位数
1978	357	123	4470	1921	1132	4452	3734	2.10	0.90	0.53	2.10	1.76
1980	390	132	4795	1779	1353	4489	3826	2.20	0.82	0.62	2.06	1.75
1985	419	134	5488	2008	1877	4982	4406	2.30	0.84	0.79	2.09	1.85
1990	440	143	7102	3346	2264	6100	5852	2.68	1.26	0.85	2.30	2.21
1995	454	155	7348	3871	2360	6199	5957	2.64	1.39	0.85	2.23	2.14
2000	199	157	7796	3724	2287	8648	8241	2.73	1.30	0.80	3.02	2.88
2005	184	156	7260	3245	2586	7928	7658	2.53	1.13	0.90	2.76	2.67
2010	583	150	12592	4453	5078	11213	10371	4.26	1.51	1.72	3.79	3.51
2011	591	150	13383	4471	5851	12261	11604	4.16	1.52	1.98	4.16	3.93
2012	551	150	14418	4609	6402	13580	12496	4.84	1.55	2.15	4.56	4.19
2013	555	152	16085	4880	7273	15711	14425	5.32	1.61	2.4	5.19	4.77
2014	555	156	16765	5137	7752	16156	14860	6.47	1.98	2.99	6.24	5.74
2015	734	157	17858	5660	8128	16601	15322	6.83	2.17	3.11	6.36	6.01
2016	692	158	18275	5859	8497	16955	16057	6.95	2.23	3.23	6.45	6.11

注：2010年起卫生机构数按卫生部门新口径计算，包括含门诊部（所）、卫生所、医务室、社区卫生服务中心（站）等。

15-6 各类卫生事业基本情况

（2016 年）

项　　目	机构数（个）	卫生技术人员（人）	# 医生	医疗床位（张）	# 医院
总　计	**692**	**19687**	**6335**	**16955**	**16057**
按部门分					
卫生部门	48	11939	3769	9986	9674
工业及其他部门	8	344	135	586	
集体单位	145	4626	1286	4560	4560
私营医院	20	1307	390	1823	1823
其他	471	1471	755		
按类别分	**692**	**19687**	**6335**	**16955**	**16057**
医院	43	10701	3305	11497	11497
疗养院、所	1	53	12	240	
社区卫生服务中心（站）	30	784	241	429	429
门诊部、所	21	252	120		
诊所、卫生所、医务室	365	869	453		
专科防治所、站	3	69	26	75	
卫生防疫机构	8	1744	677		
妇幼保健院、站	8	814	267	583	
采供血机构	1	86	1		
卫生院	115	3842	1045	4131	4131
医学科研机构					
高等医药院校					
医学在职培训机构	5	30	6		
计划生育技术服务机构	85	350	182		
卫生监督所	7	93			

15-7 主要年份农村村级卫生组织情况

项　　目	单位	1990年	1995年	2000年	2005年	2010年	2015年	2016年
一、已设置医疗点村数	个	1725	1814	1806	1709	1463		
占村总数比重	%	97.13	99.62	98.47	91.59	81.5		
二、村设置医疗点数	个	3067	3489	2354	2792	2488	2530	2518
三、乡村医生和卫生人员数	人	3487	3417	3675	3232	3154	2910	2877
#乡村医生	人	1739	1774	2049	3180	3154	2836	2801
卫生员	人	1748	1643	1626	52		74	76
执业（助理）医师							172	176
注册护士							3	6
四、农村接生人员	人	2593	2580	1581	37			

15-8 环境保护污染治理情况

（2011-2016年）

项　　目	单位	2011年	2012年	2013年	2014年	2015年	2016年
一、废水							
废水排放总量	万吨	13866	13722	13914	13978.54	15023.68	12213.15
#工业废水	万吨	6042	3729	3599	3314.95	4007.45	4431.81
化学需氧量（COD）排放量	万吨	6.56	6.36	6.10	5.93	5.83	1.81
二、废气							
废气排放总量	亿立方米	1931.86	1974	1980	2261	2016.57	1708.02
二氧化硫排放总量	万吨	3.49	3.33	3.31	3.34	3.26	1.41
烟（粉）尘排放量	万吨	4.18	5.23	4.96	4.14	3.31	2.29
三、废物							
一般工业固体废物产生量	万吨	1119.32	4576.47	5160.74	1422.54	1376.25	1605.28
工业固体废物排放量	万吨	0.20	0.0004	704.92	0.04		
一般工业固体废物综合利用量	万吨	334.59	4065.31	4455.72	1128.05	571.19	1421.48
四、污染治理							
当年完成环保验收项目总投资	万元				2630946	3882802	2112653
#工业企业项目废水治理环保投资	万元				210259	5888	36025
工业企业项目废气治理环保投资	万元				17277	8785	28936
工业企业项目固体废物治理环保投资	万元				1654	1598	8375
工业企业项目噪声治理环保投资	万元				5541	865	7604
当年完成环保验收项目数	个				541	462	348
环保验收一次合格项目数	个				536	421	348

注：2016年，一般工业固体废物综合利用量统计口径为一般工业固体废物综合处置量。

15-9　主要年份光荣院、福利院、敬老院基本情况

项　　目	单位	1995 年	2000 年	2005 年	2010 年	2015 年	2016 年
一、光荣院基本情况							
单位数	个	7	7	7	7	7	7
床位数	张	180	215	194	274	275	446
工作人员数	人	47	60	54	49	39	38
年末在院人数	人	149	160	160	165	158	146
二、社会福利院基本情况							
单位数	个	7	8	7	7	7	8
床位数	张	229	322	241	343	2081	2645
工作人员数	人	49	127	66	61	43	42
年末在院人数	人	208	332	228	224	559	301
三、精神病人福利院							
单位数	个			1	1	1	1
床位数	张			200	300	300	300
工作人员数	人			49	53	60	60
年末在院人数	人			115	151	238	230
四、收养性社会福利情况							
收养性社会福利单位数	个			135	136	129	128
收养性社会福利床位数	张				3240	8163	8536
收养性社会福利单位收养人数	人				2177	3058	2246
五、城乡集体办敬老院情况							
单位数	个	120	104	119	121	111	111
床位数	张	2060	1763	1797	2323	4707	4845
工作人员数	人	270	227	270	302	299	285
收养人数	人	1618	1619	1505	1637	1687	1479

15-10 社会救济工作

（2006-2016年）

项目	单位	2006年	2007年	2008年	2009年	2010年
一、城镇						
（一）城镇居民最低生活保障人数	人	17828	17390	17163	15211	14153
（二）城镇居民最低生活保障家庭数	户	6727	6844	6759	6551	6276
（三）城镇低保资金当年支出	万元	1087	1457	1460	1799	1983
二、农村						
1、农村居民最低生活保障人数	人	100956	98144	97723	94910	97079
2、农村居民最低生活保障家庭户	户	38636	38792	37318	36737	37973
3、农村低保资金当年支出	万元	3921	6027	6691	6415	6452
三、社会捐赠						
（一）直接接受捐款数额	万元	6249	101	7326		678
（二）间接受捐款数额	万元	83				
（三）社会捐赠接送工作站数	个	17	17	14	17	17

15-10 社会救济工作（续）

（2006-2016年）

项目	单位	2011年	2012年	2013年	2014年	2015年	2016年
一、城镇							
（一）城镇居民最低生活保障人数	人	13456	12738	10959	9888	8928	5201
（二）城镇居民最低生活保障家庭数	户	6550	6316	5940	5586	5168	3255
（三）城镇低保资金当年支出	万元	1306	2976	3051	3116	3030	2661
二、农村							
1、农村居民最低生活保障人数	人	97715	97752	97019	95607	94815	47606
2、农村居民最低生活保障家庭户	户	40614	43011	45359	47083	46817	23948
3、农村低保资金当年支出	万元	4177	11466	12935	15342	16674	10454
三、社会捐赠							
（一）直接接受捐款数额	万元						
（二）间接受捐款数额	万元						
（三）社会捐赠接送工作站数	个	17	17	19	19	21	21

15-11 社会保障情况

（2010–2016 年）

指 标	单位	2010 年	2011 年	2012 年	2013 年	2014 年	2015 年	2016 年
离休退休退职人员数	万人	8.22	8.44	8.80	9.22	9.55	9.94	10.62
参加离退休费社会统筹的离退休人员	万人	8.21	8.44	8.80	8.42	9.55	9.94	10.62
参加城镇职工基本养老保险的人数	万人	22.09	26.70	29.87	41.60	43.00	43.88	36.39
# 女性	万人	9.49	10.78	12.74	16.83	17.90	17.54	14.42
参加城乡居民社会养老保险的人数	万人	85.76	125.13	127.87	131.07	131.30	130.46	132.05
# 女性	万人	43.74	63.82	65.93	52.43	52.52	52.18	77.08
参加基本医疗保险人数	万人	33.40	35.01	35.98	87.62	90.05	81.67	90.5
# 女性	万人	11.80	13.00	13.90	30.77	32.79	35.64	21.29
参加失业保险人数	万人	18.66	22.73	28.73	29.88	30.57	33.89	38.29
# 女性	万人	7.98	9.48	12.07	12.55	14.41	15.69	17.56
参加工伤保险人数	万人	25.92	33.68	37.78	45.66	38.92	39.8	39.85
# 女性	万人	8.74	10.46	12.76	14.59	13.12	13.47	14.57
参加生育保险人数	万人	22.43	27.21	30.57	34.99	35.26	33.3	43.6
# 女性	万人	8.64	10.35	11.75	13.62	13.49	14.47	19.88
生育保险覆盖率	%	90	91	90	69	59	72.24	80.4
城镇基本养老保险基金当年支出	万元	151125	182082	212634	129167	144468	167506	18472
农村社会养老保险基金当年支出	万元	8598	24129	22572	31174	40155	52048	58991
失业保险基金当年支出	万元	1851	2717	3620	6435	9429	6097	
基本医疗保险基金当年支出	万元	45729	61181	71934	76297	96780	118251	123018
工伤保险基金当年支出	万元	2544	4395	7525	9312	11902	12296	15478
生育保险基金当年支出	万元	854	1173	2028	3046	3388	4048	6649
劳动争议案件数	件	472	369	378	485	635	803	1019

注：1、本表填报范围包括机关、事业、企业合计数（不含未参加养老保险的机关事业单位）；生育保险覆盖率基数为在岗职工 + 私营企业从业人员。2、实施城乡居民社会养老保险一体化后，2014 年后系统更新后无法剔除城镇居民参保人数

主要统计指标解释

等级运动员人数　指经考核正式批准授予等级运动员称号的人数。运动员等级分为国际级运动健将、运动健将、一级运动员、二级运动员、三级运动员、少年级运动员。

等级裁判员人数　指经考核正式批准授予等级裁判员称号的人数。

裁判员等级分为国际裁判、国家级裁判、一级裁判、二级裁判、三级裁判。

体育场　指有 400 米跑道（中心含足球场），有固定道牙，跑道 6 条以上，并有固定看台的室外田径场地。以看台容纳观众人数分：甲级 25，000 人以上，乙级 15，000–25，000 人，丙级 7，000–15，000 人，丁级 5，000 人以下。

体育馆　指有固定看台，可供篮球、排球、羽毛球、乒乓球、体操等项目训练比赛活动用的室内运动场地。以看台容纳观众人数分：甲级 6，000 人以上，乙级 4，000–6，000 人，丙级 2，000–4，000 人，丁级 2，000 人以下。

医院　指名称为医院，设有固定床位能收容病人住院并能为病人提供医疗、护理服务的医疗机构。包括县及县以上医院、农村乡卫生院、其他医院三部分。按所属性质分为卫生部门、工业及其部门、集体所有制三类。其中县及县以上医院按业务性质分为综合医院和专科医院。

卫生技术人员　指卫生事业机构支付工资的固定职工和合同制职工中现任职务为卫生技术工作专业人员。包括中医师、西医师、中西医结合高级医师、护师、中药师、西药师、检验师、其他技师、中医士、西医士、护士、助产士、中药剂士、西药士、检验士、其他技士、其他中医、护理员、中药剂员、西药剂员、检验员、其他初级卫生技术员。

医生　指经卫生部门审查合格，从事医疗工作的专业人员。分为中医医生和西医医生。包括卫生技术人员中的中医师、西医师、中西结合高级医师、中医士、西医士和其他中医。

第十六篇　市辖区基本情况

Shi xia qu ji ben qing kuang

供稿人：吴新燕

16-1　市辖区基本情况

（2016 年）

指　标　名　称	计量单位	市　辖　区
一、土地面积及水资源		
行政区域土地面积	平方公里	4901
建成区面积	平方公里	61.65
城市现状建设用地面积	平方公里	58.75
其中：居住用地	平方公里	16.99
公共管理与公共服务用地	平方公里	6.66
商业服务业设施用地	平方公里	4.32
工业用地	平方公里	7.05
物流仓储用地	平方公里	0.88
道路交通设施用地	平方公里	11.69
公共设施用地	平方公里	2.65
绿地与广场用地	平方公里	9.51
本年征用土地面积	平方公里	4.09
其中：耕地	平方公里	0.8
二、人口与就业		
（一）人口		
年末户籍人口	万人	103.28
其中：女	万人	50.42
年平均人口	万人	102.51
年出生人口	人	18351
年死亡人口	人	4396
年末总户数	万户	33.61
常住人口	万人	108.8
（二）从业人员		
从业人员期末人数（城镇）	人	135787
第一产业（农、林、牧、渔业）	人	1855
第二产业	人	31375
其中：采矿业	人	2950
制造业	人	17017
电力、热力、燃气及水生产和供应业	人	2708
建筑业	人	8700
第三产业	人	102557
其中：批发和零售业	人	10327
交通运输、仓储和邮政业	人	8571
住宿和餐饮业	人	2364
信息传输、软件和信息技术服务业	人	2314
金融业	人	17818
房地产业	人	3949

注：市辖区包含新罗区、永定区数据。

16-1 市辖区基本情况(续1)

(2016年)

指　标　名　称	计量单位	市　辖　区
租赁和商务服务业	人	6681
科学研究、技术服务和地质勘查业	人	2966
水利、环境和公共设施管理业	人	1146
居民服务、修理和其他服务业	人	276
教育	人	17390
卫生和社会工作	人	10359
文化、体育和娱乐业	人	1549
公共管理和社会组织	人	16847
国际组织	人	0
城镇私营和个体从业人员	人	232586
城镇登记失业人数	人	8865
三、综合经济		
(一)地区生产总值(当年价格)	万元	9068668
第一产业增加值	万元	623161
第二产业增加值	万元	5059755
第三产业增加值	万元	3385752
地区生产总值(2015年价格)	万元	9013247
人均地区生产总值	元	83855
地区生产总值增长率	%	7.8
(二)财政		
公共财政收入	万元	841477
其中:税收收入	万元	586948
其中:企业所得税	万元	55577
个人所得税	万元	26093
公共财政支出	万元	1215701
其中:一般公共服务支出	万元	121906
科学技术支出	万元	15958
教育支出	万元	218130
文化体育与传媒支出	万元	23336
医疗卫生支出	万元	103481
节能环保支出	万元	29956
城乡社区事务支出	万元	160767
交通运输支出	万元	81574
社会保障和就业支出	万元	88903
住房保障支出	万元	67167
(三)金融		
年末金融机构人民币各项存款余额	万元	10383484
其中:城乡居民储蓄存款余额	万元	4373198
年末金融机构人民币各项贷款余额	万元	9596560

16-1 市辖区基本情况(续2)

(2016年)

指 标 名 称	计量单位	市 辖 区
四、规模以上工业		
(一)工业企业数	个	604
其中:内资企业	个	562
其中:国有企业	个	1
私营企业	个	401
港、澳、台商投资企业	个	23
外商投资企业	个	19
(二)工业总产值(当年价)	万元	10134781
其中:内资企业	万元	8909054
其中:国有企业	万元	61247
私营企业	万元	4106814
港、澳、台商投资企业	万元	491087
外商投资企业	万元	734640
(三)企业财务		
从业人员平均人数	万人	7.43
流动资产合计	万元	4912284
固定资产合计	万元	2784912
主营业务收入	万元	9769903
主营业务成本	万元	7748480
主营业务税金及附加	万元	832219
本年应交增值税	万元	396288
利润总额	万元	431173
五、贸易、外经与旅游		
(一)贸易		
社会消费品零售总额	万元	3885741
限额以上批发零售贸易业商品销售总额	万元	6391937
限额以上批发零售企业数(法人数)	个	812
其中:零售业	个	400
(二)外经		
外商直接投资合同项目	个	10
当年实际使用外资金额	万美元	10496
六、固定资产投资		
(一)固定资产投资		
固定资产投资(不含农户)	万元	10029508
房地产开发投资	万元	1385155
其中:住宅	万元	855318
全年新增固定资产	万元	6192440
(二)房地产		
商品房销售面积	万平方米	173.33

16-1 市辖区基本情况(续3)

(2016年)

指标名称	计量单位	市辖区
其中：住宅	万平方米	144.17
其中：别墅、高档公寓	万平方米	0
商品房销售额	万元	1130751
其中：住宅	万元	966354
其中：别墅、高档公寓	万元	0
待售面积	万平方米	113.9
七、教育、科技、文化与卫生		
(一)教育		
学校数		
其中：普通高等学校数	所	2
中等职业教育学校数	所	10
普通中学数	所	57
普通小学数	所	132
成人高等学校数	所	1
专任教师数		
其中：普通高等学校专任教师数	人	745
中等职业教育学校专任教师数	人	604
普通中学专任教师数	人	4611
普通小学专任教师数	人	4578
成人高等专任教师数	人	56
在校学生数		
其中：普通高等学校在校学生数	人	18044
中等职业教育学校在校学生数	人	16729
普通中学在校学生数	万人	4.79
普通小学在校学生数	万人	7.82
成人高等学校在校学生数	人	1814
(二)科技		
科技活动人员	人	6497
R&D 人员数	人	5043
R&D 内部经费支出	万元	123200
专利申请受理量	项	2534
专利申请授权量	项	1288
其中：发明	项	131
(三)文化		
体育场馆数	个	22
剧场、影剧院数	个	4
公共图书馆图书总藏量	千册	994.31
订销报刊杂志累计份数	千份	17811.53
广播节目综合人口覆盖率	%	97.22

16-1 市辖区基本情况(续4)

(2016年)

指 标 名 称	计量单位	市 辖 区
电视节目综合人口覆盖率	%	99.48
有线电视入户率	%	65.6
(四)卫生		
医院、卫生院数	个	54
医院、卫生院床位数	张	8017
医生数(执业医师+执业助理医师)	人	3154
注册护士	人	3396
八、人民生活		
在岗职工平均人数	万人	11.63
在岗职工工资总额	万元	766393
在岗职工平均工资	元	65925
居民收支		
工资性收入	元	23430
经营净收入	元	4040
财产性收入	元	4064
转移性收入	元	1812
城镇居民人均可支配收入	元	33347
城镇居民人均消费支出	元	21943
其中:食品烟酒	元	7649
衣着	元	1516
居住	元	5108
生活用品及服务	元	1278
交通和通信	元	2645
教育文化和娱乐	元	2300
医疗保健	元	950
其他用品及服务	元	497
九、社会保障		
城镇职工基本养老保险参保人数	人	217655
城镇居民社会养老保险参保人数	人	195252
城镇职工基本医疗保险参保人数	人	256898
城镇居民基本医疗保险参保人数	人	344692
失业保险参保人数	人	191999
工伤保险参保人数	人	217978
生育保险参保人数	人	297893
社会福利院数	个	37
社会福利院床位数	张	3089
社区服务设施数	个	176
城市社区综合服务设施覆盖率	%	100
城镇居民最低生活保障人数	人	987

16-1 市辖区基本情况(续5)

(2016年)

指标名称	计量单位	市辖区
十、公共管理		
(一)事故		
交通事故死亡人数	人	59
交通事故损失额	万元	21
火灾事故死亡人数	人	1
火灾事故损失额	万元	352.2
(二)社会治安		
刑事案件立案数	起	15088
刑事罪犯人数	人	2003
其中:青少年人数(年龄14-25周岁)	人	357
十一、市政公用事业		
(一)基础设施		
城市维护建设资金支出	万元	227676
年末实有城市道路面积	万平方米	717.43
排水管道长度	公里	406.17
供水综合生产能力(包括自备水源)	万立方米/日	38.9
供水总量	万吨	8701.37
售水量	万吨	7049.26
其中:居民家庭用水量	万吨	1995.2
用水人口	万人	81.62
用水普及率	%	99.26
供气总量(人工煤气、天然气)	万立方米	646
其中:居民家庭用气量	万立方米	645
用气人口	人	133000
液化石油气供气总量	吨	10117.8
其中:居民家庭用量	吨	9860
用液化气人口	人	284800
(二)公共交通		
年末实有公共汽(电)车运营车辆数	辆	396
全年公共汽(电)车客运总量	万人次	7206.7
年末实有出租汽车数	辆	614
(三)绿地		
绿化覆盖面积	公顷	2787.6
其中:建成区	公顷	2512.12
绿地面积	公顷	2381.71
其中:建成区	公顷	2381.61
公园绿地面积	公顷	524.57
公园面积	公顷	319.96

第十七篇　各县（市、区）国民经济主要指标

Ge xian shi qu guo min jing ji zhu yao zhi biao

供稿人：王群英　林惠芳　张丽慜　林玫芳　刘启丽　林　专　陈丽兰
华　玉　叶小甜　何惠红　黄日栓　张　欢　巫城亮

17-1 地区生产总值

（2016 年）

单位：万元

	地区生产总值（GDP）	第一产业	第二产业	# 工业	建筑业	第三产业	人均地区生产总值（元）
全 市	**18956670**	**2233892**	**9666661**	**7659500**	**2007161**	**7056117**	**72354**
新罗区	6922552	295074	3985969	3262846	723123	2641509	96213
永定区	2146114	327748	1070631	873503	197128	747736	59285
漳平市	2037559	278544	877776	672348	205428	881239	84371
长汀县	1848476	312477	870816	640287	230530	665182	46097
上杭县	2763260	355362	1515178	1164149	351029	892720	74082
武平县	1616592	350270	661526	468261	193265	604796	58466
连城县	1622116	314418	684765	578106	106659	622934	65806

注：本表按当年价格计算，人均生产总值按平均常住人口计算。

17-2 地区生产总值增长速度

（2016 年）

单位：%

	地区生产总值（GDP）	第一产业	第二产业	#工业	建筑业	第三产业	人均地区生产总值
全 市	**108.1**	**103.6**	**107.4**	**107.5**	**106.8**	**110.5**	**107.3**
新罗区	107.9	104.0	106.8	106.9	106.2	110.2	106.5
永定区	107.6	103.3	107.7	107.5	108.1	109.3	107.0
漳平市	108.1	103.4	106.8	107.2	105.1	111.0	107.4
长汀县	108.3	103.8	108.2	108.3	108.0	110.5	107.7
上杭县	108.6	103.7	108.2	108.6	106.8	111.3	108.0
武平县	108.5	103.6	108.4	108.6	108.1	111.4	107.9
连城县	108.0	103.6	107.2	107.2	107.4	111.2	107.3

注：本表按不变价格计算。

17–3 财政收支情况

（2016 年）　　　　单位：万元、%

	财政总收入		地方财政收入		财政支出	
	总　量	增　长	总　量	增　长	总　量	增　长
全　市	**2660721**	**–1.4**	**1314144**	**5.5**	**2742714**	**6.3**
新罗区	289725	–2.5	201915	1.1	320524	–7.3
永定区	124221	–20.9	81749	–20.8	251537	–6.3
漳平市	95083	–5.7	62044	–2.8	210216	6.3
长汀县	93980	8.7	64802	3.8	330611	6.1
上杭县	317248	2.5	229305	10.3	435973	5.9
武平县	104590	2.2	73389	0.3	302287	16.8
连城县	64358	11.3	43127	11.2	247926	7.0

注：本表数据不含基金。其中市本级财政总收入、地方财政收入、财政支出分别为 1571516 万元，557813 万元和 643640 万元。

17–4 年末金融机构人民币存贷款情况

（2016 年）　　　　单位：万元、%

	金融机构存款余额		# 城乡居民储蓄存款余额		金融机构贷款余额	
	总　量	增　长	总　量	增　长	总　量	增　长
全　市	**17537603**	**12.2**	**8093020**	**11.3**	**14341940**	**5.4**
新罗区	8866192	8.2	3481009	8.8	8656924	6.5
永定区	1517292	16.7	892189	9.4	939636	–5.4
漳平市	1079795	10.2	644966	12.6	807886	0.6
长汀县	1601233	17.2	908231	15.3	1077650	12.1
上杭县	2624121	23.2	1051933	14.3	1458002	1.4
武平县	1043311	14.6	625628	14.0	792328	9.2
连城县	805659	8.2	489065	15.0	609515	9.6

注：本表数据由人民银行提供。

17–5 人口基本情况与城镇化水平

（2016 年）

	总户数（户）	户籍总人口（人）	女性（人）	非农业人口（人）	出生人口（人）	死亡人口（人）	人口出生率（‰）	人口死亡率（‰）	人口自然增长率（‰）	常住人口（万人）	城镇化水平（%）
全 市	**954397**	**3132877**	**1507468**	**1302831**	**63777**	**14610**	**20.4**	**4.7**	**15.7**	**263.0**	**53.8**
新罗区	182192	522645	259925	370862	8177	2077	15.6	4.0	11.7	72.5	71.1
永定区	153402	508246	243269	158204	10174	2319	20.0	4.6	15.5	36.3	45.3
漳平市	85940	297230	140879	114761	4889	1078	16.4	3.6	12.8	24.2	54.2
长汀县	163780	537914	253576	203837	13307	2382	24.7	4.4	20.3	40.2	48.4
上杭县	145709	526193	256068	182758	11991	2816	22.8	5.4	17.4	37.4	45.8
武平县	113225	395643	190727	152639	8487	2041	21.5	5.2	16.3	27.7	47.4
连城县	110149	345006	163024	119770	6752	1897	19.6	5.5	14.1	24.7	43.2

注：本表常住人口、城镇化水平为人口抽样调查年末数据，其余数据为公安局户籍人口数据。

17–6 社会劳动者年末人数

（2016 年）

单位：人

	合 计	国有单位从业人员	城镇集体单位从业人员	其他单位从业人员	城镇个体劳动者和私营企业从业人员	乡村劳动者
全 市	**2095994**	**127488**	**8645**	**177474**	**428028**	**1354359**
新罗区	447349	46386	1946	56858	203971	138188
永定区	328423	15891	1603	13103	28615	269211
漳平市	205102	11566	975	21032	38127	133402
长汀县	311094	13200	2066	33964	46351	215513
上杭县	357371	16498	188	32115	45771	262799
武平县	237984	12461	895	14420	30720	179488
连城县	208671	11486	972	5982	34473	155758

注：城镇个体劳动者和私营企业从业人员数由市工商局提供。

17-7 城镇失业人数与失业率

（2016 年）

	年末城镇失业人数（人）	失业率（%）	领取失业保险金人数（人次）	安置城镇失业人员（人）	年末参加失业保险职工人数（人）
全　市	**17143**	**2.54**	**4891**	**13108**	**382894**
新罗区	7380	2.71	2408	5622	157113
永定区	1485	2.55	376	1535	34886
漳平市	1581	2.41	282	1120	30136
长汀县	1952	2.16	391	1790	39300
上杭县	2219	2.66	615	1249	53308
武平县	1381	2.60	329	1393	31460
连城县	1145	2.26	490	399	36691

注：本表数据由市公共就业和人才服务中心提供；失业人数指登记失业人数，失业率指登记失业率。

17-8 在岗职工人数与工资

（2016 年）

	年末人数（人）		工资总额（万元）				
	合　计	比上年（±）	合　计	增长（%）	#国有单位	集体单位	其他单位
全　市	**286789**	**2416**	**1677618**	**8.8**	**813537**	**50485**	**813596**
新罗区	89222	2950	604121	9.2	321527	13222	269372
永定区	28937	-2082	162272	1.9	98239	9616	54417
漳平市	31913	2790	152222	6.3	69958	7064	75200
长汀县	47021	401	242744	10.5	81160	11506	150077
上杭县	46806	-249	295380	11.1	108126	486	186768
武平县	25845	172	129075	11.9	72309	3659	53106
连城县	17045	-1566	91805	6.5	62218	4932	24656

注：本表数据口径为非私营城镇地域单位。

17-8　在岗职工人数与工资（续）

（2016年）

	平均人数（人）				平均工资（元/人年）				
	合　计	#国有单位	集体单位	其他单位	合　计	增长（%）	国有单位	集体单位	其他单位
全　市	**282764**	**117899**	**8278**	**156587**	**59329**	**7.0**	**69003**	**60987**	**51958**
新罗区	87785	42546	1883	43356	68818	6.5	75572	70218	62130
永定区	28467	15349	1583	11535	57004	8.0	64003	60747	47176
漳平市	29100	10860	937	17303	52310	4.5	64418	75388	43461
长汀县	47881	12173	1947	33761	50697	6.6	66672	59097	44453
上杭县	47282	15086	188	32008	62472	6.4	71673	25856	58350
武平县	25270	11096	827	13347	51078	7.7	65167	44248	39789
连城县	16979	10789	913	5277	54070	13.6	57668	54014	46723

注：本表数据口径为非私营城镇地域单位。

17-9　固定资产投资情况

（2016年）

单位：万元、%

	固定资产投资		一、项目固定资产投资		二、房地产开发投资	
	总　量	增　长	总　量	增　长	总　量	增　长
全　市	**21880416**	**15.2**	**20079398**	**17.6**	**1801018**	**–6.8**
新罗区	7590972	15.0	6283965	22.6	1307007	–11.3
永定区	2438536	20.4	2360388	21.0	78148	4.6
漳平市	2163970	15.8	2083980	15.3	79990	30.8
长汀县	2319868	14.2	2250107	14.5	69761	4.7
上杭县	2573100	17.8	2536921	19.6	36179	–42.6
武平县	2593170	13.6	2506022	14.2	87148	–3.1
连城县	2200800	9.6	2058015	8.1	142785	36.7

17-10 资质总承包和专业承包建筑业劳动生产率

（2016年）

	建筑业总产值（万元）	按总产值计算的劳动生产率（元/人）	建筑业增加值（万元）	按增加值计算的劳动生产率（元/人）	增加值率（%）
全　市	**7345433**	**211563**	**2235243**	**64379**	**30.4**
新罗区	2074238	218834	630045	66470	30.4
永定区	275476	187335	73226	49797	26.6
漳平市	179862	194698	61775	66871	34.3
长汀县	370569	203085	115170	63117	31.1
上杭县	3935027	207372	1196951	63078	30.4
武平县	398467	240417	130942	79004	32.9
连城县	111795	287317	27134	69735	24.3

17-11 资质总承包和专业承包建筑业主要指标

（2016年）　单位：万元

	建筑企业总收入	工程结算收入	工程结算利润	营业利润	房屋建筑竣工面积（万平方米）	房屋建筑竣工面积（万平方米）	房屋建筑竣工价值
全　市	**6485049**	**6481229**	**556255**	**301162**	**2406.75**	**2741884**	
新罗区	1904083	1902246	137766	79843	396.30	722929	
永定区	215221	215043	20894	8433	9.32	11782	
漳平市	122572	122322	6594	4308	25.65	40067	
长汀县	282182	281375	26748	9992	68.35	115506	
上杭县	3486685	3486279	279864	162908	1753.57	1669065	
武平县	371709	371397	50335	30347	87.16	126366	
连城县	102597	102566	34055	5332	66.41	56170	

17-11 资质总承包和专业承包建筑业主要指标（续）

（2016 年）

单位：万元

	利税总额	利润总额	工程结算税金及附加	管理费用中的税金	产值利税率（%）
全　市	**519420**	**299649**	**212221**	**7550**	**7.1**
新罗区	124912	80038	41119	3755	6.0
永定区	18445	8405	9847	193	6.7
漳平市	7883	4245	3456	182	4.4
长汀县	21226	9548	10456	1223	5.7
上杭县	286940	162823	122378	1739	7.3
武平县	49592	29258	20092	242	12.4
连城县	10422	5332	4874	216	9.3

17-12 规模以上工业增加值及单位工业增加值能耗

（2016 年）

单位：万元

	规模以上工业增加值				单位工业增加值能耗	
	总量	增长(%)	# 轻工业	# 重工业	（吨标准煤/万元）	比上年（±%）
全　市	**5324630**	**7.4**	**2364845**	**2959785**	**0.64**	**-12.0**
新罗区	2838223	6.9	1468487	1369736	0.82	-8.7
永定区	527335	7.8	114344	412991	0.58	-13.1
漳平市	315638	7.3	129015	186623	1.42	-18.4
长汀县	504091	8.1	307397	196694	0.10	-16.6
上杭县	450103	8.5	32939	417165	0.15	-13.5
武平县	385913	8.5	127419	258494	1.35	-11.0
连城县	303328	7.0	185245	118083	0.33	-11.5

17-13 规模以上工业主要经济指标

（2016年） 单位：万元

	实收资本	流动资产合计	固定资产原价	固定资产合计	主营业务收入	利润总额	利税总额
全市	**3912440**	**9477534**	**8542214**	**5520756**	**20114181**	**718769**	**2253182**
新罗区	1451533	4343752	3217238	1987671	8303421	353854	1510146
永定区	506423	568531	1235190	797240	1466482	77320	151699
漳平市	426635	569612	998687	731734	1432826	36791	75689
长汀县	419190	663027	549912	334409	1687274	104802	209516
上杭县	750660	2721376	1637700	1119794	4429273	-17251	61654
武平县	209817	340287	562030	297303	1409551	103210	159429
连城县	148182	270949	341459	252604	1385355	60044	85050

17-14 规模以上工业主要产品产量

（2016年）

	原煤（万吨）	发电量（万千瓦时）	白酒（千升）	卷烟（箱）	改装汽车（辆）	黄金（千克）	铁合金（吨）	环境污染防治专用设备（台、套）
全市	**852**	**937955**	**2515**	**882192**	**7399**	**76824**	**79194**	**13105**
新罗区	519	260622		882192	7399		1840	12993
永定区	235	374035	2226					112
漳平市	60	219160						
长汀县		13173						
上杭县		26536				76824	620	
武平县	13	25871	288					
连城县	25	18558					76735	

17–14　规模以上工业主要产品产量（续 1）

（2016 年）

	纱（吨）	布（万米）	人造板（立方米）	# 胶合板（立方米）	# 纤维板（立方米）	机制纸及纸板（吨）	合成氨（吨）
全　市	**223073**	**27665**	**891346**	**593183**	**69787**	**35939**	**37474**
新罗区	33601		172085	102298	69787		
永定区							
漳平市	34430	3696	300020	183491			
长汀县	141841	23969	54785	6060			
上杭县	4586					20944	
武平县	8616		198358	135236			
连城县			166098	166098		14995	37474

17–14　规模以上工业主要产品产量（续 2）

（2016 年）

	硫　酸（折 100%）（吨）	盐　酸（含量 31% 以上）（吨）	烧　碱（折 100%）（吨）	铁矿石原矿量（吨）	水　　泥（万吨）
全　市	**1041337**	**100463**	**78398**	**5361758**	**3732**
新罗区		100463	78398	3701351	2247
永定区					576
漳平市	112323			1660407	418
长汀县					
上杭县	929014				13
武平县					478
连城县					

17-15 交通邮电主要指标

（2016 年）

	客货运总周转量（万吨公里）	邮政业务总量（万元）	电信业务总量（万元）	本地电话用户（万户）	移动电话户数（万户）	互联网用户（万户）	快递（万件）
全　市	**1168574**	**73750**	**319776**	**57.1**	**260.1**	**75.4**	**2879.8**
新罗区	677745	44059	136352	19.0	95.7	28.3	2070.1
永定区	279322	4752	42728	7.7	32.5	10.5	77.1
漳平市	55876	3740	26177	4.6	28.1	6.7	81.5
长汀县	29344	4943	34598	8.8	32.6	8.5	133.3
上杭县	58332	5966	33885	7.9	25.8	9.0	191.5
武平县	41994	3946	23885	5.5	23.3	6.3	96.3
连城县	25961	6344	22151	3.5	22.0	6.0	230.0

注：2016 年邮政业务总量数据由龙岩市邮政管理局提供

17-16 社会消费品零售总额

（2016 年）

单位：万元、%

	全社会消费品零售总额		限上社会消费品零售总额		限下社会消费品零售总额	
	总量	增长	总量	增长	总量	增长
全　市	**7290015**	**14.0**	**4265319**	**18.1**	**3024696**	**8.7**
新罗区	3123218	13.9	2196966	16.0	926251	9.1
永定区	762523	13.1	329908	20.2	432615	8.2
漳平市	655690	14.1	296961	22.0	358729	8.3
长汀县	691153	14.1	368037	19.2	323116	8.8
上杭县	856934	15.8	468835	22.4	388099	8.7
武平县	665293	19.1	389421	28.4	275872	8.0
连城县	535203	7.3	215190	5.2	320014	8.7

17-17　利用外资与进出口总值

（2016年）

	新签利用外资合同数（项）	合同外资（万美元）	实际利用外资金额		进出口总值		进口总值		出口总值	
			总量（万美元）	增长（%）	总量（万美元）	增长（%）	总量（万美元）	增长（%）	总量（万美元）	增长（%）
全　市	**32**	**68238**	**27768**	**6.8**	**371981**	**0.4**	**140246**	**23.2**	**231735**	**-9.8**
新罗区	4	10574	6653	10.0	96519	-7.8	1650	-37.3	94869	-7.0
永定区	6	12098	3843	12.9	14545	-36.0	10	-97.8	14535	-34.7
漳平市	7	6333	3200	6.7	36129	-23.0	2823	-33.6	33306	-21.9
长汀县	3	12431	4330	9.3	26631	10.1	497	8.1	26134	10.1
上杭县	4	7261	3845	9.9	173291	27.3	134552	27.6	38739	26.5
武平县	4	6070	2507	19.0	15139	-32.7	56	15.9	15083	-32.8
连城县	4	13471	3390	3.3	9726	-28.6	658	24.2	9069	-30.7

注：本表实际利用外资金额为验资口径数据

17-18 农林牧渔业总产值

（2016年）

单位：万元、%

	农林牧渔业总产值		农业产值		林业产值		牧业产值		渔业产值		服务业产值	
	总量	增长	总量	增长	总量	增长	总量	增长	总量	增长	总量	增长
全　市	**3780310**	**3.8**	**1639213**	**3.6**	**466180**	**5.0**	**1444926**	**3.0**	**146708**	**6.7**	**83283**	**5.5**
新罗区	509447	4.1	124523	2.6	50049	9.2	308397	3.6	16363	6.8	10116	5.4
永定区	555033	3.5	212697	3.2	67649	4.8	242293	2.9	13284	6.4	19110	5.5
漳平市	456914	3.6	278383	3.8	64308	1.7	74585	2.9	28170	7.1	11469	5.5
长汀县	536012	4.0	247928	4.5	67746	7.8	184874	1.3	23592	5.8	11871	5.4
上杭县	596935	3.9	231030	3.5	62975	5.6	272515	3.1	21106	10.3	9310	5.6
武平县	613685	3.8	299500	3.6	65822	4.1	217882	3.5	19824	6.3	10657	5.5
连城县	512283	3.7	245153	3.8	87631	3.7	144381	3.0	24368	4.8	10750	5.4

注：农林牧渔业总产值为现价，增长按可比价计算。

17-19 农林牧渔业增加值及构成

（2016年）

单位：万元、%

	农林牧渔业增加值	农业增加值		林业增加值		牧业增加值		渔业增加值		服务业增加值	
		总量	构成	总量	构成	总量	构成	总量	构成	总量	构成
全　市	**2281489**	**1096225**	**48.0**	**313687**	**13.7**	**750414**	**32.9**	**73566**	**3.2**	**47597**	**2.1**
新罗区	300644	87566	29.1	35317	11.7	163701	54.5	8490	2.8	5570	1.9
永定区	339169	153737	45.3	46467	13.7	121382	35.8	6161	1.8	11421	3.4
漳平市	285823	185799	65.0	41268	14.4	38722	13.5	12755	4.5	7279	2.5
长汀县	319004	157649	49.4	49692	15.6	93122	29.2	12014	3.8	6527	2.0
上杭县	360390	157914	43.8	40505	11.2	146146	40.6	10797	3.0	5028	1.4
武平县	356097	181027	50.8	42939	12.1	116967	32.8	9337	2.6	5827	1.6
连城县	320363	172533	53.9	57499	17.9	70374	22.0	14012	4.4	5945	1.9

17-20 主要农产品产量

（2016年）

单位：吨

	粮　食总产量	#稻谷产量	油料产量	甘　蔗总产量	烤　烟总产量	蔬　菜总产量	茶　叶总产量	水　果总产量	食用菌总产量	肉　类总产量	水　产品产量
全　市	**1098022**	**931094**	**26319**	**30102**	**40062**	**2024074**	**22882**	**472190**	**41248**	**487684**	**81100**
新罗区	67720	59782	2863	8499	185	217865	1549	43590	2401	117008	7583
永定区	139157	121927	2168	3662	5847	280255	1709	149345	1787	77553	6225
漳平市	77636	68221	761	1884	2693	259874	11438	57272	21231	27606	10338
长汀县	225218	183948	9424	9431	10251	264044	1976	60560	4826	56930	14665
上杭县	197614	182831	2162	988	6950	342059	1502	65129	2802	94447	11706
武平县	222357	192577	3518	2793	6670	371905	4032	46643	5694	71095	13074
连城县	168320	121808	5423	2845	7466	288072	676	49651	2507	43045	17509

17-21 农作物播种面积及构成

（2016年）

单位：亩、%

	合 计	粮食作物		经济作物		其他农作物	
		总量	构成	总量	构成	总量	构成
全 市	**4691985**	**2731648**	**58.2**	**531493**	**11.3**	**1428844**	**30.5**
新罗区	331552	165650	50.0	22833	6.9	143069	43.2
永定区	598606	351939	58.8	69849	11.7	176818	29.5
漳平市	389222	196012	50.4	47457	12.2	145753	37.4
长汀县	900223	546298	60.7	132025	14.7	221900	24.6
上杭县	835759	472866	56.6	87551	10.5	275342	32.9
武平县	911203	567538	62.3	89001	9.8	254664	27.9
连城县	725420	431345	59.5	82777	11.4	211298	29.1

17–22　价格指数

（2016 年，以上年同期价格为 100）

	居民消费价格总指数(%)	#食品烟酒	粮食	衣着	居住	生活用品及服务
全　市	**101.5**	**103.3**	**98.3**	**98.9**	**101.4**	**99.7**
新罗区	101.5	102.8	97.0	98.2	102.0	99.9
永定区	101.4	103.3	100.1	101.9	100.3	101.5
漳平市	101.9	105.4	107.7	99.4	100.0	101.4
长汀县	101.5	103.5	100.7	102.3	101.0	97.7
上杭县	101.9	105.7	100.1	98.3	99.8	99.7
武平县	101.4	104.5	100.8	100.1	99.6	99.4
连城县	101.5	104.8	100.0	100.6	99.5	100.3

17–22　价格指数（续）

（2016 年，以上年同期价格为 100）

	交　通和通信	教育文化和娱乐	医疗保健	其他用品和服务	#消费品价格指数(%)	#服务项目价格指数(%)
全　市	**99.7**	**100.6**	**103.3**	**101.8**	**101.3**	**102.0**
新罗区	99.9	100.3	104.6	101.8	100.9	102.6
永定区	99.2	101.3	99.9	101.2	101.8	100.6
漳平市	99.6	101.7	101.4	100.6	102.7	100.6
长汀县	99.2	100.5	102.1	101.6	101.8	101.0
上杭县	99.4	101.6	101.9	103.0	102.6	100.6
武平县	99.3	101.0	101.2	101.7	101.9	100.5
连城县	99.2	100.7	100.1	101.9	102.2	100.3

17–23　城镇居民人均收支情况

（2016年）　　单位：元

	一、可支配收入		1、工资性收入	2、经营净收入	3、财产净收入	4、转移净收入	二、消费支出		其中：食品烟酒	衣着
	总量	增长(%)					总量	增长(%)		
全　市	**30408**	**7.8**	**21097**	**3795**	**3175**	**2341**	**20784**	**5.9**	**7270**	**1325**
新罗区	33952	7.1	24956	3238	3545	2214	22396	4.8	7834	1628
永定区	32138	7.3	20383	5643	5102	1010	21037	5.1	7280	1291
漳平市	29056	8.1	21899	5341	1190	626	20808	6.7	7528	1176
长汀县	21268	7.7	15406	2668	1533	1661	16072	5.8	6250	1109
上杭县	33019	8.0	19826	4234	3485	5474	21432	5.5	7516	1369
武平县	28439	8.6	21403	2312	2805	1919	20772	6.0	7070	1102
连城县	26265	8.4	17609	3042	2601	3013	18820	6.3	6743	1084

17–23　城镇居民人均收支情况（续）

（2016年）　　单位：元

	居　　住	生活用品及服务	交通与通信	教育娱乐文化	医疗保健	其他用品和服务
全　市	**4723**	**968**	**2772**	**2258**	**1091**	**377**
新罗区	4889	1344	2987	2133	1015	566
永定区	5547	1146	1962	2633	820	358
漳平市	3245	1676	3277	2541	935	430
长汀县	3747	813	1787	1263	565	539
上杭县	4719	1263	3033	2171	951	411
武平县	4611	1173	2878	2022	1620	296
连城县	4380	940	2421	1687	908	658

17-24　农村居民人均收支情况

（2016年）　　单位：元/人

	一、可支配收入		工资性收入	经营净收入	财产净收入	转移净收入
	总量	增长(%)				
全　市	**14429**	**8.7**	**5684**	**7070**	**166**	**1509**
新罗区	17501	9.2	8425	7303	210	1564
永定区	15352	8.6	5866	7768	75	1640
漳平市	14496	8.3	4294	9220	190	792
长汀县	12766	9.5	4249	7009	22	1486
上杭县	14074	9.0	5389	6838	162	1685
武平县	13676	8.7	5614	6814	34	1214
连城县	12810	8.0	5518	5087	24	2181

17-24　农村居民人均收支情况（续）

（2016年）　　单位：元/人

	二、消费支出		其中：食品烟酒	衣着	居住	生活用品及服务	交通与通信	教育娱乐文化	医疗保健	其他用品和服务
	总量	增长(%)								
全　市	**10748**	**7.9**	**4279**	**419**	**2635**	**560**	**1162**	**846**	**614**	**233**
新罗区	12867	7.4	4964	684	2874	569	1679	1200	727	170
永定区	10864	7.7	4356	597	2707	675	1198	543	576	211
漳平市	10251	8.6	3936	502	2123	670	1258	1170	490	102
长汀县	9948	8.9	4070	360	2530	361	823	815	629	360
上杭县	11007	8.5	4407	468	2994	578	1178	733	489	160
武平县	9971	8.2	4197	356	2348	489	951	905	559	166
连城县	9834	7.1	4105	521	1851	626	1024	939	469	300

17–25 卫生机构基本情况

（2016年）

	机构（个）	病床（张）	#医院床位（张）	职工（人）	卫生技术人员（人）	医师（士）（人）	护师（士）（人）
龙岩市	**692**	**16955**	**16057**	**21400**	**18275**	**5859**	**8497**
新罗区	265	6421	6322	9015	7825	2726	3895
永定区	76	1745	1695	2098	1786	551	775
漳平市	67	1460	1330	1521	1287	456	552
长汀县	73	2354	2173	2802	2353	587	1106
上杭县	112	1877	1547	2506	2013	701	774
武平县	42	1694	1656	1786	1481	411	694
连城县	57	1404	1334	1672	1530	427	701

17–26 中小学生基本情况

（2016年）

单位：人

	在校学生数				专任教师			
	普通高中	普通初中	中等职业学校	小学	普通高中	普通初中	中等职业学校	小学
全 市	**46680**	**77538**	**23846**	**186013**	**4373**	**8129**	**1284**	**12128**
新罗区	10784	19216	13448	49357	804	1469	486	2488
永定区	4724	7953	3281	17848	534	919	118	1423
漳平市	4077	6976	472	16986	298	818	92	1250
长汀县	9273	13813	2076	31357	729	1257	172	1970
上杭县	6820	10735	2896	24670	773	1219	189	1666
武平县	5175	8280	1016	18486	518	991	139	1418
连城县	4275	6902	657	16288	528	974	88	1246

17-27　规模以上工业科技活动情况

（2016年）

单位：万元、%

	R&D经费内部支出		新产品开发经费支出		新产品产值	
	绝对数	增长	绝对数	增长	绝对数	增长
全　市	**294999**	**20.1**	**232092**	**34.4**	**2314376**	**6.3**
新罗区	117168	30.2	96295	32.9	1096800	3.2
永定区	25396	-23.5	22463	-17.2	52341	-47.6
漳平市	17144	40.2	12651	34.2	211293	59.5
长汀县	21687	35.4	22699	45.6	470343	10.9
上杭县	71914	21.2	48935	118.9	310981	-11.2
武平县	26224	18.8	15394	-2.6	81139	134.2
连城县	15467	19.9	13655	37.7	91479	23.6

17-28　高新技术产业主要经济指标

（2016年）

单位：万元、%

	增 加 值		主营业务收入	
	绝对数	增长	绝对数	增长
全　市	**2069759**	**6.1**	**8618465**	**14.9**
新罗区	756166	16.1	2731694	13.2
永定区	124863	3.1	520692	9.7
漳平市	96496	37.9	337032	43.2
长汀县	165732	14.1	606169	-8.1
上杭县	737488	-0.8	3744282	26.5
武平县	105434	-24.0	354165	-20.5
连城县	83581	3.5	324432	3.5

第十八篇　全省及各设区市国民经济主要指标

Quan sheng ji ge she qu shi guo min jing ji zhu yao zhi biao

供稿人：张丽懋　王群英　叶小甜　陈汉锐　林玫芳　刘启丽　陈丽兰　林惠芳
华　玉　何惠红　刘扬迪　黄日栓　张　欢　邱宜均　巫城亮

18-1　全省及各设区市人口基本情况

（2016年）

单位：万人

地区	年末户籍统计总人口	按城乡分		按性别分		年末常住人口			城镇化水平（%）
		非农业	农业	男	女		城镇人口	乡村人口	
全省	**3769.98**	**1716.44**	**2053.54**	**1942.86**	**1827.12**	**3874**	**2463.9**	**1410.1**	**63.6**
福州	687.06	386.63	300.44	351.64	335.42	757	518.5	238.5	68.5
厦门	219.51	175.71	43.80	108.68	110.82	392	348.9	43.1	89.0
莆田	349.88	142.64	207.24	178.81	171.07	289	167.9	121.1	58.1
三明	286.85	102.58	184.26	150.06	136.79	255	146.6	108.4	57.5
泉州	732.30	358.17	374.14	379.42	352.89	858	553.4	304.6	64.5
漳州	508.19	185.74	322.45	260.96	247.24	505	283.8	221.2	56.2
南平	321.26	110.50	210.75	165.85	155.41	266	145.8	120.2	54.8
龙岩	313.29	130.28	183.00	162.54	150.75	263	141.5	121.5	53.8
宁德	351.64	124.19	227.45	184.91	166.73	289	157.2	131.8	54.4

注：本表年末常住人口、城镇化水平为人口抽样调查年末数，年末户籍统计总人口为公安户籍人口统计数据。

18-2　全省及各设区市在岗职工人数及平均工资

（2015-2016年）

地区	在岗职工人数（人）			在岗职工平均工资（元）		
	2015年	2016年	增长（%）	2015年	2016年	增长（%）
全省	**6177496**	**6191918**	**0.2**	**58719**	**63138**	**7.5**
福州	1412746	1411547	-0.1	62478	67630	8.2
厦门	1301923	1316727	1.1	64319	69218	7.6
莆田	470174	490784	4.4	52385	56511	7.9
三明	227035	219900	-3.1	57807	62712	8.5
泉州	1461439	1442687	-1.3	54044	57141	5.7
漳州	474566	480921	1.3	56237	61085	8.6
南平	227186	223907	-1.4	55076	59537	8.1
龙岩	284373	286789	0.8	55438	59329	7.0
宁德	281889	282110	0.1	56625	61309	8.3

注：本表数据口径为非私营的城镇地域单位。

18–3 全省及各设区市地区生产总值

（2015–2016 年）　　单位：亿元、%

地 区	地区生产总值			第一产业			第二产业		
	2015 年	2016 年	增 长	2015 年	2016 年	增 长	2015 年	2016 年	增 长
全 省	**25979.82**	**28519.15**	**8.4**	**2118.1**	**2363.22**	**3.6**	**13064.82**	**13844.96**	**6.8**
福 州	5618.08	6197.64	8.5	434.69	492.25	4.1	2449.55	2590.43	6.7
厦 门	3466.03	3784.27	7.9	23.93	23.19	–5.1	1511.28	1544.59	5.7
莆 田	1655.60	1823.43	8.9	115.12	126.45	0.9	949.29	1022.45	7.8
三 明	1713.05	1860.82	7.8	252.08	275.59	4.2	875.16	932.20	7.3
泉 州	6137.71	6646.63	8.0	178.46	198.49	2.3	3679.70	3886.68	7.0
漳 州	2767.35	3125.35	9.3	370.87	415.59	4.1	1343.12	1461.11	7.8
南 平	1339.43	1457.74	6.8	289.23	322.30	4.3	578.09	614.24	6.7
龙 岩	1738.49	1895.67	8.1	200.62	223.39	3.6	914.82	966.67	7.4
宁 德	1487.36	1623.11	7.5	253.09	285.97	3.9	759.96	806.70	7.3

注：本表总量按当年价计算，增长按可比价计算。

18–3 全省及各设区市地区生产总值（续）

（2015–2016 年）　　单位：亿元、%

地 区	#工业增加值			第三产业			人均地区生产总值（元）		
	2015 年	2016 年	增 长	2015 年	2016 年	增 长	2015 年	2016 年	增 长
全 省	**10820.22**	**11449.29**	**6.8**	**10796.90**	**12310.97**	**11.3**	**67966**	**73951**	**7.5**
福 州	1875.26	1978.83	6.7	2733.83	3114.96	10.7	75259	82251	7.4
厦 门	1287.44	1307.47	5.5	1930.82	2216.49	9.8	90379	97282	6.4
莆 田	782.78	843.21	7.8	591.20	674.53	12.4	57888	63314	8.2
三 明	705.22	751.82	7.6	585.80	653.03	10.0	67978	73261	6.9
泉 州	3282.59	3465.02	7.0	2279.55	2561.46	10.1	72421	77784	7.1
漳 州	1118.00	1220.17	8.0	1053.36	1248.64	13.1	55569	62196	8.4
南 平	428.05	455.66	7.0	472.11	521.19	8.3	50929	55009	5.9
龙 岩	726.57	765.95	7.5	623.05	705.61	10.5	66865	72354	7.3
宁 德	624.17	663.17	7.6	474.31	530.44	9.5	52006	56358	6.7

注：本表总量按当年价计算，增长按可比价计算。

18-4 全省及各设区市农林牧渔业总产值与粮食总产量

（2015-2016 年）

地 区	农林牧渔业总产值（亿元）			粮食总产量（万吨）		
	2015 年	2016 年	增长（%）	2015 年	2016 年	增长（%）
全 省	**3717.87**	**4155.68**	**3.7**	**661.10**	**650.87**	**-1.5**
福 州	764.88	866.25	4.1	54.34	52.87	-2.7
厦 门	44.94	43.70	-4.9	3.79	3.53	-6.9
莆 田	209.93	230.54	1.3	27.14	25.84	-4.8
三 明	414.90	455.34	4.4	117.74	117.38	-0.3
泉 州	320.59	357.26	2.5	72.82	69.13	-5.1
漳 州	683.89	766.10	4.3	69.15	67.15	-2.9
南 平	496.37	555.03	4.5	142.09	143.24	0.8
龙 岩	337.53	378.03	3.8	109.96	109.80	-0.1
宁 德	444.85	503.44	4.0	64.06	61.93	-3.3

18-5 全省及各设区市规模以上工业增加值

（2015-2016 年）

单位：亿元、%

地 区	规模以上工业增加值			轻工业		重工业	
	2015 年	2016 年	增 长	2015 年	2016 年	2015 年	2016 年
全 省	**10165.28**	**10644.79**	**7.6**	**5324.36**	**5601.97**	**4840.92**	**5042.82**
福 州	1816.52	1954.32	7.7	927.79	1019.59	888.73	934.73
厦 门	1219.70	1266.38	5.4	468.66	458.11	751.04	808.27
莆 田	752.99	800.32	8.2	541.25	581.56	211.73	218.76
三 明	736.02	745.16	7.5	246.24	257.02	489.78	488.13
泉 州	2840.30	2907.74	7.7	1790.20	1818.62	1050.10	1089.12
漳 州	1204.83	1310.50	8.1	647.47	717.32	557.36	593.18
南 平	426.20	456.63	7.2	238.87	261.08	187.34	195.55
龙 岩	506.95	532.46	7.4	238.46	236.48	268.49	295.98
宁 德	661.73	671.26	8.2	225.42	251.99	436.31	419.28

18-6 全省及各设区市规模以上工业企业主要产品产量

（2015-2016 年）

地区	水泥（万吨）			卷烟（箱）			环境污染防治专用设备（台、套）		
	2015 年	2016 年	增长 (%)	2015 年	2016 年	增长 (%)	2015 年	2016 年	增长 (%)
全 省	**7746**	**8091**	**5.0**	**1882586**	**1664325**	**-11.6**	**4546**	**16477**	**147.9**
福 州	631	618	-2.1				426	394	-7.5
厦 门		39	-17.0	884334	782133	-11.6			
莆 田									
三 明	2097	2176	1.6				2161	2978	14.3
泉 州	410	444	8.6						
漳 州	576	608	5.6						
南 平	441	474	3.2						
龙 岩	3591	3732	8.4	998252	882192	-11.6	1959	13105	262.4
宁 德									

18-7 全省及各设区市固定资产投资总额

（2015-2016 年）

单位：亿元、%

地区	固定资产投资			项目固定资产投资			房地产开发投资		
	2015 年	2016 年	增长	2015 年	2016 年	增长	2015 年	2016 年	增长
全 省	**21300.91**	**23107.49**	**8.5**	**16831.30**	**18518.66**	**10.0**	**4469.61**	**4588.83**	**2.7**
福 州	4853.61	5184.36	6.8	3472.49	3504.92	0.9	1381.12	1679.44	21.6
厦 门	1887.65	2159.81	14.4	1113.58	1394.01	25.2	774.07	765.80	-1.1
莆 田	1733.60	1938.08	11.8	1317.65	1584.77	20.3	415.94	353.31	-15.1
三 明	1912.02	2141.72	12.0	1781.80	2037.36	14.3	130.22	104.37	-19.9
泉 州	3406.25	3748.01	10.0	2724.66	3041.86	11.6	681.59	706.14	3.6
漳 州	2516.08	2827.93	12.4	2013.57	2365.08	17.5	502.51	462.85	-7.9
南 平	1774.95	1694.40	-4.5	1622.13	1536.60	-5.3	152.82	157.79	3.3
龙 岩	1900.06	2188.04	15.2	1706.76	2007.94	17.6	193.30	180.10	-6.8
宁 德	1258.48	1225.15	-2.6	1020.44	1046.11	2.5	238.03	179.04	-24.8

注：本表固定资产投资不包括农户固定资产投资。

18-8 全省及各设区市房地产开发情况

（2015–2016 年）

地区	商品房销售额（亿元）			商品房销售面积（万平方米）		
	2015 年	2016 年	增长（%）	2015 年	2016 年	增长（%）
全　省	**3585.81**	**4530.79**	**26.4**	**4037.76**	**4915.35**	**21.7**
福　州	1065.93	1354.29	27.1	914.70	1221.33	33.5
厦　门	920.29	1058.82	15.1	570.83	528.86	–7.4
莆　田	220.17	284.89	29.4	295.65	385.03	30.2
三　明	132.62	128.88	–2.8	232.42	225.21	–3.1
泉　州	518.56	691.73	33.4	830.56	1009.63	21.6
漳　州	344.36	545.73	58.5	551.80	745.09	35.0
南　平	141.56	165.98	17.2	243.43	293.98	20.8
龙　岩	125.67	158.97	26.5	222.95	277.21	24.3
宁　德	116.64	141.50	21.3	175.41	229.01	30.6

18-9 全省及各设区市进出口总额

（2015–2016 年）

单位：亿美元、%

地区	进出口总额			出口总额			进口总额		
	2015 年	2016 年	增长	2015 年	2016 年	增长	2015 年	2016 年	增长
全　省	**1693.60**	**1569.20**	**–7.1**	**1130.16**	**1037.50**	**–7.9**	**563.44**	**531.69**	**–5.3**
福　州	335.52	320.26	–4.5	211.89	214.68	1.3	123.64	105.58	–14.6
厦　门	832.91	771.77	–7.2	534.97	469.43	–12.2	297.94	302.34	1.7
莆　田	47.95	45.35	–5.4	31.64	30.23	–4.5	16.30	15.11	–7.3
三　明	21.11	21.67	2.7	18.96	20.03	5.7	2.15	1.64	–23.9
泉　州	269.94	233.26	–13.6	181.91	162.46	–10.7	88.03	70.80	–19.6
漳　州	93.35	87.94	–5.8	74.67	72.59	–2.8	18.69	15.35	–17.9
南　平	12.34	12.59	2.1	11.23	11.97	6.6	1.11	0.62	–43.3
龙　岩	38.02	37.70	1.7	25.68	23.76	–7.5	12.34	13.93	22.4
宁　德	42.47	38.66	–9.0	39.22	32.35	–17.5	3.25	6.31	94.1

18–10 全省及各设区市实际利用外商直接投资

（2015–2016 年）

单位：万美元、%

地 区	2015 年	2016 年	增长
全 省	**768339**	**819465**	**6.7**
福 州	176652	191899	8.6
厦 门	209373	222401	6.2
莆 田	37750	40020	6.0
三 明	15636	17090	9.3
泉 州	158036	162780	3.0
漳 州	108500	116366	7.2
南 平	14532	16249	11.8
龙 岩	26853	29540	10.0
宁 德	21007	23120	10.1

18–11 全省及各设区市财政收支

（2015–2016 年）

单位：亿元、%

地 区	财政总收入			地方财政收入			财政支出		
	2015 年	2016 年	增长	2015 年	2016 年	增长	2015 年	2016 年	增长
全 省	**4144.03**	**4295.36**	**3.7**	**2544.24**	**2654.83**	**4.3**	**4001.58**	**4275.40**	**6.8**
福 州	848.04	934.06	10.1	560.46	598.91	6.9	725.93	829.93	14.3
厦 门	1001.80	1083.35	8.1	606.10	647.94	6.9	651.17	758.64	16.5
莆 田	185.20	180.09	–2.8	115.65	115.73	0.1	188.80	206.91	9.6
三 明	130.67	134.37	2.8	93.68	94.70	1.1	240.67	253.80	5.5
泉 州	804.74	769.86	–4.3	388.30	424.08	9.2	539.89	597.67	10.7
漳 州	274.69	287.68	4.7	179.10	187.64	4.8	355.82	369.15	3.7
南 平	124.28	119.26	–4.0	86.43	82.97	–4.0	239.97	249.82	4.1
龙 岩	269.81	266.07	–1.4	124.61	131.41	5.5	257.97	274.27	6.3
宁 德	147.40	155.09	5.2	104.39	100.97	–3.3	248.01	266.92	7.6

注：财政总收入、地方财政收入均不含基金。

18–12 全省及各设区市年末金融机构本外币存贷款余额

（2015–2016 年）

单位：亿元、%

地 区	金融机构本外币存款余额			# 本外币储蓄存款余额			金融机构本外币贷款余额		
	2015 年	2016 年	增长	2015 年	2016 年	增长	2015 年	2016 年	增长
全 省	**36845.47**	**40487.03**	**9.9**	**13441.70**	**14651.07**	**9.0**	**33694.42**	**37787.26**	**12.2**
福 州	11270.96	12432.31	10.3	3634.55	4028.73	10.9	11114.84	12538.24	12.8
厦 门	8876.25	9788.27	10.3	1953.69	2102.38	7.6	7567.00	8617.24	13.9
莆 田	1608.20	1712.39	6.5	915.20	1006.06	9.9	1466.17	1654.16	12.8
三 明	1343.18	1500.45	11.7	683.04	750.89	9.9	1207.93	1264.91	4.7
泉 州	6612.31	6790.41	2.7	2991.25	3145.85	5.2	5429.17	5865.47	8.0
漳 州	2346.21	2558.26	9.0	1188.50	1268.15	6.7	1906.40	2167.30	13.7
南 平	1417.06	1577.90	11.4	761.81	853.62	12.1	1095.03	1172.09	7.0
龙 岩	1580.66	1763.93	11.6	730.40	814.23	11.5	1376.77	1454.14	5.6
宁 德	1218.85	1364.33	11.9	576.57	671.63	16.5	1400.96	1493.69	6.6

18–13 全省及各设区市社会消费品零售总额与价格指数

（2015–2016 年）

单位：亿元、%

地 区	社会消费品零售总额			居民消费价格总指数		工业生产者出厂价格指数	
	2015 年	2016 年	增长	2015 年	2016 年	2015 年	2016 年
全 省	**10505.93**	**11674.54**	**11.1**	**101.7**	**101.7**	**97.0**	**99.1**
福 州	3488.74	3763.14	11.6	101.7	102.3	96.7	98.4
厦 门	1168.42	1283.46	9.8	101.7	101.7	95.4	97.1
莆 田	558.85	623.13	11.5	101.5	101.3	99.5	99.9
三 明	444.47	480.63	9.6	101.4	101.1	93.9	99.1
泉 州	2459.59	2724.65	10.8	101.8	101.7	96.6	98.7
漳 州	776.99	875.59	12.7	101.6	101.5	97.7	101.1
南 平	503.85	556.68	10.5	101.6	101.3	98.0	99.5
龙 岩	639.58	729.00	14.0	101.6	101.5	95.7	98.1
宁 德	465.45	512.35	10.1	101.5	101.4	98.6	98.7

18-14 全省及各设区市城镇居民收支情况

（2015-2016年）

单位：元、%

地　区	城镇居民人均可支配收入			城镇居民人均消费支出		
	2015年	2016年	增长	2015年	2016年	增长
全　省	**33275**	**36014**	**8.2**	**23520**	**25006**	**6.3**
福　州	34982	37833	8.2	24825	26392	6.3
厦　门	42607	46254	8.6	28929	30867	6.7
莆　田	29272	31818	8.7	20210	21584	6.8
三　明	27393	29677	8.3	19900	21183	6.4
泉　州	37275	39656	6.4	24016	25210	5.0
漳　州	28092	30726	9.4	19978	21467	7.5
南　平	26120	27818	6.5	17690	18503	4.6
龙　岩	28218	30408	7.8	19626	20784	5.9
宁　德	26029	28164	8.2	18763	19982	6.5

18-15 全省及各设区市农村居民收支情况

（2015-2016年）

单位：元、%

地　区	农村居民人均可支配收入			农村居民人均生活消费支出		
	2015年	2016年	增长	2015年	2016年	增长
全　省	**13793**	**14999**	**8.7**	**11961**	**12911**	**7.9**
福　州	15203	16346	7.5	13152	14033	6.7
厦　门	17558	18885	7.6	15262	16300	6.8
莆　田	13882	15131	9.0	11952	12932	8.2
三　明	12806	13918	8.7	9834	10598	7.8
泉　州	15861	17179	8.3	12605	13480	6.9
漳　州	13866	15320	10.5	10055	11006	9.5
南　平	12264	13331	8.7	9349	10087	7.9
龙　岩	13274	14429	8.7	9961	10748	7.9
宁　德	12391	13516	9.1	9820	10646	8.4

18-16 全省及各设区市万元 GDP 能耗下降率

（2015-2016 年）

地 区	比上年（±%）	
	2015 年	2016 年
全 省	**-7.70**	**-6.42**
福 州	-7.00	-3.55
厦 门	-8.33	-1.82
莆 田	-5.94	-0.96
三 明	-12.17	-7.58
泉 州	-4.78	-6.93
漳 州	-27.30	-14.06
南 平	-6.85	-6.20
龙 岩	-6.07	-6.07
宁 德	-1.64	1.37

18-17 全省及各设区市规模以上工业增加值能耗下降率

（2015-2016 年）

地 区	比上年（±%）	
	2015 年	2016 年
全 省	**-16.43**	**-13.80**
福 州	-18.97	-15.24
厦 门	-16.81	-11.89
莆 田	-16.92	-10.53
三 明	-18.19	-9.75
泉 州	-2.87	-10.39
漳 州	-40.34	-28.91
南 平	-9.97	-13.03
龙 岩	-16.52	-11.95
宁 德	-10.50	-13.53

18-18 全省及各设区市高新技术产业增加值

（2015-2016 年）

单位：亿元、%

地　区	2015 年	2016 年	增 长
全　省	**3953.16**	**3893.56**	**-1.5**
福　州	1070.55	1012.09	-5.5
厦　门	1137.82	1059.09	-6.9
莆　田	157.78	159.23	0.9
三　明	136.10	141.97	4.3
泉　州	583.33	565.49	-3.1
漳　州	374.15	394.33	5.4
南　平	99.33	100.48	1.2
龙　岩	195.06	206.98	6.1
宁　德	199.04	253.90	27.6

18-19 全省及各设区市全社会 R&D 经费内部支出和科技人员

（2015-2016 年）

单位：人、亿元、%

地　区	全社会 R&D 经费内部支出			全社会科技人员		
	2015 年	2016 年	增长	2015 年	2016 年	增长
全　省	**392.93**	**454.30**	**15.6**	**252799**	**272770**	**7.9**
福　州	98.76	122.50	24.0	75672	81866	8.2
厦　门	103.42	117.70	13.8	65482	71459	9.1
莆　田	19.91	21.50	8.0	10469	9945	-5.0
三　明	15.21	17.50	15.1	7759	8919	15.0
泉　州	67.88	72.00	6.1	43927	46241	5.3
漳　州	33.37	38.10	14.2	20150	22615	12.2
南　平	15.18	15.40	1.4	7955	8431	6.0
龙　岩	25.14	30.10	19.7	12915	12818	-0.8
宁　德	14.05	19.50	38.8	8470	10476	23.7

第十九篇　新中国成立以来龙岩市国民经济和社会发展主要指标

Xin zhong guo cheng li yi lai long yan shi guo min jing ji he she hui fa zhan zhu yao zhi biao

供稿人：林惠芳

19-1 新中国成立以来龙岩市国民经济

年 份	地区生产总值(GDP)(万元)	第一产业	第二产业	工业增加值	第三产业
1949	7449	5489	640		1320
1950	7857	5856	682		1319
1951	8635	6345	818		1472
1952	10331	7691	1022		1618
1953	11323	8224	1274		1825
1954	11417	8166	1268		1983
1955	12314	8595	1410		2309
1956	13626	9188	2059		2379
1957	14556	9110	2520		2926
1958	18144	9637	4850		3657
1959	22125	9752	7362		5011
1960	20632	7438	7763		5431
1961	16532	8522	3666		4344
1962	15773	9002	2872		3899
1963	16910	9103	3531		4276
1964	18042	10561	2937		4544
1965	19264	10559	4265		4440
1966	21882	11725	5247		4910
1967	20737	11525	4514		4698
1968	19215	11589	2800		4826
1969	23756	12848	5179		5729
1970	26784	13607	7153		6024
1971	31330	14232	9836		7262
1972	32119	14332	10852		6935
1973	34373	15281	11749		7343
1974	38092	17079	12926		8087
1975	38126	16090	14028		8008
1976	41087	17088	14346		9653
1977	43856	17130	16312		10414
1978	51751	23468	17775	16618	10508
1979	57928	26409	19118	17485	12401
1980	69918	29884	24208	22070	15826
1981	79377	35575	24258	21514	19544
1982	86505	40343	26035	23473	20127
1983	90944	41106	29633	25934	20205
1984	116951	49313	44061	38816	23577
1985	148126	57355	58505	49839	32266

和社会发展主要指标（一）

人均地区生产总值（元）	地区生产总值指数（1949年=100）	第一产业	第二产业	工业（1992年=100）	第三产业	人均地区生产总值指数（1949年=100）
69	100.0	100.0	100.0		100.0	100.0
71	107.8	108.4	110.5		103.7	105.6
77	122.6	121.6	156.8		111.8	117.7
90	141.6	141.0	181.3		126.3	132.6
96	151.7	147.2	232.4		138.2	139.1
95	152.8	147.5	219.6		150.2	137.3
101	163.8	152.5	264.5		178.4	144.7
110	181.1	162.2	421.0		170.6	157.8
115	187.2	159.7	455.3		210.5	159.7
139	250.6	190.7	874.0		282.7	208.2
161	299.4	193.0	1352.6		382.1	235.3
147	272.5	131.6	1502.3		461.3	210.0
123	184.9	113.6	752.2		306.5	148.5
118	167.1	116.2	493.8		291.0	134.5
123	192.5	132.7	603.4		325.4	151.3
129	222.0	154.4	585.5		419.5	171.8
134	223.4	163.6	678.5		335.2	168.1
147	246.0	167.5	900.5		366.0	178.3
135	227.8	164.3	718.7		343.0	159.7
121	218.8	164.0	543.2		365.0	149.4
143	258.9	179.0	853.7		414.3	169.0
154	273.7	170.9	1027.6		479.6	170.9
175	326.1	195.0	1412.9		528.9	196.1
174	336.2	200.3	1549.7		505.3	197.0
181	359.5	214.3	1624.3		555.1	204.5
196	404.5	243.4	1827.4		612.6	225.0
192	401.2	225.0	2001.0		607.6	218.5
202	419.4	230.0	2043.4		686.5	223.1
211	449.8	237.4	2279.1		745.5	234.3
245	493.1	284.3	2433.8		716.4	252.1
271	514.4	290.2	2581.9		774.1	259.4
323	591.1	307.7	3241.1		951.0	294.5
361	642.0	349.5	3203.9		1068.3	314.8
385	695.4	385.2	3333.8		1171.5	334.0
397	706.6	382.1	3661.3		1130.9	333.0
503	808.6	431.2	4470.5		1208.5	375.3
627	988.9	471.9	6426.8		1437.0	451.4

19-1 新中国成立以来龙岩市国民经济

年 份	地区生产总值(GDP)(万元)	第一产业	第二产业	工业增加值	第三产业
1986	173167	55611	70805	61336	46751
1987	217530	64449	84369	74542	68712
1988	289777	82945	114904	102656	91928
1989	353793	100455	127095	115862	126243
1990	378470	113171	128710	117824	136589
1991	432834	128338	147190	135317	157306
1992	534421	150854	202745	182054	180822
1993	765034	213791	319879	278768	231364
1994	1027499	304155	414802	359112	308542
1995	1247299	385118	476832	400212	385349
1996	1457545	466598	534402	452371	456545
1997	1639265	501862	617602	527812	519801
1998	1810418	520355	688583	570812	601480
1999	1970178	539877	768872	641349	661429
2000	2095075	557469	788966	651410	748640
2001	2239145	567078	828667	699528	843400
2002	2478046	583633	954450	805130	939963
2003	2847680	626717	1145860	968850	1075104
2004	3377387	741381	1403846	1196301	1232160
2005	3995920	780573	1751121	1496222	1464225
2006	4701935	812413	2165220	1874185	1724302
2007	5951577	972369	2829891	2462540	2149317
2008	7340601	1168909	3542642	3060042	2629050
2009	8248814	1149937	4140044	3522562	2958833
2010	9908973	1288944	5276855	4479874	3343173
2011	12421544	1532368	7019718	5966019	3869457
2012	13567808	1620012	7520686	6229485	4427110
2013	14807098	1728525	7975376	6419976	5103198
2014	16215793	1878045	8732618	6990503	5605130
2015	17384902	2006152	9148205	7265673	6230545
2016	18956670	2233892	9666661	7659500	7056117
1950-1978 累计增长（倍）	3.93	1.84	23.34		6.16
1979-2016 累计增长（倍）	64.36	8.20	137.30		126.91
1950-2016 累计增长（倍）	321.27	25.15	3364.89		915.38
1950-1978 平均增长（%）	5.66	3.67	11.64		7.03
1979-2016 平均增长（%）	11.63	6.01	13.85		13.62
1950-2016 平均增长（%）	9.00	4.99	12.89		10.72

和社会发展主要指标（续）

人均地区生产总值（元）	地区生产总值指数（1949年=100）					人均地区生产总值指数（1949年=100）
		第一产业	第二产业	工业（1992年=100）	第三产业	
722	1074.3	434.0	7214.0		2025.0	483.0
892	1283.2	489.9	7802.3		2999.4	568.0
1166	1465.0	521.5	9130.0		3595.2	636.2
1395	1595.5	543.7	9756.3		4178.8	678.9
1451	1688.9	589.0	9741.3		4594.3	698.5
1618	1820.3	623.6	10479.0		5042.3	734.1
1974	2126.5	682.4	13633.6	100.0	5583.7	847.2
2813	2517.3	748.8	18171.8	132.3	6292.6	998.0
3736	2920.1	821.0	22207.4	160.2	7249.2	1144.7
4519	3278.2	930.5	23632.4	163.0	8582.5	1280.9
5276	3694.3	1047.2	26519.4	185.9	9729.1	1442.3
5972	4183.9	1203.7	29632.1	207.6	11030.6	1644.3
6638	4674.9	1249.9	34040.6	232.9	12750.9	1849.8
7270	5119.5	1339.1	37620.3	258.5	14075.6	2038.5
7782	5582.1	1394.5	41461.6	285.0	15721.7	2238.2
8360	5978.5	1436.4	44032.2	311.2	17451.1	2402.4
9291	6540.4	1498.1	49444.4	349.2	19126.4	2639.4
10721	7233.7	1567.1	56317.1	395.7	21287.7	2931.2
12771	7986.0	1665.8	63413.1	447.9	23586.8	3250.1
15179	8971.2	1749.9	72401.0	504.2	26949.6	3667.7
17946	10177.8	1807.6	84618.9	594.0	30888.8	4180.9
22831	11864.2	1850.4	103284.9	731.3	35984.5	4898.4
28307	13656.9	1925.0	121023.0	852.5	42112.8	5668.1
31981	15573.2	2001.4	139735.6	970.0	48766.6	6498.4
38795	17736.3	2072.1	166568.6	1148.4	53868.8	7443.4
48554	20048.2	2160.5	197002.3	1353.0	58259.0	8400.2
52896	22454.0	2238.3	225764.6	1532.9	64376.2	9383.0
57503	24964.3	2336.8	257721.4	1735.8	69691.0	10387.0
62730	27375.5	2429.1	287520.8	1943.4	75254.0	11368.2
66865	29811.9	2523.8	313397.7	2110.5	82929.9	12300.4
72354	32226.7	2614.7	336589.1	2268.9	91637.6	13198.3
1.52						
51.35						
130.98						
3.24						
10.98						
7.56						

19-1　新中国成立以来龙岩市国民经济和社会发展主要指标（二）

年　　份	年末户籍总人口（万人）	人口出生率（‰）	人口死亡率（‰）	人口自然增长率（‰）	全社会从业人员（万人）	在岗职工人数	第一产业	第二产业	第三产业
1949	108.87				54.04	0.05			
1950	111.23				56.01	0.08			
1951	113.59				57.96	0.10			
1952	116.91				61.23	0.13			
1953	119.10				60.85	0.17			
1954	121.54				62.36	0.19			
1955	123.23				63.44	0.25			
1956	125.10				64.77	0.38			
1957	129.02				63.06	3.49	59.57	0.84	2.65
1958	131.85				64.81	7.36	57.45	4.17	3.19
1959	143.32	26.5	9.7	16.8	66.42	9.32	57.10	5.18	4.15
1960	136.76	20.7	37.4	-16.7	57.53	10.05	47.48	6.13	3.91
1961	132.80	13.9	19.4	-5.5	62.90	7.34	55.56	3.47	3.87
1962	135.61	41.2	11.5	29.7	58.60	5.02	53.59	1.80	3.22
1963	138.86	46.1	8.5	37.6	61.10	4.81	56.29	1.48	3.33
1964	140.73	41.7	9.7	32.0	59.89	4.88	55.02	1.35	3.52
1965	146.51	47.5	8.2	39.3	61.09	7.47	53.62	2.50	4.97
1966	151.73	41.4	7.5	33.9	60.62	7.14	53.48	2.35	4.79
1967	156.21	39.3	6.6	32.7	61.60	5.19	56.41	1.50	3.70
1968	161.31	40.8	6.5	34.3	62.89	5.33	57.57	1.62	3.70
1969	170.24	35.5	5.5	30.0	67.24	5.96	61.28	1.98	3.98
1970	176.84	33.6	5.7	27.9	69.68	6.48	63.20	2.03	4.45
1971	182.21	34.4	5.7	28.7	70.99	6.82	64.16	2.37	4.46
1972	187.33	35.3	6.1	29.2	71.70	8.63	63.07	3.19	5.44
1973	192.39	34.7	6.3	28.4	71.71	7.52	64.18	3.25	4.27
1974	196.48	31.4	6.9	24.5	72.02	7.74	64.28	3.35	4.39
1975	201.21	31.9	6.7	25.2	75.40	11.01	64.39	5.75	5.26
1976	205.51	29.6	6.5	23.1	75.96	11.96	62.70	7.82	5.45
1977	209.55	27.0	6.4	20.6	77.04	12.78	60.27	8.49	8.28
1978	212.46	22.0	5.8	16.2	79.42	14.91	61.45	9.90	8.07
1979	215.29	20.5	6.0	14.5	81.06	15.74	62.83	10.04	8.19
1980	218.08	17.5	5.6	11.9	83.57	16.20	65.38	9.39	8.80
1981	222.12	24.2	5.8	18.4	87.47	16.78	68.52	9.13	9.82
1982	227.27	28.2	5.9	22.3	90.09	17.29	70.45	9.22	10.42
1983	230.76	20.1	6.1	14.0	94.06	17.67	72.80	10.70	10.56
1984	234.36	19.9	5.4	14.5	97.54	18.22	73.30	11.70	12.54
1985	238.12	19.0	5.4	13.6	101.61	19.67	72.22	13.51	15.88

19-1 新中国成立以来龙岩市国民经济和社会发展主要指标（续）

年份	年末户籍总人口（万人）	人口出生率（‰）	人口死亡率（‰）	人口自然增长率（‰）	全社会从业人员（万人）	在岗职工人数	第一产业	第二产业	第三产业
1986	241.58	21.7	6.2	15.5	103.77	19.99	73.35	14.68	15.74
1987	245.92	21.0	5.4	15.7	108.85	20.85	75.79	16.54	16.52
1988	251.08	20.3	5.2	15.1	114.82	21.19	78.97	17.38	18.47
1989	256.31	20.6	5.0	15.6	119.30	21.58	81.58	18.01	19.71
1990	265.38	17.7	5.5	12.2	122.67	21.45	84.78	17.94	19.95
1991	269.15	18.3	4.9	13.4	130.09	21.86	88.61	19.50	21.98
1992	271.70	14.3	5.5	8.8	131.01	22.09	87.31	20.61	23.09
1993	273.59	11.6	5.4	6.2	134.80	22.54	86.68	21.85	26.27
1994	275.45	12.0	5.2	6.8	135.54	22.66	83.20	22.20	30.14
1995	277.92	13.7	5.5	8.2	136.07	23.01	81.79	22.96	31.32
1996	279.75	11.6	5.6	6.0	136.97	22.77	81.40	23.43	32.14
1997	281.39	11.6	5.3	6.3	138.64	22.99	81.58	23.71	33.35
1998	282.49	11.0	5.3	5.7	139.13	21.34	81.70	22.97	34.46
1999	283.93	10.6	5.2	5.4	141.15	20.79	81.60	23.57	35.98
2000	285.89	13.3	5.4	7.9	142.52	19.83	77.15	23.97	41.40
2001	286.51	9.6	4.9	4.7	143.06	18.77	77.44	23.76	41.86
2002	286.85	9.4	4.8	4.6	143.49	18.51	74.75	25.15	43.59
2003	286.72	9.8	4.9	4.9	149.96	18.63	71.69	29.09	49.18
2004	286.98	10.4	4.6	5.8	152.27	19.69	70.93	31.14	50.21
2005	286.83	10.1	4.5	5.5	154.98	20.17	68.64	34.13	52.21
2006	287.52	10.5	4.0	6.5	158.29	21.77	65.00	39.69	53.60
2007	289.20	12.4	4.5	7.9	159.62	23.75	60.65	44.52	54.46
2008	291.34	12.5	5.0	7.5	165.93	25.04	60.39	49.40	56.20
2009	293.35	12.0	5.2	6.8	170.57	26.81	58.79	51.60	60.21
2010	295.73	17.0	10.3	6.7	177.92	29.28	57.81	56.94	63.17
2011	295.08	12.5	12.5	0.0	185.85	32.95	58.15	61.43	66.27
2012	297.71	13.6	3.8	9.9	189.33	32.98	57.93	62.09	69.31
2013	302.55	22.3	5.2	17.1	192.53	32.87	58.03	60.45	74.05
2014	307.14	22.3	5.5	16.8	194.37	28.57	58.17	57.47	78.73
2015	309.38	16.5	4.9	11.6	200.71	28.44	57.16	58.01	85.54
2016	313.29	20.4	4.7	15.7	209.60	28.68	57.25	61.04	91.31
1950–1978 累计增长（倍）	0.95				0.47	297.28			
1979–2016 累计增长（倍）	0.47	–0.08	–0.20	–0.03	1.64	0.92	–0.07	5.17	10.31
1950–2016 累计增长（倍）	1.88				2.88	572.58			
1950–1978 平均增长（%）	2.33				1.34	21.71			
1979–2016 平均增长（%）	1.03	–0.20	–0.57	–0.08	2.59	1.74	–0.19	4.90	6.59
1950–2016 平均增长（%）	1.59				2.04	9.94			

19-1 新中国成立以来龙岩市国民经济和社会发展主要指标（三）

年份	农林牧渔业总产值（万元）	农业产值	林业产值	牧业产值	渔业产值	农林牧渔业总产值指数（1949年=100）	粮食总产量（万吨）	烤烟产量（吨）	水果产量（吨）	油料产量（吨）	生猪出栏（万头）
1949	9528					100.0	26.88		640	1862	
1950	10385					109.0	28.93	6	628	2062	
1951	10616					119.3	31.61	143	914	2383	
1952	11091					130.0	36.38	804	739	3093	
1953	12614					144.5	39.00	474	1025	3106	
1954	12588					145.5	39.42	424	868	2866	
1955	13282					150.1	39.07	697	1085	2220	
1956	15184					167.1	41.42	935	998	2330	
1957	16547					181.1	41.90	1270	1110	2519	
1958	14492					152.6	38.02	1364	1056	3683	
1959	13724					141.5	32.05	1837	1304	3772	
1960	11207					118.7	26.79	2362	1778	1249	
1961	11197					98.2	26.99	668	1313	939	
1962	12161					107.8	27.36	930	870	1035	
1963	13142					119.1	28.64	3047	1126	1050	
1964	14779					141.6	35.75	2409	1220	1134	
1965	15878					157.7	40.28	2933	1211	1068	
1966	17157					161.0	35.23	1763	1353	1085	
1967	17008					155.9	36.36	1754	1017	1291	
1968	16255					149.0	32.65	1549	756	685	
1969	18507					169.4	41.38	1167	882	935	
1970	20581					188.9	51.04	1501	878	972	
1971	24663					204.4	53.61	2421	1151	2278	
1972	25614					212.3	54.84	2401	1306	2479	
1973	26578					219.3	57.35	2485	1449	1969	
1974	28085					232.3	64.70	2053	1698	1735	
1975	27367					226.1	60.69	2224	1324	1602	
1976	27937					229.6	60.44	2350	980	1322	
1977	34167					240.0	63.63	3322	2047	1736	
1978	41374	32930	3859	4548	37	278.1	74.53	2825	2129	1605	36.47
1979	43228	33996	4052	5125	55	290.6	74.52	3902	2500	5149	40.59
1980	44253	32325	4740	7057	131	297.5	75.89	4298	3051	2753	41.05
1981	54756	39870	6683	7962	241	315.3	80.16	9056	4417	2852	40.59
1982	64026	46620	6925	10094	387	340.0	87.66	15661	5858	3024	42.29
1983	65452	47678	6029	11335	410	355.2	92.00	6572	6263	2606	47.00
1984	74442	52071	7956	13675	740	387.0	85.51	13796	9541	2523	50.31
1985	80044	51935	10120	17068	921	361.6	85.52	21288	11087	2639	55.24

19-1 新中国成立以来龙岩市国民经济和社会发展主要指标（续）

年　　份	农林牧渔业总产值（万元）	农业产值	林业产值	牧业产值	渔业产值	农林牧渔业总产值指数（1949年=100）	粮食总产量（万吨）	烤烟产量（吨）	水果产量（吨）	油料产量（吨）	生猪出栏（万头）
1986	80354	47524	12430	19232	1168	364.0	78.33	14980	13327	3037	58.29
1987	95873	56584	14569	22949	1771	393.3	87.78	17154	13895	3625	62.55
1988	126340	70306	19955	33394	2685	425.3	90.66	20620	16040	3449	69.81
1989	152149	78536	20356	49711	3546	440.6	93.36	20668	22509	3823	74.62
1990	172687	94922	26171	47728	3866	478.5	97.80	22805	30360	4386	82.52
1991	192823	108068	29245	51679	3831	509.2	98.75	25133	41475	5975	90.06
1992	227050	129513	31661	61022	4854	550.4	103.85	35165	45147	6774	100.54
1993	319558	179498	47119	86210	6731	609.8	101.82	47894	63096	7623	115.13
1994	442283	239342	50876	138200	13865	677.4	107.77	29693	82073	10225	133.68
1995	591383	301750	63211	193752	32670	779.5	112.23	26845	113066	13078	165.52
1996	704928	356074	69633	230938	48283	867.6	114.36	29565	151403	14691	164.43
1997	785728	365115	78762	287824	54028	1022.0	118.69	42047	193907	15193	210.40
1998	810627	390948	77506	283277	58896	1061.8	122.72	27687	201804	15432	230.87
1999	851458	408743	84802	300141	57771	1144.6	125.44	28662	232562	19227	266.25
2000	882554	425814	83060	315282	58398	1199.5	116.86	31295	215995	24654	294.83
2001	903778	430870	84608	335420	52880	1241.6	112.97	36153	242711	25527	328.48
2002	963298	442264	92888	347063	54948	1317.3	108.69	36573	271779	27119	363.04
2003	1015822	441237	114237	375349	53501	1368.7	102.82	35148	291037	24090	407.41
2004	1194430	504026	122388	477838	57418	1437.1	100.88	34102	315737	20275	468.19
2005	1262987	529142	138740	497427	62304	1484.5	96.06	32403	385606	17852	462.86
2006	1315769	559961	153394	502325	61878	1508.3	90.59	32326	381500	15250	460.11
2007	1597038	637713	174832	676233	65427	1549.0	90.06	32932	397000	14686	424.03
2008	1939628	706220	208416	903078	74383	1618.7	93.19	33268	400600	15934	490.71
2009	1896662	748763	224138	797426	77669	1693.2	96.07	36571	410100	17531	514.78
2010	2123098	880849	271542	821353	96323	1905.6	98.63	35344	337856	19433	510.86
2011	2528621	1000706	335236	1023447	110018	1979.9	104.38	37994	389200	20006	510.97
2012	2657880	1120251	348708	1006062	119533	2053.2	105.99	38508	402041	20943	518.02
2013	2906319	1266194	392682	1054399	125385	2146.6	108.04	41951	409634	22317	524.78
2014	3138423	1424099	455940	1057109	129015	2232.5	109.76	41088	421133	24145	499.50
2015	3375286	1489779	461322	1212840	133660	2321.8	109.96	38859	439618	25209	489.71
2016	3780310	1639213	466180	1444926	146708	2408.9	109.80	40062	472190	26319	488.82
1950–1978 累计增长（倍）	1.78						1.77		2.33	–0.14	
1979–2016 累计增长（倍）	7.66						0.47	13.18	220.79	15.40	12.40
1950–2016 累计增长（倍）	23.09						3.08		736.80	13.13	
1950–1978 平均增长（%）	3.59						3.58		4.23	–0.51	
1979–2016 平均增长（%）	5.85						1.02	7.23	15.28	7.64	7.07
1950–2016 平均增长（%）	4.86						2.12		10.36	4.03	

19-1 新中国成立以来龙岩市国民经济和社会发展主要指标（四）

年份	工业总产值（万元）	#规模以上工业总产值	工业总产值指数（1949年=100）	规模以上工业总产值指数（1978年=100）	水泥产量（万吨）	发电量（万千瓦时）	卷烟（箱）	原煤（万吨）
1949	1289		100.00			23	411	
1950	1497		116.10			25	430	
1951	1739		134.80			29	450	
1952	2250		174.40			33	460	
1953	2697		209.10			37	401	
1954	3580		277.60			48	471	
1955	3552		275.30			54	723	
1956	3751		290.80			60	1012	
1957	5021		385.30		0.01	121	2390	
1958	10247		786.30		0.07	178	5080	
1959	12521		960.80		0.20	458	15209	
1960	11018		914.50		0.38	959	24409	
1961	4928		408.90		0.12	1106	12089	
1962	4446		341.30		0.04	1090	11758	
1963	4715		361.80		...	1191	15184	
1964	4938		409.80		0.06	1224	22643	
1965	6499		498.70		0.14	1392	31681	
1966	8301		637.00		0.21	1876	40041	
1967	7679		589.10		0.01	2180	41068	
1968	5793		444.60		...	1963	21818	
1969	9095		697.80		0.01	3435	50106	
1970	10780		827.20		4.39	5750	46399	
1971	15728		1064.00		8.05	8293	60700	
1972	19170		1297.90		8.02	10475	68571	
1973	23454		1587.30		9.30	16975	70137	
1974	25289		1704.20		10.92	23696	73611	
1975	26158		1770.80		12.65	27287	69161	
1976	27704		1865.90		13.17	30818	69874	
1977	33375		2202.30		12.00	34454	85234	
1978	38358	38358	2594.80	100.00	16.56	42827	100566	204.92
1979	42349	42349	2737.90	105.52	19.21	39062	98256	247.38
1980	47991	47991	2986.00	115.07	22.96	32185	106800	240.02
1981	52468	52468	3142.60	121.11	24.11	33901	113800	207.75
1982	59187	59187	3448.30	132.89	26.80	38444	131300	219.87
1983	61025	61025	3525.60	135.87	32.47	42457	139600	256.46
1984	78182	78182	4335.60	167.09	38.22	45002	192800	282.32
1985	112408	98760	6060.00	200.78	49.59	51787	217000	291.02

19-1 新中国成立以来龙岩市国民经济和社会发展主要指标（续）

年　　份	工　业总产值（万元）	#规模以上工业总产值	工业总产值指数（1949年=100）	规模以上工业总产值指数（1978年=100）	水　泥产　量（万吨）	发电量（万千瓦时）	卷烟（箱）	原煤（万吨）
1986	140729	119717	6890.50	222.75	60.99	60633	245800	311.49
1987	194697	157792	8244.90	266.64	73.02	133360	265500	367.36
1988	252666	217224	9823.50	312.86	94.71	186165	279300	408.58
1989	303874	259498	10891.40	340.23	117.96	193317	292200	453.19
1990	316362	268002	11548.90	372.39	137.00	179215	310100	435.65
1991	374376	312782	13193.20	421.45	173.46	207121	320900	416.50
1992	490314	403079	16637.80	521.75	202.45	227001	352024	441.87
1993	790034	609484	22185.40	629.11	289.85	251257	354500	485.33
1994	1087710	773083	28940.40	746.49	419.16	312704	345592	489.62
1995	1111978	838635	27891.60	794.27	558.63	365511	342205	577.85
1996	1325022	931258	33399.80	861.53	528.77	463018	343302	590.25
1997	1557764	1004182	39484.20	958.20	507.10	383270	357300	398.10
1998	1687929	849007	44301.30	777.87	517.04	410628	363100	356.51
1999	1933186	937403	50474.41	870.75	648.36	456827	371300	290.47
2000	1971192	1009200	56475.82	957.03	646.62	441379	485000	230.08
2001	2170361	1111461	62140.34	1052.64	574.01	407489	503060	219.34
2002	2539508	1396408	70156.44	1220.31	677.46	501662	517480	267.51
2003	2628456	1625356	80820.22	1466.81	820.23	600854	532980	354.41
2004	3259552	2276052	93509.00	1768.97	917.85	574897	571794	548.21
2005	3872044	2945744	107628.90	2165.22	1200.28	689138	614987	779.55
2006	4833363	3884663	132598.80	2775.81	1501.99	939025	660085	1045.24
2007	6394869	5380269	173041.40	3758.45	2075.74	1009154	730111	1190.20
2008	8145244	7161244	209380.10	4626.65	2225.00	916440	765395	1421.56
2009	9476535	8456135	252093.60	5639.89	2775.50	658799	819545	1533.51
2010	12785998	11773398	320915.15	7292.37	2925.58	1008102	874543	1536.59
2011	17431002	16381102	384135.44	8765.44	3294.18	949690	923188	1548.86
2012	13732052	12665152	443213.35	10159.14	3093.94	811872	958188	939.00
2013	15966348	14884348	507156.98	11662.70	3555.39	1038872	995688	908.00
2014	18411144	16823144	571565.91	13155.52	3419.00	1020534	1028548	899.00
2015	19868589	18569089	621292.14	14313.21	3591.06	850691	998252	926.98
2016	22359703	20782114	668510.34	15386.68	3732.10	937955	882192	852.00
1950–1978 累计增长（倍）	24.95					1861.04	243.69	
1979–2016 累计增长（倍）	256.63	152.87			224.39	20.90	7.77	3.16
1950–2016 累计增长（倍）	6684.10					40779.65	2145.45	
1950–1978 平均增长（%）	11.88					29.65	20.88	
1979–2016 平均增长（%）	15.73	14.17			15.32	8.46	5.88	3.82
1950–2016 平均增长（%）	14.05					17.17	12.13	

19-1 新中国成立以来龙岩市国民经济和社会发展主要指标（五）

年份	社会消费品零售总额（万元）	固定资产投资（万元）	国有固定资产投资总额（万元）	房地产开发投资（万元）	商品房屋销售面积（万平方米）	商品房屋销售额（万元）	资质建筑业总产值（万元）
1949	2445						
1950	2672	1	1				
1951	2923	68	68				
1952	3450	75	75				
1953	3998	147	147				
1954	5239	105	105				
1955	5471	141	141				
1956	6418	761	761				
1957	7139	332	332				
1958	7771	2034	2034				
1959	9928	3741	3741				
1960	10387	5554	5554				
1961	7581	2053	2053				
1962	8408	1074	1074				
1963	9120	1531	1531				
1964	9568	1032	1032				
1965	10142	1364	1364				
1966	10769	2198	2198				
1967	11006	1508	1508				
1968	9772	1430	1430				
1969	11364	2519	2519				
1970	12306	3064	3064				
1971	14560	4285	4285				
1972	14790	4061	4061				
1973	15570	3275	3275				
1974	16089	3338	3338				
1975	16994	4728	4728				
1976	18984	5327	5327				
1977	19480	4082	4082				
1978	21995	5029	4234				
1979	27023	6948	6844				
1980	31140	7567	7235				
1981	36058	13170	7923				
1982	41313	14480	9463				
1983	49285	16064	10855				
1984	51073	20485	13367				
1985	65555	30874	22115				
1986	82135	37830	28140				

19-1　新中国成立以来龙岩市国民经济和社会发展主要指标（续）

年　　份	社会消费品零售总额（万元）	固定资产投资（万元）	国有固定资产投资总额（万元）	房地产开发投资（万元）	商品房屋销售面积（万平方米）	商品房屋销售额（万元）	资质建筑业总产值（万元）
1987	96701	42090	29853				
1988	126924	43331	29301				
1989	146853	40880	28418				
1990	149927	42102	27927				
1991	165769	52719	33118				
1992	196474	84743	57799				
1993	270158	197266	132958	8672			28721
1994	360931	284860	159100	12033	3.62	3325	66902
1995	446833	415261	202179	20218		8083	83367
1996	504921	441690	232393	16820	6.96	10575	83250
1997	553393	354916	195735	16417	7.64	7215	89209
1998	610393	465194	300274	15644	9.58	9737	95898
1999	667159	532093	332915	25389	8.79	10717	109913
2000	732541	585943	385651	48265	11.68	16563	116290
2001	801400	543190	324997	54095	22.21	32047	153380
2002	886348	594999	334431	63460	26.78	42436	159628
2003	986505	750373	319005	110509	48.83	81442	355275
2004	1134481	917770	253626	143121	70.42	108070	414379
2005	1304126	1236511	228722	191050	80.34	148800	494792
2006	1499261	1648509	324613	279460	158.06	384274	686831
2007	1747040	2486320	560727	390555	134.48	419465	1037608
2008	2200030	3226136	733279	401362	82.90	276098	1335177
2009	2619733	4339687	1093131	496510	213.98	861126	1760881
2010	3121663	5829542	1353410	808227	139.03	647153	2478701
2011	3743250	7786531	1721545	878315	122.53	640947	3320495
2012	4322830	10004530	2700793	1205318	154.96	934435	4141817
2013	4906412	12988738	3294020	1651264	237.35	1554177	4693413
2014	5599920	15899953	4060100	2120086	175.67	993649	5685523
2015	6395822	19342076	4452244	1933005	222.95	1256690	6653345
2016	7290015	21880416	6593292	1801018	277.21	1589713	7345433
1950–1978 累计增长（倍）	8.00						
1979–2016 累计增长（倍）	330.44	4349.85	1556.23				
1950–2016 累计增长（倍）	2980.60						
1950–1978 平均增长（%）	7.87						
1979–2016 平均增长（%）	16.50	24.67	21.34				
1950–2016 平均增长（%）	12.68						

注：固定资产投资 2015 年及以前年份均为全社会固定资产投资。

19-1 新中国成立以来龙岩市国民经济和社会发展主要指标（六）

年 份	财 政 总收入 (万元)	#地方财政 收 入 (万元)	地方财政 支 出 (万元)	年末金融 机构人民币 存款余额 (万元)	城乡居民 人民币储蓄 存款余额 (万元)	年末金融 机构人民币 贷款余额 (万元)
1949						
1950						
1951					61	
1952	870		572	198	159	164
1953	1020		646	612	218	425
1954	1402		635	751	286	481
1955	1484		804	998	418	1786
1956	1609		926	1505	416	2929
1957	1780		1083	1468	542	2499
1958	2731		1839	3966	741	5646
1959	2882		1769	4258	849	7626
1960	3033		2185	4395	968	8718
1961	1720		1124	4667	766	9741
1962	2155		1121	3234	572	8346
1963	2630		1946	3367	636	6694
1964	3135		1735	3818	803	6625
1965	2457		1778	4384	811	7604
1966	2330		1964	4717	997	9143
1967	1974		2120	4770	976	8784
1968	1906		1765	5555	904	11104
1969	2573		3023	6865	978	12481
1970	4275		3712	7427	1144	14372
1971	5431		4121	8298	1314	14799
1972	6459		4437	8991	1514	14465
1973	6344		4585	9569	1606	14920
1974	6597		4711	10891	1711	13887
1975	6476		4946	11557	1821	15256
1976	6389		5132	12082	1862	16217
1977	7358		6094	13425	2057	17210
1978	8714		7679	16261	4956	20410
1979	8428		7334	16761	5917	23185
1980	10421		8943	20404	6786	22337
1981	11723		9111	19718	7265	23825
1982	12584		9652	20357	8558	22666
1983	12137		10214	23332	10686	25681
1984	16026		12557	39334	17670	49420

19-1 新中国成立以来龙岩市国民经济和社会发展主要指标（续）

年　　份	财　政 总收入 （万元）	#地方财政 收　　入 （万元）	地方财政 支　　出 （万元）	年末金融 机构人民币 存款余额 （万元）	城乡居民 人民币储蓄 存款余额 （万元）	年末金融 机构人民币 贷款余额 （万元）
1985	21340		19763	62887	24492	69362
1986	27469		25901	88690	33809	95625
1987	32953		30722	108192	46718	122281
1988	38968		37579	114066	53472	139897
1989	45403		40025	133638	73181	162870
1990	47291		41734	172306	101866	187440
1991	54877		47835	219910	133229	211151
1992	60799		60405	274984	176356	249491
1993	92857		88654	326159	216889	311916
1994	122082	49638	97400	426793	296427	403227
1995	135523	62594	107138	655453	411521	573620
1996	159633	76920	126380	825610	547752	686402
1997	178816	83890	135792	965661	646366	785128
1998	202510	87293	144269	1147119	768380	881280
1999	233629	97644	161106	1314562	869012	990468
2000	286148	109082	176268	1406797	898244	1068236
2001	334744	133260	203776	1525860	982855	1150044
2002	371594	126969	217754	1777600	1136604	1273457
2003	399464	143343	245075	2243792	1343087	1581000
2004	471617	169840	273167	2594667	1536037	1817328
2005	579501	208297	316547	2958839	1788484	2110189
2006	765026	284899	407017	3517059	1983865	2693151
2007	964682	366563	550826	4106959	2188164	3434295
2008	1184921	462810	682233	5206959	2828117	3937319
2009	1343811	543378	890415	6836421	3528848	5736550
2010	1633201	667481	1108134	7847614	3944782	7233897
2011	2064457	842832	1377312	9084257	4517663	8745487
2012	2373222	1015078	1649299	10939592	5249715	10389658
2013	2491400	1172067	1994163	12665488	6009552	11779620
2014	2616946	1198424	2060037	13766247	6551325	12919033
2015	2698106	1246063	2579654	15628488	7270055	13606547
2016	2660721	1314144	2742714	17537603	8093020	14341940
1950–1978 累计增长（倍）						
1979–2016 累计增长（倍）	304.34		356.17	1077.51	1631.97	701.69
1950–1978 平均增长（%）						
1979–2016 平均增长（%）	16.25		16.73	20.17	21.49	18.83

19-1　新中国成立以来龙岩市国民经济和社会发展主要指标（七）

年　　份	职工平均工资（元）	城镇居民人均可支配收入（元）	城镇居民人均消费性支出（元）	#食品支出	农民人均可支配（纯）收入（元）	农民人均生活消费支出（元）	#食品支出	居民消费价格指数（上年=100）
1949		89	80					
1950		92	81		66			
1951		93	82		74			
1952		95	83		80			
1953		96	84		83			
1954		98	85		91			
1955		101	88		97			
1956	529	122	100		111			
1957	500	130	108		120			
1958	462	125	101		121			
1959	408	165	135		116			
1960	414	175	156		128			
1961	441	172	160		136			
1962	506	179	158		163			
1963	550	180	161		144			
1964	555	185	155		139			
1965	561	182	154		130			
1966	555	181	150		137			
1967	570	183	151		123			
1968	577	186	154		114			
1969	541	191	157		120			
1970	545	211	165		123			
1971	544	232	183		116			
1972	582	245	189		117			
1973	598	256	197		115			
1974	588	265	201		118			
1975	583	283	212		101			
1976	573	295	220		107			
1977	586	312	231		120			
1978	576	334	264	193	134			
1979	615	375	306	222	167			102.1
1980	740	415	352	254	203			104.6
1981	745	418	355	257	247	197		103.0
1982	813	475	383	275	277	220		103.0
1983	884	496	401	287	294	256		100.6
1984	981	528	418	296	314	277		100.4
1985	1098	662	575	403	360	347		110.4
1986	1251	746	617	431	367	369		106.3

19–1 新中国成立以来龙岩市国民经济和社会发展主要指标（续）

年份	职工平均工资（元）	城镇居民人均可支配收入（元）	城镇居民人均消费性支出（元）	#食品支出	农民人均可支配（纯）收入（元）	农民人均生活消费支出（元）	#食品支出	居民消费价格指数（上年=100）
1987	1327	810	665	464	423	414		109.5
1988	1252	992	810	561	548	526		128.1
1989	1887	1115	825	567	624	599		123.1
1990	2091	1291	900	615	661	657		98.1
1991	2268	1525	1075	715	716	675		101.9
1992	2558	1780	1379	802	814	779		105.9
1993	3085	2189	1686	969	982	981		116.5
1994	4399	3111	2572	1482	1250	1417		123.5
1995	4962	3655	2989	1828	1671	1755		114.8
1996	5518	4224	3374	1947	2306	1958		106.2
1997	6436	4679	3697	1948	2632	2094		99.7
1998	7107	5050	3720	1896	2701	2006		98.0
1999	8194	5416	3812	1851	2832	2105		98.4
2000	9177	6048	4299	1821	2959	2196		101.9
2001	10982	6579	4600	1884	3078	2384	1164	99.2
2002	12467	8543	6134	2386	3206	2485	1100	99.9
2003	13442	8920	6301	2620	3374	2587	1110	101.7
2004	14744	10230	7808	2781	3769	2874	1386	105.0
2005	16309	10596	8020	3072	4125	3156	1488	103.4
2006	17863	11718	8826	3212	4491	3442	1586	100.9
2007	20574	14128	10155	3661	5086	3911	1812	105.9
2008	24053	15689	11928	4649	5775	4486	2161	104.8
2009	27638	16572	13262	4924	6252	4815	2245	98.7
2010	30836	18406	14483	5456	6931	5245	2403	103.9
2011	35557	21085	16337	6219	8234	6161	2833	105.2
2012	41168	23765	17651	6696	9396	6837	3105	102.5
2013	44776	23788	17057	6194	10842	8138	3403	102.4
2014	49541	26153	18552	6769	12054	9097	3747	101.9
2015	55438	28218	19626	6996	13274	9961	4076	101.6
2016	59329	30348	20784	7270	14429	10748	4279	101.5
1950–1978 累计增长（倍）		2.75	2.30					
1979–2016 累计增长（倍）	102.00	89.86	77.73	36.67	106.68			
1950–2016 累计增长（倍）		339.99	258.80					
1950–1978 平均增长（%）		4.67	4.20					
1979–2016 平均增长（%）	12.97	12.60	12.18	10.02	13.10			
1950–2016 平均增长（%）		9.09	8.65					

注：1、1949 年 –2012 年为农民人均纯收入，2013 年以后为农民人均可支配收入。

2、2013 年以后城镇居民人均可支配收入为新口径数字，2013 年城镇居民人均可支配收入老口径数据为 26281 元。

19-1　新中国成立以来龙岩市国民经济和社会发展主要指标（八）

年　份	公路通车里程（公里）	公路客运周转量（万人公里）	公路货运周转量（万吨公里）	铁路通车里程（公里）	铁路客运周转量（万人公里）	铁路货运周转量（万吨公里）	民用车辆拥有量（辆）	固定电话用户数（户）	移动电话用户数（户）	互联网用户数（户）
1949	482	22	4							
1950	482	30	5							
1951	531	63	6							
1952	556	160	19							
1953	556	434	36							
1954	562	697	84							
1955	562	1331	190							
1956	666	3209	940							
1957	775	3781	1412							
1958	1056	5992	2988							
1959	1545	6638	4257							
1960	1630	7153	6042							
1961	1630	4463	2927							
1962	1630	6865	3023							
1963	1808	5892	2461							
1964	1612	6256	2609							
1965	1896	6910	3631							
1966	2102	8362	4421							
1967	1970	6674	3718							
1968	2052	4662	2476							
1969	2130	7690	4554							
1970	2214	8610	6320							
1971	2505	9053	7213							
1972	2661		7693							
1973	2778		7270							
1974	2836	14455	7830							
1975	2974	14748	8030							
1976	3136	16413	8153							
1977	3392	17382	8641							
1978	3526	17048	8593							
1979	4026	20047	10140							
1980	3662	25189	10766							
1981	3668	27518	10805							
1982	3668	33348	10720							
1983	3698	37168	10737							
1984	3698	43203	11290							
1985	3750	54777	11533				5073			
1986	3788	53581	11578							

19-1 新中国成立以来龙岩市国民经济和社会发展主要指标（续）

年份	公路通车里程（公里）	公路客运周转量（万人公里）	公路货运周转量（万吨公里）	铁路通车里程（公里）	铁路客运周转量（万人公里）	铁路货运周转量（万吨公里）	民用车辆拥有量（辆）	固定电话用户数（户）	移动电话用户数（户）	互联网用户数（户）
1987	3853	60092	11100							
1988	3909	69845	11310							
1989	4040	67129	10927							
1990	4141	62994	9512				9887			
1991	4218	63915	10805							
1992	4218	63215	8239							
1993	4592	38486	4125							
1994	4891	56158	150931							
1995	5243	78562	82300				11771			
1996	5243	83006	86954				12723			
1997	5227	87606	92307				13797			
1998	5253	91232	102211				14903			
1999	6900	95363	112107				15948			
2000	6950	108919	123316	229.6	7163	34341	16405	350000	210991	52295
2001	8939	140531	165158	229.6	10068	40274	19591	440000	399301	96727
2002	8970	140926	186365	229.6	13324	44824	24545	540600	456551	152296
2003	9179	142772	211170	229.6	13398	57041	31695	634000	581395	192045
2004	9916	154358	257239	229.6	16795	68362	37685	681700	670246	139400
2005	10160	182169	296923	388.8	20638	89804	48581	735100	875600	167700
2006	11470	226604	339707	388.8	29579	95594	61945	760882	1109000	198319
2007	11606	256349	441749	388.8	36686	101935	78276	761300	1300700	207600
2008	11954	270273	538819	388.8	43004	109908	102742	727800	1526700	163937
2009	11902	262080	649921	388.8	43449	133400	133272	633700	1896015	206700
2010	12161	213455	716464	388.8	47379	166104	164974	571900	2016000	249015
2011	12337	157638	718389	388.8	50329	170678	198418	555000	2521700	342736
2012	12620	118101	730294	374.2	80771	142387	233768	532926	2948234	394960
2013	13446	118337	844950	374.0	124305	132625	265729	499343	2885993	425194
2014	13627	123023	998853	374.0	121047	120809	298132	504783	2982603	403159
2015	14222	121861	1151204	509			316168	503796	2528872	641461
2016	14314	120771	1156497				345724	570925	2603348	754457
1950–1978 累计增长（倍）	6.32	773.91	2147.25							
1979–2016 累计增长（倍）	3.06	6.08	133.59							
1950–2016 累计增长（倍）	28.7	5488.6	289123.3							
1950–1978 平均增长（%）	7.10	25.79	30.29							
1979–2016 平均增长（%）	3.76	5.29	13.77							
1950–2016 平均增长（%）	5.19	13.71	20.64							

注：2015 年以后南昌铁路局不提供地市级铁路周转量数据。

新中国成立以来龙岩市国民经济和社会发展主要指标（九）

年　份	实际利用外资（万美元）	内联引资客方实际到资（万元）	外贸出口总值（万美元）	普通高校在校生数（人）	普通中学在校生数（万人）	小学在校学生数（万人）	卫生技术人员数（人）	医生（人）	医疗病床位数（张）
1949					0.48	7.53	72		140
1950					0.65	7.50	118		169
1951					0.79	9.57	180		247
1952					1.15	10.73	285		315
1953					1.32	9.96	422		457
1954					1.32	10.04	482		425
1955					1.30	10.65	453		400
1956					1.68	12.62	516		450
1957					1.73	12.40	515		455
1958					2.12	15.70	801		554
1959					2.55	17.89	657		765
1960					3.14	19.33	739		944
1961					2.08	14.02	2024		2123
1962					1.65	12.73	2463		1694
1963					1.64	15.10	2395		1608
1964					1.91	20.02	2550		1786
1965					2.24	23.67	2716		1857
1966					2.20	23.41	2473		1924
1967					2.05	19.17	2437		2058
1968					2.10	15.61	2453		2044
1969					2.76	19.14	2530		2089
1970					3.24	21.3	2283		2182
1971					4.79	23.79	1823		1992
1972					5.62	27.38	2268		3242
1973					5.29	31.33	2565		2841
1974					5.81	33.64	2346		3278
1975					7.95	35.05	2660		3508
1976					10.76	35.16	3198		3667
1977					12.44	34.32	4339		4448
1978				657	12.53	33.04	4470	1921	4452
1979				1553	11.55	33.31	4504	1795	4544
1980				1168	12.11	33.71	4795	1779	4489
1981				492	10.12	32.60	5019	1904	4787
1982				445	9.77	32.80	5220	1967	4849
1983				432	9.55	33.30	5425	2047	4911
1984				658	10.30	33.24	5500	2034	5098
1985	87			1149	11.52	33.04	5488	2662	4982
1986	40			1626	12.19	31.72	5566	2667	5265

新中国成立以来龙岩市国民经济和社会发展主要指标（续）

年　份	实际利用外资（万美元）	内联引资客方实际到资（万元）	外贸出口总值（万美元）	普通高校在校生数（人）	普通中学在校生数（万人）	小学在校学生数（万人）	卫生技术人员数（人）	医生（人）	医疗病床位数（张）
1987	4			1334	12.46	30.35	5726	2705	5253
1988	131		409	1499	11.47	30.58	5919	2774	5897
1989	496		467	1540	10.49	31.77	6210	3167	6099
1990	145		783	1282	10.77	32.46	7102	3346	6100
1991	218		708	1264	11.40	33.35	7344	3451	6119
1992	1169		1185	1379	12.25	35.03	7558	3635	6103
1993	5368		2168	1550	12.67	35.88	7591	3661	6103
1994	9491		3661	1650	13.61	36.67	7652	3686	6119
1995	7978		4605	1752	15.59	37.25	7348	3866	6199
1996	8595		5384	1890	18.26	38.03	7673	3905	6896
1997	5027	36022	6730	2119	20.36	38.98	7780	3970	8024
1998	5260	30992	2317	2226	20.82	39.07	7822	4005	8084
1999	5632	62935	2864	3157	20.54	38.20	7784	3986	8616
2000	4015	114261	4498	3820	20.76	36.24	7796	3995	8648
2001	2249	88730	4512	4004	22.15	33.34	7589	3807	8668
2002	3039	134246	4832	6204	24.28	29.94	7099	3723	7390
2003	4639	206848	9715	7250	26.33	25.47	7127	3715	7763
2004	3109	231604	21097	9566	26.51	21.49	7122	3797	7779
2005	5161	339815	16439	11488	25.11	18.80	7260	3831	7928
2006	8157	480224	15609	12614	22.88	18.27	7511	3860	8030
2007	12672	590531	24432	13309	20.54	17.37	8087	4174	8164
2008	15350	920269	45924	13502	18.92	16.60	8915	4078	8853
2009	16199	1011055	59230	13434	16.92	16.27	10885	4259	10212
2010	16637	1114165	131336	14100	15.23	15.99	12592	4453	11213
2011	17297	1282931	185206	14443	13.89	16.36	13383	4471	12261
2012	19908	1418944	210855	15562	13.31	16.62	14418	4609	13580
2013	21500	1580586	211768	16588	12.88	16.48	16085	4880	15711
2014	24082	1786791	241552	17146	12.67	17.28	16765	5137	16156
2015	26000	1965340	257708	17846	12.46	17.92	17858	5660	16601
2016	27768	2134575	231778	18044	12.42	18.60	18275	5859	16955
1950–1978 累计增长（倍）					25.10	3.39	61.08		30.80
1979–2016 累计增长（倍）				26.46	–0.01	–0.44	3.09	2.05	2.81
1950–2016 累计增长（倍）					24.9	1.5	252.8		120.1
1950–1978 平均增长（%）					11.91	5.23	15.30		12.67
1979–2016 平均增长（%）				9.11	–0.02	–1.50	3.78	2.98	3.58
1950–2016 平均增长（%）					4.98	1.36	8.61		7.42

注：2004 年起实际利用外资为验资口径，2004 年以前的为报表口径。

附录 1　2016 年龙岩市国民经济和社会发展统计公报

2016 nian Long yan shi guo min jing ji he she hui fa zhan tong ji gong bao

供稿人：林惠芳

2016 年龙岩市国民经济和社会发展统计公报

龙岩市统计局　国家统计局龙岩调查队

2016 年，在市委和市政府的正确领导下，龙岩市积极应对经济下行压力，着力稳增长、调结构、强动力、惠民生、防风险，积极推进供给侧的经济结构性改革，全力以赴打好“项目落地、脱贫攻坚、生态环保”三大战役，全市经济社会建设成效明显。全市经济运行总体平稳，结构调整稳中有进，运行质量进一步提高。农业平稳发展，工业生产缓中趋稳，投资增长较快，市场需求活跃，外贸进出口总量平稳增长，财政收支基本平稳，城乡居民收入稳步增加。

一、综　　合

初步核算，全年实现地区生产总值 1895.67 亿元，按可比价格计算，比上年增长 8.1%。其中，第一产业增加值 223.56 亿元，增长 3.7%；第二产业增加值 966.99 亿元，增长 7.4%；第三产业增加值 705.12 亿元，增长 10.5%；人均地区生产总值 72354 元，比上年增长 7.3%。三次产业结构由 2015 年的 11.5：52.7：35.8 调整为 2016 年的 11.8：51.0：37.2。

居民消费价格一季度同比上涨 1.5 %，上半年上涨 1.5 %，前三季度上涨 1.4 %，全年上涨 1.5 %（见表 1），其中，消费品价格上涨 1.3 %，服务项目价格上涨 2.0 %。工业生产者出厂价格下降 1.9%。

表 1：2016 年居民消费价格指数

指　　标	全　市 (%)	城　市 (%)	农　村 (%)
居民消费价格总水平	101.5	101.5	101.6
食品烟酒	103.3	102.8	104.3
其中：粮食	98.3	97.0	100.3
衣着	98.9	98.2	100.7
居住	101.4	102.0	100.3
生活用品及服务	99.7	99.9	99.3
交通和通信	99.7	99.9	99.2
教育文化和娱乐	100.6	100.3	101.1
医疗保健	103.3	104.6	101.0
其他用品和服务	101.8	101.8	101.8

初步统计，全市全年电子商务交易总额 345 亿元，比上年增长 86.5%，占全省的比重为 3.38%。限额以上批发和零售企业实现网上零售额 9.27 亿元，增长 77.2%。“正统网”入驻电子商务企业 730 家。

城镇新增就业 2.04 人，比上年减少 17%。年末城镇登记失业率为 2.54%，与上年基本持平。

全市财政总收入266.07亿元，比上年下降1.4%，其中地方级财政收入131.41亿元，增长5.5%；财政支出274.22亿元，增长6.3%。全市国税税收收入159.83亿元，增长4.2%；地税税收收入77.4亿元，增长12.1%。

二、农　　业

全年农林牧渔业完成总产值378.03亿元，比上年增长3.8%。其中，农业产值163.92亿元，增长3.6%；林业产值46.62亿元，增长5.0%；牧业产值144.49亿元，增长3.1%；渔业产值14.67亿元，增长6.7%；农林牧渔服务业产值8.33亿元，增长5.5%。

粮食播种面积273.16万亩，比上年减少0.65万亩。其中稻谷面积219.19万亩，比上年减少1.65万亩；烟叶种植面积26.66万亩，增加0.14万亩；油料种植面积13.11万亩，增加0.22万亩；蔬菜种植面积118.58万亩，增加1.49万亩。全年粮食总产量109.8万吨，下降0.1%。其中，稻谷产量93.11万吨，减少0.67万吨，下降0.7%。蔬菜产量202.41万吨，增长2.0%（见表2）。

表2：2016年主要农产品种植面积及产量

产品名称	播种面积（万亩）	比上年增长(%)	产量（万吨）	比上年增长(%)
粮食	273.16	–0.2	109.80	–0.1
# 春粮	12.37	3.4	3.72	5.8
夏粮	82.10	–1.5	32.20	–1.4
秋粮	178.69	0.1	73.89	0.1
油料	13.11	1.7	2.63	4.4
# 花生	10.75	2.1	2.27	4.4
烟叶	26.66	0.5	4.01	3.1
茶叶	24.13	–1.4	2.29	5.4
水果	74.97	2.3	47.21	7.4
蔬菜	118.58	1.3	202.41	2.0
食用菌	–	–	4.12	3.0

毛竹产量7698万根，增长7.0%；竹笋干1.95万吨，增长6.5%；松脂2.44万吨，增长1.0%。

肉蛋奶总产量51.54吨，比上年增长2.6%。肉类总产量49.12万吨，增长2.4%。其中：猪肉产量37.8万吨，下降0.1%；牛肉产量0.68万吨，增长8.7%；羊肉产量1189吨，增长23.2%。禽肉产量9.45万吨，增长12.8%。蛋产量2.39万吨，增长6.8%。奶类产量363吨，下降7.9%。水产品总产量8.11万吨，增长6.8%。其中，淡水养殖产品产量6.88万吨，增长7.1%；江河捕捞产量1.23万吨，增长5.3%。

新增有效灌溉面积2万亩，发展节水灌溉面积9万亩。

三、工业和建筑业

全部工业增加值766.27亿元，比上年增长7.5%。其中，规模以上工业增加值579.62亿元，增长7.4%（见表3）。工业产品销售率97.81%，比上年下降0.1百分点。

表3：2016年规模以上工业增加值主要分类情况

指　　标	绝对数（亿元）	比上年增长(%)
工业增加值	579.62	7.4
其中：国有控股企业	176.12	-18.3
其中：国有企业	5.17	-3.5
集体企业	9.49	16.1
股份制企业	493.25	7.7
外商及港澳台投资企业	62.31	5.7
轻工业	240.99	2.7
重工业	338.63	11.1

规模以上工业总产值2052.3亿元，比上年现价增长10.3%。全市规模以上工业"365"产业实现总产值1968.3亿元，增长10.6%。其中，机械制造产业总产值306.5亿元，增长11.8%；有色金属产业总产值448.0亿元，增长18.6%；烟草产业总产值133.4亿元，下降7.9%；能源精化产业总产值334.13亿元，增长4.9%；纺织产业总产值109.19亿元，增长13.5%；建材产业总产值202.95亿元，增长8.4%；光电新材料产业85.53亿元，增长25.4%；生物医药产业25.0亿元，增长21.1%；农副产品加工产业总产值323.6亿元，增长10.9%。

表4：2016年规模以上工业企业主要产品产量

产 品 名 称	单位	绝对数	比上年增长(%)
原　煤	万吨	852	-8.1
卷　烟	亿支	441.1	-11.6
服　装	万件	6493	8.2
人造板	万立方米	89	5.9
水　泥	万吨	3732	8.4
黄　金	千克	76824	7.8
精炼铜	万吨	33	21.1
铁矿石原矿量	万吨	536	3.3
改装车	辆	7399	-10.7
挖掘、铲土运输机械	台	5538	32.0
环境污染防治设备	台（套）	13105	262.4
发电量	亿千瓦时	93.8	9.2

规模以上工业企业实现利润65.53亿元，比上年下降24.0%。其中，国有企业亏损1.81亿元，增长155.8%；集体企业1.25亿元，下降10.7%；股份制企业实现利润57.39亿元，下降24.2%；外商及港澳台投资企业7.7亿元，下降14.0%；国有控股企业1.99亿元，下降93.0%。

全社会建筑业实现增加值200.72亿元，比上年增长6.8%（可比价）。全市资质等级以上的总承包和专业承包建筑企业完成建筑业总产值734.5亿元，增长10.8%；房屋建筑施工面积1925.3万平方米，增长10.4%；房屋建筑竣工面积228.64万平方米，下降2.9%。

四、固定资产投资

固定资产投资2188.04亿元，增长15.2%。其中，第一产业投资增长73.4 %，第二产业投资增长4.5%，其中工业投资增长5.4%，第三产业投资增长20.5%。（见表5）。

表5：2016年固定资产投资情况

指　　标	绝对数（万元）	比上年增长（%）
固定资产投资	21880416	15.2
第一产业	1576331	73.4
第二产业	9794601	4.5
#工业	9689714	5.4
第三产业	10509484	20.5

全市房地产开发投资180.1亿元，下降6.8%。其中，商品住宅投资111.4亿元，下降18.0%。商品房销售面积277.21万平方米，增长24.3%；商品房销售额158.97亿元，增长26.5%。

表6：2016年房地产开发和销售主要指标完成情况

指　　标	单　位	绝对数	比上年增长(%)
投资完成额	亿元	180.1	-6.8
其中：住宅	亿元	111.4	-18.0
其中：90平方米及以下	亿元	34.9	-34.4
房屋施工面积	万平方米	1925.3	10.4
其中：住宅	万平方米	1296.9	15
房屋新开工面积	万平方米	426.2	104.3
其中：住宅	万平方米	327.7	127.7
房屋竣工面积	万平方米	228.6	-2.9
其中：住宅	万平方米	144.4	-4.6
房屋销售面积	万平方米	277.2	24.3
其中：住宅	万平方米	233.2	18.3
本年资金来源	亿元	292.9	-2.7
其中：国内贷款	亿元	28.0	-27.1
其中：个人按揭贷款	亿元	58.8	57.3
本年土地购置面积	万平方米	120.9	-9.7
土地购置费	亿元	33.9	-38.7

全市300个省市重点项目，比上年增加39个，增长14.9%；完成投资807.4亿元，增长22.5%；实现新开工项目110个，比上年增加25个，增长29.4%；实现新建成或部分建成项目95个，比上年增加28个，增长41.8%。

五、国内贸易

全年社会消费品零售总额729亿元，比上年增长14.0%，扣除价格因素，实际增长12.3%。按构成分组，限额以上企业商品零售额426.53亿元，增长18.1%；限额以下企业商品零售额302.47亿元，增长8.7%。按商品形态分组，餐饮收入71.85亿元，增长15.2%；商品零售额657.16亿元，增长13.9%。

在限额以上企业商品零售额中，汽车类零售额比上年增长18.6%，粮油类增长21.1%，肉禽蛋类增长34.2%，服装类增长17.0%，日用品类增长29.2%，文化办公用品类增长28.8%，通讯器材类增长21.5%，化妆品类下降16.5%，金银珠宝类增长71.2%，中西药品类下降45.5%，家用电器和音像器材类增长18.7%，家具类增长29.2%，建筑及装潢材料类增长 31.9%。

六、对外经济

全年进出口总额248.5亿元，比上年增长8.0%。其中，进口92亿元，增长30%；出口156.5亿元，下降1.8%。

表7： 2016年进出口主要分类情况

指　　标	绝对数（万元）	比上年增长（%）
进出口总额	2485101	8.0
出口额	1565244	-1.8
其中：一般贸易	1428387	-6.9
加工贸易	136797	109.2
其他贸易	59	218.4
其中：机电产品	490462	-15.3
其中：高新技术产品	72799	6.0
进口额	919857	30.0
其中：一般贸易	696872	-1.0
加工贸易	222710	257.2
其他贸易	275	-66.4
其中：机电产品	10062	60.5
其中：高新技术产品	6791	27.2

表 8： 2016 年对主要国家和地区进出口情况

国家和地区	出口额（万元）	比上年增长(%)	进口额（万元）	比上年增长(%)
美国	254773	-6.5	5168	-92.0
欧盟	253915	15.6	12148	-58.0
东盟	396108	50.6	109245	-4.2
日本	60088	12.3	3923	7.2
香港地区	154844	-8.8	240	1346.2
台湾地区	35181	11.9	6710	-74.6
韩国	110594	31.8	2309	-24.7
俄罗斯联邦	14435	11.0	147	-93.0

新批外商直接投资项目 32 个，新增合同外资金额 6.82 亿美元，比上年增长 21.0%；外商直接投资 2.78 亿美元，增长 6.8%。

七、交通、邮电和旅游

全市交通运输、仓储和邮政业实现增加值 111.02 亿元，比上年增长 4.1%。全市公路货物运输周转量 115.65 亿吨公里，增长 7.0%；公路旅客运输周转量 12.08 亿人公里，增速与上年持平。

年末全市公路通车总里程为 14314 公里，比上年增长 0.6%。其中，高速公路 662 公里。年末铁路营业长度 486 公里。

年末全市机动车保有量 939050 辆，比上年末增长 6.4%，其中个人汽车保有量 314523 辆，增长 11.3%。载客汽车保有量 267791 辆，增长 13.3%，其中个人载客汽车达 250237 辆，增长 14.5%。

全年邮政业务总量 7.38 亿元，比上年增长 40.9%。年末全市固定及移动电话用户总数达 317.43 万户，增加 14.16 万户。其中：固定电话用户达 57.1 万户，增加 6.7 万户；移动电话用户达 260.33 万户，增加 7.44 万户。互联网用户达 183.3 万户，增加 119.1 万户。

全年旅游总收入 253.42 亿元，比上年增长 29.1%，其中，国内旅游收入 247.69 亿元，增长 28.6%；旅游外汇收入 0.86 亿美元，增长 43.9%。全年接待旅游总人数 3059.12 万人次，比上年增长 20.8%。其中，国内旅游人数 3045.22 万人次，增长 20.7%；接待入境游客 13.9 万人次，增长 40.9%。

八、金融和保险

年末全市金融机构本外币各项存款余额 1763.93 亿元，比上年末增长 11.6%；金融机构本外币各项贷款余额 1454.14 亿元，增长 5.6%（见表 9）。

农村合作金融机构人民币存款余额 444.43 亿元，比上年末增长 16.6%；人民币贷款余额 252.51 亿元，增长 3.4%。

表 9：2016 年全部金融机构本外币存贷款情况

指　　标	年末数（亿元）	比上年增长（%）
各项存款余额	1763.93	11.6
人民币存款	1753.76	12.2
其中：储蓄存款	809.3	11.3
各项贷款余额	1454.14	5.6
人民币贷款	1434.19	5.4
其中：短期贷款	215.10	–4.0
中长期贷款	430.26	13.9

全市保险企业各项保费收入 50.74 亿元，比上年增长 16.8%。其中，财产险保费收入 18.35 亿元，增长 4.8%；人寿险保费收入 32.4 亿元，增长 24.9%。全年财产险赔款支出 9.58 亿元，增长 3.2%；人寿险赔款支出 5.56 亿元，增长 33.6%。

九、教育和科学技术

全市各类高校招生 4991 人，在校生 18044 人，毕业生 4657 人。各类中等职业教育招生 8332 人（不含技工学校，下同），在校生 23846 人，毕业生 7589 人。普通高中招生 15890 人，在校生 46680 人，毕业生 14933 人。初中招生 26521 人，在校生 77538 人，毕业生 26663 人。普通小学招生 33974 人，在校生 186013 人，毕业生 26390 人。特殊教育在校生 3043 人。幼儿园在园幼儿 139189 人。

全市启动实施市本级科技计划项目 118 个，下达科技项目经费 2900 万元；新启动实施省级以上项目 40 个，争取科技项目经费 2387 万元。新增省级（企业）工程技术研究中心 1 家、累计 26 家。全市高新技术企业通过认定 35 家、累计 90 家，增长 26.7%，省级创新型企业新增 3 家、累计 35 家（国家级 1 家）。年度牵头完成科技成果获省科技奖 7 项。全市专利申请受理 9569 件（含发明专利申请 2219 件），专利授权 4138 件（含发明专利授权 241 件），分别比上年增长 104.77% 和 50.75%，增幅均居全省第一，全市拥有有效发明专利 811 件，每万人发明专利拥有量 3.084 件。获第十八届中国专利奖优秀奖 1 项，获省专利奖 3 项（一等奖 1 项，三等奖 2 项）、全市评审专利奖 25 项。新罗区、永定区、武平县 3 个省知识产权强县顺利通过考核验收，上杭县积极争创省知识产权强县工程试点县。全市新入选国家知识产权优势企业 2 家，新入选省知识产权优势企业 8 家，新增市级试点单位 45 家。我市在创建国家知识产权试点城市考核中评定为优秀等次，被评为国家知识产权试点示范城市工作先进集体。

全市 17 件商标被认定为中国驰名商标，233 件商标被认定为福建省著名商标，320 件商标被认定为龙岩市知名商标。全市拥有地理标志商标 28 件。全市拥有“福建省名牌”73 家 79 项，国家地理标志保护产品 4 个。全市共有 3 家企业的产品采用国际标准注册，使用国际标准注册的产品有 3 项；3 项产品使用采标标志。全市共有法定计量检测机构 7 家，产品质量检验机构 6 个，工业生产许可证审查技术中心 1 个。全年强制检定计量器具 8.4 万台（件），安全检测特种设备 8839（不含压力管道 14.38km、气瓶 80818 个）台（件）。

十、文化、卫生和体育

全市年末共有各类艺术表演团体 6 个，影剧院 8 个，群众艺术馆（文化馆）8 个，公共图书馆 7 个，书藏量 108 万册，博物馆 14 个。文化系统各类艺术表演团体艺术演出 512 场，观众 30 万人次；广播综合人口覆盖率为 98.3%；电视人口综合覆盖率为 100%；有线电视用户 41.5 万户。

全市出版图书 165 种，总印数 35.39 万册；报纸 2 种，总印数 2490 万份；期刊 21 种，总印数 45.3 万册。

全市年末共有各类卫生计生机构（包括门诊部、卫生所、医务室、诊所）692个，其中医院43个，卫生院115个，社区卫生服务中心（站）30个；年末全市共有卫生机构床位16957张，其中医院和卫生院床位15630张。年末全市卫生计生机构人员总数21376人，其中卫生技术人员18252人，其中执业（含助理）医师5859人，注册护士8433人；全市村卫生所 2518个，乡村医生和卫生员2877人。

在国内外的各项比赛中，我市运动健儿取得两项三人次世界冠军。我市4名运动员参加第31届里约奥运会，其中，林丹获得羽毛球男单第四，何雯娜获得蹦床女子个人第四，张靖婧获得射击女子25米手枪第四，张靖获得女子水球第五。全市社会体育指导员共培训1101人，其中国家级3人，一级18人，二级380人，三级700人。全市新增二级运动员31人，二级裁判员100人。全年销售体育彩票5.9亿元，增长速度和市场份额在全省排列第一。圆满完成2016年全国女子举重锦标赛暨里约奥运会选拔赛的任务，成功举办第三届羽毛球文化节，并在永定区成功举办“第一届环永定土楼国际山地马拉松赛”。成功启动医保健身一卡通，推动健康龙岩建设。

十一、人口、人民生活和社会保障

年末全市常住人口为263万人，出生率15.9‰，死亡率6.9‰；人口自然增长率9.0‰。城镇化水平为53.8%。

全年全市居民人均可支配收入22142元，比上年增长8.0%；扣除价格因素，实际增长6.4%。按常住地分，全市城镇居民人均可支配收入30408元，比上年增长7.8%，扣除价格因素，实际增长6.2%；农民人均可支配收入14429元，增长8.7%，扣除价格因素，实际增长7.0%。全市居民人均生活消费支出15592元，比上年增长6.5%，扣除价格因素，实际增长4.9%。按常住地分，城镇居民人均消费性支出20784元，增长5.9%，扣除价格因素，实际增长4.3%。其中，食品支出占城镇居民人均消费性支出35.0%。农民人均生活消费支出10748元，增长7.9%，扣除价格因素，实际增长6.2%。食品支出占农村居民人均消费性支出39.8%。

年末全市参加城镇基本养老保险人数45.24（不含退休）万人，比上年增加0.54万人。参加城镇失业保险职工人数38.28万人，增加4.39万人；参加城镇基本医疗保险人数42.22万人，增加1.33万人；参加城镇工伤保险人数39.85万人，增加0.05万人；参加城镇生育保险人数43.6万人，增加0.51万人。参加城乡居民社会养老保险人数132.05万人，增加0.57万人。

年末全市养老机构总床位数1.56万张，每千名老人拥有养老床位33.1张。全市城市有0.52万人享受到最低生活保障救助，比上年减少0.37万人；农村有4.76万人享受到最低生活保障救助，比上年减少4.72万人。

十二、资源、环境和安全生产

全年完成植树造林总面积21.51万亩，完成年度任务的211.4%。其中，完成更新造林总面积11.73万亩；“三带一区”造林9.78万亩。商品材产量69.31万立方米，增长45.55%。

全市城市污水集中处理率89.23%，增长0.6%；城市生活垃圾无害化处理率99.56%，增长0.1%。

全市共有自然保护区3个，其中国家级自然保护区3个；自然保护区面积4.9万公顷；全市森林覆盖率77.91%。

中心城市空气质量监测指标中二氧化硫、二氧化氮、可吸入颗粒物、细颗粒物、一氧化碳、臭氧年均值均可达到国家二级标准。除漳平外，永定区、武平县、上杭县、长汀县、连城县空气质量监测值达到国家二级标准。水环境质量方面，九龙江北溪龙岩段水质达标率为100%；汀江水质达标率为90.91%；闽江沙溪连城段及梅江武平段水质达标率均为100%。

全市发生各类安全生产事故115起、死亡67人，比上年分别下降23.3% 和21.1%。其中发生生产经营性道路交通事故（不含铁路、高速）89起，死亡51人；工矿商贸事故9起，死亡8人。十万人生产安全事故死亡率为2.55，亿元GDP生产安全事故死亡率为0.035。

注：1、本公报所列数据为初步统计数。

2、本公报地区生产总值、各产业增加值、工业总产值、农林牧渔业总产值总量按现价计算，增长速度按可比价格计算。

2016年新罗区国民经济和社会发展统计公报

2016年，在区委、区政府的正确领导下，全区上下坚持"四个全面"的战略布局和创新、协调、绿色、开放、共享"五大"发展理念，坚持发展第一要务，坚持稳中求进，加快产业轻型化、集群化"两化并进"，各项社会事业取得新的进步。

一、综　　合

初步核算，全年地区生产总值（GDP）692.3亿元（现价，快报数，下同），按可比价格计算，比上年增长7.9%。其中：第一产业增加值29.5亿元，增长4.0%；第二产业增加值398.9亿元，增长6.8%；第三产业增加值263.8亿元，增长10.2%。三次产业比重由上年的3.9：60.1：36.0调整为4.3：57.6：38.1。

财政总收入完成185.1亿元，下降7.0%。其中地方财政收入完成75.3亿元，增长8.0%。全年财政支出96.5亿元，增长7.4%。

新增城镇就业1.06万人，下岗失业人员再就业0.6万人，城镇登记失业率控制在2.71%。

居民消费价格总水平比上年上升1.5%（见表1）。其中，消费品价格上升0.9%，服务项目价格上升2.6%。工业生产者出厂价格下降0.9%。

表1：2016年新罗区居民消费价格比上年涨跌幅度

名　　称	新罗区
居民消费价格总指数	101.5
食品	103.2
其中：粮食	97.0
烟酒	101.2
衣着	98.2
居住	102.0
生活用品及服务	99.9
交通和通信	99.9
教育文化和娱乐	100.3
医疗保健	104.6
其他用品和服务	101.8

二、农　　业

全年农林牧渔业实现总产值50.9亿元，增长4.1%。

粮食播种面积165650亩，下降5.8%。粮食总产量67720吨，下降6.7%。（见表2）。

表 2：主要农产品产量情况

产　品　名　称	产　　量（吨）	比上年增长（%）
粮食	67720	-5.6
#春收粮食	2267	-0.4
夏收粮食	17832	-7.8
秋收粮食	47621	-4.5
油料	2863	2.5
#花生	2863	2.5
蔬菜、瓜、果类	217865	1.9
水果	38690	2.0
茶叶	1549	11.1
烤烟	185	5.7
肉类	117247	2.7
#猪	85139	-0.7
家禽	31560	13.1
禽蛋产量	4367	6.9
水产品	7580	7.0

肉蛋奶总产量达 121700 吨，增长 2.8%。其中，肉类总产量 117247 吨，增长 2.7%；禽蛋 4367 吨，增长 6.9%；奶类 86 吨，下降 14.9%；生猪出栏达 108.4 万头，下降 0.8%；家禽出栏 2303.2 万只，增长 11.9%。（畜牧业为初步反馈数）

全年水产品总产量 7583 吨，比增 7.0%。

全区现拥有国家级农业产业化龙头企业 2 家，省级 11 家，市级 15 家。

三、工业和建筑业

全年实现规模以上工业总产值 855.5 亿元，规模以上工业实现增加值 283.8 亿元，增长 6.9 %。从轻重工业看，轻工业完成产值 288.3 亿元，增长 1.0 %，重工业完成产值 567.3 亿元，增长 12.4 %。主要产品产量中：原煤、水泥产量、发电量分别增长 1.89%、16.7%、-24.74%（见表 3）。

表 3：2016 年主要工业产品产量

产　品　名　称	计量单位	产　　量	比上年增长 %
原　煤	万吨	519	1.9
软饮料	吨	673848	15.6
人造板	立方米	172085	14.5
饲料	吨	898553	-5.7
水　泥	万吨	2247	16.7
水泥熟料	万吨	1576	8.7
石灰石	吨	8472301	12.6
铁矿石原矿量	吨	3701351	8.5
发电量	万千瓦时	260622	-24.7
#水电	万千瓦时	81288	32.4

亿元企业累计达177家，实现产值723.1亿元，增长7.4%。规模工业企业全年实现主营业务收入780.9亿元，增长11%；工业产品销售率97.8%，比上年提升0.45个百分点。

资质等级以上的总承包和专业承包建筑企业完成建筑业总产值207.4亿元，增长0.8%。房屋建筑施工面积1294.4万平方米，下降0.3%，房屋建筑竣工面积396.3万平方米，增长10.4%；竣工房屋价值72.3亿元，增长13.5%。

四、固定资产投资

全年全社会固定资产投资达764.8亿元，增长12.2%，其中，城乡500万元以上固定资产投资完成628.4亿元，增长22.6%。

在城乡500万以上投资中，第一产业投资32.1亿元，增长160.0%；第二产业投资351.3亿元，占55.9%，增长15.5%，其中工业投资341.5亿元，增长18.9%；第三产业投资245.0亿元，增长24.9%。

全年房地产开发投资130.7亿元，增长-11.3%。商品房施工面积1333.9万平方米，增长19.0%；竣工面积158.5万平方米，增长23.1%。商品房销售面积（含预售）160.5万平方米，增长9.6%，其中，住宅销售面积132.6万平方米，增长1.1%。全年商品房销售额107.5亿元，增长19.5%。

五、国内贸易

全年实现社会消费品零售总额312.3亿元，增长13.9%。新罗区（不含高新区）全年实现社会消费品零售总额302.0亿元，增长14.0%。其中限额以上社会消费品零售额216.1亿元，增长16.0%；限额以下社会消费品零售额完成85.9亿元，增长9.1%。

六、对外经济和旅游

全年外贸出口总额71881万美元，增长6.3%，实际利用外资1179万美元，下降54.8%。

全年旅游营业收入60.9亿元，增长32.2%。共接待游客735.1万人次，增长21.8%。

七、交通和邮电

全年公路客货总运输周转量677745万吨公里，增长7.0%。

全区各类生产安全事故110起，死亡42人，受伤94人，直接经济损失为56.5万，同比分别下降6.0%、上升13.5%、下降4.1%、下降62.6%，四项指数“三降一升”。十万人生产安全事故死亡率为3.4，亿元GDP生产安全事故死亡率为0.032。

八、金融业

年末金融机构人民币各项存款余额886.6亿元，增长8.2%，人民币储蓄存款余额348.1亿元，增长8.8%。年末金融机构各项贷款余额865.7亿元，增长6.5%。

九、科学技术和教育

全区专利申请量达940件，其中发明专利申请192件，实用性新型专利申请653件，外观设计专利申请95；专利授权量达589件，其中发明专利授权80件，实用性新型专利授权431件，外观设计专利授权78。

现有高等学校2所，普通中学24所，中等职业教育学校8所，小学47所。普通高中招生3858人，在校生10784人，毕业生3057人。初中招生7039人，在校生19216人，毕业生6034人。小学招生8992人，在校生49357人，毕业生 6648 人。

十、文化、体育和卫生

全区拥有公共文化机构数 2 个，艺术表演场所 5 个，群众艺术馆 2 个，公共图书馆 1 个，博物馆 4 个。

年末卫生医疗机构数 19 个，医疗床位 6421 张，卫生技术人员 7825 人，其中，医师 2726 士，护师 3895 士。

十一、人口、人民生活和社会保障

年末常住人口 72.5 万人，户籍总人口 522645 人，比上年末增加 9884 人，增长 1.9%。出生人口 8177 人，人口出生率为 15.8‰，下降 1.6 个千分点；死亡人口 2077 人，死亡率为 4.0‰，比上年上升 0.1 个千分点；自然增长率为 11.8‰，比上年上升 1.5 个千分点。

城镇居民人均可支配收入 33952 元，增长 7.1%，；农民人均纯收入 17501 元，增长 9.2%。

年末基本养老保险参保 30.5 万人；失业保险参保 6.9 万人；城镇基本医疗保险参保 19.5 万人；工伤保险参保 9.4 万人；生育保险参保 6.8 万人。

年末全区城镇社会福利机构 5 个，床位 1090 张。全区城镇居民最低生活保障 774 人，农村居民最低生活保障 2533 人。

注：1、本公报各项统计数据均为新罗区初步统计数。

2、公报中，生产总值、各产业增加值或总产值绝对数按现价计算，增长速度按可比价格计算。

3、本公报涉及人口相关数据为公安户籍人口，常住人口数据为抽样调查数

2016年永定区国民经济和社会发展统计公报

2016年，全区上下在中央和省委、市委的正确领导下，深入贯彻落实党的十八大和十八届历次全会精神，深刻领会习近平总书记系列重要讲话和来闽来岩考察重要讲话精神，主动适应体制转轨，加快经济转型，坚定实施“工业强区、文旅兴区、生态立区、农业稳区”战略，做大做强“125”产业，全力推进二次创业，全区经济社会实现平稳健康发展。

一、综　　合

初步核算，全年实现地区生产总值达136.37亿元、比增7.3%。其中，第一产业增加值24.51亿元、比增3.3%；第二产业增加值65.42亿元、比增7.3%；第三产业增加值46.44亿元、比增9.2%。三次产业的结构比例由2015年的17.5：49.1：33.4调整为2016年的18.0：48.0：34.0，人均GDP为59122元。

全年财政总收入12.42亿元，其中地方财政收入8.17亿元，下降20.8%，上划中央收入4.25亿元。国税税收收入76225万元，地税税收收入90201万元。财政总支出24.57亿元，下降8.0%，其中教育支出5.86亿元、下降23.4%，社会保障和就业支出3.22亿元、下降13.6%；医疗卫生支出3.38亿元、下降18.2%；农林水事务支出4.12亿元、比增0.3%。

表1：2016年财政支出完成情况

指　　标	绝　对　数（万元）	比上年增长（%）
财政总支出	245749	-8.0
其中：一般公共服务	16127	-29.2
公共安全	10589	-8.3
教育	58587	-23.4
科学技术	1755	-42.1
文化体育与传媒	4814	0.4
社会保障和就业	32152	-13.6
医疗卫生	33751	-18.2
农林水事务	41232	0.3

2016年居民消费价格总水平（CPI）比上年上涨1.4%，近五年来涨幅逐渐放缓，其中消费品价格上涨1.3%，服务项目价格上涨0.6%，农业生产资料价格上涨1%，工业生产者出厂价格指数与去年持平。

表 2：2016 年居民消费价格类指数情况

指　标　名　称	上年同期 =100
居民消费价格指数	101.4
（一）食品	104.7
1、粮食	100.1
2、油脂	99.0
3、肉禽及制品	108.3
4、菜类	117.3
（二）烟酒及用品	101.2
（三）衣着	101.9
（四）家庭设备用品及维修	101.5
（五）医疗保健和个人用品	99.9
（六）交通和通讯	99.2
（七）娱乐教育文化用品及服务	101.3
（八）居住	100.3

年末新增就业人数 1650 人，年末城镇登记失业人数 1485 人，年末全区城镇登记失业率 2.55%，比上年下降 0.39 个百分点。

二、农　业

全年实现农林牧渔业总产值 41.81 亿元，比增 3.5%。其中，农业产值 16.76 亿元，增长 3.2%；林业产值 5.72 亿元，增长 4.1%；牧业产值 16.78 亿元，增长 3.1%；渔业产值 1.21 亿元，增长 6.1%；农林牧渔服务业产值 1.34 亿元，增长 5.5%。农林牧渔业生产结构比例由 2015 年的 39.1：13.4: 41.3: 2.6: 3.6。调整为 2016 年的 40.1: 13.7: 40.1: 2.9：3.2。

表 3：2016 年主要农产品产量表

产品名称	单　位	实际量	增　量	增　长（%）
粮食产量	吨	111043	365	0.3
其中：稻谷	吨	98155	–533	–0.5
油料产量	吨	1242	28	–2.2
烤烟产量	吨	3941	107	2.6
蔬菜产量	吨	224519	3666	1.7
茶叶产量	吨	1335	90	7.2
水果产量	吨	131759	16888	14.7
其中：李子	吨	4357	–309	–6.6
食用菌产量	吨	1217	–119	–8.9

产品名称	单　位	实际量	增　量	增　长 （%）
肉类总产量	吨	55836	925	1.7
其中：猪肉产量	吨	49871	138	0.3
牛肉产量	吨	1019	28	2.8
羊肉产量	吨	119	40	50.6
禽肉产量	吨	3996	616	18.2
兔肉产量	吨	829	109	15.1
禽蛋产量	吨	1657	147	9.7
奶类产量	吨	120	3	2.6
蜂蜜产量	吨	395	103	35.3
水产品产量	吨	5615	382	7.3
生猪出栏	头	634419	–21143	–3.2
生猪存栏	头	336989	–35436	–9.5

2016 年末耕地面积 32.65 万亩，其中水田 28.46 万亩，水浇地 0.59 万亩，旱地 3.60 万亩。耕地面积结构比例为 87.2: 1.8: 11.0。2016 年末有市各类农业龙头企业 3 家，新增各类农业龙头企业 3 家，累计 3 家，年产值 2412 万元，带动农户 353 户，带动基地规模中种植面积为 7700 亩。

三、工业和建筑业

全年实现工业增加值 25.78 亿元，比增 7.1%。年末有规模以上工业企业 74 家，净增 5 家。规模以上工业企业实现利润总额 8.44 亿元，比降 256.5%；规模以上工业经济效益综合指数 347.22%，比上年上升 104.58 个百分点；产品销售率 99.04%，比上年下降 0.1 个百分点。全社会工业用电量 17413 万千瓦时，比降 7.2%。

在规模以上工业中，煤炭产业产值 16.37 亿元、比降 8.9%；建材材业产值 23.33 亿元、比增 2.3%；光电光纤产业产值 1.61 亿元、比增 44.9%；农副产品加工业产值 8.17 亿元、比增 29.5%；电力产业产值 17.65 亿元、比增 50.7%；高技术产业产值 1.94 亿元、比增 34.6%。

表 4：2016 年规模以上工业主要产品产量

产　品　名　称	单　位	产　量	比上年增长 （%）
原煤	吨	2350675	–8.9
水泥	吨	5754793	–2.2
天然花岗石建筑板材	平方米	7060831	11.4
发电量	万千瓦小时	374035	98.4
中成药	吨	77.07	–11.5
精制茶	吨	77	16.4
纸制品	吨	1897	–41.3
服装	万件	26.92	42.2

全年实现建筑业增加值 12.01 亿元，比增 8.2%。年末有资质以上建筑业企业 23 家，净增 5 家。全区资质以上建筑业企业完成总产值 27.55 亿元，比增 32.5%，房屋建筑施工面积 75.79 万平方米，比增 13.9%。

四、固定资产投资

全年固定资产投资 171.51 亿元（不含高速），比增 15.5%，其中：第一产业投资 6.88 亿元，比增 64.5%，第二产业投资 62.04 亿元，比增 22.6%，第三产业投资 102.59 亿元，比增 9.5%。全年施工项目 412 个。

全年房地产开发投资 7.80 亿元，比增 5.8%。商品房销售面积 11.15 万平方米，比增 43%。商品房销售额 4.98 亿元，比增 41.4%，待售商品房面积 2.80 万平方米，比增 2.2%。

五、国内贸易和对外经济

年末有工商企业 45056 家，其中个体户 21270 家，私营企业 4667 人。私营企业从业人员 19119 人，其中城镇从业人员 10106 人。

全年社会消费品零售总额 6.32 亿元，比增 18.5%。按经营地分，城镇消费品零售额 3.92 亿元，比增 10.6%；乡村消费品零售额 2.40 亿元，比增 34.2%。按构成分，限额以上 25.44 亿元，比增 19.6%，限额以下 30.34 亿元，比增 8.2%。主要消费形态中，批发零售业商品销售额 87.09 亿元，比增 17.5%，住宿餐饮业营业额 9.93 亿元，比增 18%。商品零售额 56.40 亿元，比增 15.8%。

全年新申请注册商标 137 件，累计有注册商标 1839 件，累计有中国驰名商标 1 个、省著名商标 11 个、市知名商标 22 个。

全年新增 4 家外商投资企业，新签合同利用外资 4870 万美元，实际利用外资 2593 万美元（验资口径），比增 10.2%，外贸出口 14401 万美元，比增 8.7%。

六、交通、邮电和旅游

全区 24 个乡镇交通运输、仓储及邮电通信业实现增加值 8.46 亿元，比增 4.2%。年末公路通车总里程 2509.67 公里，其中国道 132.7 公里、省道 16.11 公里、区道 350.77 公里、 乡道 692.04 公里、村道 1318.05 公里。有高速公路里程 78.5 公里。全年公路客货运周转总量 14070 万吨公里，比增 7.3%。载货汽车（营运）2678 辆、下降 21.8%；载货挂车 633 辆、比增 48.24%；年末有区内有 2 条公交线、13 辆公交车、15 辆出租车。

邮电通信业务总量为 9541.86 万元，其中邮政业业务总量 3274.37 万元、电信业业务总量 6267.49 万元。年末城乡固定电话用户 53439 户，移动电话用户 45788 户，互联网用户 33576 户。移动电话基站 382 个，光缆线路长度 4752 公里，互联网宽带接入端口 50747 个。全年累计邮路总长度 466891.6 公里，函件 1563710 件、包裹 131434 件、快递 12838 件、汇票 20295 笔、订销报刊期发数 35556 份、比降 16 %；订销报刊累计数 4670832 份、比降 5.4%。

全年共接待旅游总人次 597.9 万人次，比增 13.8%。其中境外游客 18.22 万人次、比增 8.7%。实现旅游总收入 467918.7 万元、比增 16.1%，其中土楼景区门票收入 13058.2 万元、比增 15.7%。年末有 5 家星级酒店，星级酒店客房总数 367 间。

七、金融和保险

全区 24 个乡镇年末金融机构本外币各项存款余额 151.74 亿元，比增 16.7%，其中住户存款 90.01 亿元，比增 9.7%。年末经融机构贷款余额 93.96 亿元，比降 5.4%，其中住户贷款 66.13 亿元，比增 7.1%。

表 5：2016 年金融机构存贷款情况表

指　　标	年末余额（万元）	比年初增减（万元）	比上年末增长(%)
存款余额	1517361	217094	16.7
其中：住户存款	900152	79616	9.7
贷款余额	939636	–54029	–5.4
其中：住户贷款	661283	43609	7.1
非金融企业及机关团体贷款	278347	–97637	–26.0

全年全区人身保险保费收入 18364 万元，人身保险赔款及给付 5721.53 万元；财产保险保费收入 10163.12 万元，财产保险赔款及给付 6238.85 万元。

八、教育和科学技术

全区年末有普通初中 17 所、班级数 201 班、毕业 2548 人、招生 2725 人、在校 7953 人、教师 1013 人。普通高中 6 所、班级 116 班、毕业 1810 人、招生 1549 人、在校 4724 人、教师 649 人。职业中学 3 所、班级 32 班、毕业 213 人、招生 401 人、在校 910 人、教师 95 人。小学 52 所、班级 643 班、毕业 2775 人、招生 2996 人、在校 17848 人、教师 1678 人。幼儿园 71 所、班级 484 班、毕业 3244 人、招生 7091 人、在园幼儿 13577 人、教师 798 人。特殊教育学校 1 所、班级 12 班、毕业 0 人、招生 10 人、在校 116 人、教师 27 人。小学学龄儿童净入学率、初中升学率、高中升学率分别为 100%、97.01%、71.33%。2016 年度有 1189 人上本科线，有 1072 人被本科录取。年末共有各类专业技术人员 5110 人，比增 0.1%，其中高级 878 人，比增 0.2%，中级 2758 人，比增 0.02%，初级 1474 人，比增 0.3%，农业技术人员 135 人。

年末有国家基本地面气象观测站 1 个，简易地面气象观测站 20 个，年平均气温 20.7 度，最高温度 36.7 度，最低温度 –4.1 度，总降雨量 2767.2 毫米，平均相对湿度 83%，总日照时数 1585.5 小时，有霜日 5 天，有雾日 31 天。

九、文化、卫生和体育

年末有汉剧团和土楼艺术团等区级艺术团体 2 个，区级体育馆、文化馆、图书馆各 1 个、影剧院 2 个，年末公共图书馆图书总藏量 64 千册。全年累计共放电影 3589 场。有区级电视台、广播电台、有线电视台、电视发射台、603 台各 1 个，电视人口覆盖率达 98.92%，广播人口覆盖率达 94.6%；光缆网络 4043 杆公里；有线电视网络通乡数 24 个，通乡率达 100%；有线电视用户 57172 户，其中城区用户 15989 户。

年末有各类卫生医疗机构 35 家，其中区医院、中医院、疾控中心、妇幼院各 1 家，乡镇卫生院 23 家，共有床位 990 张。共有卫生技术人员 927 人。

十、人口、人民生活与社会保障

年末全区 24 个乡镇（街道）中有 1 个街道、12 个镇、12 个乡，18 个居委会、261 个行政村。全区有户籍户数 153402 户，户籍人口 508246 人，男 264977 人，女 243269 人。常住人口 36.3 万人。年内出生人口 9450 人，出生率 18.01‰，其中男 5176 人，女 4274 人，男女出生人口性别比为 121.1 ∶ 100。死亡人口 2948 人、死亡率 5.63‰、人口自然增长率 10.49‰。

2016 年城镇居民人均可支配收入 32138 元，比增 7.3%；城镇居民人均消费支出 21037 元，比增 5.1%。农村居民可支配收入 15352 元，比增 8.6%；农村居民人均生活消费支出 10864 元，比增 7.7%。

年末参加城镇职工养老保险 2124 户，共计 37852 人，基本养老保险保费收入 15227 万元，累计结余 2583 万元。

参加城镇职工基本医疗保险人数159584人，保险基金收入21759万元，基本医疗保险基金累计结余34430万元。年末参加农村养老保险人数159714人，年度筹资总额13258.65万元，其中缴纳总额2744.39万元；领取养老保险人数64103人，发放总金额10252万元。年末10336人领取被征地农民养老补助金，累计发放养老保障金1546.28万元。参加农村新型合作 医疗户数100205户，共计323276人，基金总额17570.47万元，筹资总额17570.47万元，补偿人次493850人，补偿总金额13882.71万元。年末参加工伤保险职工人数22686人，工伤保险保费收入1134万元，工伤保险基金累计结余728万元。参加生育保险职工人数20806人，生育保险保费收入236万元，生育保险基金累计结余525万元。参加城镇失业保险人数为34880人，失业保险覆盖率95%，失业保险基金累计结余552.38万元。

2016年全区民政事业经费投入10723.24万元，比增19.6%，其中抚恤2484.97万元、福利救济3545.38万元、救灾195.4万元、离退休361.3万元、其他4136.19万元。全区烈属数（直系）1946户、享受抚恤金806.1万元；革命伤残人员105人、享受伤残抚恤金193.86万元；失散红军6人、享受定期补助金28.32万元；现役军人475人、享受群众优待金630.83万元；复员军人164人、享受定补金240.3万元。年末有光荣院、福利院、烈士陵园管理所各1个，乡镇敬老院22个，院民人数共248人，共有924张床位。全区城镇有147户、203人，农村有2730户、6163人纳入最低生活保障，保障金额分别为317.2万元、2825.2万元。年末共有残疾人总数为16740人，共有“五老”人员996人，享受定补金额1039.82万元。全区共有五保户248户，五保人员248人。

十一、资源、环境和安全生产

初步核算，2016年全区规模以上工业综合能源消费量为528145吨标准煤，比降13.7%，规模以上单位工业增加值能耗2.13吨标准煤/万元。全社会用电量13.16亿千瓦时，比降3.95%，其中工业用电量8.94亿千瓦时，比降10.81%。年末有林地面积262.2万亩，其中森林面积246.8万亩，森林覆盖率73.8%。全年共发生森林火灾0起，受害面积0亩，森林火灾发生率为0次/十万公顷，森林火灾受害率为0‰。

全年共发生各类生产安全事故12起，死亡8人，亿元GDP生产安全事故死亡率为0.059%，工矿商贸企业就业人员10万人生产安全事故死亡率为2.22%，

注：1. 本公报数据除有特别说明外均为2016年全年累计数或年末时点数。

2. 本公报数据均为快报数，无说明数据均为扣除经开区四镇（高陂、培丰、坎市、虎岗）数据。

3. 年末人口数为公安局年报数，年内出生人口（含补报往年数）人、出生率、死亡人口、死亡率、人口自然增长率等指标为卫计局年报数。

4. 保险数据仅含中国人寿保险有限公司永定支公司、中国人民财产保险股份有限公司永定支公司、中国平安财产保险股份有限公司永定营销服务部、大地财产保险股份有限公司永定支公司等四家公司，天安财产保险股份有限公司永定支公司等五家公司。

漳平市 2016 年国民经济和社会发展统计公报

一、综　　合

初步核算，全年实现地区生产总值 203.76 亿元，比上年增长 8.1%，其中第一产业增加值 27.88 亿元，增长 3.5%；第二产业增加值 87.78 亿元，增长 6.8%；第三产业增加值 88.10 亿元，增长 10.9%。人均地区生产总值 84371 元，比上年增长 7.4%。三次产业比例由上年的 13.6:44.9:41.5 调整为 13.7:43.1:43.2。

全年居民消费价格比上年上涨 1.9%，其中，消费品价格上涨 2.7%，服务项目价格上涨 0.6%。

表 1：2016 年居民消费价格比上年涨跌幅度

指　　标	涨跌（%）
居民消费价格水平	1.9
食品烟酒	5.4
#粮食	7.7
食用油	11.3
畜肉类	10.3
蛋	-19.4
水产品	0.4
鲜菜	22.0
衣着	-0.6
居住	0.0
生活用品及服务	1.4
交通和通信	-0.4
教育文化和娱乐	1.7
医疗保健	1.4
其他用品和服务	0.6

私营企业从业人员 20379 人；个体工商户 33338 人。城镇新增就业 1605 人，城镇下岗失业人员再就业 1115 人，其中城镇就业困难人员实现就业 365 人，城镇登记失业率 2.2%。

全年财政总收入 9.51 亿元，比上年下降 5.7%，其中，地方级财政收入 6.20 亿元，下降 2.8%；地方财政支出 21.02 亿元，增长 6.3%。

二、农　　业

全年农林牧渔业总产值 45.69 亿元，比上年增长 3.6%，农、林、牧、渔及服务业比例为 60.9:14.1:16.3:6.2:2.5。全年粮食播种面积 19.60 万亩，基本与上年持平；粮食产量 7.76 万吨，其中稻谷产量 6.82 万吨，下降 0.6%。

表 2：主要农产品产量

产　品　名　称	产量（吨）	增速（%）
粮食	77636	–0.1
其中：稻谷	68221	–0.6
甘薯	3336	1.8
玉米	2997	4.0
烤烟	2693	–3.6
蔬菜	259874	0.6
食用菌	21231	5.4
笋干	3607	4.4
茶叶	11438	6.1
水果（不含果用瓜）	53088	3.5
肉类总产量	26306	6.8
#猪肉	21892	6.2
禽蛋	1887	14.4

三、工业和建筑业

全部工业增加值 67.23 亿元，比上年增长 7.2%，其中：规模以上工业增加值 41.71 亿元，增长 7.3%。

年末全市规模工业企业数 136 家，实现规模以上工业产值 156.38 亿元，增长 8.8%，工业产品销售率 93.54%，比上年下降 1.0 个百分点。资源型工业与非资源型工业产值的比例为 33.5：66.5；本市级工业与中央、省属工业产值比例为 91.3：8.7。

四大主导工业产业：轻纺、矿冶、建材、机械等工业完成产值 72.49 亿元，现价增长 7.3%，占规模工业产值的 46.4%；三大优势工业产业：能源、化学、农产品加工等工业完成产值 83.89 亿元，现价增长 12.3%，占规模工业产值的 53.6%。

表 3：规模以上工业企业主要工业产品产量

品　种	单　位	数　量	增速（%）
铁矿石	万吨	166.04	–6.7
原 煤	万吨	58.65	–20.3
发电量	万千瓦时	219160	–19.4
#水电	万千瓦时	69219	72.0
硫 酸（折 100%）	万吨	11.23	2.8
水 泥	万吨	418.22	–2.7
白炭黑	万吨	9.94	–41.5
纱	万吨	3.40	0.6
服 装	万件	612.15	–0.9
茶 叶	吨	2828	18.4

全年建筑业增加值20.54亿元，增长5.1%。全市11家资质等级建筑业企业完成产值17.99亿元，增长24.7%；商品房房屋建筑施工面积106.61万平方米，增长3.8%；竣工面积16.52万平方米，增长14.2%，比上年同期提高27.7个百分点。

四、固定资产投资

全年固定资产投资216.40亿元，增长15.8%。其中，基本建设投资208.40亿元，增长15.3%；房地产开发投资8.0亿元，增长30.8%。

按产业看，第一产业投资32.28亿元，增长1.34倍；第二产业投资99.17亿元，下降19.2%；第三产业投资84.96亿元，增长68.8%。

全年商品房销售面积23.30万平方米，增长45.1 %，商品房销售额8.39亿元，增长26.5%。城市棚户区改造283户、建筑面积4.07万平方米，工矿棚户区改造52户、建筑面积0.29万平方米。

72个在建重点项目完成投资48.75亿元，其中：红狮水泥三期、生活垃圾无害化处理等11个项目竣工投产；红尖山风电场、官田翡翠谷等19个项目进入动工建设。10个为民办实事项目完成投资3.9亿元，主要有迎宾大道提升改造工程、三中整体迁建（一期）工程、厚福大道道路工程、城区自来水管网改造等项目。

五、国内贸易和对外经济

全年社会消费品零售总额65.57亿元，比上年增长14.1%。按规模看，限额以上消费品零售总额29.70亿元，增长22.0%；限额以下消费品零售总额35.87亿元，增长8.3%。

全年新批外资企业7家，实际利用外资3200万美元，比上年增长6.7%；外贸出口总额33297万美元，比上年下降19.0%。

六、交通、邮电和旅游

全年交通运输、仓储和邮政业增加值22.07亿元，比上年增长4.5%。全年铁路旅客发送量7.76万人，下降65.2%；铁路货物发送量103.82万吨，增长38.0%。全年公路客货运总周转量50501万吨公里，增长7.0%；公路旅客运输周转量7752万人公里，增长1.2%；公路货物运输周转量49726万吨公里。

公路通车里程2165公里，其中高速公路116.2公里。年末全市汽车拥有量34378辆，增长61.0%，其中轿车拥有量17954辆。

全年邮电业务总量完成7236万元，其中，邮政业务总量2179万元，比上年增长4.3%，电信业务总量5057万元，与上年增长0.6%。年末宽带用户6.52万户，增长11.7%；固定电话用户5.41万户，增长17.7%；移动电话用户23.29万户，下降3.7%。

全年旅游总收入14.30亿元，比上年增长13.5%，接待游客270万人次，比上年增长12.5%。永福樱花园被评为全国十大赏樱基地，拱桥镇蕉山莲子专业合作社被国家旅游局列入“合作社＋农户”旅游扶贫示范社，象湖镇红色革命旧址群通过3A级景区评审。

七、金融和保险

年末金融机构各项存款余额107.98亿元，比上年末增长10.2%；金融机构各项贷款余额80.79亿元，增长0.6%。

表 4：金融机构本外币存贷款情况

指　　标	年末数 （万元）	增　　长 （%）
各项存款余额	1097198	10.6
#非金融企业存款	162964	-1.1
住户存款	657670	13.9
各项贷款余额	811312	0.2
#非金融企业及机关团体贷款	299791	-5.6
住户贷款	511027	3.9

全年保险公司保费收入 1.85 亿元，比上年增长 14.2%，其中寿险保费收入 1.24 亿元，增长 8.9%，财险保费收入 6016 万元，增长 27.1 %。支付各类理赔 4779 万元，其中寿险理赔 2698.74 万元、财险理赔 2080.09 万元。

八、教育和科学技术

全市普通中学 19 所，在校生 11053 人，其中高中生 4077 人，初中生 6976 人；小学 42 所，在校生 16986 人；幼儿园 36 所，在园幼儿 12110 人；特殊教育学校 1 所，在校生 107 人。高考应届本科上线 745 人，本科上线率 59.8%，其中本一上线 324 人，上线率 26.0%，比去年增加 2.7 个百分点；总分 600 分以上 29 人。

全年争取省级科技项目立项 4 个、龙岩市级科技项目立项 9 个。获得国家授权专利共 356 件，其中实用新型 266 件，外观设计 82 件，发明 8 件。有效发明专利累计 35 件，万人有效发明拥有量为 1.45 件 / 万人。瑞森新材料、汇创新高电子等 5 家企业被列入省、龙岩市科技小巨人领军企业。花博会现代花卉科技创客空间被列入国家级星创天地、省级众创空间。安吉屋新型建材、九鼎氟化工有限公司本年新列入福建省知识产权优势企业。德诺林业、大用生态农业、国强新型环保建材、溢泰科技、国联玩具等 5 家企业新列入龙岩市知识产权第五批试点单位。

全市拥有中国驰名商标 3 件，福建省著名商标 33 件，龙岩市知名商标 40 件；福建省名牌产品 10 个，其中台湾农民创业园 3 个。强化产品质量监管，检查企业 25 家次；做好 2016 年度美丽乡村建设项目免费检测，检测各类免费抽样 140 余批次；完成计量强制检定，检测计量器具 1700 台件，计量检定收入 35 万元。

九、文化、卫生和体育

奇和洞遗址博物馆展示利用中心纳入龙岩市“文化领域工程包”。“水仙茶传统制作技术”已列入第五批省级非物质文化遗产代表性项目。开展“2016 读者文化年”系列活动、2016 年春节系列活动，参与人数达 500 多人次；举办专题公益培训和讲座，参与人数达 600 多人次；举办各类陈列展 13 次，接待观众 6.8 万人次。开展文化扶贫项目，有序推进文化惠民工作，补充更新农家书屋出版物 1.806 万册，投入资金 18.42 万元。2 件作品全获国家级奖项，2 件作品获省新闻奖，3 件作品获龙岩新闻奖一等奖。

年末全市共有各级医疗卫生机构 21 个，其中医院 2 个、卫生院 14 个。年末共有卫生技术人员 1021 人，其中医生 352 人，护士、护师 482 人。年末共有医疗机构床位 1043 张。

广泛开展全民健身活动，组织参加龙岩市、省、国家运动会。在福建省年度锦标赛中，我市共有 107 名运动员参加其中 14 个项目的比赛，共获得金牌 14 枚、银牌 11 枚、铜牌 11 枚。积极开展群众体育比赛，举办气篮球赛、排球赛、乒乓球赛、老年人门球赛等一系列活动。积极完善公共体育基础设施，完成体育中心塑胶跑道维修、完成永福镇、芦芝镇多功能运动场、富山社区室内健身房、桂林上江社区笼式足球场建设。

十、人口、人民生活和社会保障

年末全市常住人口 24.2 万人，出生率 16.6‰，死亡率 8.0‰，人口自然增长率 8.6‰，城镇化水平为 54.2%。

全市农村居民人均可支配收入 14496 元，增长 8.3%。城镇居民人均可支配收入 29056 元，增长 8.1%。

全市参加城镇基本养老保险人数 34456 人，参加工伤保险人数 32320 人。参加城镇基本医疗保险 44273 人；补偿参合农民住院 32539 人次 8367 万元，特殊门诊 37352 人次 1118 万元；参加 2016 年新型农村合作医疗并缴费人数 22.46 万人；发放 60 周岁以上符合领取基础养老金人数 3.62 万人，发放率达 100%。

十一、资源、环境和安全生产

全年植树造林总面积 2.09 万亩，完成年度任务 350.51%，其中人工造林更新面积 1.69 万亩。全市森林覆盖率 78.6%。商品材产量 16.33 万立方米，增长 50.1 %。全市城市建成区绿地面积 568 公顷，绿地率 37.9%，其中公园绿地面积 156 公顷。

全市共有国家级生态乡镇 11 个，省级生态乡镇（街道）15 个，省级生态村 43 个，龙岩市级生态村 114 个。全市工业固体废物综合利用率 29.56%，城镇生活污水处理率 87.33%。城区环境空气质量全年基本保持国家一、二级标准；九龙江流域出境华安西陂国控断面全年始终保持在Ⅲ类水标准；市区两个饮用水源地水质达标率保持 100%。

全年各类生产安全事故共 10 起、死亡 6 人，均为道路交通事故；工矿商贸企业实现生产安全零事故、零死亡；全市无建筑、生产性火灾、煤矿、烟花爆竹、农业机械、渔业船舶及其他事故和较大事故。

注：1. 本公报生产总值、农业总产值、工业总产值绝对数按现价计算，增长速度按可比价计算。

2. 本公报为快报数，最终数据以统计年鉴为主。

2016年长汀县国民经济和社会发展统计公报

一、综　　合

年末全县常住人口40.2万人，比上年末增加0.2万人。全年总人口53.89万人，总出生人口14790人，出生率为24.7‰；死亡人口2660人，死亡率为4.4‰；自然增长率为20.3‰。

国民经济平稳增长。据市统计局反馈，全年实现地区生产总值184.96亿元，比上年增长8.3%。其中，第一产业增加值31.27亿元，增长3.9%；第二产业增加值86.94亿元，增长8.0%；第三产业增加值66.74亿元，增长10.7%。人均地区生产总值46181元，比上年增长18.9%。第一产业增加值占地区生产总值的比重为16.7%，第二产业增加值比重为48.2%，第三产业增加值比重为36.1%。

就业持续增加。全年城镇新增就业2628人，有1790人下岗人员实现了再就业。年末城镇登记失业率为2.16%，比上年末提高0.05个百分点。

物价稳定。全年居民消费价格比上年上涨1.5%，其中食品价格上涨3.5%。服务项目价格上涨1.0%，消费品价格上涨1.8%。

表1：居民消费价格分类指数

指　　标	2016年
居民消费价格总水平（%）	101.5
（1）食品烟酒	103.5
（2）衣着	102.3
（3）居住	101.0
（4）生活用品及服务	97.7
（5）交通和通信	99.2
（6）教育文化和娱乐	100.5
（7）医疗保健	102.1
（8）其他用品和服务	101.6

财政收入负增长。全年公共财政总收入9.40亿元，比上年增长8.7%，其中，地方公共财政收入6.48亿元，增长3.8%；公共财政支出32.94亿元，增长5.7%，其中一般公共服务支出2.15亿元，教育支出7.08亿元，社会保障和就业支出3.32亿元。

二、农　　业

农业生产形势平稳。全年农林牧渔业完成总产值53.60亿元，比上年增长4.0%。粮食种植面积54.63万亩，比上年增长0.8%，其中稻谷面积41.62万亩，烟叶种植面积6.21万亩，油料种植面积5.25万亩；蔬菜种植面积16.28万亩，增加0.11万亩。

全年粮食产量22.52万吨，比上年增长1.3%。其中，稻谷产量18.39万吨，比上年增长0.3%。

全年肉蛋奶总产量6.51万吨，比上年增长2.7%。肉类总产量6.11万吨，增长2.7%。其中，猪肉产量4.91万吨，与上年持平。年末生猪存栏 43.21 万头，下降 9.5%；生猪出栏 64.51 万头，比上年略减。

全年水产品产量 1.47 万吨，比上年增长 6.5%。其中，养殖产量 1.18 万吨，增长 5.9%；捕捞产量 0.29 万吨，增长 8.8%。

三、工业和建筑业

工业生产保持增长。全年全部工业增加值 63.89 亿元，比上年增长 8.0%。规模以上工业总产值 168.12 亿元，比上年现价增长 4.7%；规模以上工业增加值 48.39 亿元，增长 8.1%。在规模以上工业中，分经济类型看，股份合作企业增长 4.8%，股份制企业增长 8.8%，外商及港澳台商投资企业增长 –6.5%；分轻重看，轻工业增长 10.7%，重工业增长 –3.1%。分门类看，采矿业增长 –24.3%，制造业增长 4.5%，电力、热力、燃气及水生产和供应业增长 11.7%。工业产品销售率 97.8%，比上年下降 0.7 个百分点。

表 2：2016 年规模以上工业企业主要工业产品产量

产品名称	单位	产量	比上年增长（%）
1、服装	万件	4772	10.6
2、人造板	立方米	54785	13.6
3、布	万米	23969	0.0
4、无纺布	吨	12796	–16.2
5、纱	吨	141841	15.6
6、大米	吨	7372	0.7
7、电动自行车	辆	13312	–58.3

全年规模以上工业企业实现利润 10.37 亿元，比上年增长 6.2%；其中国有企业 3.01 亿元，比上年增加 0.91 亿元；股份制企业 6.52 亿元，增长 12.2%，外商及港澳台商投资企业 3.84 亿元，增长 –2.7%；私营企业 7.36 亿元，增长 –3.9%。规模以上工业企业每百元主营业务收入中的成本为 88.12 元，主营业务收入利润率为 6.25%。

规模工业中，“2+2”产业实现产值 163.08 亿元，比上年增长 4.5%。其中，战略性新兴产业中稀土精深加工保持较快发展，实现产值 48.20 亿元，比上年增长 8.6%；“2+2”产业主体中纺织产业实现产值 82.36 亿元，增长 5.6%，占规模工业产值的比重达 50.5%。

表 3：2016 年“2+2”主导产业产值完成情况

指标名称	产值（亿元）	增长（%）
“2+2”产业	163.08	4.5
纺织	82.36	5.6
机械电子	15.03	–13.5
稀土	48.20	8.6
农副产品加工	17.49	7.3

建筑业增长平稳。全年全社会建筑业实现增加值 23.05 亿元，比上年增长 8.0%。全县具有资质等级的总承包和

专业承包建筑业企业完成建筑业总产值37.06亿元，增长22.0%，其中省内产值24.17亿元，增长14.7%；省外产值12.88亿元，增长39.3%。

四、固定资产投资

固定资产投资较快增长。全年固定资产投资231.99亿元，比上年增长14.2%。

固定资产投资中，第一产业投资增长66.4%；第二产业投资增长13.5%，其中，工业投资增长13.6%；第三产业投资增长4.7%。从到位资金情况看，全年到位资金227.8亿元，比上年增长13.6%。其中，国家预算资金增长–2.3%，国内贷款增长184.5%，利用外资下降71.0%，自筹资金增长16.2%，其他资金增长239.4%。

全年房地产开发投资6.98亿元，比上年增长4.7%。其中，住宅投资4.59亿元，增长幅度16.6%。全年商品房销售面积16.28万平方米，增长45.5%；商品房销售额9.72亿元，增长46.1%。

五、国内贸易

市场销售平稳增长。全年社会消费品零售总额69.12亿元，比上年增长14.1%。按经营地统计，城镇消费品零售额48.31亿元，增长11.4%；乡村消费品零售额20.80亿元，增长20.9%。全年批发零售业销售额109.96亿元，增长16.9%；住宿餐饮业营业额7.87亿元，增长17.5%。

六、对外经济

进出口增长平稳。全年进出口总额26702万美元，比上年增长10.3%。其中，出口26205万美元，增长10.0%；进口497万美元，增长8.0%。

全年新增外商投资企业3家，实际利用外商直接投资4430万美元，比上年增长8.3%；内引外联实际利用市外资金28.83亿元，增长8.2%。

七、交通、邮电和旅游

交通运输业低速增长。全年交通运输、仓储和邮政业实现增加值9.25亿元，比上年增长4.1%。全县公路通车里程2454公里。

全年完成邮政业务总量0.24亿元，比上年增长17.0%。

全年旅游总收入21.92亿元，增长28.6%。

八、金　　融

金融市场运行总体平稳。年末全县金融机构人民币各项存款余额160.12亿元，比上年末增长17.2%；金融机构人民币各项贷款余额107.77亿元，增长12.1%。各项存款中，城乡居民储蓄存款余额90.82亿元，比上年末增长15.3%。

表 4：2016 年金融机构人民币存贷款情况

指　　标	年末数（亿元）	比上年末增长(%)
各项存款余额	160.12	17.2
其中：住户存款	91.77	15.8
单位存款	68.28	19.1
各项贷款余额	107.77	12.1
其中：短期贷款	46.38	-2.3
中长期贷款	60.51	25.6

九、人民生活和社会保障

城乡居民收入继续增加。全县非私营单位在岗职工年平均工资 48784 元，比上年增长 2.0%。农村居民人均可支配收入 12766 元，比上年增长 9.5%；城镇居民人均可支配收入 21268 元，比上年增长 7.7%。农村居民食品消费支出占消费总支出的比重为 40.1%，城镇居民为 38.9%。

年末参加城镇基本养老保险人数 5.33 万人，比上年增加 0.2 万人。其中参保职工 4.52 万人，参保的离退休人员 1.3 万人。全县企业参加基本养老保险离退休人员为 0.8 万人，全部实现养老金按时足额发放。全县参加城镇基本医疗保险人数 6.18 万人，其中参保职工 3.31 万人，参保的城镇居民 2.86 万人。全县参加新型农村合作医疗保险人数 41.5 万人，同比增加 0.12 万人。全县参加失业保险人数 3.93 万人，比上年增加 0.72 万人。

年末全县领取失业保险金人数 8968 人次，比上年增加 3556 人次；全县纳入城市最低生活保障的居民 2627 人，增加 0 人；纳入农村最低生活保障的居民 13885 人，增加 0 人；“五保”供养对象 1637 人。

年末全县养老机构床位数增至 1298 张。

十、教育和科学技术

教育科技文化事业持续发展。全县普通高中招生 2996 人，在校生 9273 人，毕业生 3020 人。普通初中招生 4539 人，在校生 13813 人，毕业生 4706 人。普通小学招生 5846 人，在校生 31357 人，毕业生 4661 人。特殊教育在校生 94 人。幼儿园在园幼儿 2219 人。

全县高新技术企业 6 家。全县专利申请 1066 件，专利授权 351 件，分别比上年增长 150.8% 和 24.5%。其中，发明专利申请 130 件，增长 75.7%，发明专利授权 10 件，增长 -16.7%。截至 2016 年底，全县共拥有有效发明专利 38 件，比上年增长 26.7%；每万人口发明专利拥有量 0.95 件，比上年增加 0.2 件。

十一、文化、卫生和体育

文化和卫生事业不断进步。年末全县文化系统共有民间艺术表演团体 37 个，公共图书馆 1 个，文化馆 1 个，博物馆 1 个。文化系统各类艺术表演团体演出 63 场，观众 25 万人次。

年末共有影院 2 个，银幕 14 块。广播电台 1 座，电视台 1 座，广播电视台 1 座。有线数字电视用户 4.8 万户。年末广播节目综合覆盖率为 99.3%；电视节目综合覆盖率为 98.7%。

年末全县共有各类医疗卫生机构 468 个，其中医院 5 个，卫生院 18 个。年末共有卫生技术人员 2329 人，其中医生 725 人，注册护士 1134 人。年末共有医疗机构床位 2164 张，乡村医生和卫生员 431 人。

十二、资源、环境和安全生产

初步核算，全年规模工业能源消费总量6.24万吨标准煤，比上年下降9.9%；万元地区生产总值能耗0.10吨标准煤，下降16.6%。全社会用电量83473万千瓦时，比上年增长8.5%。

全年植树造林总面积5.57万亩，其中，人工荒山造林0.01万亩，更新造林3.64万亩。商品材产量6.39万立方米。全县城市新增建成区绿地面积731公顷，绿地率39.97%；城市新增公园绿地面积232.43公顷，人均公园绿地面积14.79平方米。

全县共有国家级生态乡镇15个；省级生态乡镇17个、生态村63个。共建立各级自然保护区2处，其中国家级2处。全年水土流失治理14.9万亩，林草成活率96.0%。

汀江河流域整体水质为优，城市空气质量达到国家环境空气质量标准（GB3095-1996）二级标准。卫生厕所普及率93.53%。

全县共发生森林火灾2起，其中一般火灾2起，较大火灾0起，受害面积11.8公顷；森林火灾发生率、受害率分别为0.08次/十万公顷和0.046‰。

全年各类生产安全事故共62起，比上年下降3.1%；死亡9人，下降4.3%；受伤67人，下降8.2%；直接经济损失7.242万元。各类较大事故0起，死亡0人；重大事故0起，死亡0人。亿元地区生产总值生产安全事故死亡人数为9人，下降10%。

注：1、本公报数据为初步统计数；

2、总量按现价计算，地区生产总值、增加值和农业产值增长速度为可比增长，其余为现价增长。

3、财政、金融、教育、文体广电、卫生、外经外贸、旅游、人口、人民生活、资源环境等数据均由相应部门提供。

2016年上杭县国民经济和社会发展统计公报

一、地区生产总值

初步核算，全年实现地区生产总值（GDP）276.5亿元，按可比价格计算，比上年增长8.6%。其中，第一产业增加值35.6亿元，增长3.8%；第二产业增加值151.4亿元，增长8.1%；第三产业增加值89.5亿元，增长11.4%。人均地区生产总值73931元，增长8%。三次产业结构比为12.8：54.8：32.4。

二、农　业

全年农林牧渔业完成总产值59.7亿元，增长3.9%。其中，农业产值23.1亿元，增长3.5%；林业产值6.3亿元，增长5.6%；牧业产值27.3亿元，增长3.1%；渔业产值2.1亿元，增长10.3%；农林牧渔服务业产值0.9亿元，增长5.6%。

粮食播种面积47.3万亩，增长0.3%，其中稻谷面积41.7万亩，增长0.2%；烟叶种植面积4.8万亩，增长7.5%；蔬菜面积23.4万亩，增长2.1%。全年粮食总产量19.8万吨，增长0.8%，其中，稻谷产量18.3万吨，增长0.6%。烤烟产量6950吨，增长9.2%。蔬菜产量34.2万吨，增长2.7%。

全部木材采伐30.6万立方米，增长8.6%；毛竹采伐781万根，增长2.8%；篙竹采伐572万根，增长2.1%。

肉蛋奶总产量9.5万吨，比上年增长4.8%。肉类总产量9.3万吨，增长4.6%。其中：猪肉产量5.9万吨，下降0.2%；牛肉产量0.1吨，增长15.2%；羊肉产量0.03吨，增长24.4%。禽肉产量3.1万吨，增长14.6%。蛋产量0.3万吨，增长11.7%。奶类产量0.01吨，增长3.8%。生猪出栏74万头，下降0.2%，生猪存栏44.8万头，下降9.7%。

水产品养殖面积0.85万亩，增长15.3%。水产品总产量1.2吨，增长10.4%，其中，淡水养殖产品产量1.03万吨，增长10.1%；江河捕捞产量0.14吨，增长6.9%。

表1：2016年农业生产情况

指　　标	单位	总　量	比上年增长（%）
一、农林牧渔业总产值	万元	596935	3.9
#农业产值	万元	231030	3.5
#林业产值	万元	62975	5.6
#牧业产值	万元	272515	3.1
#渔业产值	万元	21106	10.3
#农林牧渔业服务业产值	万元	9310	5.6
二、主要农产品产量			
粮食	吨	197614	0.8
稻谷	吨	182831	0.6

指　　标	单位	总　量	比上年增长（%）
烟叶	吨	6950	9.2
蔬菜	吨	342059	2.7
食用菌	吨	2802	0.9
水果	吨	59547	14.1
茶叶	吨	1387	8.7
商品材产量	万立方米	7	50.4
毛竹	万根	781	2.8
生猪出栏	万头	74	-0.2
家禽出栏	万羽	2241	11.8
肉类总产量	吨	93271	4.6
禽蛋产量	吨	2547	11.7
水产品产量	吨	11706	10.4
三、农作物总播种面积	亩	835759	1.2
粮食	亩	472866	0.3
稻谷	亩	416927	0.2
油料	亩	12428	3.7
蔬菜	亩	233932	2.1
花卉	亩	494	6.5

三、工业和建筑业

全部工业增加值116.3亿元，增长8.5%，其中：规模以上工业增加值70亿元，增长8.5%。工业产品销售率100%，比上年上升0.41个百分点。

规模以上工业总产值441.6亿元，增长15.9%。其中：金铜产业工业产值400.3亿元，现价增长17.4%；有色金属产业完成产值371.6亿元，现价增长20.8%；能源精化产业完成产值28.3亿元，现价负增长12%；机械产业完成产值8.2亿元，增长0.6%；农副产品加工产业完成产值12.7亿元，现价下降3.2%；建材产业完成产值10.5亿元，现价下降2.8%；纺织产业完成产值1.7亿元，现价增长17%；光电新材料产业完成产值10.5亿元，现价增长3%。

表 2：2016 年规模以上工业企业主要产品产量

产　品　名　称	单位	总　量	比上年增长（%）
天然大理石建筑板材	平方米	203	–29.6
饲料	吨	195551	–2.1
机制纸及纸板（外购原纸加工除外）	吨	20944	–20.3
变压器	千伏安	154215	23.3
铜金属含量	吨	31031	17.5
硫铁矿石（折含硫 35%）	吨	158213	4.0
十种有色金属	吨	329889	21.1
精炼铜（电解铜）	吨	329889	21.1
黄金	千克	76824	8.6
服装	万件	157	3.1
铜合金	吨	9494	130.2
塑料制品	吨	3863	–8.5
磷酸（含量 85%）	吨	169534	17.4
磷肥（折五氧化二磷 100%）	吨	151289	–24.9
商品混凝土	立方米	374846	32.7
家具	件	123007	19.4
鲜、冷藏肉	吨	4281	–2.7
中空玻璃	平方米	279588	7.1
石墨及炭素制品	吨	2279	39.7
铜材	吨	45427	16.8
纱	吨	4586	19.9
精制食用植物油	吨	1505	13.4
焙烤松脆食品	吨	514	5.0
冷冻蔬菜	吨	7409	–2.5
发光二极管（LED 管）	万只	147	11.4
灯具及照明装置	套（台、个）	647226	32.0
精制茶	吨	163	2.6
水泥	吨	130100	40.2
白银（银锭）	千克	281174	56.7
硫酸（折 100%）	吨	929014	3.7
铸铁件	吨	5191	12.1
砖	万块	3583	2.2
铁合金	吨	620	29.8
钢材	吨	184983	25.6

规模以上工业企业实现主营业务收入440.1亿元，增长14%，亏损2.6亿元，同比下降111.5%。

全社会建筑业实现增加值35.1亿元，增长6.8%。全县资质等级以上的总承包和专业承包建筑企业93家，完成建筑业总产值393.5亿元，增长12.9%；房屋建筑施工面积2993万平方米，增长0.5%；房屋建筑竣工面积1753万平方米，增长29.1%。

四、固定资产投资

固定资产投资257.3亿元，增长17.8%。其中，第一产业投资13.3亿元，增长73.9%，第二产业投资119.5亿元，增长8.9%，第三产业投资124.5亿元，增长26.3%。

表3：2016年固定资产投资与房地产情况

指　　标	单位	总　量	增　长
一、固定资产投资	万元	2573100	17.8
房地产投资	万元	36179	-42.6
#住宅投资	万元	9971	-50.2
按三次产业分			
1、第一产业	万元	133286	73.9
2、第二产业	万元	1194630	8.9
其中：工业投资	万元	1194630	8.9
3、第三产业	万元	1245184	26.3
二、商品房施工面积	平方米	491980	-11.9
三、商品房销售面积	平方米	138384	12.7
商品房销售额	万元	59737	-3.5

全县房地产开发投资3.6亿元，下降42.6%。其中，商品住宅投资1亿元，下降50.2%。商品房销售面积13.8万平方米，增长12.7%；商品房销售额6亿元，下降3.5%。

五、国内贸易和对外经济

全年社会消费品零售总额85.7亿元，增长15.8%。分专业看，批发零售业商品销售额171.3亿元，增长24.2%；住宿餐饮业营业额9.8亿元，增长17.8%。全年限上企业实现零售额46.9亿元，增长24.5%；限额以下企业实现零售额38.8亿元，增长8.7%。

全年实际利用外资3845万美元，增长9.9%。

六、交通邮政、营利性服务业和旅游

全县交通运输、仓储和邮政业实现增加值8.6亿元。营利性服务业实现增加值17.2亿元，增长25.3%。

全年接待游客579.53万人次，增长20.6%；旅游总收入40.23亿元，增长33.5%。旅游重点项目完成投资1.92亿元，紫金山国家矿山公园提升工程完成2个新策划项目并列入市发改委项目库；创建旅游特色村取得较大成效，中都镇兴坊村、溪口镇大丰村、蓝溪镇黄潭村等三个村被评为省级乡村旅游特色村；评定4户“海峡客家乡村旅游示范户”

和10家乡村旅游“农家乐”；利用“上杭网”“上杭旅游”以及省、市旅游网站、旅游微信平台等新媒体进一步加大上杭旅游的宣传推介工作，通过县内外电视台制作播放黄金之旅、乡村休闲专题片、“清新福建.美丽乡村”（院田古村落、湖洋观音井百果园）电视专题片等。开展乡村旅游文化节、采摘节等节庆主题活动，持续制造旅游“热点”，提升旅游知名度和美誉度；参与省、市组织的“清新福建”动车合福线、赣瑞龙线、向莆线等动车组旅游推介活动；参与国家和省旅游部门在北京、上海、广州、武汉、厦门等地举办的旅游博览会、推介会、产品展销会等活动。

七、财政金融

全县财政总收入31.7亿元，增长2.5%，其中，地方级财政收入22.9亿元，增长10.3%。财政支出43.9亿元，增长6.5%，其中教育支出9.7亿元，社会保障与就业支出4亿元，医疗卫生支出7.6亿元。

全年金融机构人民币存贷款余额408.2亿元，增长15.4%。其中金融机构各项人民币存款余额262.4亿元，增长23.2%，居民储蓄存款105.2亿元，增长14.3%；各项人民币贷款余额145.8亿元，增长1.4%。

八、教育和科学技术

全县有幼儿班591个（其中公办园383个班、民办园208个班），招生6638人，在园幼儿19475人，学前三年幼儿入园率97.05%，学前一年入园率99.94%；小学56所，招生4696人，完成任务100%，在校生24670人；七年级招生3441人，完成任务100%，初中在校生10735人；高一招生2224人，完成任务98.2%，高中在校生6820人；职校1所，招生1123人，完成率为149.7%，在校生2896人；特殊教育学校1所，在校生127人；福建电大上杭工作站2016年招生233人，居全市县级电大工作站第一。组织教师积极参加2016“一师一优课，一课一名师”活动，其中15节获得部优课、36节获得省优课、67节获得市优课。在全市率先实施普通高中免费教育，2016–2017下半年免除本县学籍公办普通高中学生学费、课本费、住宿费共计859万多元，受益学生6782人。

全年组织实施省科技项目2项（农业和社发方面），获得资助经费105万元；组织申报2017年省级科技项目(2家企业申报省星火项目)；福建龙氟化工有限公司等4家企业列入省、市级科技小巨人领军企业培育发展库，6家企业完成2017年市科技小巨人领军企业申报。全县专利申请1607件，比上年同期增长36.14%，其中：发明专利318件，实用新型专利1065件，外观设计专利224件；专利授权905件，比上年同期增长59.61%其中：发明专利24件，实用新型专利731件，外观设计专利150件。全县有效发明专利117件，每万人拥有有效发明专利3.145件。

九、文化、卫生计生和体育

全县文体广电事业单位12个，乡镇综合文化站22个，各种文化团体协会14个、体育协会19个。全年实施79个行政村有线电视联网工程，全县344个行政村（居）实现有线电视村村通；完成广播电视节目无线数字化覆盖工程，实现16套中央、省、市、县节目无线发射。举办“文化上杭2016群文十大活动”；举办“百姓演艺台”、“袁洪亮作品音乐会”、“族谱缘·客家情”文艺展演、木偶戏《智取大名府》、纪念红军长征胜利80周年《让胜利的红旗高高飘扬》专题文艺晚会等演出22场。全年举办客家讲坛和红色文化讲坛20期，举办展览、影视播放、征文比赛、幼儿手工、经典诵读等各类阅读推广活动近200场次。毛泽东才溪乡调查纪念馆编撰出版了“才溪籍开国将军系列画册”；县博物馆编印了《雄关漫道铁儿郎——长征路上的上杭子弟兵》宣传册页10000份，专题片光盘5000个。客家族谱博物馆举办“客家姓氏源流”专题展、“闽西文化景观—古建筑”专题展、“情满汀江”和“绿叶对根的情义”、“铁血长征—福建儿女长征史迹”和“青色草原—博尔塔拉民族风情展”等展览。积极开展文艺下乡、文艺演出进社区、进机关活动，全年举办木偶公益巡演50场；古田五龙民俗广场全年组织演出100余场；举办第11届（东南）片区农民文化体育节，集中开展东南片区文物展览和民间文艺调演；实施农村电影放映工程，全县331个行政村全年放映电影共计3972场次；出版《百姓故事报》12期36000余份。

全县建立居民健康档案505885份，其中电子档案505058份，户籍人口电子建档率达135%；老年人规范健康管理52903人，体检37700人；管理高血压患者36507人、随访148995人次，管理糖尿病患者9602人、随访39726人次，管理重性精神疾病患者1478人。建立健全新生儿出生报告制度，上报及时率达100%；完成基础和加强免疫接种 136252 剂次，各苗接种率和乙肝第一针及时率均在 90% 以上。全县各乡镇共报告法定传染病 367 例，协助管理非住院肺结核病人 218 人。临城、官庄、古田 3 个卫生院被国家卫计委确认为“2015–2016 年度群众满意的乡镇卫生院”。农村卫生协会被中国农村卫生协会评为全国先进农村（基层）卫生协会。

全县人口出生（不含补报）9374 人，出生率为 17.67‰，政策内出生 8674 人，政策符合率 92.53%，出生性别比为 114.26：100，较好地完成了 2016 年度计划生育责任制目标。

全县现有体育产业 30 家；体彩网店 61 家，其中新增邮政网点 15 个。积极向上输送优秀运动苗子，向省拳击队输送 1 人，向市体校输送运动员 17 人；积极备战省年度锦标赛，我县少体校运动员斩获金牌 17 枚、银牌 23 枚、铜牌 13 枚；县少体校“高水平体育后备人才基地”顺利通过国家体育总局评审。全年发放文体惠民卡 3000 余张，积极举办“重走长征路”千人健步走、龙岩市（上杭站）第三届羽毛球文化节、第 11 届（东南）片区农民文化体育节、第八届中华长寿杯足球赛、中国广场舞民间争霸赛等体育健身活动；本年度培养各级社会体育指导员 83 名；补助 19 个单项协会活动经费 57 万元（每个协会每年 3 万元），指导各协会开展各类体育比赛及健身活动 80 余次。

十、人口、人民生活和社会保障

年末全县户籍总人口为 52.6 万人（公安口径），其中城镇人口 18.3 万人。全年出生人口 11991 人，出生率为 22.8‰；死亡人口 2816 人，死亡率为 5.4‰；全年净增人口 9175 人，自然增长率为 17.4‰。全县常住人口 37.4 万人，城镇化率 45.8%（人口抽样调查数据）。

居民消费价格总指数 101.9，比上年上涨 1.9%，其中消费品价格上涨 2.6%，服务项目价格上涨 0.6%。

表 4：2016 年价格指数变动情况

指　　标	单位	与上年同月比(%)	与上年同期比(%)
一、居民消费价格总指数	%	102.2	101.9
其中：消费品价格指数	%	103.3	102.6
服务项目价格指数	%	100.2	100.6
其中：食品烟酒	%	105.0	105.7
衣着	%	101.8	98.3
居住	%	99.6	99.8
生活用品及服务	%	99.5	99.7
交通和通信	%	102.2	99.4
教育文化和娱乐	%	100.0	101.6
医疗保健	%	103.5	101.9
其他用品和服务	%	104.2	103.0

全年城镇登记失业率 2.66%。实现城镇新增就业 2025 人，促进下岗失业人员实现再就业 1316 人，共帮助 435 名城镇就业困难对象实现再就业，共受理审核通过 69 名创业者共 727 万元的创业担保贷款申请。失业保险参保人数 5.3 万人，共征收失业保险基金 1177.36 万元；发放失业保险金 701.17 万元，代缴医疗保险费 148.57 万元。组织开展职业技能培训 3801 人，其中已为贫困劳动力开展家政服务员等职业技能培训 71 人；组织开展创业培训班 7 期，培训 209 人，其中创业培训贫困户 24 人。

全县参加基本养老保险单位 1956 家，企业参保人数 49752 人，征收基金 19494.78 万元；离退休人数 6167 人，与去年同期相比增加 6.21%，支付离退休费 15490.28 万元。机关事业养老保险参保单位 295 个，参保职工覆盖人数达到 14325 人（其中：执行机关事业养老保险制度 11433 人，执行企业养老保险制度 2892 人），征收基金 24796 万元，统筹退休人员 5356 人，按时足额发放养老保险待遇 23905 万元，代发放离休人员 72 人离休金 637 万元。

全县工伤保险参保人数达 5.4 万人，征收基金 1668.48 万元，增长 3.98%；支付 355 起工伤保险 1247.4 万元。生育保险参保职工 3.9 万人，征收基金 667.39 万元，支付生育保险 748.65 万元。城乡居民参保缴费人数 15.04 万人，缴费率 96.1%。平均每月领取养老金人数 6.88 万人，发放金额共 9725.57 万元，发放率达 100%。其中，领取丧葬补助金人数 2402 人，发放金额共 513.8 万元。全县共有被征地农民 19384 人，月平均发放人数 4752 人，全年共计发放被征地养老保障金 859.79 万元。城乡居民基本医疗保险参保人数为 42.96 万人，参保率 99.9%。人均筹资标准 540 元，征收基金 2.33 亿元；补偿 65.5 万人次，补偿金额 1.96 亿元；其中住院补偿 6.8 万人次 1.6 亿元；普通门诊补偿 44.3 万人次 0.1 亿元；门诊特殊病种补偿 14.5 万人次 0.24 亿元。城镇职工基本医疗保险参保 4.5 万人，征收基金 2.1 亿元；核报医疗费 5329 人次，办理门诊特殊病种 3412 人次。

城镇居民人均可支配收入 33019 元，增长 8%；农村居民人均可支配收入 14074 元，增长 9%。

十一、环境和安全生产

2016 年 10 月，我县通过国家生态县考核验收。全年县城区、县工业园区、蛟洋工业区空气环境质量均达到或优于国家环境空气质量二级标准，达标率 100%。汀江（上杭段）涧头水站、水西大桥、李家坪大桥和南蛇渡大桥 4 个省控考核断面中，涧头水站、南蛇渡大桥目标水质达到Ⅲ类，达标比例为 100%；李家坪大桥、水西大桥断面目标水质达到Ⅱ类，综合水质总体评价为Ⅱ类，达标比例为 100%。市控断面城头坪、清陵塔水质目标为达到Ⅲ类水质比例 50% 以上，城头坪断面水质达标率为 50%，清陵塔断面水质达标率为 100%。声环境质量达到或优于二类区域环境质量标准。全年共审查环评项目 93 个，其中登记表审批项目 45 个，报告表审批项目 35 个、报告书审批项目 3 个、审查上报类 10 个。环保竣工验收合格项目 51 个。准予发放排放污染物许可证的项目共 11 个。

全县共发生生产安全事故 9 起，死亡 10 人（生产经营性道路运输业 2 起死亡 3 人，商贸制造业 3 起死亡 3 人，铁路运输业、交通行业、水利行业、采矿业各发生 1 起死亡 1 人，其中铁路运输业死亡人数不列入县控指标）。全县未发生较大及以上生产安全事故。健全完善安全生产专家组，聘请矿山、危险化学品、机械、建筑施工等领域专家 99 名；在全县各行政村配备安全生产协管员 344 名，实现了县、乡、村三级安全监管网络全覆盖。进一步推动“安全园区”“安全社区”“村居安全管理标准化”等工作开展，全县 22 个乡镇已有 8 个乡镇开展了“省级安全社区”的创建工作，创建率 36.4%，3 个乡镇（才溪、临江、古田）已通过“省级安全社区”验收；有 40 个行政村开展了“村居安全管理标准化”的创建工作，创建率达 11.6%；蛟洋工业区和县工业园区获得省级“安全园区”命名。

注：1、本公报所列数据为初步统计数，部分合计数或相对数由于单位取舍不同而产生的计算误差，均不做机械调整。

2、本公报地区生产总值、各产业增加值按现价计算，增长速度按可比价格计算。

3、表中对外经济、交通、邮电和旅游，金融和保险，教育和科学技术，文化、卫生和体育，人口、人民生活和社会保障，环境和安全生产等数据均由相应部门提供。

2016年武平县国民经济和社会发展统计公报

2016年武平县深入实施生态立县、工业强县、旅游富民“三大战略”，全力打好项目落地、脱贫攻坚、生态环保“三大战役”，注重科学发展和生态保护，实现“绿色崛起”，全县经济运行总体平稳。

一、综　　合

初步核算,2016年实现地区生产总值161.66亿元,增长8.5%,增幅比全市平均水平高0.4个百分点,居全市第三位。其中：第一产业增加值35.04亿元，增长3.7%；第二产业增加值66.15亿元，增长8.4%；第三产业增加值60.47亿元，增长11.4%。一、二、三产业比例由上年同期的21.4：42.2：36.4调整为今年的21.7：40.9：37.4，与上年同期相比，第一产业比重提高0.3个百分点；第二产业比重下降1.3个百分点；第三产业比重提高1个百分点。人均地区生产总值58466万元，增长8.4%。

全年入驻正统网企业91家，其中新入驻正统网企业20家。

年末全县总人口(户籍)39.56万人。全县常住人口27.7万人，其中城镇常住人口13.13万人，出生率18.1‰；死亡率8.7‰；自然增长率9.4‰；城镇化水平47.4%。

全年城镇新增就业1604人，比上年减少240人；年末城镇登记失业率为2.6%，比上年末提高0.5个百分点。

全年居民消费价格比上年上涨1.4%，其中，消费品价格上涨1.9%，服务项目价格上涨0.5%。从结构看，八大类商品价格呈“五涨三降”的格局。“五涨”：食品类、衣着类、教育文化和娱乐类、医疗保健类、其他用品和服务类分别上涨4.5%、0.1%、1.0%、1.2%、1.7%。“三降”：居住类、生活用品及服务类、交通和通信类分别下降0.4%、0.6%、0.7%。

全年完成财政总收入10.46亿元，增长2.2%，其中：地方级一般预算收入7.34亿元，增长0.3%；全县一般预算支出30.08亿元，增长16.2%。

二、农　　业

全县农林牧渔业总产值61.37亿元，增长3.8%。其中，农业产值29.95亿元，增长3.6%；林业产值6.6亿元，增长4.2%；牧业产值21.79亿元，增长3.6%；渔业产值1.98亿元，增长6.4%；农林牧渔服务业产值1.07亿元，增长5.5%。农业综合生产能力平稳提高，全县农作物总播种面积911203亩，增加4383亩，其中粮食播种面积567538亩。全年粮食产量222357吨，增长0.3%；蔬菜产量371905吨，增长3.4%；花卉种植面积6597亩，增长8.9%；茶叶产量4032吨，增长2.9%；水果产量42179吨，增长5.3%；食用菌产量5694吨，增长1.3%；毛竹产量692万根，增长1.0%；肉蛋奶总产量73738吨，下降0.7%；水产品产量13074吨，增长6.4%。

表1：2016年主要农产品种植面积及产量

产品名称	种植面积（亩）	比上年增长（%）	产　量（万吨）	比上年增长（%）
粮食	567538	–0.08	22.24	0.3
#春粮	14036	3.5	0.45	3.1
夏粮	191470	–1.4	7.48	–1.1
秋粮	362032	0.5	14.3	0.9

产品名称	种植面积（亩）	比上年增长（%）	产　量（万吨）	比上年增长（%）
油料	20452	1.8	0.35	3.2
#花生	18929	1.0	0.33	2.4
烟叶	46167	–2.7	0.67	1.2
茶叶	55265		0.4	2.9
水果	91414	3	4.22	5.3
蔬菜	204174	2.8	37.19	3.4
食用菌			0.57	1.3

全年完成荒山荒地、有林地、更新造林面积7.99万亩，主要林产品产量油桐籽1335吨，增长4.5%；竹笋干1357吨，增长13.1%；松脂2590万吨，增长3.2 %。

全年肉蛋奶总产量7.37万吨，下降0.7%。肉类总产量7.04万吨，下降0.9%，其中：猪肉产量6.21万吨，下降2.4%；牛肉产量1199吨，增长20.1%；羊肉产量208吨，增长51.8%；禽类肉产量0.55万吨，增长9.5%；禽蛋产量0.33万吨，增长6.4%。

全年水产品产量1.31万吨，增长6.4%。其中：鱼类产量1.28万吨，增长5.8%。

三、工业和建筑业

全部工业增加值46.83亿元，增长8.6%，其中：规模以上工业增加值40.94亿元，增长8.5%。在规模以上工业中，分经济类型看，股份制企业实现产值132.14亿元，现价增长7.2%，外商及港澳台投资企业实现产值9.37亿元，现价增长12.2%，其他经济类型实现产值5.43亿元，现价增长11.3%；分轻重看，轻工业实现产值60.82亿元，现价增长12.1%，重工业实现产值86亿元，现价增长4.7%；分门类看，采矿业实现产值9.68亿元，现价增长21.3%，制造业实现产值131.68亿元，现价增长6.9%，电力、热力、燃气及水生产和供应业实现产值5.58亿元，与上年同期持平。工业产品销售率98.23%，比上年下降0.02个百分点。全年新上13家规模企业，规模企业数达127家，其中：产值亿元以上企业42家。

表2：2016年规模以上工业企业主要工业产品产量

产　品　名　称	单　　位	产量	比上年增长（%）
原　煤	万吨	13.48	–13.8
水泥	万吨	478	–2.5
饮料酒	千升	525.26	2.7
印制电路板	平方米	1866508	10.6
饲料	吨	25870.9	40.7
发电量	万千瓦时	11856.8	–4.3
#火电	万千瓦时	11856.8	–4.3
水电	万千瓦时	14014.1	133.9

全年规模以上工业企业实现利润 9.24 亿元，比上年下降 0.6%；其中 股份制企业 8.8 亿元，增长 0.8%，外商及港澳台商投资企业 0.34 亿元，下降 8.7%；其他经济企业 0.09 亿元，下降 49.9 %。规模以上工业企业每百元主营业务收入中的成本为 82.87 元，主营业务收入利润率为 6.79 %。

全县规模以上工业中不锈钢加工、新型显示和智能制造、机械制造、农林产品加工、电子加工和矿产品加工等重点产业 104 家，比去年同期增加 3 家。实现产值 130.19 亿元，现价增长 7.9%，对规模以上工业产值的贡献率达 90.8%，拉动规模以上工业产值增长 7 个百分点。

表 3：2016 年规模以上工业重点产业情况

指标名称	单位数	产　值	比上年增长（%）
合　　计	90	115.53	7.2
不锈钢加工	6	23.58	15.4
新型显示	3	6.13	80.2
机械制造	8	3.9	-59.2
矿产品加工	23	36.24	11.8
农林产品加工	50	45.67	9.0

新增 14 家资质建筑企业，全县资质总承包和专业承包建筑企业达 36 家。全社会建筑业实现增加值 19.33 亿元，增长 8.1%。资质企业建筑业在地产值 32.93 亿元，增长 19%。

四、固定资产投资

固定资产投资 259.32 亿元，增长 13.6%；农户固定资产投资 4.92 亿元，增长 7.6%。分产业看：第一产业投资 8.21 亿元，增长 1.9%；第二产业投资 124.14 亿元，下降 4.9 %；第三产业投资 126.96 亿元，增长 41.4 %。三次产业投资结构由上年同期的 3.5：57.2：39.3 调整为 3.2：47.9：48.9，第三产业投资比重比去年同期提高 9.6 个百分点

表 4：2016 年全社会固定资产投资情况

指　　标	总量（亿元）	增长（%）
固定资产投资	259.32	13.6
按产业分		
第一产业	8.21	1.9
第二产业	124.4	-4.9
第三产业	126.96	41.4
# 交通	9.49	41.2
房地产	8.71	-3.1

新增房地产企业 2 家，全县房地产企业达 35 家，全年房地产开发投资完成 8.71 亿元，下降 3.1%。其中住宅投

资 6.1 亿元，增长 16.3%；商业营业用房投资 1.09 亿元，下降 52.7%；商品房销售面积 26.92 万平方米，增长 68.9%；商品房销售额 12.31 亿元，增长 73.1%。

五、国内贸易和对外经济

全年新增限额以上流通贸易企业 41 家，截止 12 月底限额以上流通贸易企业达 311 家。实现社会消费品零售总额 66.53 亿元，增长 19.1%。按经营地分，城镇消费品零售额 54.87 亿元，增长 20.7%；乡村消费品零售额 11.66 亿元，增长 12%。按商品形态分，餐饮收入额 10 亿元，增长 17.7%; 商品零售额 56.52 亿元，增长 19.3%; 按规模分，限额以上零售额 38.94 亿元，增长 28.4%，限额以下零售额 27.59 亿元，增长 8.0%。

全年外贸出口总值 (海关数)25542 万美元，增长 13.7%；实际利用外资（验资口径）2507 万美元，增长 19%。

六、交通、邮电和旅游

全县交通运输和邮电仓储业实现增加值 10.67 亿元，增长 4.0%；客货运周转量 38596 万吨公里，增长 7.3%。

年末全县公路通车里程为 1342 公里，比上年增长 6.3%，其中高速公路 68 公里。

年末全县汽车保有量 115495 辆（含三轮汽车和低速货车），比上年末增长 21.6%，其中私人汽车保有量 32179 辆，增长 41.8%。全县轿车保有量 19901 辆，增长 21.8%，其中私人轿车保有量 19168 辆，增长 24.1%。

全年完成邮电业务收入 2.15 亿元，增长 12.8%，其中，邮政业务收入 0.24 亿元，增长 19.5%; 电信业务收入 1.91 亿元，增长增长 12.1%。年末全县固定电话用户 5.21 万户，移动电话用户 25.59 万户，互联网宽带接入端口 14.35 万个，互联网用户 6.19 万户。移动电话基站 1629 个，移动电话交换机容量 5.528 万门。

全县接待游客 163.32 万人次，增长 21.6%；实现旅游收入 16.59 亿元，增长 27.4%。

七、金　　融

年末全县金融机构各项存贷款余额 183.56 亿元，增长 12.2%，其中金融机构各项存款余额 104.33 亿元，增长 14.6%(居民储蓄存款余额 62.56 亿元，增长 14.0%)；金融机构各项贷款余额 79.23 亿元，增长 9.2%，存贷比为 75.9%。

八、人民生活和社会保障

全年全县居民人均可支配收入 18569 元，增长 8.7%，居民人均消费支出 13560 元，增长 7.2%。其中城镇居民人均可支配收入 28439 元， 增长 8.6%；城镇居民人均消费支出 20772 元，增长 6.0%，农村居民人均可支配收入 13676 元，增长 8.7%；农民人均生活消费支出 9971 元，增长 8.2%。

年末参加城镇基本养老保险人数 38866 人，比上年增加 2143 人；参加城镇失业保险职工人数 31460 人，比上年增加 2057 人；参加城镇基本医疗保险参保人数 26417 人，比上年减少 12354 人；参加城镇工伤保险人数 36921 人，比上年减少 1121 人；参加城乡居民社会养老保险人数 192086 人，比上年减少 414 人；新型农村合作医疗参保人数 317311 人，比上年减少 1297 人，新农合参合率 100%。

全县纳入城市最低生活保障的居民 876 人；纳入农村最低生活保障的居民 6729 人；“五保”供养对象 1335 人。

九、教育和科学技术

全县普通中学 (含职专)20 所，在校学生数 14351 人；小学 40 所，在校生 18486 人；特殊教育学校 1 所，特殊教育在校生 115 人；幼儿园 (含民办)86 所，在园幼儿 13973 人。

全县高新技术企业 5 家。全县申请专利 1176 件，其中发明专利 374 项，实用新型 721 项，外观设计 81 项；授权专利 531 件，其中发明专利 19 项，实用新型 466 项，外观设计 46 项。

十、文化、卫生和体育

全县年末共有群众业余文艺团队 45 个，文化馆 1 个，图书馆 1 个，图书藏量 9.2 万册，博物馆 1 个，年末共有影院 1 个，电影放映 6028 场次。广播电台 1 座，电视台 1 座。有线电视用户 5.3 万户，有线数字电视用户 4.3 万户。年末广播节目综合覆盖率为 97.9%；电视节目综合覆盖率为 99.2%。

年末全县共有各类卫生机构（ 包括门诊部、卫生所、医务室、诊所）494 个。其中医院 5 个，卫生院 15 个，社区卫生服务中心（站）1 个；年末全县共有卫生机构实有床位 1615 张。年末全县卫生机构人员总数 2654 人，其中卫生技术人员 2131 人，其中执业（助理）医师 611 人，注册护士 883 人。

全民健身活动广泛开展，竞技体育成绩斐然，获市级以上体育竞技赛事金牌 69 枚。

十一、资源、环境和安全生产

初步核算，全年规模工业企业综合能源消费量 448088 吨标准煤，同比下降 3.4%; 产值单耗下降 10.3%；可比增加值单耗 1.35 吨标准煤 / 万元，增加值能耗下降 10.9%。

全年完成植树造林总面积 3.65 万亩，其中人工造林更新面积 3.18 万亩。全县森林覆盖率 77.88%。

全年各类生产安全事故共 8 起，死亡 3 人，受伤 6 人。十万人生产安全事故死亡人数为 3 人。

注：1、本公报数为初步统计数，最终数据以统计年鉴为准。

2、本公报生产总值，各产业增加值、农林牧渔业总产值总量按现价计算，增长速度按可比价计算。

2016年连城县国民经济和社会发展统计公报

一、综　　合

年末全县户数110221户（公安部门数据），户籍人口345664人，总人口中城镇人口119976人，占34.7%。人口出生率22.6‰，人口自然增长率16.6‰。据上级统计部门反馈，全县常住人口24.7万人，城镇化率43.2%。

初步统计全县生产总值实现1622118万元，增长8%。其中，第一产业增加值314941万元，增长3.6%；第二产业增加值684765万元，增长7.2%，其中：工业增加值578106万元，增长7.2%；第三产业增加值622412万元，增长11.1%。人均生产总值65806元，增长7.3%。三次产业比重由上年的19.5 ∶ 43.6 ∶ 36.9调整为19.4 ∶ 42.2 ∶ 38.4。

劳动就业稳定。社会劳动者年末人数208671人，其中：乡村劳动者155758人，城镇个体劳动者和私营企业从业人员34473人；按三次产业划分：第一产业58542人，第二产业48326人（其中工业38897人），第三产业101803人。年末登记失业率为2.26%。

居民消费价格总水平比上年上涨1.5%，其中食品烟酒类上涨4.8%。

全县实现财政收入64358万元，比上年增长11.3%，其中，地方财政收入43127万元，比增11.2%财政支出247926万元，比上年增长7%。

二、农　　业

全县农林牧渔业总产值512283万元，增长3.7%，其中：农业产值245153万元，林业产值87631万元；牧业产值144381万元；渔业产值24368万元，农林牧渔服务业产值10750万元。全年农作物播种面积72.54万亩，其中粮食播种面积43.13万亩，粮食总产168320吨，其中甘薯产量（折原粮）33310吨；蔬菜产量288072吨，油料5423吨增长5.3%，甘蔗2845吨，烤烟7466吨，增长6.7%，茶叶676吨，水果49651吨，增长11.5%，食用菌2507吨。肉类产量41445吨，增长5.8%，禽蛋5197吨，增长3.7%，淡水产品产量17509吨增长5.2%。

完成人工造林面积7118亩，更新造林面积10838亩。

三、工业和建筑业

全部工业总产值1590082万元，增长7.6%。其中规模以上（年销售收入2000万元以上）工业企业128家，产值1417797万元，增长8%；增加值379327万元，增长7%。规模以上工业经济主要特点是：食品、竹木、光伏、矿冶、化工等产业有10亿元以上规模，运动用品增势最快。

规模以上工业主要产品产量中：发电量18558万千瓦时，煤炭25万吨，机制纸及纸板14995吨，人造板17万立方米，合成氨37474吨。

建筑业增加值106659万元，增长7.4%。

四、固定资产投资

全社会固定资产投资完成224亿元，增长9.2 %，其中：城乡500万元以上的投资2200800万元，增长9.6%。工业投资完成872463万元，占全社会固定资产投资的39%。全社会固定资产投资中，房地产开发投资142785万元，增长36.7%。全年商品房销售面积235859平方米，增长98.6%；销售额95030万元，增长85.7%。

五、国内贸易及对外经济

全县消费品市场活跃，批发业、零售业、住宿餐饮业较快增长，社会消费品零售总额完成535203万元，增长7.3%。实际利用外资金额3390万美元，增长3.3%。外贸出口全年完成14488万美元，增长10.7%。

六、交通、邮电和旅游

公路、铁路、航空运输的立体交通网络发达，境内公路2008千米，铁路营运43.2千米。民用汽车拥有29766辆。全年交通运输邮政业完成增加值9.12亿元，比上年增长3.8%。

旅游快速发展。冠豸山景区接待游客125.06万人次，增长11.9%；天一温泉度假村接待游客15.26万人次，减少3.4%；培田古民居11.57万人次，增长17.7%。获评“中国客家民俗文化之乡”“中国温泉之城”，入选首批国家全域旅游示范区、全国休闲农业与乡村旅游示范县；冠豸山被评为“中国最美地质公园”，列入国家生态旅游示范区和国家自然遗产；培田古村落、天一温泉度假村成功创建国家4A级旅游景区，赖源溶洞景区开园营业。

七、金　　融

年末全县金融机构各项存款余额807085万元，比年初增长8.2%；个人存款余额492620万元，比年初增长15.1%；各项贷款余额609517万元，比年初增长9.6%。

保险事业平稳发展。人寿、财产保费收入13184万元。支付各类赔款及给付6568万元。

八、人民生活与社会保障

在岗职工年人均工资（不含私营企业的城镇地域单位）54070元，增长13.6%。据抽样调查数据，城镇居民人均可支配收入26265元，增长8.4%，人均生活消费支出18820元，增长6.3%，恩格尔系数为35.8%。农村居民人均可支配收入12810元，增长8%，人均生活消费支出9834元增长7.1%，恩格尔系数为41.7%。按城乡一体化的口径，居民人均可支配收入18061元，增长8.2%，居民人均生活消费支出13337元，增长6.6%。

社会保障稳固推进。城乡居民基本养老保险基础养老金最低发放标准提高至每人每月125元，累计发放养老金1.9亿元；新农合参合率持续稳定在99.8%以上，累计补偿金额4.86亿元。发放被征地农民养老保障金1880万元。开工建设保障性住房2661套，分配公共租赁住房1444套。

九、教育、科学技术和文化体育

教育事业平稳发展。普通高中在校生4275人，普通初中在校生6902人，小学在校生16288人。普通高中、初中专任教师分别为528人和974人，小学专任教师1246人。顺利通过“义务教育发展基本均衡县”国家级验收；改造薄弱学校22个，实施校安工程项目33个，新建校舍10.6万平方米；连城一中、二中分别创建省一级、二级达标高中，西城文教片区实验小学、实验幼儿园投入使用。

科技事业不断取得进展。申请专利3533件，授权专利1601件，专利申请和授权增长率均位居全市第一；实施省市专利技术与产业化项目10项，获得省市专利奖14项。新增地理标志商标2件、驰名商标2件、著名商标10件、知名商标17件。

文化、体育事业在发展。宣和培田、庙前芷溪被评为国家历史文化名村，四堡、新泉获评省历史文化名镇，塘前迪坑等25个村被列为市级以上传统村落。

十、卫生和社会服务

卫生事业健康发展。县医院完成异地搬迁并成功创建二级甲等医院，县卫生监督所、疾控中心、精神病院综合楼建成投入使用。年末有卫生机构 57 个，病床位 1409 张，卫生技术人员 1507 人，其中医师（士）427 人，护师（士）691 人。

城市低保标准提高至每人每月 475 元，农村低保标准提高至每人每年 2650 元，累计发放城乡低保金 1.37 亿元。

十一、环境保护与安全生产

环境保护工作取得良好成效。万元规模以上工业增加值综合能耗 0.33 吨标准煤 / 万元，下降 11.5%。成功创建省级生态县，赖源、曲溪、宣和获评国家级生态乡镇，新泉获评国家绿色低碳示范镇。持续推进流域水环境综合整治，在全市率先启动“河长制”工作，开工建设“六江两溪”乡（镇）污水处理厂，县污水处理厂、第二污水处理厂建成投入使用。依法关闭拆除非法采（洗）砂场 22 家、禁养区生猪养殖场 511 家，综合整治地瓜干生产加工企业和小作坊 103 家。集中式饮用水源地水质达标率 100%。

2016 年，全县共发生生产安全事故 11 起、死亡 5 人，分别同比下降 83.8%、61.5%。占市政府下达控制指标 11 人的 45.45%。十万人生产安全事故死亡率 2.024，同比下降 61.7%；亿元 GDP 生产安全事故死亡率 0.031，同比下降 64.8%。

注：生产总值、各产业增加值以及总产值绝对数按现价计算，增长速度按可比价计算。

附录 2　2016 年龙岩市统计工作大事记

2016 nian long yan shi tong ji gong zuo da shi ji

供稿人：赖烨琳　马天华

2016年统计工作大事记

一、市统计局大事记

1月1日起，龙岩市对市、区统计权限进行调整。将所有新罗区行政区划内的中央、省、市属单位和市、区交叉的股份制企业的统计调查权、统计报告权和统计监督权划归新罗区统计局。

1月5日，龙岩市统计局组织开展2016年人大政协“两会”服务工作。

1月18日，龙岩市统计局所撰写的呈阅件《投资统计方法制度改革将对我市固定资产投资产生重大影响》一文得到市委书记李德金的批示：“请天洲同志召集研究，避免因统计改革引起大起大落，做好衔接，以保持经济持续稳定增长。”

1月23日，龙岩市统计局获得市委办公室“2016年度党委系统信息工作先进单位”荣誉称号。

1月26日，龙岩市政府召开全市投资统计制度改革专题会议，市经信委、水利局、重点办等市直部门领导，经开区、各县（市、区）政府分管领导、发改局局长、统计局局长等参加了会议。

2月22日—25日，受市委常委、常务副市长张天洲的委托，市发改委、统计局联合对各县（市、区）政府进行项目落地、政府投资等工作开展督查。

2月份，龙岩市统计局获得市委、市政府“2016年服务项目落地攻坚战役成绩突出单位”荣誉称号。

2月24日，龙岩市统计局与市文改办联合召开全市文化产业统计工作会议，布置2015年文化产业统计年报工作。

2月份，龙岩市统计局组织开展“稳增长、调结构”系列专题分析，形成系列分析报告8篇。

2月24日，龙岩市统计局获得“2015年度全市政府系统信息工作先进单位”荣誉称号。

3月4日—17日，龙岩市统计局迅速动员部署脱贫攻坚挂钩工作，全局31名干部职工分2批深入脱贫攻坚挂钩村—连城县曲溪乡曲溪村，开展37户结对帮扶贫困户的入户摸底工作。

3月7日，龙岩市统计局召开全市“数据造假、以数谋私”专项治理工作会议。

3月13日—15日，省统计局政法处黄昭元调研员带队赴漳平开展“数据造假、以数谋私”专项执法检查。

3月14日，龙岩市统计局、国家统计局龙岩调查队联合发布《2016年龙岩市国民经济和社会发展统计公报》。

3月22日，龙岩市统计局、国家统计局调查队联合编辑出版《龙岩统计提要-2016》。

3月31日下午，省局孙希有局长到龙岩调研、指导核算及投资统计改革工作。

4月7日，龙岩市统计局党总支召开“两学一做”学习教育活动专题学习会，部署“两学一做”学习教育先行一步。

4月，谢健宏撰写的《提升龙岩经济增长动力的对策研究》获2015年市委市政府优秀调研成果二等奖，巫城亮撰写的《“十二五”期间我市农村发展概况及“十三五”发展建议》、周兴鑫撰写的《龙岩市高耗能行业发展与节能降耗研究》获三等奖。

4月中旬，龙岩市统计局卢奇祥局长获市委、市政府“2015年服务项目工作先进个人”表彰。

4月下旬，龙岩市统计局工会委员会被市总工会授予2015年度“先进职工之家”荣誉称号。

4月19日，市政府第三次全国农业普查领导小组下发文件成立了龙岩市第三次全国农业普查领导小组办公室。

5月23日，市长池秋娜在龙岩市统计局《第三产业回落大应引起高度重视》报告上批示，要求“建生（副市长）牵头，积极应对”。

5月10日—12日，龙岩市统计局孙法武副调研员带队赴长汀、漳平开展劳动工资统计执法检查。

5月14日—15日，省统计局郭华生处长一行到龙岩对新兴服务业统计工作开展情况进行专题调研。

5月16日，龙岩市统计局再次召开“两学一做”学习教育动员大会。

5月18日，龙岩市统计局印发《龙岩市统计局推广随机抽查机制规范事中事后监管实施方案》。

5月24日—26日，龙岩市统计局副局长邝接源带领贸易专业相关人员到连城县、长汀县进行新增限上企业数据质量检查。

6月，龙岩市统计局获得市委部直机关工作委员会“2014-2015年先进基层党组织”荣誉称号。

6月2日—3日，龙岩市统计局召开会议迅速传达贯彻中央领导同志重要批示和国家局、省局会议精神。

6月13日，龙岩市统计局发文取消“统计从业资格认定”事项。

6月20日—21日，省统计局社科处副处长黄昭朝一行到我市开展基本公共服务体系建设情况调研工作。

7月5日，龙岩市第三次全国农业普查办公室与市委宣传部联合下发《关于认真做好第三次全国农业普查宣传工作的通知》，启动第三次农业普查宣传工作。

7月8日—22日，龙岩市统计局对上杭、长汀、新罗及所属12个乡镇，20个村进行农村统计数据质量检查。

7月21日—22日，龙岩市统计局郑庆辉总统计师带队对新罗区开展统计监督专项执法检查。

7月29日，龙岩市统计局举办了全市国民经济核算知识培训班，市统计局、各县（市、区）统计局局长、分管副局长、核算专业人员、近50人参加了培训。

8月11日—12日，龙岩市统计局郑庆辉总统计师赴上杭县开展城乡属性变动实地查看核实工作。

8月16日—17日，省局设管处林英厦处长莅临我市进行城乡属性变动实地查看核实。

8月21日，龙岩市统计局举办2016年统计系统“紫金山体育公园”杯羽毛球赛。

8月30日，龙岩市统计局举办统计法律法规培训班，市、县两级统计干部50余人参加培训。

9月6日，龙岩市统计局郑庆辉总统计师赴永定开展文化产业调研。

9月23日，龙岩市统计局、国家统计局龙岩调查队、新罗区统计局、龙岩市统计学会联合在龙岩市中心城区街心广场开展“农业普查，福到农家”“中国统计开放日”主题宣传活动。

9月27日–28日，龙岩统计局举办工业统计业务知识培训班，全市60余家规模以上重点工业企业参加培训。

9月30日，龙岩市统计局、国家统计局龙岩调查队联合编辑的《龙岩统计年鉴–2016》在中国统计出版社出版。

10月10日，完成全市10026名第三次全国农业普查普查员、指导员的选聘工作。

10月10日，龙岩市统计局获市依法治市领导小组“2011–2015年全市法治宣传教育先进单位”荣誉称号。

10月24日，中共龙岩市委任命黄明同志为中共龙岩市统计局党组成员、书记。

10月25日—26日，龙岩市统计局郑庆辉总统计师赴沙县参加全省生态文明建设差别化评价（2015）数据联审会议。

10月26日—28日，龙岩市统计局举办全市第三次全国农业普查市、县、乡三级业务骨干培训班。

10月31日，龙岩市统计局公开曝光查处的9起统计违法典型案件。

11月3日—4日，郑庆辉总统计师赴武平县开展文化产业园区调研。

11月10日，龙岩市政府召开全市第三次全国农业普查工作会议，农普领导小组组长张朝阳副市长主持会议，各县（市、区）农业普查领导小组组长、普查办公室主任及市农业普查领导小组成员单位出席会议。

11月17日—18日，龙岩市第三次全国农业普查领导小组组织在江山镇山塘村开展第三次全国农业普查综合试点工作。

11月26日，龙岩市统计局开展全市《统计法》和《全国农业普查条例》知识竞赛。

11月29日—30日，省农普办主任雷志亮一行到我市督查农普工作。

11月30日，市人大常委会发出通知任命黄明同志为龙岩市统计局局长。

12月4日，市、区统计局联合开展“国家宪法日”暨法治宣传日活动，荣获市依法治市领导小组办公室授予的2016年国家宪法日系列宣传活动“优秀组织奖”。

12月5日，龙岩市委常委、副市长王龙到龙岩市统计局调研。

12月21日，龙岩市统计局制发统计“七五”普法规划。

二、国家统计局龙岩调查队大事记

1月8日，总队通报2015年度市县调查队工作考评结果（闽调字〔2016〕1号），市队10项工作获“先进单位”表彰。

1月20日–22日，总队队长刘同星、副总队长林昭利一行到龙岩调研，市政府常务副市长张天洲陪同调研，并就统计调查工作交流了意见。

1月29日，《闽西日报》开设“依法调查 服务发展”专栏，首刊《奋进中的龙岩调查队》刊登。

1月底，市队14篇调研分析报告入编《龙岩发展研究–2015》一书。

2月1日，总队党组书记、总队长刘同星在《2015年龙岩队以改革创新引领调查事业发展》工作报告上作重要批示，对龙岩调查工作给予充分肯定。

2月24日，市队获2015年度“全市政府系统信息工作先进单位”。

2月29日，总队纪检监察室主任王江明到龙岩、长汀督查办公用房情况。

3月18日，市队党组召开巡视整改专题民主生活会。

3月23日，总队主持“苏区调查精神教育实践基地”挂牌仪式在上杭县才溪乡举行。总队副总队长林昭利主持挂牌仪式，人事教育处处长林嗣杰、机关党办主任刘孝兴，市队副队长王顺昌参加仪式。

4月19日，市队3篇文章分别获“2015年龙岩市优秀调研成果”特别奖、一等奖、三等奖。

4月26日，市队召开“两学一做”学习教育动员会。

4月30日，市队队长李富带队深入调查点调研CPI工作。

5月16日–19日，福建地区国家调查队系统党务干部培训班在上杭古田举行。市队队长李富、纪检组长张伟传参加会议。

5月19日–21日，总队投资建筑业处邱勇辉处长到新罗、上杭、长汀等县（区）调研。

5月20日，总队党组成员、纪检组长徐学金一行到上杭开展工作调研。

5月22日–23日，总队副总队长陈志良一行到龙岩调研生价工作。

6月21日，总队队长刘同星、副总队长陈志良到永定调研工作。

7月11日–13日，总队专项调查处处长江美一行到龙岩、新罗、上杭督导检查工作。

7月13日–15日，总队农业调查处处长程友源一行到龙岩、上杭开展数据质量检查工作。

7月26日–27日，市队队长李富带队到上杭开展“两学一做”学习教育和“两个责任”落实情况督查。

8月2日–5日，总队副总队长林鹰漳到龙岩、永定、上杭、长汀督导“两学一做”和“三农普”工作。市队队长李富陪同调研。

8月3日–4日，总队纪检监察室主任王江明到龙岩开展纪检监察工作督查。

8月13日–14日，龙岩市第三次全国农业普查面积遥感测量无人机首飞仪式在长汀县濯田镇塍背村举行。

8月19日，龙岩队2篇文章分获“2016年度全省优秀统计调查分析”一等奖、三等奖。

8月23日，市队与软件合作方北京中海纪元数字技术发展股份有限公司签订关于居民收支电子记账工作正式合作协议。

8月25日–26日，总队巡视员张晓玲、服务业处处长吴大强到龙岩调研工作。

10月18日–20日，总队党组成员、纪检组长徐学金一行到龙岩开展党风廉政建设工作检查。

11月4日，市队开展“抵制以数谋私，杜绝以数敛财”集中大讨论。

11月8日，市队成立公车改革领导小组，标志公车改革工作正式启动。

11月11日，编印出版《2016龙岩调查年鉴》。

12月5日–7日，国家统计局机关党委机关工会主席姚建墉、机关党委群工部副部长一行到龙岩、上杭开展“两学一做”学习教育督导。

12月8日，市队首次举行全体干部职工“忠于《统计法》”宣誓仪式。

12月15日–16日，总队长刘同星一行到上杭、长汀调研。

12月21日，市政府常务副市长王龙到市队调研工作，并看望干部职工。

12月21日，市队开展党支部换届选举工作，选举产生以纪检组长黄正山为书记的新一届支部委员会。

12月26日，总队通报2016年度市县调查队工作考评结果，市队5项工作获“优秀单位”，4项工作获“良好单位”。

附录3　2017年施行的部分统计法律法规

2017 niao shi xing de bu fen tong ji fa lu fs gui

供稿人：陆真鸿　邱笑莲　陈炳文　翁　玲

统 计 执 法 监 督 检 查 办 法

中华人民共和国国家统计局令

第21号

《统计执法监督检查办法》已经2017年6月2日国家统计局第1次局务会议讨论通过，现予公布，自2017年9月1日起施行。

局长　宁吉喆

2017年7月5日

统计执法监督检查办法

第一章　总　　则

第一条　为了规范统计执法监督检查工作，保护公民、法人和其他组织的合法权益，保障和提高统计数据质量，根据《中华人民共和国统计法》《中华人民共和国行政处罚法》和《中华人民共和国统计法实施条例》等法律、行政法规，制定本办法。

第二条　本办法适用于县级以上人民政府统计机构对执行统计法律法规规章情况的监督检查和对统计违法行为的查处。

第三条　国家统计局统计执法监督局在国家统计局领导下，具体负责对全国统计执法监督检查工作的组织管理，指导监督地方统计机构和国家调查队统计执法监督检查机构工作，检查各地方、各部门统计法执行情况，查处重大统计违法行为。

省级及市级统计执法监督检查机构在所属统计局或者国家调查队领导下，具体负责指导监督本地区、本系统统计执法监督检查工作，对本地区、本系统统计法执行情况的检查和查处统计违法行为。县级统计执法监督检查机构或者执法检查人员在所属统计局或者国家调查队领导下，依据法定分工负责本地区、本系统统计执法监督检查工作。

地方统计机构和国家调查队应当建立统计执法监督检查沟通协作机制。

第四条　县级以上人民政府有关部门在同级人民政府统计机构的组织指导下，负责监督本部门统计调查中执行统计法情况，对本部门统计调查中发生的统计违法行为，移交同级人民政府统计机构予以处理。

第五条　各级人民政府统计机构应当建立行政执法监督检查责任制和问责制，切实保障统计执法监督检查所需的人员、经费和其他工作条件。

第六条　统计执法监督检查应当贯彻有法必依、执法必严、违法必究的方针，坚持预防、查处和整改相结合，坚持教育与处罚相结合，坚持实事求是、客观公正、统一规范、文明执法、高效廉洁原则。

统计执法监督检查中，与执法监督检查对象有利害关系以及其他可能影响公正性的人员，应当回避。

第七条　县级以上人民政府统计机构应当畅通统计违法举报渠道，公布统计违法举报电话、通信地址、网络专栏、电子邮箱等，认真受理、核实、办理统计违法举报。

第八条 县级以上人民政府统计机构应当建立统计违法行为查处情况报告制度，定期向上一级统计机构报告统计违法举报、统计执法监督检查和统计违法行为查处情况。

第二章 统计执法监督检查机构和执法检查人员

第九条 县级以上人民政府统计机构健全统计执法监督检查队伍，完善统计执法监督检查机制，建立统计执法骨干人才库，确保在库人员服从设库机构的调用。

第十条 统计执法监督检查机构和执法检查人员的主要职责是：

（一）起草制定统计法律法规规章和规范性文件；

（二）宣传、贯彻统计法律法规规章；

（三）组织、指导、监督、管理统计执法监督检查工作；

（四）依法查处统计违法行为，防范和惩治统计造假、弄虚作假；

（五）组织实施统计执法“双随机”抽查，受理、办理、督办统计违法举报；

（六）建立完善统计信用制度，建立实施对统计造假、弄虚作假的联合惩戒机制；

（七）监督查处涉外统计调查活动和民间统计调查活动中的违法行为；

（八）法律、法规和规章规定的其他职责。

第十一条 执法检查人员应当参加培训，经考试合格，取得由国家统计局统一颁发的统计执法证。

经县级以上人民政府统计机构批准，可以聘用专业技术人员参与统计执法监督检查。

第十二条 统计执法监督检查机构应当加强对所属执法检查人员的法律法规、统计业务知识、职业道德教育和执法监督检查技能培训，健全管理、考核和奖惩制度。

第三章 统计执法监督检查

第十三条 县级以上人民政府统计机构和有关部门应当建立统计执法监督检查工作机制和相关制度，综合运用“双随机”抽查、专项检查、重点检查、实地核查等方式，组织开展本地区、本部门、本单位统计执法监督检查工作。

按照国家有关规定，积极推进统计执法监督检查记录制度。

第十四条 统计执法监督检查事项包括：

（一）地方各级人民政府、政府统计机构和有关部门以及各单位及其负责人遵守、执行统计法律法规规章和国家统计规则、政令情况；

（二）地方各级人民政府、政府统计机构和有关部门建立防范和惩治统计造假、弄虚作假责任制和问责制情况；

（三）统计机构和统计人员依法独立行使统计调查、统计报告、统计监督职权情况；

（四）国家机关、企业事业单位和其他组织以及个体工商户和个人等统计调查对象遵守统计法律法规规章、统计调查制度情况；

（五）依法开展涉外统计调查和民间统计调查情况；

（六）法律法规规章规定的其他事项。

第十五条 县级以上人民政府统计机构对接到的举报应当严格按照规定予以受理，经审核可能存在统计违法行为的，应当采取立案查处、执法检查办理，市级以上人民政府统计机构也可以按照规定将举报转交下级统计机构办理。

第十六条 县级以上人民政府统计机构在组织实施统计执法监督检查前应当拟定检查方案，明确检查的依据、时间、范围、内容和组织形式等。

第十七条 统计执法监督检查机构或者执法检查人员组织实施执法监督检查前，应报所属人民政府统计机构负责人批准。

第十八条 实施统计执法监督检查，应当提前通知检查对象，告知实施检查的人民政府统计机构名称，检查的依据、范围、内容、方式和时间，对检查对象的具体要求等。

第十九条 统计执法监督检查机构进行执法监督检查时，执法检查人员不得少于 2 名，并应当出示国家统计局统一颁发的统计执法证，告知检查对象和有关单位相关权利、义务以及相应法律责任。未出示统计执法证的，有关单位和个人有权拒绝接受检查。

第二十条 县级以上人民政府统计机构调查统计违法行为或者核查统计数据时，依据《统计法》第三十五条的规定，行使统计执法监督检查职权。

第二十一条 检查对象和有关单位应当按照统计法律法规规定，积极配合执法监督检查工作，为检查工作提供必要的条件保障。有关人员应当如实回答询问、反映情况，提供相关证明和资料，核实笔录，并在有关证明、资料和笔录上签字，涉及单位的加盖公章。拒绝签字或者盖章的，由执法检查人员现场记录原因并录音录像。

有关地方、部门、单位应当及时通知相关人员按照要求接受检查。

第二十二条 统计执法监督检查机构在执法监督检查过程中，应当及时按规定制作执法文书，如实记录执法检查人员询问情况和检查对象反映的情况以及提供的证明和资料，由执法检查人员在有关笔录上签名。

第二十三条 县级以上人民政府统计机构和执法检查人员对在执法监督检查过程中知悉的国家秘密、商业秘密、个人信息资料和能够识别或者推断单个调查对象身份的资料，负有保密义务。

第二十四条 统计执法监督检查机构应当在调查结束后，及时向所属人民政府统计机构提交检查报告，报告检查中发现的问题并提出处理建议。

第二十五条 县级以上人民政府统计机构检查发现有统计违法行为，依法应当追究法律责任的，一般应当由检查机关立案查处，也可以根据违法行为性质、情节提请上一级或者移交下级人民政府统计机构立案查处。

第四章　统计违法行为的处罚

第二十六条 对统计违法行为的处罚应当按照以下程序进行：立案、调查、处理、结案。

第二十七条 查处统计违法案件应当做到事实清楚，证据确凿，定性准确，处理恰当，适用法律正确，符合法定程序。

第二十八条 国家统计局负责查处情节严重或影响恶劣的统计造假、弄虚作假案件，对国家重大统计部署贯彻不力的案件，重大国情国力调查中发生的严重统计造假、弄虚作假案件，其他重大统计违法案件。

省级统计局依法负责查处本行政区域内统计造假、弄虚作假案件，违反国家统计调查制度以及重要的地方统计调查制度的案件。但是国家调查总队组织实施的统计调查中发生的统计造假、弄虚作假案件，违反国家统计调查制度案件，由组织实施统计调查的国家调查总队进行查处。

市级、县级统计局和国家统计局市级、县级调查队，依法负责查处本行政区域内统计违法案件。

第二十九条 统计执法监督检查机构具体负责查处统计违法行为，统计执法队接受所属统计机构委托开展有关执法检查工作。

第三十条 对下列统计违法行为，县级以上人民政府统计机构应当依法立案：

（一）各地方、各部门、各单位及其负责人违反统计法律法规规章的；

（二）县级以上人民政府统计机构及其工作人员违反统计法律法规规章的；

（三）国家机关、企业事业单位和其他组织以及个体工商户等调查对象违反统计法律法规规章的；

（四）违反国家统计规则、政令的；

（五）违反涉外统计调查和民间统计调查有关法律法规规章的；

（六）其他按照法律法规规章规定应当立案的。

对在统计执法监督检查中发现并已调查清楚的统计违法行为，需要立案查处的，应当补充立案。

第三十一条 立案查处的统计违法行为，应当同时具备下列条件：

（一）有明确的行为人；

（二）有违反本办法第三十条所列行为，依法应当追究法律责任；

（三）属于人民政府统计机构职责权限和管辖范围。

统计执法监督检查机构按照前款规定的条件，对拟立案的有关材料进行初步审查后，填写《立案审批表》，报送所属人民政府统计机构负责人批准后，予以立案。

第三十二条 决定立案查处的案件，应当及时组织调查。一般案件执法检查人员不得少于 2 人，重大案件应当按规定组成执法检查组。

第三十三条 执法检查人员应当合法、客观、全面地收集证据。收集证据过程中，执法检查人员应当及时制作《现场检查笔录》《调查笔录》等文书，并整理制作《证据登记表》。

案件证据应当与本案件有关联，包括书证、物证、电子数据、视听资料、证人证言、当事人陈述、鉴定结论和勘验笔录等以及其他可证明违法事实的材料。

第三十四条 调查结束后，执法检查组或者执法检查人员应当及时形成调查报告，报送所属人民政府统计机构负责人。

检查报告内容包括：立案依据、检查情况、违法事实、法律依据、违法性质、法律责任、酌定情形、处理意见等。

第三十五条 统计执法监督检查机构应当及时组织召开会议，对案件进行讨论审理，确定统计违法行为性质和处理决定，报统计机构负责人审查。对情节复杂或者重大违法行为给予较重的行政处罚，应当集体讨论决定。

在审理过程中发现统计违法事实不清、证据不足或者程序错误的，应当责成统计执法监督检查机构或者执法检查人员及时补充或者重新调查。

第三十六条 统计违法案件审理终结，应当分别以下情况作出处理：

（一）违反统计法律法规规章证据不足，或者统计违法事实情节轻微，依法不应追究法律责任的，即行销案；

（二）违反统计法律法规规章事实清楚、证据确凿的，依法作出处理；

（三）违反统计法律法规规章和国家统计规则、政令，应当给予处分的，移送任免机关或者纪检监察机关处理；

（四）违反统计法律法规规章和国家统计规则、政令，被认定为统计严重失信的，按照国家有关规定进行公示和惩戒；

（五）涉嫌违反其他法律法规规定的，移交有关行政机关处理；

（六）涉嫌犯罪的，移送司法机关处理。

第三十七条 统计违法事实清楚、证据确凿，依法决定予以行政处罚的，应当在作出行政处罚决定前，制作《统计行政处罚决定告知书》，向处罚对象告知给予行政处罚的事实、理由、依据和处罚对象依法享有的权利。处罚对象对处罚决定进行陈述、申辩，提出不同意见时，统计执法监督检查机构应当认真听取。处罚对象提出新的事实、理由和证据，统计执法监督检查机构应当进行复核，复核成立的，予以采纳。

第三十八条 县级以上人民政府统计机构作出对法人或者其他组织 5 万元以上罚款，对个体工商户作出 2000 元以上罚款的行政处罚决定前，应当告知处罚对象有要求举行听证的权利。处罚对象要求听证的，作出处罚决定的统计机构应当依法组织听证。

处罚对象应当在收到《统计行政处罚决定告知书》3 日内向作出处罚决定的统计机构提出听证要求，作出处罚决定的统计机构应当在听证的 7 日前通知处罚对象举行听证的时间和地点。

听证由统计机构指定的非本案执法检查人员主持，处罚对象认为主持人与本案有直接利害关系的，有权申请回避。举行听证时，执法检查人员提出处罚对象违法的事实、证据和处罚建议，处罚对象进行申辩和质证。听证应当制作笔录，笔录应当交处罚对象审核无误后签字或者盖章。

听证结束后，统计机构依照本办法第三十六条作出处罚决定。

第三十九条 统计违法行为应当给予行政处罚的，依法作出处罚决定，制作《统计行政处罚决定书》。《统计行政处罚决定书》应当载明下列事项：

（一）处罚对象的名称或者姓名、地址；

（二）违反统计法律法规规章的事实和证据；

（三）统计行政处罚的种类和依据；

（四）统计行政处罚的履行方式和期限；

（五）不服统计行政处罚决定，申请行政复议或者提起行政诉讼的途径和期限；

（六）作出统计行政处罚决定的统计机构名称和作出决定的日期。

统计行政处罚决定书必须盖有作出统计行政处罚决定的统计机构的印章。

第四十条 县级以上人民政府统计机构应当在《统计行政处罚决定书》作出后 7 日内送达处罚对象。处罚对象应当在送达回执上签字盖章，并注明签收日期。处罚对象拒绝接收的，应当在其他人员见证下，由送达人员、见证人员在送达回执上签字并注明理由，将《统计行政处罚决定书》留置；处罚对象不能接收的，应当在其他人员见证下，由送达人员、见证人员在送达回执上签字并注明理由。

邮寄送达的，应当通过中国邮政挂号寄送。

第四十一条 统计行政处罚决定作出后，处罚对象应当在统计行政处罚决定的期限内予以履行。处罚对象对统计行政处罚决定不服，申请行政复议或者提起行政诉讼的，统计行政处罚不停止执行。

统计执法监督检查机构应当及时掌握统计行政处罚的执行情况。

第四十二条 立案查处的统计违法行为，应当在立案后3个月内处理完毕；因特殊情况需要延长办理期限的，应当按规定报经批准，但延长期限不得超过3个月。

第四十三条 统计违法事实清楚并有法定依据，对法人或者其他组织予以警告或者警告并处1000元以下罚款行政处罚的，可以适用简易处罚程序，当场作出统计行政处罚决定。

第四十四条 统计违法行为处理决定执行后，应当及时结案。

结案应当撰写结案报告，报送所属人民政府统计机构负责人同意，予以结案。

第四十五条 县级以上人民政府统计机构在查处统计违法案件时，认为对有关国家工作人员应当给予处分处理的，应当按照有关规定提出处分处理建议，并将案件材料和处分处理建议移送具有管辖权的任免机关或者纪检机关、监察机关、组织（人事）部门。

第四十六条 对具有严重统计造假弄虚作假情形的，应当依法认定为统计上严重失信，按照有关规定予以公示和惩戒。

第五章　法律责任

第四十七条 县级以上人民政府统计机构负责人、执法检查人员及其相关人员在统计执法监督检查中有下列行为之一的，由统计机构予以通报，由任免机关或者纪检监察机关给予处分：

（一）包庇、纵容统计违法行为；

（二）瞒案不报，压案不查；

（三）未按规定受理、核查、处理统计违法举报；

（四）未按法定权限、程序和要求开展统计执法监督检查，造成不良后果；

（五）违反保密规定，泄露举报人或者案情；

（六）滥用职权，徇私舞弊；

（七）其他违纪违法行为。

第四十八条 县级以上人民政府统计机构负责人、执法检查人员及其相关人员在统计执法监督检查中，违反有关纪律的，依纪依法给予处分。

第四十九条 县级以上人民政府统计机构负责人、执法检查人员及其相关人员泄露在检查过程中知悉的国家秘密、商业秘密、个人信息资料和能够识别或者推断单个调查对象身份的资料，依纪依法给予处分。

第六章　附　则

第五十条 本办法自2017年9月1日起施行。《统计执法检查规定》同时废止。

中华人民共和国统计法实施条例

中华人民共和国国务院令

第 681 号

《中华人民共和国统计法实施条例》已经 2017 年 4 月 12 日国务院第 168 次常务会议通过，现予公布，自 2017 年 8 月 1 日起施行。

总理：李克强

2017 年 5 月 28 日

第一章　总　　则

第一条　根据《中华人民共和国统计法》（以下简称统计法），制定本条例。

第二条　统计资料能够通过行政记录取得的，不得组织实施调查。通过抽样调查、重点调查能够满足统计需要的，不得组织实施全面调查。

第三条　县级以上人民政府统计机构和有关部门应当加强统计规律研究，健全新兴产业等统计，完善经济、社会、科技、资源和环境统计，推进互联网、大数据、云计算等现代信息技术在统计工作中的应用，满足经济社会发展需要。

第四条　地方人民政府、县级以上人民政府统计机构和有关部门应当根据国家有关规定，明确本单位防范和惩治统计造假、弄虚作假的责任主体，严格执行统计法和本条例的规定。

地方人民政府、县级以上人民政府统计机构和有关部门及其负责人应当保障统计活动依法进行，不得侵犯统计机构、统计人员独立行使统计调查、统计报告、统计监督职权，不得非法干预统计调查对象提供统计资料，不得统计造假、弄虚作假。

统计调查对象应当依照统计法和国家有关规定，真实、准确、完整、及时地提供统计资料，拒绝、抵制弄虚作假等违法行为。

第五条　县级以上人民政府统计机构和有关部门不得组织实施营利性统计调查。

国家有计划地推进县级以上人民政府统计机构和有关部门通过向社会购买服务组织实施统计调查和资料开发。

第二章　统计调查项目

第六条　部门统计调查项目、地方统计调查项目的主要内容不得与国家统计调查项目的内容重复、矛盾。

第七条　统计调查项目的制定机关（以下简称制定机关）应当就项目的必要性、可行性、科学性进行论证，征求有关地方、部门、统计调查对象和专家的意见，并由制定机关按照会议制度集体讨论决定。

重要统计调查项目应当进行试点。

第八条　制定机关申请审批统计调查项目，应当以公文形式向审批机关提交统计调查项目审批申请表、项目的统计调查制度和工作经费来源说明。

申请材料不齐全或者不符合法定形式的，审批机关应当一次性告知需要补正的全部内容，制定机关应当按照审批机关的要求予以补正。

申请材料齐全、符合法定形式的，审批机关应当受理。

第九条　统计调查项目符合下列条件的，审批机关应当作出予以批准的书面决定：

（一）具有法定依据或者确为公共管理和服务所必需；

（二）与已批准或者备案的统计调查项目的主要内容不重复、不矛盾；

（三）主要统计指标无法通过行政记录或者已有统计调查资料加工整理取得；

（四）统计调查制度符合统计法律法规规定，科学、合理、可行；

（五）采用的统计标准符合国家有关规定；

（六）制定机关具备项目执行能力。

不符合前款规定条件的，审批机关应当向制定机关提出修改意见；修改后仍不符合前款规定条件的，审批机关应当作出不予批准的书面决定并说明理由。

第十条 统计调查项目涉及其他部门职责的，审批机关应当在作出审批决定前，征求相关部门的意见。

第十一条 审批机关应当自受理统计调查项目审批申请之日起 20 日内作出决定。20 日内不能作出决定的，经审批机关负责人批准可以延长 10 日，并应当将延长审批期限的理由告知制定机关。

制定机关修改统计调查项目的时间，不计算在审批期限内。

第十二条 制定机关申请备案统计调查项目，应当以公文形式向备案机关提交统计调查项目备案申请表和项目的统计调查制度。

统计调查项目的调查对象属于制定机关管辖系统，且主要内容与已批准、备案的统计调查项目不重复、不矛盾的，备案机关应当依法给予备案文号。

第十三条 统计调查项目经批准或者备案的，审批机关或者备案机关应当及时公布统计调查项目及其统计调查制度的主要内容。涉及国家秘密的统计调查项目除外。

第十四条 统计调查项目有下列情形之一的，审批机关或者备案机关应当简化审批或者备案程序，缩短期限：

（一）发生突发事件需要迅速实施统计调查；

（二）统计调查制度内容未作变动，统计调查项目有效期届满需要延长期限。

第十五条 统计法第十七条第二款规定的国家统计标准是强制执行标准。各级人民政府、县级以上人民政府统计机构和有关部门组织实施的统计调查活动，应当执行国家统计标准。

制定国家统计标准，应当征求国务院有关部门的意见。

第三章 统计调查的组织实施

第十六条 统计机构、统计人员组织实施统计调查，应当就统计调查对象的法定填报义务、主要指标涵义和有关填报要求等，向统计调查对象作出说明。

第十七条 国家机关、企业事业单位或者其他组织等统计调查对象提供统计资料，应当由填报人员和单位负责人签字，并加盖公章。个人作为统计调查对象提供统计资料，应当由本人签字。统计调查制度规定不需要签字、加盖公章的除外。

统计调查对象使用网络提供统计资料的，按照国家有关规定执行。

第十八条 县级以上人民政府统计机构、有关部门推广使用网络报送统计资料，应当采取有效的网络安全保障措施。

第十九条 县级以上人民政府统计机构、有关部门和乡、镇统计人员，应当对统计调查对象提供的统计资料进行审核。统计资料不完整或者存在明显错误的，应当由统计调查对象依法予以补充或者改正。

第二十条 国家统计局应当建立健全统计数据质量监控和评估制度，加强对各省、自治区、直辖市重要统计数据的监控和评估。

第四章 统计资料的管理和公布

第二十一条 县级以上人民政府统计机构、有关部门和乡、镇人民政府应当妥善保管统计调查中取得的统计资料。

国家建立统计资料灾难备份系统。

第二十二条 统计调查中取得的统计调查对象的原始资料，应当至少保存 2 年。

汇总性统计资料应当至少保存10年，重要的汇总性统计资料应当永久保存。法律法规另有规定的，从其规定。

第二十三条 统计调查对象按照国家有关规定设置的原始记录和统计台账，应当至少保存2年。

第二十四条 国家统计局统计调查取得的全国性统计数据和分省、自治区、直辖市统计数据，由国家统计局公布或者由国家统计局授权其派出的调查机构或者省级人民政府统计机构公布。

第二十五条 国务院有关部门统计调查取得的统计数据，由国务院有关部门按照国家有关规定和已批准或者备案的统计调查制度公布。

县级以上地方人民政府有关部门公布其统计调查取得的统计数据，比照前款规定执行。

第二十六条 已公布的统计数据按照国家有关规定需要进行修订的，县级以上人民政府统计机构和有关部门应当及时公布修订后的数据，并就修订依据和情况作出说明。

第二十七条 县级以上人民政府统计机构和有关部门应当及时公布主要统计指标涵义、调查范围、调查方法、计算方法、抽样调查样本量等信息，对统计数据进行解释说明。

第二十八条 公布统计资料应当按照国家有关规定进行。公布前，任何单位和个人不得违反国家有关规定对外提供，不得利用尚未公布的统计资料谋取不正当利益。

第二十九条 统计法第二十五条规定的能够识别或者推断单个统计调查对象身份的资料包括：

（一）直接标明单个统计调查对象身份的资料；

（二）虽未直接标明单个统计调查对象身份，但是通过已标明的地址、编码等相关信息可以识别或者推断单个统计调查对象身份的资料；

（三）可以推断单个统计调查对象身份的汇总资料。

第三十条 统计调查中获得的能够识别或者推断单个统计调查对象身份的资料应当依法严格管理，除作为统计执法依据外，不得直接作为对统计调查对象实施行政许可、行政处罚等具体行政行为的依据，不得用于完成统计任务以外的目的。

第三十一条 国家建立健全统计信息共享机制，实现县级以上人民政府统计机构和有关部门统计调查取得的资料共享。制定机关共同制定的统计调查项目，可以共同使用获取的统计资料。

统计调查制度应当对统计信息共享的内容、方式、时限、渠道和责任等作出规定。

第五章 统计机构和统计人员

第三十二条 县级以上地方人民政府统计机构受本级人民政府和上级人民政府统计机构的双重领导，在统计业务上以上级人民政府统计机构的领导为主。

乡、镇人民政府应当设置统计工作岗位，配备专职或者兼职统计人员，履行统计职责，在统计业务上受上级人民政府统计机构领导。乡、镇统计人员的调动，应当征得县级人民政府统计机构的同意。

县级以上人民政府有关部门在统计业务上受本级人民政府统计机构指导。

第三十三条 县级以上人民政府统计机构和有关部门应当完成国家统计调查任务，执行国家统计调查项目的统计调查制度，组织实施本地方、本部门的统计调查活动。

第三十四条 国家机关、企业事业单位和其他组织应当加强统计基础工作，为履行法定的统计资料报送义务提供组织、人员和工作条件保障。

第三十五条 对在统计工作中做出突出贡献、取得显著成绩的单位和个人，按照国家有关规定给予表彰和奖励。

第六章 监督检查

第三十六条 县级以上人民政府统计机构从事统计执法工作的人员，应当具备必要的法律知识和统计业务知识，参加统计执法培训，并取得由国家统计局统一印制的统计执法证。

第三十七条 任何单位和个人不得拒绝、阻碍对统计工作的监督检查和对统计违法行为的查处工作，不得包庇、纵容统计违法行为。

第三十八条 任何单位和个人有权向县级以上人民政府统计机构举报统计违法行为。

县级以上人民政府统计机构应当公布举报统计违法行为的方式和途径，依法受理、核实、处理举报，并为举报人保密。

第三十九条 县级以上人民政府统计机构负责查处统计违法行为；法律、行政法规对有关部门查处统计违法行为另有规定的，从其规定。

第七章 法律责任

第四十条 下列情形属于统计法第三十七条第四项规定的对严重统计违法行为失察，对地方人民政府、政府统计机构或者有关部门、单位的负责人，由任免机关或者监察机关依法给予处分，并由县级以上人民政府统计机构予以通报：

（一）本地方、本部门、本单位大面积发生或者连续发生统计造假、弄虚作假；

（二）本地方、本部门、本单位统计数据严重失实，应当发现而未发现；

（三）发现本地方、本部门、本单位统计数据严重失实不予纠正。

第四十一条 县级以上人民政府统计机构或者有关部门组织实施营利性统计调查的，由本级人民政府、上级人民政府统计机构或者本级人民政府统计机构责令改正，予以通报；有违法所得的，没收违法所得。

第四十二条 地方各级人民政府、县级以上人民政府统计机构或者有关部门及其负责人，侵犯统计机构、统计人员独立行使统计调查、统计报告、统计监督职权，或者采用下发文件、会议布置以及其他方式授意、指使、强令统计调查对象或者其他单位、人员编造虚假统计资料的，由上级人民政府、本级人民政府、上级人民政府统计机构或者本级人民政府统计机构责令改正，予以通报。

第四十三条 县级以上人民政府统计机构或者有关部门在组织实施统计调查活动中有下列行为之一的，由本级人民政府、上级人民政府统计机构或者本级人民政府统计机构责令改正，予以通报：

（一）违法制定、审批或者备案统计调查项目；

（二）未按照规定公布经批准或者备案的统计调查项目及其统计调查制度的主要内容；

（三）未执行国家统计标准；

（四）未执行统计调查制度；

（五）自行修改单个统计调查对象的统计资料。

乡、镇统计人员有前款第三项至第五项所列行为的，责令改正，依法给予处分。

第四十四条 县级以上人民政府统计机构或者有关部门违反本条例第二十四条、第二十五条规定公布统计数据的，由本级人民政府、上级人民政府统计机构或者本级人民政府统计机构责令改正，予以通报。

第四十五条 违反国家有关规定对外提供尚未公布的统计资料或者利用尚未公布的统计资料谋取不正当利益的，由任免机关或者监察机关依法给予处分，并由县级以上人民政府统计机构予以通报。

第四十六条 统计机构及其工作人员有下列行为之一的，由本级人民政府或者上级人民政府统计机构责令改正，予以通报：

（一）拒绝、阻碍对统计工作的监督检查和对统计违法行为的查处工作；

（二）包庇、纵容统计违法行为；

（三）向有统计违法行为的单位或者个人通风报信，帮助其逃避查处；

（四）未依法受理、核实、处理对统计违法行为的举报；

（五）泄露对统计违法行为的举报情况。

第四十七条 地方各级人民政府、县级以上人民政府有关部门拒绝、阻碍统计监督检查或者转移、隐匿、篡改、毁弃原始记录和凭证、统计台账、统计调查表及其他相关证明和资料的，由上级人民政府、上级人民政府统计机构或者本级人民政府统计机构责令改正，予以通报。

第四十八条 地方各级人民政府、县级以上人民政府统计机构和有关部门有本条例第四十一条至第四十七条所列违法行为之一的，对直接负责的主管人员和其他直接责任人员，由任免机关或者监察机关依法给予处分。

第四十九条 乡、镇人民政府有统计法第三十八条第一款、第三十九条第一款所列行为之一的，依照统计法第三十八条、第三十九条的规定追究法律责任。

第五十条 下列情形属于统计法第四十一条第二款规定的情节严重行为：

（一）使用暴力或者威胁方法拒绝、阻碍统计调查、统计监督检查；

（二）拒绝、阻碍统计调查、统计监督检查，严重影响相关工作正常开展；

（三）提供不真实、不完整的统计资料，造成严重后果或者恶劣影响；

（四）有统计法第四十一条第一款所列违法行为之一，1年内被责令改正3次以上。

第五十一条 统计违法行为涉嫌犯罪的，县级以上人民政府统计机构应当将案件移送司法机关处理。

第八章 附 则

第五十二条 中华人民共和国境外的组织、个人需要在中华人民共和国境内进行统计调查活动的，应当委托中华人民共和国境内具有涉外统计调查资格的机构进行。涉外统计调查资格应当依法报经批准。统计调查范围限于省、自治区、直辖市行政区域内的，由省级人民政府统计机构审批；统计调查范围跨省、自治区、直辖市行政区域的，由国家统计局审批。

涉外社会调查项目应当依法报经批准。统计调查范围限于省、自治区、直辖市行政区域内的，由省级人民政府统计机构审批；统计调查范围跨省、自治区、直辖市行政区域的，由国家统计局审批。

第五十三条 国家统计局或者省级人民政府统计机构对涉外统计违法行为进行调查，有权采取统计法第三十五条规定的措施。

第五十四条 对违法从事涉外统计调查活动的单位、个人，由国家统计局或者省级人民政府统计机构责令改正或者责令停止调查，有违法所得的，没收违法所得；违法所得50万元以上的，并处违法所得1倍以上3倍以下的罚款；违法所得不足50万元或者没有违法所得的，处200万元以下的罚款；情节严重的，暂停或者取消涉外统计调查资格，撤销涉外社会调查项目批准决定；构成犯罪的，依法追究刑事责任。

第五十五条 本条例自2017年8月1日起施行。1987年1月19日国务院批准、1987年2月15日国家统计局公布，2000年6月2日国务院批准修订、2000年6月15日国家统计局公布，2005年12月16日国务院修订的《中华人民共和国统计法实施细则》同时废止。